Praxis: Sprache & Literatur

5

westermann

Sprechen – Schreiben – Lesen – Zuhören

Fragen, bitten, auffordern, sich entschuldigen: Höflich miteinander umgehen

Erzählen: Eindrucksvolle Erlebnisse – spannende Abenteuer

Praxis: Sprache & Literatur 5

Herausgegeben von Wolfgang Menzel

Erarbeitet von Harald Herzog
Wolfgang Menzel
Regina Nußbaum
Ursula Sassen

Illustriert von Konrad Eyferth

Die Lupe verweist auf Seiten aus anderen Kapiteln,
die die Lernbereiche funktional miteinander verzahnen.

Druck A^2 / Jahr 2005
Alle Drucke der Serie A sind im Unterricht parallel verwendbar.

Redaktion: Regina Nußbaum
Typographisches Konzept: Sandra Grünberg, Thomas Schröder
Lay-out und Herstellung: Sandra Grünberg
Umschlaggestaltung: Konrad Eyferth, Thomas Schröder
Satz und Repro: westermann druck GmbH, Braunschweig
Druck und Bindung: westermann druck GmbH, Braunschweig

ISBN 3-14-120825-5

Erzählen, informieren, Texte untersuchen: Tiere, Tiere – rund um Tiere

Beschreiben, Texte planen und überarbeiten: Lieblingsplätze

Informieren, Berichte schreiben: Abenteuer Wald

Beschreiben, informieren, Ergebnisse präsentieren: Fernsehen

Werkstatt Literatur

Gedichte

Märchen

Till Eulenspiegel

Rund um Bücher

Praxis Rechtschreiben und Grammatik 198–259

Aufbau und Schreibung der Wörter

Wie man Wörter in Sätzen verwendet

Wie man Sätze in Texten verwendet

Praxis Arbeitstechniken 260–291

Höflich miteinander umgehen

Mit Höflichkeit kommt man schneller ans Ziel

Was könnt ihr hier lernen?

- In dieser Einheit sollt ihr gemeinsam darüber nachdenken, was es eigentlich bedeutet, höflich miteinander umzugehen.
- Ihr sollt aber auch ausprobieren, welche Möglichkeiten es gibt, sich nett und höflich auszudrücken.
- Wenn ihr in der Klasse miteinander diskutiert, dann müsst ihr lernen, freundlich zueinander zu sprechen und euch gegenseitig aufmerksam zuzuhören. Auch das könnt ihr hier üben.
- An einer Geschichte erfahrt ihr, wie schwer es manchmal ist, sich bei jemandem zu entschuldigen.
- Und an diesem Beispiel sollt ihr auch lernen, einen netten Entschuldigungsbrief zu schreiben.
- Ein Sprichwort sagt: „Höflichkeit ist das Öl im Getriebe der Gesellschaft.“ Wenn ihr also in eure Umgangsformen etwas von dem Öl der Höflichkeit hineintröpfelt, dann werdet ihr sicher ein gutes Klima in eurer Klasse schaffen. Versucht es einmal!

1 Die Dialoge auf der linken Seite werden von Mal zu Mal immer länger. Was wird an ihnen sonst noch anders?

2 Der letzte Dialog ist aber wieder ganz kurz. Worin besteht eigentlich der Witz?

3 Die Überschrift besagt, dass man mit Höflichkeit schneller ans Ziel kommt. Aber hier sieht es so aus, als ob es gerade umgekehrt ist. Wieso?

4 Spielt diese Dialoge mit verteilten Rollen. Gebt euch dabei richtig Mühe, ganz höflich zu sprechen, ein freundliches Gesicht zu machen und auch den Körper dabei „mitsprechen“ zu lassen – auch im letzten Dialog.

Andere um etwas bitten

1 Spielt eine solche Szene selbst einmal nach: Einer geht nach draußen und klopft an. Ein Schüler oder eine Schülerin öffnet die Tür. Wer draußen ist, sagt, dass er euren Lehrer oder eure Lehrerin sprechen möchte. Wie macht er das? Welchen Satz spricht er?

2 Stellt euch vor, ihr sollt in eine andere Klasse gehen und dort etwas holen, einen Schwamm, Kreide oder Ähnliches.
Wie würdet ihr euch dort verhalten? Was würdet ihr sagen?

Aufforderungen: Der Ton macht die Musik!

Wenn man einen Satz liest, dann kann man es ihm nicht immer ansehen, wie er gemeint ist: *„Lisa spielt nicht mit“*.

Beim Sprechen aber kann man das deutlich hören. Der Ton macht die „Musik“, und das heißt: Wie etwas mit der Stimme gesagt wird, so klingt es, wie man es meint.

1 Was kann die Schrift manchmal in Comics deutlich machen? Sprecht die beiden Sätze.

2 Sprecht die folgenden Sätze einmal auf verschiedene Weise und mit immer anderem Gesichtsausdruck: freundlich, herausfordernd, böse, laut, leise, fragend, befehlend ...

Kannst du nicht mal herkommen
Warum glaubst du mir das nicht
Mach bitte die Tür zu

3 Am letzten Satz könnt ihr sehen: Wenn jemand *bitte* sagt, muss er durchaus noch nicht höflich sein. Man kann einen Satz mit *bitte* auch ziemlich unfreundlich sagen. Probiert es aus.

4 Wenn man beim Schreiben ein *bitte* einfügt, liest sich ein Satz gleich viel höflicher und freundlicher.
Stell dir vor, die folgenden Sätze würden in einem Brief stehen. Schreibe sie auf und füge das Wörtchen *bitte* ein: am Anfang des Satzes oder mitten im Satz oder auch am Schluss.

Bring mir das Buch mit!
Komm am Sonntag zu mir!
Gehen Sie doch beiseite!

5 Welche der folgenden Aufforderungen findest du besonders freundlich? Welche eher unfreundlich?

a) Geh zu Andi und bring ihm den Schlüssel!
b) Bitte, geh zu Andi und bring ihm den Schlüssel!
c) Geh bitte zu Andi und bring ihm den Schlüssel!
d) Geh zu Andi und bring ihm den Schlüssel. Bitte!
e) Gehst du bitte mal zu Andi und bringst ihm den Schlüssel?

Fragen, bitten, auffordern

Mit Hilfe dieser Seite sollt ihr euch einmal Gedanken darüber machen, wie ihr in der Klasse miteinander umgeht. Dabei geht es um die Sprache. Wie könnte man sich ausdrücken, wenn Folgendes passiert ist:

> Die Schüler stürmen über den engen Schulflur in ihre Klassen. Tabea ist der Rucksack heruntergefallen und aufgegangen. Die Schulsachen liegen verstreut auf dem Fußboden. Die anderen sind schon in ihrer Klasse. Tabea sammelt ihre Sachen zusammen. Da sagt sie zu einem vorbeikommenden Schüler einer anderen Klasse, den sie nicht kennt:
>
> a) Würdest du mir mal helfen, meine Sachen einzupacken?
> b) Pack meine Sachen mit ein!
> c) He, hilf mir mal!
> d) Du könntest mir mal beim Einpacken helfen!
> e) Eh, lauf doch nicht vorbei! Du musst mir helfen!
> f) Hilf mir bitte mal, meine Sachen aufzusammeln!

1 Bei welchem Satz Tabeas würdest du ihr am ehesten helfen? Schreibe auf:
Bei Satz ... würde ich helfen.

2 Seid ihr euch in der Klasse alle einig, bei welchem Satz **ihr** Tabea am liebsten helfen würdet? Sprecht darüber.

3 Formuliert schriftlich eine Frage: Wie würdet ihr selbst jemanden fragen, wenn ihr von ihm einen Schluck aus der Limo-Flasche zu trinken haben möchtet?
Gib her! Ich will mal an deine Flasche!

4 Stell dir vor, jemand möchte zu Hause anrufen, weil die Schule früher aus ist. Er möchte mit deinem Handy telefonieren.

5 Schreibe zwei Antworten auf, eine mit **Ja**, eine mit **Nein**.
Zu ... würde ich sagen: Ja, ...
Zu ... würde ich sagen: Nein, ...

6 Schaut euch eure Antworten einmal genauer an. Seid ihr eigentlich auch zu demjenigen höflich, dem ihr euer Handy nicht geben würdet? Oder seid ihr dann eher patzig?

7 Ist es euch schon einmal passiert, dass jemand besonders unhöflich zu euch war? Sprecht über solche Situationen.

Telefonieren

Stell dir vor, du warst heute nicht in der Schule. Du möchtest von deinem Klassenkameraden Elias wissen, was ihr für Hausaufgaben machen müsst. Du rufst ihn also an. Am Telefon ist aber nicht Elias, sondern seine Schwester Kati, die du auch kennst. Sie meldet sich am Telefon so: „Hallo! Hier ist Kati Vollmer.“ Nun gibt es verschiedene Möglichkeiten, darauf zu reagieren:

a) Hallo, hier ist … Ach, ich wollte eigentlich deinen Bruder sprechen.
Kannst du ihn mal ans Telefon holen?
b) Hi, hier ist … Ist der Elias wohl da?
Ich muss ihn unbedingt etwas fragen.
c) Ach du bist's, Kati! Ich will deinen Bruder sprechen. Hol ihn mal!
d) Kati?! Von dir will ich doch gar nichts!
Reich mir mal deinen Bruder rüber!

1 Spielt zu zweit dieses kurze Telefonat einmal in den verschiedenen Rollen vor:
Kati meldet sich – und einer von euch antwortet.
Ihr könnt dabei ruhig etwas übertreiben!

2 Spielt es noch ein zweites Mal. Jetzt soll Kati aber auf die verschiedenen Aufforderungen antworten, dass Elias nicht zu Hause ist. Wie wird sie es wohl tun? Wird sie höflich bleiben? Probiert die verschiedenen Möglichkeiten aus. Sprecht anschließend darüber.

3 Schreibe auf, wie **du** deine Bitte vorbringen würdest.

4 Vergleicht, was ihr aufgeschrieben habt. Das ist deswegen wichtig, weil ihr dabei die verschiedenen Möglichkeiten kennen lernt.

Stellt euch jetzt vor, dass sich nicht Kati meldet, sondern der Vater von Elias.
Er meldet sich mit: „Manfred Vollmer.“

a) Hier ist … Ich wollte Elias sprechen.
Holen Sie ihn mal ans Telefon!
b) Hallo, Herr Vollmer! Hier ist …
Könnte ich wohl mal Elias sprechen?
c) Hi! Bitte geben Sie mir mal Ihren Sohn!
d) Tag, Herr Vollmer. Hier ist … Eigentlich wollte ich Elias sprechen. Ist er wohl zu Hause?

5 Schreibe auf, wie du dich selbst melden würdest, wenn sich Herr Vollmer ganz unerwartet am Telefon melden würde. – Und vergleicht dann wieder!

6 Bezieht jetzt einmal eure Lehrerin oder euren Lehrer als Frau oder Herrn Vollmer in das Rollenspiel ein. Einer oder eine von euch ruft an, und es meldet sich eine Stimme am Telefon: „Hier Vollmer.“
Nun sagen vier von euch die Sätze a) bis d).
Was wird „Herr“ oder „Frau Vollmer“ wohl antworten, wenn Elias **nicht** zu Hause ist?

Höflichkeitsformen unterscheiden

Alina hat in der Schule etwas nicht verstanden. Ihre Mutter sagt: „Ruf doch mal Sophie aus deiner Klasse an! Die kennt sich doch immer gut aus! Und frag sie, ob du nicht mal zu ihr kommen kannst. Die wohnt doch gleich um die Ecke." Nun ist Sophie ein Mädchen, das Freundinnen nur in höheren Klassen hat. Alina kennt sie zwar, aber viel gesprochen hat sie mit ihr noch nicht. Eigentlich möchte sie sie auch nicht fragen. Aber dann ruft Alina doch an, und Sophie meldet sich auch gleich am Telefon: „Hier Sophie Lemke." Und da könnte Alina Folgendes sagen:

Hier ist Alina …

1) … Sophie, du musst mir unbedingt helfen! Ich hab da was nicht verstanden. Ich komme gleich mal zu dir.
2) … Darf ich dich mal was fragen? Ich habe da ein Problem mit einer Mathe-Aufgabe. Könnte ich wohl mal bei dir vorbeikommen?
3) … Eh, Sophie! Hilf mir mal bei Mathe! Ich komme eben mal rüber.
4) … Sophie, du kannst doch immer alles. Du musst mir in Mathe helfen. Ich komme rüber.
5) … Bitte, Sophie, sei so nett, und hilf mir mal bei einer Mathe-Aufgabe! Darf ich mal zu dir kommen?
6) … Sophie, hättest du wohl die Freundlichkeit, mir einmal eine Mathe-Aufgabe zu erklären? Ob ich wohl mal bei dir vorbeikommen kann?
7) … Gut dass du da bist! Ich komme mal zu dir und lass mir die Mathe-Aufgabe erklären.
8) … Hi, Sophie! Ich krieg die Mathe-Aufgabe nicht gebacken. Ich komme mal zu dir.
9) … Hallo, Sophie! Meine Mutter lässt fragen, ob du mir mal bei einer Mathe-Aufgabe helfen kannst. Du weißt doch immer alles. Ich soll mal zu dir gehen, sagt sie.

1 Wähle dir eine der Bitten aus, die du selbst auch so ähnlich vorbringen würdest, und eine, die du nie und nimmer über die Lippen brächtest. Schreibe dir die Zahlen auf.

2 Welche Bitte würden die meisten in eurer Klasse äußern? Welche würden die meisten von euch niemals formulieren?

3 Schreibe diese Übersicht ab und ordne die Ziffern entsprechend zu.
Das finde ich übertrieben höflich: …
Das finde ich freundlich/höflich: …
Das finde ich eher unhöflich: …

4 Schreibt dann diese Tabelle auch an die Tafel und vergleicht eure Ergebnisse.

5 Spielt den Dialog zwischen Alina und Sophie (die Jungen könnten sich auch die Namen Max und Moritz geben). Wichtig ist dabei, wie Sophie (oder Moritz) jeweils reagieren: Da kann man freundlich sein oder ablehnend – oder auch eine Ausrede erfinden.

Eine Diskussion

Diskussion über das Schulfest

Andrea: Wir könnten bei einer Tombola Sachen versteigern und das Geld dann für die Klassenkasse sammeln.

Ole: Du spinnst doch! Das macht doch viel zu viel Arbeit!

Niklas: Was heißt Arbeit? Aber ich bin auch anderer Meinung. Wir sollten es lieber für „Kinder der Welt“ spenden.

Ole: Was sollen wir denn mit dem Geld in der Klassenkasse machen?

Niklas: Hast du nicht zugehört, Ole? Ich habe doch eben etwas anderes vorgeschlagen.

Andrea: Also Niklas’ Vorschlag finde ich auch gut.

Lotte: Was für Sachen sollten wir denn in einer Tombola versteigern?

Ole: Ich bin der Versteigerer!

Lotte: Bitte, Ole, so weit sind wir noch nicht! Also wir könnten zum Beispiel Spielzeug versteigern.

Torsten: Ich könnte mir vorstellen, dass wir …

Ole: Haustiere! Hunde und Katzen!

Ines: Hihi! Da muss ich aber lachen! So’n Quatsch!

Andrea: Wenn alle durcheinander reden, kommen wir nicht weiter.

Torsten: Ich meine, Lottes Vorschlag ist gar nicht so schlecht.

Niklas: Stimmt. Wir sollten Spielzeug versteigern, das wir nicht mehr brauchen.

Ines: Alte Teddys, kaputte Puppen … Ist doch bescheuert!

Lotte: Kannst du das nicht ein bisschen netter sagen, dass du dagegen bist?

Ines: Könnte ich schon!

Andrea: Also Niklas meint das sicher anders. Es müsste natürlich Spielzeug sein, mit dem andere Kinder noch gern spielen würden.

Lotte: Stimmt! Und dafür würden die Leute dann auch Geld ausgeben.

Torsten: Und das könnten wir dann …

Ole: Ich hab noch ein altes Fahrrad zu Hause!

Andrea: Also Ole, bitte nimm doch die Sache mal ernst!

Niklas: Ich glaube, Torsten hatte da noch einen Vorschlag!

Ines: Carola, was machst du denn heute Nachmittag?

Carola: Ich geh zum Reiten. Willst du mit?

Andrea: Immer diese Privatgespräche! Hört doch auf!

Lotte: Kann jetzt Torsten endlich mal reden?

Torsten: Also, ich wollte nur sagen … Aber ihr lasst mich ja nie ausreden!

Andrea: Und?

Torsten: Jetzt habe ich’s vergessen. Aber was ich sagen wollte, war echt super.

Andrea: Also so geht’s nicht weiter! Wir müssen uns jetzt an ein paar Regeln halten!

Carola: Immer willst du bestimmen!

Niklas: Nein, Andrea hat Recht! Es geht doch um unser Klassenfest!

1 Diese Diskussion läuft nicht so ab, wie man es sich wünscht. Da gibt es Kinder, die sich ernsthaft um die Sache bemühen, andere, die sich eigentlich nur selbst reden hören wollen, und wieder andere, die Privatkram miteinander besprechen. Spielt die Diskussion erst einmal mit verteilten Rollen nach.

2 Sprecht über die einzelnen Kinder. Was tun sie? Wie gehen sie miteinander um? Wer verhält sich in dieser Diskussion vorbildlich? Wer ist ziemlich unhöflich?

Ole: quatscht immer dazwischen.
Ines: ...
Carola: ...
Andrea: ...

Torsten: ...
Niklas: ...
Lotte: ...

3 Hier sind einige Regeln, die man bei einer Diskussion einhalten sollte. Und ihr findet Verhaltensweisen, die ihr unbedingt vermeiden solltet. Tauscht euch darüber aus.

4 Das, was man **nicht** tun sollte, könnt ihr in positive Regeln umformulieren.

5 Stellt weitere Regeln auf und ordnet sie auf einem großen Poster, das ihr in der Klasse aufhängen könnt.

Sich entschuldigen

Das ist doch Wahnsinn!!

Beate Günther

Als es zu dämmern begann und wir den Ball schon fast nicht mehr sehen konnten, machte der Trainer Schluss und schickte uns nach Hause. „Bis morgen!", sagte er. Wir hätten gern noch ein bisschen länger gespielt, denn wir waren erst so richtig in Form gekommen, und ich hatte zwei sehenswerte Tore geschossen. „Wenn es doch bei richtigen Spielen auch mal klappen würde, Tobias!", hatte der Trainer gesagt. Aber da hatte ich irgendwie immer Ladehemmung. Deswegen nannten mich die anderen „Trainingsmeister".

Wir waren drei oder vier Jungen und zwei Mädchen, die dieselbe Straße nach Hause gingen. So richtig weiß ich es nicht mehr, denn es war, wie gesagt, schon fast dunkel. Auf einmal rief einer, ich glaube es war Hotter: „Lasst uns damit noch weiterspielen!" Und er kickte einen runden Müllbeutel an, der an der Straße stand, weil wohl morgen die Müllabfuhr kommen sollte. Irina schrie: „Super! Schieß her!" Und da kam auch das Ding schon über die Straße gerollt. Na ja, es war kein richtiges Rollen, es eierte etwas, aber es kullerte doch so, dass man immerhin damit spielen konnte. Auch ich trat dagegen. Der Ball war etwas weich. Es musste wohl Gras drin sein oder andere Gartenabfälle. Jedenfalls flog das Ding sogar etwas in die Höhe, als ich mit Schmackes dagegen trat.

Im Nu machten alle mit. Und auf einmal waren sogar drei oder vier dieser komischen Säcke im Spiel, die da noch gestanden hatten. Mit mehreren Bällen spielten wir beim Training selten, und so war das ein ganz besonderer Spaß. „Abgeben!", schrie Karsten. „Hierher!", schrie Hotter. „Höher!", schrie Irina. So spielten wir uns richtig ein. Als der erste Sack platzte, wurde es erst recht turbulent. Blätter und Gras verstreuten sich über die ganze Straße. Bald hatten wir fast einen Rasen unter den Füßen – wie auf dem Sportplatz. Ich bekam Lust noch ein Tor zu schießen. Ich trat mit Macht gegen den Sack, und auf einmal platzte auch der, sodass mein Fuß darin stecken blieb. Alles lachte und feixte. Und alle machten fröhlich weiter. Es war ein irres Spiel.

Nach kurzer Zeit lag die ganze Straße voller Gartenabfälle und leerer Plastikhüllen von den Müllsäcken. „Jetzt aber weg!", rief Hotter und hatte sich auch schon verdrückt. Wir anderen standen vor dem Chaos aus Gartenabfällen und leeren Säcken, und ich hatte auf einmal das Gefühl, dass das nicht ganz richtig gewesen war, was wir da getan hatten. Aber die Straße sah eigentlich ganz schön aus. „Wie kriegen wir das jetzt wieder weg?", fragte ich. „Krieg dich selber

weg!", rief Karsten. „Ich verschwinde", sagte Irina. Und irgendwie rannten wir plötzlich alle auseinander. Ich sah mich noch einmal um – und bekam ein schlechtes Gewissen. So schlecht war es aber auch wieder nicht, dass ich umgekehrt wäre und das ganze Gemüse wieder eingesammelt hätte. Wie auch?

In diesem Augenblick rief eine Frauenstimme aus einem Fenster: „Was soll das denn? Das ist doch Wahnsinn!" – und noch irgendwas, das ich aber schon nicht mehr verstehen konnte, weil auch ich um die nächste Straßenecke gerannt war.

Am nächsten Morgen stand plötzlich meine Mutter vor dem Bett, was sie sonst nie tat. „Was habt ihr denn gestern angestellt? Seid ihr verrückt geworden?", schimpfte sie. Ich wusste erst gar nicht, wovon sie redete. Aber das stellte sich gleich heraus. „Die ganze Straße war voll von dem Müll, den ihr gestern verstreut habt. Frau Mika hat es mir erzählt. Sie musste das ganze Zeug auffegen und wieder in die Müllbeutel packen. Was habt ihr euch eigentlich dabei gedacht, Tobias? Die arme Frau! Die konnte einem Leid tun!" Als ich mir das so richtig vorstellte: die ganze Straße hoch fegen, da tat sie mir auch Leid. „Du gehst sofort hin und entschuldigst dich bei ihr! Und sag ihr, … was weiß ich, dass du ihr im Garten helfen willst – oder so etwas! Jedenfalls einfach so kommst du nicht davon!" Meine Mutter war wirklich wütend.

Beim Frühstück ging mir allerhand im Kopf herum: Eigentlich hatte ja Hotter die Idee mit den Müllsäcken gehabt. Eigentlich war ich gar nicht Schuld. Gut, ich hatte auch mitgemacht, aber die andern hatten es noch schlimmer getrieben. Wieso sollte ich mich als Einziger entschuldigen? Sollte ich sagen, wer noch dabei gewesen war? Und entschuldigen? Wie peinlich das immer ist! Da stottert man rum und wird rot. Und so schlimm fand ich das Ganze nun auch wieder nicht, dass man sich dafür unbedingt entschuldigen musste. Andererseits, … Meine Mutter stand drohend am Tisch und sagte: „Tobias! Du entschuldigst dich! Das ist das Mindeste!"

Als Frau Mika die Tür aufmachte, war mir doch etwas mulmig. „Meine Mutter hat gesagt, dass ich mich bei Ihnen entschuldigen soll. Für gestern Abend. Und für den ganzen Müll auf der Straße." – „So", sagte Frau Mika. „Weil dir das deine Mutter gesagt hat." Ich fühlte plötzlich, wie ich rot wurde. So blöd konnte auch ich mich nur anstellen! „Nein", sagte ich. „Ich finde es auch nicht richtig, was wir da gemacht haben. Einer hat angefangen, und dann haben wir alle mitgemacht. Auch ich. Und dafür möchte ich mich entschuldigen. Es tut mir echt Leid!" – „Was meinst du, was mich das für Arbeit gekostet hat! Ich war vielleicht wütend!" Man merkte ihr die Wut noch an. – „Vielleicht kann ich es wieder … ich meine, vielleicht kann ich Ihnen dafür mal helfen." – „Ist gut", sagte sie. „Ich nehme deine Entschuldigung an. Du bist wenigstens gekommen. Aber sag es auch den andern! Die haben sonst womöglich gar kein Unrechtsbewusst-

sein." – „Und morgen komme ich und helfe Ihnen im Garten", sagte ich. Da lachte sie: „Besser, wenn ich das nächste Mal Gras mähe! Damit du siehst, wie schwer es ist, den ganzen Kram in Müllbeutel zu verpacken."

Ein komisches Wort: Unrechtsbewusstsein! Ich habe noch länger darüber nachgedacht. Im Grunde aber war mir schon klar, dass es Unrecht ist, als wir den Unsinn mit dem Müllbällespiel getrieben hatten. Aber ich war dann doch erleichtert, dass ich zu Frau Mika gegangen bin. Sich entschuldigen ist gar nicht so schwer.

1 Schau dir diesen Text genauer an und beantworte folgende Fragen;
- Wer hat den Unsinn mit dem Spiel eigentlich angefangen?
- Wie ist es dazu gekommen, dass alle mitgemacht haben?
- Hatte eines der Kinder während des Spiels schon so etwas wie „Unrechtsbewusstsein"?
- Wie hat Tobias zuerst seine Entschuldigung zum Ausdruck gebracht? Und warum ist er dabei rot geworden?

2 Lest jetzt den Schluss der Geschichte:

Frau Mika hatte auch Irina unter den Kindern erkannt, die am Abend diesen Unsinn gemacht hatten. Sie ist zu deren Vater gegangen, und der verlangte von seiner Tochter ebenfalls, dass sie sich entschuldigt. Aber Frau Mika war nicht zu Hause, als Irina bei ihr klingelte. Da hat der Vater darauf bestanden, dass Irina einen Entschuldigungsbrief schreibt. „Schreib ihr, dass es dir Leid tut! Das ist eine so nette Frau. Und ihr habt ihr so viel Arbeit gemacht! Du hättest doch wissen müssen, dass sie das alles wieder auffegen muss. Also: Du schreibst ihr!"

3 Versetze dich in die Rolle Irinas und schreibe einen Entschuldigungsbrief. Darin sollte einiges davon stehen, was Tobias gesagt hat, und einiges, was der Vater von Irina gefordert hat.

Liebe Frau Mika,

gestern Abend haben wir mit Ihren Müllbeuteln Fußball gespielt. Wie das gekommen ist, weiß ich auch nicht mehr genau. Aber auf einmal haben wir alle mitgemacht. Ich auch. Wir ...

Eindrucksvolle Erlebnisse – spannende Abenteuer

Auf der nächsten Seite findet ihr einen Auszug aus dem Jugendbuch *„Die Insel der blauen Delphine“*. Der Amerikaner Scott O'Dell erzählt in seinem Roman eine Geschichte, die sich im Jahre 1835 tatsächlich so ähnlich zugetragen hat:

Wegen einer Notlage muss ein kleiner Indianerstamm seine Heimatinsel vor der Küste Kaliforniens verlassen. Ein Segelschiff holt alle Bewohner der *Insel der blauen Delphine* ab, um sie aufs Festland zu bringen, wo sie ein neues Leben beginnen wollen. Unter ihnen ist auch das Mädchen Karana.

Es ist ein stürmischer Tag mit gefährlich hohem Wellengang. Der Schoner ankert weit draußen in der Bucht. Gerade als der Anker gelichtet ist und die Segel gesetzt werden, bemerkt sie, dass ihr kleiner Bruder Ramo nicht an Bord ist. Er ist auf der Insel zurückgeblieben.

Einen Text untersuchen und verstehen

Karanas Entscheidung

Ich war außer mir vor Angst. „Wo ist Ramo?“, rief ich (…) Ich blickte über das Deck und die See hinweg zur Bucht. Und dort, auf der Klippe, den Fischspeer in der erhobenen Hand, lief Ramo. Das Schiff fuhr schneller. Ich konnte nicht anders, ich schrie. Häuptling Matasaip packte mich am Arm.

„Wir können nicht auf Ramo warten“, sagte er. „Wenn wir noch länger hier verweilen, wird das Schiff an die Felsen getrieben.“

„Wir müssen aber warten, wir müssen!“, schrie ich verzweifelt.

„Das Schiff kann ihn später holen“, sagte Matasaip.

„Deinem Bruder wird nichts geschehen. Zu essen hat er genug, Trinkwasser ist auch vorhanden und schlafen kann er, wo es ihm gefällt.“

„Nein“, schluchzte ich.

Matasaips Gesicht glich einem Stein. Er hörte mir nicht mehr zu. Noch einmal schrie ich laut, doch meine Stimme verlor sich im heulenden Wind. Die Leute umringten mich und redeten auf mich ein, wie Matasaip es getan hatte, doch ihre Worte konnten mich nicht beruhigen. Ramo war von der Klippe verschwunden. Ich wusste, dass er jetzt den Pfad zum Strand hinunterlief.

Das Schiff war im Begriff, die Salzkrautbänke[1] zu umfahren. Ich war sicher, dass es nun gleich umkehren und zur Bucht zurückfahren würde, und wartete mit angehaltenem Atem. Aber als es von Neuem die Richtung änderte und Kurs nach Osten nahm, wusste ich, dass ich umsonst gehofft hatte.

[1] Salzkraut *(Salsola)* – Pflanze, die auf Salzböden gedeiht, z. B. auf Sandbänken

1 Welche Sorgen macht sich Karana?
- Schreibe einen Satz auf, der Karana durch den Kopf geht.
- Sprecht miteinander über eure Sätze.

2 Was könnte jetzt passieren?
Tauscht eure Erwartungen und Vorstellungen aus.

Ich überlegte nicht lange. Ich setzte zum Sprung an, und obgleich viele Hände mich zurückreißen wollten, warf ich mich kopfüber in das aufgewühlte Meer.

Eine Welle schlug über meinem Kopf zusammen. Ich sank und sank, bis ich dachte, ich würde das Tageslicht nie wieder sehen. Als ich wieder auftauchte, war das Schiff schon in weiter Ferne. Durch die tobende Gischt konnte ich kaum mehr die hüpfenden weißen Segel erkennen. Meine Hände umklammerten noch immer einen der Körbe, die meine Habe enthielten, aber der Korb war schwer, und ich sah ein, dass ich mich damit nicht über Wasser halten konnte. So ließ ich ihn los und begann auf die Küste zuzuschwimmen. Die beiden Felsen am Eingang zur Korallenbucht ragten nur undeutlich aus

dem Wasser vor mir, doch ich hatte keine Angst. Ich war schon manches Mal weitere Strecken geschwommen, wenn auch nie während eines solchen Sturms. Das Einzige, woran ich dachte, war Ramo. Ich malte mir aus, wie ich ihn bestrafen würde, sobald ich die Küste erreicht hatte. Doch als ich endlich Sand unter den Füßen spürte und Ramo am Strand stehen sah, den Fischspeer in der Hand, so klein und verloren, da vergaß ich alle meine Vorsätze. Ich fiel auf die Knie und zog ihn in meine Arme.

Das Schiff war verschwunden.

„Wann kommt es zurück?", fragte Ramo. Tränen standen in seinen Augen.

„Bald", antwortete ich.

Das einzige, was mich ärgerte, war der Verlust meines hübschen Kleides aus Yuccafasern. Das Nähen hatte so viel Zeit und Mühe gekostet.

Scott O'Dell hat den Roman *„Die Insel der blauen Delphine"* aus der Ich-Perspektive des Mädchens Karana geschrieben. Als Leser erlebt man also das Geschehen aus Karanas Sicht. Sie erzählt aber nicht nur, was passiert, sondern auch, was sie dabei denkt und empfindet.

3 Karana hat gehandelt, ohne lange zu überlegen. War ihre Entscheidung richtig? Was haltet **ihr** davon?

4 Seht euch das genauer an:
- Lest den ersten Teil des Textes. Was empfindet Karana? Nennt entsprechende Textstellen.
- Seht nach, wie sich ihre Gefühle im Laufe des zweiten Textauszugs ändern. Lest auch diese Stellen vor.

5 Wie hat wohl der kleine Ramo die Situation erlebt? Erzählt einmal.

6 Versetze dich in Ramos Lage und erzähle die Geschichte aus seiner Sicht.
Lass Ramo auch etwas über seine Gefühle mitteilen.
So kannst du anfangen:

Ich war noch einmal zurück ins Dorf gelaufen, weil ich meinen Fischspeer vergessen hatte. Ein Glück, da sah ich ihn schon. Er lehnte an der Wand unserer Hütte. War ich froh. Jetzt aber schnell zurück zum Strand! Ich nahm den Speer fest in die Hand …

7 Seid ihr neugierig geworden und möchtet wissen, wie die Geschichte weitergeht? Dann interessieren euch sicherlich diese Lesermeinungen:

Das ist voll das coole Buch. Eigentlich lese zwar nicht so gerne, aber bei diesem Buch konnte ich nicht mehr damit aufhören. Ich empfehle jedem, es zu lesen.
Christian

Es gefiel uns, dass Karana sich mit so vielen Tieren angefreundet hat. Das Buch kann man Leuten empfehlen, die gerne Abenteuer- oder Tiergeschichten lesen.
Nele und Franziska

Ich finde das Buch toll und wir haben es auch schon in der Schule angelesen. Allerdings versetzt man sich ja auch in die Geschichte hinein und kann die Einsamkeit nicht ertragen. Dennoch war das Buch spannend. Ich fand es auch faszinierend, dass das Mädchen so toll in der Natur zurechtgekommen ist.
Corinna

Das Buch ist spannend und lehrreich zugleich. Ich habe das Buch gern gelesen.
Niels

In der Tropfsteinhöhle

Ursula Sassen

Es war in den Ferien. Meine Freundin Roberta und ich waren in derselben Jugendgruppe. Eines Tages besichtigten wir alle eine Tropfsteinhöhle. Wir stiegen auf engen Pfaden und über glitschige Treppen in die Höhle hinab. Manchmal erhob sich über uns ein großes Gewölbe, manchmal mussten wir uns durch schmale Gänge schlängeln. Wir staunten über die mächtigen Stalaktiten[1], die gespenstisch von der Decke herabhingen, und über die Stalagmiten unten auf dem Boden. Einer sah wie ein riesiger Löwenkopf aus, der uns mit bösen Augen ansah. Als ich ihn Roberta zeigen wollte, war sie plötzlich nicht mehr da. Ich konnte sie nirgendwo entdecken. Vielleicht hat sie sich weiter oben irgendwas genauer angeguckt. Typisch Roberta! Ich wartete, bis alle an mir vorbei waren. Aber Roberta kam nicht.

Doch plötzlich hörte ich einen Pfiff: unser Erkennungszeichen! Der kam von irgendwo rechts unten. Ich ging die Treppe hinunter. Da unten war ein großer Bergsaal. Die anderen standen schon ganz weit hinten und sahen sich irgendetwas an. Ich schaute mich um. Da! Wieder unser Pfiff! Er kam aus einer engen Höhle, die steil bergab führte. Feucht war es hier. Ich musste aufpassen, dass ich auf dem glitschigen Boden nicht ausrutschte. Mir war kalt.

Dann sah ich sie. Roberta stand in dem engen Gang an eine Wand gelehnt und winkte: „Da bist du ja endlich! Komm, ich habe eine tolle Abkürzung entdeckt“, flüsterte sie. „Wenn wir hier entlanggehen, dann können wir die anderen überholen und sind vor ihnen am Ausgang. Die werden staunen!“ Woher wusste sie das so genau? Aber das war auch wieder typisch für sie: immer neugierig, immer abenteuerlustig! „Bist du sicher?“, fragte ich. „Und wenn wir uns verirren?“ –„Ach, komm schon! Die anderen sind doch gleich hier nebenan in der Höhle. Sei kein Feigling!“

Ein Feigling war ich nicht! Aber etwas unsicher war ich doch. Wer weiß, wohin dieser Weg führt! Aber Roberta beruhigte mich: „Ich hab' doch meine Taschenlampe dabei. Also komm!“ Sie ging voran …

[1] der *Stalaktit* – Tropfstein an der Decke (Abtropfstein); im Gegensatz zu: der *Stalagmit* – der Tropfstein auf dem Boden (Auftropfstein)

1 Was hättet ihr selbst in dieser Situation getan?

2 Vielleicht wart ihr schon einmal in einer Tropfsteinhöhle. Erzählt davon. Wisst ihr auch etwas darüber, wie sich Besucher in einer Höhle verhalten sollten?

3 Lies nun den Schluss der Erzählung „In der Tropfsteinhöhle".

… Der Schreck steckte mir noch in allen Gliedern. Obwohl ich in dicke Decken eingewickelt war, schlotterte ich vor Kälte. „Das hätte schlimm ausgehen können, ihr beiden Ausreißer!", sagte der Sanitäter und drückte mir einen heißen Becher Tee in die Hand.

4 Du hast sicher gleich bemerkt, dass zwischen Anfang und Ende der Geschichte ein wichtiger Teil fehlt.
- Was kann passiert sein?
- Sammle zuerst einmal alle deine Ideen.
Mach dir dazu Notizen.

5 Bringe deine Notizen in eine sinnvolle Reihenfolge und schreibe sie geordnet auf.
Dabei sollen dir die Anregungen in den Sprechblasen helfen.

6 Verfasse nun deinen **Mittelteil der Geschichte**.
- Erzähle aus der Perspektive des Ich-Erzählers, der Ich-Erzählerin.
- Füge wörtliche Reden, Gedanken und Fragen ein.
- Achte darauf, dass der Inhalt zum Anfang und zum Schluss der Geschichte passt. So kannst du anfangen:

Roberta ging voran und ich folgte ihr zögernd. Im flackernden Licht der Taschenlampe sah die Höhle gespenstisch aus …

Ein Gedicht lesen und zum Vortrag vorbereiten

1 Lest das Gedicht auf der gegenüberliegenden Seite zuerst einmal leise – oder lasst es euch vorlesen.

2 Eine gruselige Situation ...

Jemand fürchtet sich vor zwei Wesen.
Eines existiert wirklich …
Und das andere …?

Etwas sitzt unter dem Bett …

Da hat aber noch jemand Angst…

Und nun?

3 Vor lauter Angst kann jemand zittern, schwitzen ... Schaut euch daraufhin die elfte Zeile an – wie versteht ihr sie eigentlich?

4 Warum ist der Ich-Erzähler wohl auf den Boden gegangen? Was vermutet ihr?

5 Welche Textstelle findest **du** ganz besonders schaurig? Tauscht euch aus.

6 Die sechste Zeile endet mit drei Auslassungspunkten. Setze die Beschreibung fort.

7 Bringt diese neun Aussagen zum Gedicht von Arno Holz in die richtige Reihenfolge:

1) An Gespenster denken: Zeile 4-6
2) Angst haben: ???
3) Das Gesuchte sehen: ???
4) Dem „Dieb" gegenüber stehen: ???
5) Den „Dieb" genau erkennen: ???
6) Dinge im Raum sehen: ???
7) Etwas Schreckliches entdecken: ???
8) In einen dunklen Raum gehen: ???
9) Mit einer Kerze suchen: ???

8 Bereite das Gedicht zum Vortragen vor. 266/267

Wie ich mich endlich unter das Bett bücke, ↱
die Haare sträuben sich mir, | das Licht schlottert, ↱
in eine Ecke geklemmt, ↱
sitzt das Biest da. ||

9 Und jetzt lest euch das Gedicht von Arno Holz so vor, dass ihr euch dabei richtig schön gruseln könnt!

Die Diele knackt!

Mir graut
vor meinem Schatten.

Es hat einen dicken Krötenbauch,
Geierkrallen,
lange, schlenkernde Affenarme und Schweinsaugen . . .

Ich leuchte in alle Winkel.

Staub,
abgeblätterter Kalk, tote Fliegen und Spinnweben.

Wie ich mich endlich unter das Bett bücke,
die Haare sträuben sich mir, das Licht schlottert,
in eine Ecke geklemmt,
sitzt das Biest da.

Aus seinem Maul,
halb zerkaut,
hängt mein Pantoffel.

Entsetzt
stieren wir uns an.

Leise,
hin und her,
ringelt sich sein Rattenschwanz.

Arno Holz

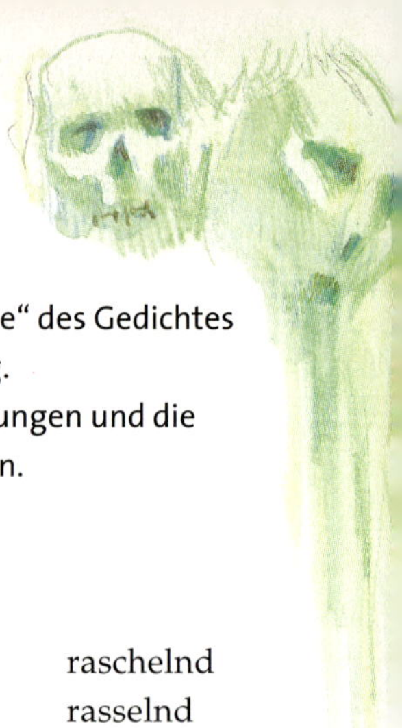

Nach einem Erzählplan eine Angstgeschichte schreiben

1 Lass dich von dem Gedicht „Die Diele knackt!“ (Seite 31) zu einer eigenen Gruselgeschichte anregen. Stell dir vor, du erlebst eine ähnliche Situation. Male dir die Szene in deiner Fantasie aus.

1: Du gehst irgendwo hin.

- Denke dir zuerst einen Ort aus. Keller, Dachboden, Garage …
- Warum gehst du da hin? Was willst du dort machen? etwas suchen, wegräumen …

2: Du hörst ein unheimliches Geräusch.

- Was ist das für ein Geräusch? Wie hört es sich an?
- Wo bist du? Was machst du? Hast du schon geschlafen?
- Wie spät ist es? Ist es dunkel?
- Wie sieht der Raum, der Ort aus?

3: Du bekommst Angst und siehst „Gespenster“.

- Wie sieht das Ungeheuer aus?
- Beschreibe es anschaulich. Arno Holz spricht von *Schweinsaugen, Geierkrallen, einem dicken Krötenbauch.* … Und **du**?

4: Du handelst und suchst nach der Ursache des Geräusches.

- Kommt von irgendwoher Licht? Kannst du Licht machen?
- Was tust du alles?
- Wie fühlst du dich dabei?

5: Du stößt auf den Verursacher.

- Wen oder was findest du schließlich vor?
- Wie sieht „es“ aus?

6: Und nun?

Tipp: Nutze die „Handlungsschritte“ des Gedichtes als „Fahrplan“ für deine Erzählung. Mach dir dazu Notizen. Die Anregungen und die Wortfelder können dir dabei helfen.

Geräusche

donnern	knarrend	raschelnd
dröhnend	knisternd	rasselnd
dumpf	krachen	ratternd
gellend	pfeifend	rumpelnd
heulend	polternd	
klopfen	quietschen	

Dunkelheit und Licht

bleich	fahl	Lichtschein
Blitz	Finsternis	pechschwarz
dämmerig	flackernd	Schatten
Dämmerung	grell	stockdunkel
Dunkelheit	hell	

Angst und Schrecken

ängstlich	Furcht	Schauder
Bammel	fürchterlich	schaudern
bang	furchtsam	schaurig
bedrohlich	Grauen	schreckhaft
entsetzt	gräulich	ungeheuerlich
erschrecken	grausig	unheimlich

2 Schreibe nach deinen Notizen nun deine Geschichte. Gib ihr eine Überschrift, die Neugier weckt, aber nicht zu viel verrät.
Tipp: Du kannst du in deiner Geschichte auch einige Wörter und Sätze aus dem Gedicht verwenden.

3 Natürlich müsst ihr euch eure Geschichten vorlesen. Unterhaltet euch darüber, wie sie auf euch wirken.

Einen Gedankenschwarm (Cluster) zu einem Bild sammeln

Manchmal soll man eine Geschichte schreiben und es will einem einfach nichts einfallen: das Papier bleibt leer. Eine Strategie, wie man diese „Angst vorm weißen Papier" überwinden und seiner Fantasie auf die Sprünge helfen kann, ist der *Gedankenschwarm*. Probiert einmal aus, wie das funktioniert.

1 Betrachte das Bild erst einmal für dich allein.
- Was kannst du alles entdecken?
- Wenn du dich in das Bild hineinversetzt, kannst du dann auch etwas hören, riechen, fühlen …?
- Lass deinen Gedanken, deiner Fantasie freien Lauf.

2 Sammelt nun eure Ideen zu dem Bild in einem Gedankenschwarm und haltet ihn an der Tafel fest. Das geht so:
- Schreibt das Wort „Freibad" groß in die Mitte und kreist es ein.
- Notiert eure Gedanken dazu ringsherum in Stichwörtern.
- Schreibt nicht nur die sichtbaren Dinge auf, sondern auch etwas, das ihr euch vorstellt. Haltet Eindrücke aus der Erinnerung fest: Geräusche, Gerüche, Gefühle …

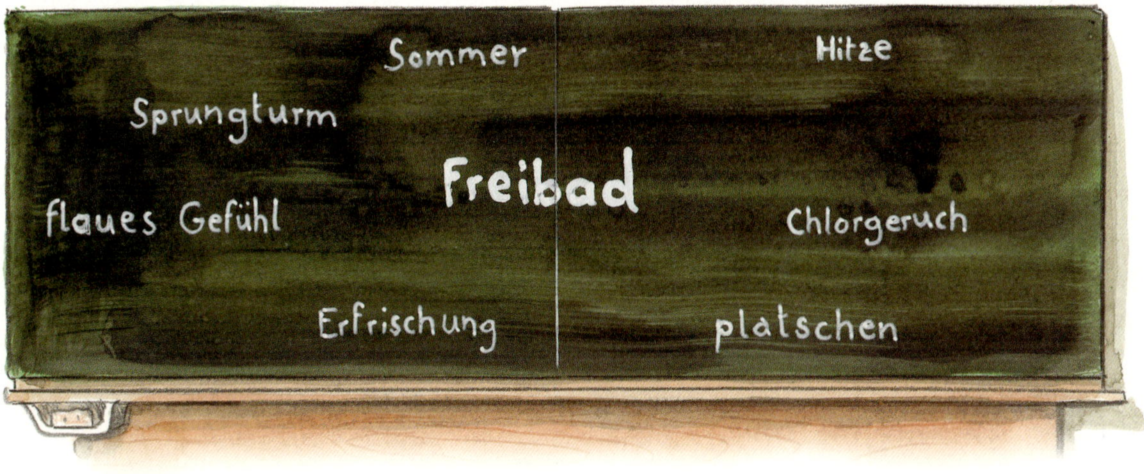

Vom Gedankenschwarm (Cluster) zur Erzählung

1 Das ist der Gedankenschwarm einer Schülerin zum Thema „Freibad“.
Aus diesem Gedankenschwearm ist eine Geschichte entstanden.
Lest sie euch vor.

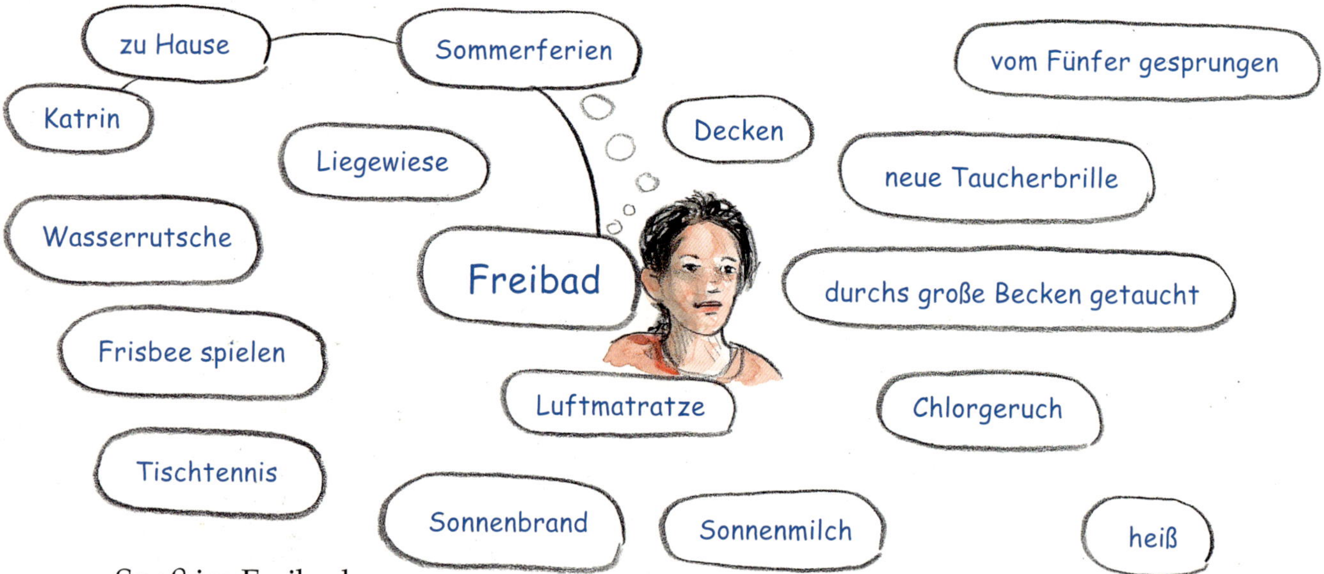

Spaß im Freibad

In diesem Sommer sind wir nicht verreist. Zuerst war ich etwas traurig. Aber dann wurden es doch schöne Ferien, weil meine Freundin Jule auch zu Hause geblieben ist. An heißen Tagen sind wir ins Freibad gefahren. Auf der Liegewiese hatten wir einen Stammplatz hinten an der Buchenhecke. Dort breiteten wir unsere Decken aus. Wir sonnten uns und spielten Frisbee. Zwischendurch sind wir immer mal eine Runde geschwommen, um uns abzukühlen. „Hey, wo ist denn meine Frisbeescheibe?“, rief Jule, als wir zu unserem Platz zurückkamen. Wir suchten und suchten überall, im Korb, unter der Decke und zwischen den Handtüchern. Die Frisbeescheibe war weg. Ärgerlich sagte ich: „Bestimmt hat die jemand geklaut.“ „Na ja, da kann man wohl nichts machen“, antwortete Jule. Kaum hatten wir uns zum Sonnen auf den Bauch gelegt, kam ssssst etwas angeflogen und landete auf meinem Rücken. Erschreckt fuhr ich hoch, aber Jule lachte: „Da ist sie ja wieder – meine liebe Frisbeescheibe.“ Hinter der Hecke wurde gekichert. Das waren Kai und Marvin aus unserer Klasse, die uns einen Streich gespielt hatten. Dann spielten wir zu viert Frisbee und hatten viel Spaß.

Marie

2 Erklärt euch, wie Marie die Stichwörter aus dem Gedankenschwarm für die Geschichte genutzt hat:
- Warum sind einige Stichwörter umkreist und zu einer Kette verbunden?
- Wo findet ihr diese Stichwörter im Text wieder? Nennt die Zeilen.
- Welche anderen Stichwörter aus dem Gedankenschwarm werden auch im Text verwendet? Nennt die Zeilen.
- Die Geschichte geht dann eigene Wege. Wie erklärt ihr euch das?

Mit einem Gedankenschwarm (Cluster) eine Erzählung planen

1 Suche dir eines der Fotos aus.
Betrachte es und lass deiner Fantasie freien Lauf.

2 Sammle deine Beobachtungen und Gedanken in einem **Gedankenschwarm**:

- Schreibe das Thema des Bildes mitten auf ein leeres Blatt und umkreise es.
- Notiere rundherum deine Gedanken dazu in Stichwörtern.
- Lass reichlich Platz zwischen den einzelnen Stichwörtern.
- Verbinde zusammenpassende Stichwörter zu einer **Gedankenkette**.
- Umkreise die Stichwörter der Gedankenkette farbig.

3 Nutze Stichwörter, die gut zusammenpassen, für eine Geschichte. Überlege dir, ob du in der Ich-Form erzählen möchtest oder in der 3. Person. Wie du deine Geschichte überarbeiten kannst, erfährst du auf Seite 36/37.

4 Bringt eigene Fotos mit in den Unterricht und lasst euch davon zu Geschichten anregen.

Schreibkonferenz – einen Textentwurf kritisch lesen

1 Leon hat sich von einem Urlaubsfoto zu einer Geschichte anregen lassen.
Hier ist sein erster Textentwurf, der ist recht gut gelungen ist.
Er gibt ihn jetzt in die Schreibkonferenz, um von seinen Mitschülern noch hilfreiche Anregungen zum Überarbeiten zu bekommen.

Ferien in Finnland

In der Einleitung deiner Geschichte steht alles Wichtige drin.

Diese Stelle habe ich nicht verstanden. Kannst du nicht genauer erzählen, was da passiert ist?

Besser wäre hier „rief" statt „sagte".

Das „sagt" Micha doch nicht, er „ruft" oder „lacht" …

In den letzten Sommerferien waren wir in Finnland. Dort wohnten wir an einem See mitten im Wald. Aber das Tollste war, dass wir ein sogar ein eigenes Ruderboot hatten. Jeden Tag ruderten mein Bruder Micha und ich zu einer Insel. Heute war ich mit Rudern dran. Micha hinter mir saß im Heck des Bootes. Der See glänzte, alles war so still und friedlich. Ruhig glitt unser Boot dahin. Es schaukelte heftig. Wie konnte das sein? Das Wasser war doch spiegelglatt. Micha schrie von hinten: „Ein Seeungeheuer – gleich verschlingt es mich." Ich hörte ein Platschen. Ich drehte mich um. Micha war weg! Ich blickte über den See. Ich konnte ihn nirgendwo entdecken. Mir wurde ganz bange. Ich sagte: „Micha! Micha, wo bist du?" Hatte ihn wirklich ein Seeungeheuer geholt? Ich entdeckte ihn. Micha war 20 Meter vom Boot wieder aufgetaucht. Ich atmete auf. Micha prustete und winkte mir zu. Er sagte: „Reingefallen, reingefallen – den Rest bis zur Insel schwimme ich!" Und schon kraulte er davon. Ich war erst etwas sauer, weil ich …

Da ist ein Wort zu viel.

Hier stimmt in einem Satz die Reihenfolge der Wörter nicht.

Mir gefällt nicht, dass du so viele Sätze mit „Ich…" beginnst.

Die Fragen in deiner Geschichte finde ich gut.

Aber der Schluss fehlt ja noch.

2 Was ist **euch** beim ersten Lesen aufgefallen?
Was hat Leon gut gemacht? Was ist ihm noch nicht so gut gelungen?
Begründet eure Meinung.

3 Leon bekommt von seiner Klasse noch einige Hinweise zu seiner Geschichte.
Sucht die entsprechenden Stellen im Text.
Macht Vorschläge, wie er seinen Text besser machen könnte.

Tipp: Wie man eine Schreibkonferenz durchführt, das könnt ihr auf Seite 278/279 nachlesen.

4 Jetzt sollt ihr selbst ausprobieren, wie sich der Text „Ferien in Finnland“ verbessern lässt.
- Experimentiert zunächst einmal mündlich mit dem Text.
- Schreibt dann eure überarbeitete Fassung auf und lest sie vor.

So schreibst du besser! Vier Tipps:

▸ Vermeide Wiederholungen bei den Satzanfängen:
Stelle in einigen Sätzen andere Satzteile an den Satzanfang.

Ich blickte über den See. Ich konnte ihn nirgendwo entdecken. Mir wurde ganz bange.

Ich blickte über den See. <u>Nirgendwo</u> konnte ich ihn entdecken. Mir wurde ganz bange.

▸ Ersetze „sagen“ durch treffendere Verben:

Er sagte: „Reingefallen! …“
Er <u>lachte</u>: „Reingefallen! …“

231

rufen
schreien
brüllen
flüstern
kreischen
lachen
stottern
…

▸ Füge Spannungswörter und Verbindungswörter ein und verbinde auch ab und zu Sätze miteinander:

Der See glänzte, alles war so still und friedlich. Ruhig glitt unser Boot dahin. Es schaukelte heftig. Wie konnte das sein?

Der See glänzte, alles war so still und friedlich. Ruhig glitt unser Boot dahin, aber <u>plötzlich schaukelte</u> es heftig. Wie konnte das sein?

dann
auf einmal
plötzlich
endlich
schließlich
in diesem Augenblick
jetzt

▸ Ergänze anschauliche und genaue Adjektive:

Dort wohnten wir an einem See mitten im Wald.
Dort wohnten wir an einem <u>grün schimmernden</u> See mitten im Wald.

Ich drehte mich um.
Ich drehte mich <u>erschrocken</u> um.

228

einsam	**schimmernd**	**riesig**
eigen	**gemütlich**	**ruhig**
ängstlich	**laut**	**dumm**
eilig	**erschrocken**	**ärgerlich**
klein	**erleichtert**	**froh**
grün	**aufatmend**	**verzweifelt**

Eine Sage aus der Odyssee lesen

In der Sagenerzählung „Odyssee“ berichtet der griechische Dichter Homer von den Irrfahrten des Odysseus nach dem Ende des so genannten trojanischen Krieges[1]. Odysseus, der König von Ithaka, irrt zehn Jahre lang auf seinem Schiff durch das Mittelmeer. Bevor er und seine Gefährten endlich heimkehren, müssen sie viele gefährliche Abenteuer bestehen. Die folgende Episode aus der Odyssee wurde von Richard Carstensen nacherzählt.

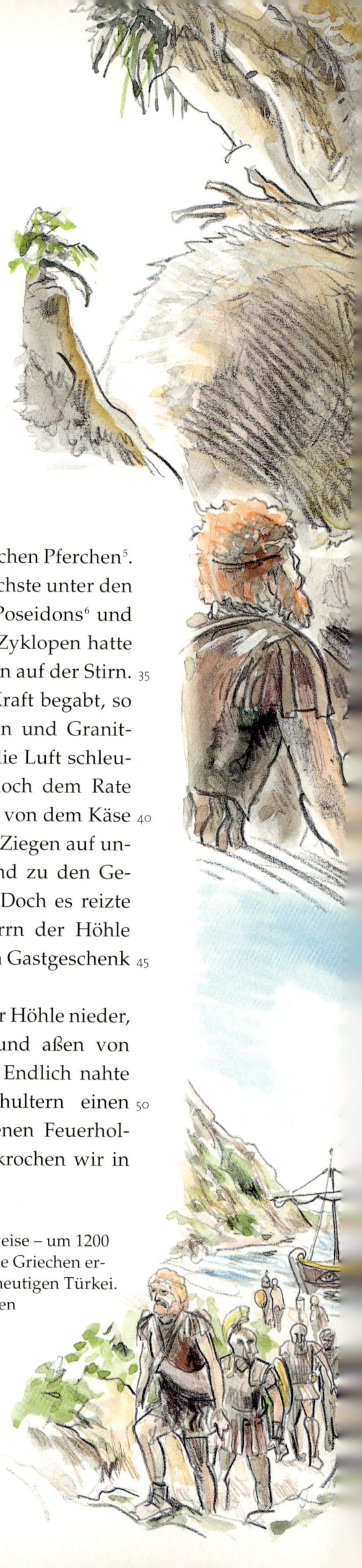

Beim Zyklopen Polyphem

Richard Carstensen

Auf unserer weiteren Fahrt landeten wir an einer kleinen, dicht bewaldeten Insel. (…) Gegenüber dieser Insel liegt ein mächtiges Eiland[2], auf dem das Volk der Zyklopen haust. (…) Sie kennen nicht Gesetze noch staatliche Ordnung, leben einsam in Felshöhlen und kümmern sich kaum um ihre Nachbarn.

Als ich am andern Morgen mit meinem Schiffe zur Zyklopeninsel hinüberfuhr, wusste ich davon noch nichts. Hart am Gestade[3] erblickten wir eine hohe, von Gesträuch überschattete Felsenkluft. Eine Menge Ziegen und Schafe lagerte davor in einem mächtigen Gehege von Steinen und Bäumen.

Da wählte ich zwölf meiner tatkräftigsten Freunde aus, hieß die übrigen an Bord bleiben und das Schiff bewachen. Ich versäumte auch nicht, einen Schlauch voll süßen Weines mitzunehmen, denn ich ahnte, er könnte mir nützlich sein als Gastgeschenk für die fremden Bewohner.

Wir fanden den Herrn nicht zu Hause, denn er war bei seinen Herden auf der Weide. Voll Verwunderung betrachteten wir das Innere der Höhle, die Körbe voll von Ziegenkäse, die Kübel, Bütten[4] und Eimer, dazu die Menge der Schafe und Lämmer in den unterirdischen Pferchen[5]. Hier hauste der fürchterlichste unter den Riesen; er war ein Sohn Poseidons[6] und hieß Polyphem. Wie alle Zyklopen hatte er ein einziges Auge mitten auf der Stirn. Er war mit unendlicher Kraft begabt, so dass er Felsen wegwälzen und Granitblöcke wie Kiesel durch die Luft schleudern konnte. Wäre ich doch dem Rate meiner Gefährten gefolgt, von dem Käse zu nehmen, Lämmer und Ziegen auf unsere Schiffe zu treiben und zu den Gefährten zurückzukehren! Doch es reizte mich, den seltsamen Herrn der Höhle kennen zu lernen und sein Gastgeschenk abzuwarten.

So setzten wir uns in der Höhle nieder, zündeten ein Feuer an und aßen von dem Käse des Zyklopen. Endlich nahte er, auf seinen Riesenschultern einen mächtigen Haufen trockenen Feuerholzes tragend. Verängstigt krochen wir in

[1] Dieser Krieg hat – möglicherweise – um 1200 vor Christus stattgefunden. Die Griechen eroberten die Stadt Troja in der heutigen Türkei.
[2] gemeint ist hier die Insel Sizilien
[3] Ufer
[4] Holzfass, Bottich
[5] Käfig
[6] griechischer Gott des Meeres

die Winkel der Grotte, als er die Last zu Boden fallen ließ. Er trieb die Ziegen und Schafe herein, rollte einen mächtigen Felsblock, den zweiundzwanzig vierrädrige Karren nicht hätten von der Stelle schaffen können, vor den Eingang, hockte sich gemächlich nieder, melkte Ziegen und Schafe und legte die saugenden Jungtiere ans Euter.

Erst als er das Feuer entfachte, erblickte uns der mächtige Mann. „Wer seid ihr, Fremdlinge?“, fuhr er uns mit seiner rauen Stimme an; sie klang wie Donnerrollen, dass uns das Herz im Leibe erbebte. „Woher kommt ihr über das Meer gefahren? Seid ihr Seeräuber, oder was treibt ihr?“

Da nahm ich allen Mut zusammen: „Griechen sind wir, kommen von Troja her und haben uns auf dem Meere verirrt. Schutz flehend nahen wir uns dir! Erhöre unsere Bitten, denn du weißt ja, dass Zeus[7] die Schutzflehenden beschirmt und jeden Frevel an ihnen rächt!“

Mit hässlichem Lachen erwiderte der Zyklop: „Ein rechter Tor scheinst du mir, Fremdling, wenn du meinst, uns Zyklopen kümmere die Rachedrohung der Götter. Sind wir selber nicht viel mehr als sie? Doch sag mir, wo bist du mit deinem Schiffe gelandet?“

Ich merkte die Arglist, die in seiner Frage lag, gar wohl. „Mein Schiff“, entgegnete ich, „hat der Erderschütterer Poseidon auf die Klippen geworfen und zertrümmert; ich allein bin mit zwölf Gefährten hierher entronnen!“ Statt aller Antwort streckte der Unhold seine Riesenhände aus, packte zwei meiner Gefährten und schmetterte sie wie junge Hunde zu Boden, dass Blut und Gehirn auf die Erde spritzten. Und sogleich zerriss er sie und fraß sie auf. Voll Entsetzen mussten wir der Untat zuschauen; jammernd streckten wir die Hände zu Zeus empor.

Doch ungerührt trank der Zyklop zu seinem schrecklichen Mahle einen Kübel Milch und streckte sich dann auf dem Boden zur Ruhe nieder. Sollte ich mich auf ihn stürzen und ihm das Schwert ins Herz stoßen? Schnell verwarf ich diesen Racheplan, denn was hätte er uns geholfen? Wir hätten einen elenden Tod in dem Felsengrab sterben müssen, weil niemand uns den Stein vom Eingang hät-

[7] höchster Gott der Griechen

te fortwälzen können. So ließen wir das Ungeheuer schnarchen und erwarteten in dumpfer Bangigkeit den Morgen.

Wieder packte Polyphem zwei meiner Begleiter und verzehrte sie vor unseren Augen. Dann schob er den Felsblock vom Eingang der Höhle, trieb die Herde hinaus und legte den Stein wieder sorgsam vor das Loch. In bebender Todesangst blieben wir zurück.

Da ersann ich einen Plan, um uns zu befreien und zugleich die toten Gefährten zu rächen. Im Stalle lag die mächtige Keule des Zyklopen, lang und dick wie ein Mastbaum. Davon hieb ich ein Stück ab, hieß die Gefährten es glätten, schärfte es oben spitz und härtete es in der Flamme. Diesen Pfahl verbarg ich sodann unter dem Mist, der den ganzen Boden bedeckte. Vier meiner Gefährten traf das Los, mit mir zusammen meinen Plan zu verwirklichen. Wir wollten dem Zyklopen das Auge ausbrennen.

Am Abend kehrte der schreckliche Riese heim, führte seine Schafe in die Höhle und verrammelte den Eingang mit dem Felsen. Wieder packte er zwei unserer Gefährten und vertilgte sie. Da näherte ich mich dem Ungeheuer mit einer Kanne meines schweren Weines: „Da nimm, Zyklop, und trink! Auf Menschenfleisch schmeckt der Wein vortrefflich. Ich hatte ihn dir als Gastgeschenk mitgebracht, aber wahrlich, du treibst es zu arg. Wer wird dich künftig wieder besuchen, wenn du so mit deinen Gästen umgehst?"

Wortlos nahm der Zyklop den dargebotenen Wein; man sah, wie das Getränk ihm behagte. Zum ersten Male zeigte er sich freundlich: „Gib mir noch einen Schluck davon zu trinken, Fremdling", bat er, „und sage mir doch, wie du heißest, damit auch ich dich mit einem Gastgeschenk erfreuen kann!"

Gern gab ich ihm von neuem zu trinken. Ja, dreimal schenkte ich den Krug voll, und dreimal leerte er ihn in seiner Dummheit. Als dann der Wein ihn zu umnebeln begann, redete ich ihn listig an: „Meinen Namen willst du wissen, Zyklop? Ich habe einen seltsamen Namen, denn ich heiße Niemand[8]; alle Welt nennt mich Niemand, Mutter und Vater heißen mich so und alle meine Freunde."

„So sollst du dein Gastgeschenk erhalten, Niemand", entgegnete der Zyklop mit grimmigem Spott; „ich werde dich als letzten von euch allen verspeisen. Bist du mit meiner Gabe zufrieden?"

Diese letzten Worte brachte der Unhold nur noch lallend hervor; dann lehnte er sich in seinem Rausche hintenüber und fiel in tiefen Schlaf.

---

[8] Es handelt sich um ein Wortspiel, das im Deutschen nicht wiederzugeben ist. Der Held gibt sich den Namen *Utis*, der eine Verkleinerungsform von *Odysseus* darstellt, zugleich aber auch *Niemand* bedeutet.

1 Gefangen in der Höhle des Zyklopen – eine schreckliche Situation. Sprecht über eure Eindrücke.

2 Begründet, warum sich Polyphem den Menschen so überlegen fühlt.

3 Wie versucht Odysseus Polyphem zu überlisten?

4 Haben die Griechen eine Chance gegen den Zyklopen? Was meint **ihr**?

5 Ist Odysseus ganz unschuldig an der Lage der Männer? Diskutiert miteinander darüber.

6 Auf der nächsten Seite könnt ihr weiterlesen.

Die Flucht von der Zyklopeninsel

Da steckte ich eilig den Pfahl in die glimmende Asche und drehte ihn, bis die ganze Spitze glühte und sprühte. Zu viert packten wir an und stießen dem Riesen die glühende Spitze mitten in das einzige Auge! Grauenvoll heulte der Verletzte auf, so laut, dass die Höhle vom Gebrüll erzitterte. Bebend vor Angst flüchteten wir uns in den äußersten Winkel. Polyphem riss den Pfahl aus der Augenhöhle, schleuderte ihn weit von sich und tobte wie ein Besessener.

Als seine Nachbarn das Geschrei hörten, kamen sie von allen Seiten herbei. „Niemand, Niemand bringt mich um, ihr Freunde! Niemand tut es mit Arglist!“ , schrie der Riese immer wieder.

Kopfschüttelnd hörten die Zyklopen seine Worte. „Wenn niemand dir etwas zuleide tut, warum schreist du denn so? Vielleicht bist du krank, Polyphem, doch dagegen haben wir kein Mittel. Da mag dein Vater Poseidon dir helfen!“ So sprachen sie und gingen davon. Wie freute ich mich, dass meine List sie so getäuscht hatte!

Vor Schmerzen winselnd, tappte der Geblendete in seiner Höhle umher. Er nahm den Felsblock vom Eingang, hockte sich vor der Höhle nieder und betastete mit seinen plumpen Händen sorgsam die hinausdrängenden Schafe, damit keiner von uns entwische. Er hielt uns für zu einfältig. Ich aber hatte längst eine List erdacht, band von den stärksten Widdern immer drei mit Weidenruten zusammen und hieß unter dem Bauche des mittleren einen der Gefährten sich an der Wolle festhalten, während die beiden Tiere rechts und links die heimliche Last beschirmten. Für mich selber wählte ich den stattlichsten Bock, das Leittier der Herde, aus.

Sorgfältig tastete Polyphem über jeden Rücken, ob keiner von uns draufsitze; an den Bauch dachte er in seiner Dummheit nicht. Wohlbehalten gelangten die Gefährten hinaus. Als mein Bock mit seiner schweren Last durch das Tor der Höhle schritt, streichelte Polyphem ihn zärtlich. „Gutes Widderchen, warum trabst du so langsam hinter der übrigen Herde hinaus? Du leidest es doch sonst nie, dass andere Schafe dir vorangehen, betrübt dich das ausgebrannte Auge deines Herrn? Könntest du sprechen, du gutes Tier, sicher würdest du mir sagen, in welchem Winkel der Höhle sich die Frevler[9] versteckt halten. Wie wollte ich mich an ihnen rächen!“

Von den zwölf Gefährten waren nur noch wir sieben am Leben, als wir uns endlich in Freiheit befanden. Wir umarmten einander herzlich und betrauerten die Toten. Heimlich trieben wir die Tiere, die uns gerettet hatten, dann zum

[9] Verbrecher, Gotteslästerer

Schiff. Doch als wir auf unsern Ruderbänken saßen und durch die Brandung steuerten, rief ich mit spottenden Worten den Zyklopen an, der eben mit seiner Herde den Hügel emporkletterte. „Heda, Polyphem, merkst du nun, dass du keines verächtlichen Mannes Gefährten in deiner Höhle gefressen hast? Endlich hast du die Strafe des Zeus für deine Freveltaten erfahren!“

Bei diesen Worten wusste sich der Zyklop vor Zorn nicht mehr zu halten. Er riss einen mächtigen Felsblock aus dem Gebirge heraus und warf ihn nach unserem Schiffe. So gut hatte er gezielt, dass er fast das Steuerruder getroffen hätte. Der entstehende Wogenschwall wollte das Schiff wieder ans Ufer zurücktragen, und nur mit aller Kraft entgingen wir neuem Unglück. Wieder hob ich meine Stimme, obwohl die Freunde, die einen zweiten Wurf befürchteten, mich mit Gewalt abhalten wollten. „Höre, Zyklop“, schrie ich, „wenn dich je einmal ein Menschenkind fragt, wer dich geblendet habe, so sollst du eine bessere Antwort geben, als du sie deinen Stammesbrüdern erteilt hast. Sag nur: Der Zerstörer Trojas, Odysseus, war es, der mir das Augenlicht nahm!“(…)

In seiner ohnmächtigen Wut ergriff der Zyklop einen zweiten Felsblock und schleuderte ihn uns nach; nur mit Mühe entgingen wir ihm. Eilig ruderten wir zur Ziegeninsel hinüber, wo unsere Gefährten uns mit Freudenrufen empfingen. Fröhlich wurde unsere Rettung gefeiert.

Am nächsten Morgen saßen wir wieder auf unseren Schiffen und ruderten weiter – der Heimat entgegen.

7 Wie hat euch der Ausgang des Abenteuers gefallen? Tauscht euch aus.

8 Was für ein Mensch ist Odysseus eigentlich? Welche Eigenschaften könnt ihr bei ihm erkennen? Nennt auch entsprechende Textstellen.

9 Bei einem Gespräch in der Klasse werden über Odysseus ganz verschiedene Meinungen laut.
Seht sie euch erst einmal an und besprecht, was die Schülerinnen und Schüler zu diesen Äußerungen veranlasst haben könnte.

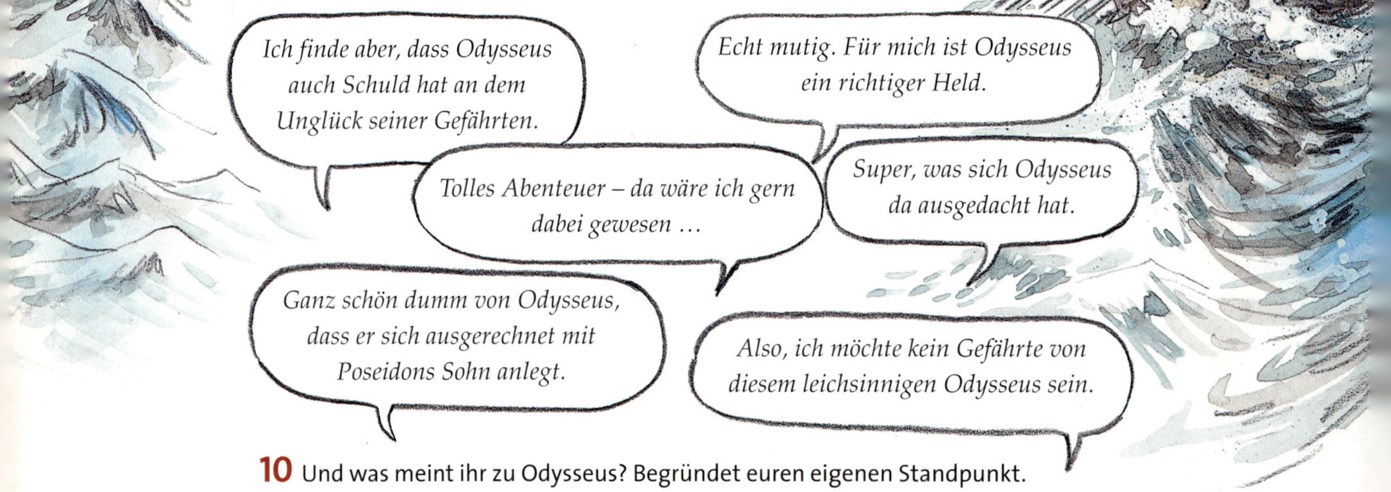

10 Und was meint ihr zu Odysseus? Begründet euren eigenen Standpunkt.

Den Schlussteil einer Sage aus veränderter Perspektive erzählen

Nach zehn langen Jahren sind Odysseus und seine Freunde endlich wieder zu Hause auf der Insel Ithaka. Was haben sie nicht alles erlebt? Da haben sie viel zu erzählen. Natürlich wollen die Zuhörer ganz genau wissen, wie die Männer die gefährlichen Abenteuer gemeistert haben. Odysseus' Gefährte Alexander erzählt von der Flucht aus der Zyklopenhöhle:

Zwei grauenvolle Tage und Nächte waren wir nun schon in der Zyklopenhöhle gefangen. Schlimme Todesängste hatte ich ausgestanden, denn bereits sechs meiner Freunde waren dem widerlichen Menschenfresser zum Opfer gefallen. Aber in der zweiten Nacht hatte Odysseus einen schlauen Plan und gemeinsam schafften wir es, Polyphem das Auge auszustechen. Nun war der riesige Zyklop blind und konnte uns zum Glück nicht mehr so leicht erwischen und auffressen. Aber in Sicherheit waren wir noch lange nicht, denn Polyphem war immer noch ein gefährlicher Gegner, so wütend wie er war. Wie sollten wir bloß lebend aus der Höhle herauskommen? Ein riesiger Felsbrocken versperrte den Ausgang. Verzweifelt betete ich zu Zeus und flehte um Rettung …

1 Sprecht darüber, was Alexander erzählt hat:
- Welche Ereignisse aus der Sage werden kurz zusammengefasst?
- Wo wird von Gefühlen und Gedanken erzählt?

2 Versetze dich in Alexanders Lage und erzähle aus seiner Sicht, wie ihm, seinen Freunden und Odysseus die Flucht aus der Höhle gelingt. Schreibe in der Ich- und Wir-Form. So könntest du anfangen:

231

Am Morgen beobachtete ich, wie Polyphem den Felsbrocken am Höhlenausgang wegrollte, um seine Ziegen und Schafe hinauszulassen. Ich atmete auf. Endlich! Wir konnten die Höhle verlassen. Doch was war das? Polyphem hockte sich vor den Ausgang und …

Tipp: Wie ihr eure Texte in der Schreibkonferenz besprecht, überarbeitet und verbessert, könnt ihr auf Seite 278/279 nachlesen.

Tiere, Tiere – rund um Tiere

Texte über Tiere lesen

Über Tiere sprechen

- über Tierfotos sprechen
- über Island-Ponys reden
- über Hunde sprechen
- über Meerschweinchen reden

Texte über Tiere schreiben

- einen Text über ein Island-Pony zu Ende schreiben
- einen Tiersteckbrief über ein Island-Pony schreiben
- einen Text über einen Golden Retriever vervollständigen
- einen Informationstext über einen Husky schreiben
- einen „Ich-Text“ über ein eigenes Haustier schreiben
- einen Erzähltext zu einer Bildergeschichte aufschreiben
- einen literarischen Text zu Ende schreiben

Texte präsentieren

- eine Sammelmappe für Texte über Tiere anlegen
- Tiersteckbriefe in der Klasse aushängen

Von Tieren erzählen

1 Manche von euch haben bestimmt ein Tier.
Erzählt einmal von euren Tieren.
- Wie heißt es und wie lange habt ihr es schon?
- Was gefällt euch an eurem Tier **besonders**?

2 Andere wünschen sich vielleicht schon lange ein Tier.
- Welche Tiere stehen denn bei euch auf der „Wunschliste"?
- Warum wünscht ihr euch gerade dieses Tier?
- Glaubt ihr, dass euer Wunsch eines Tages in Erfüllung gehen wird? Welche Voraussetzungen müssten dazu erfüllt sein? Begründet.

3 Schaut euch noch einmal die Fotos auf diesen beiden Seiten an.
Was wisst ihr über die **Haltung** und **Pflege** dieser Tiere?

Einem Erzähltext gezielt Informationen entnehmen

Darf ich vorstellen?

Das ist Sheena, ein sechsjähriges Island-Pony. Und wisst ihr, was das Tollste an Sheena ist? Sie gehört mir, mir ganz alleine. Erst vor zwei Monaten habe ich Sheena von meinen Eltern geschenkt bekommen. Das war vielleicht eine Freude und selbst jetzt kann ich es immer noch nicht fassen, dass ich wirklich ein **eigenes** Pony habe.

Na ja, zuerst wollten meine Eltern nicht so recht; ein Island-Pony ist ja nicht gerade billig. Immerhin kann ein reinrassiges Zuchttier aus Island bis zu 5 000,– Euro kosten, aber zum Glück sind in Deutschland gezüchtete Island-Ponys viel preiswerter. Meine Sheena haben wir übrigens bei einem Züchter in Niedersachsen für 1 000,– Euro gekauft. Zuerst wollte der Züchter mehr Geld, aber mein Vater hat knallhart gehandelt.

Das Teuerste bei einem Pferd sind aber die Haltungskosten, das heißt die Kosten für Stall, Futter, Hufschmied und Tierarzt. Dafür muss man monatlich noch einmal mit circa 300,– Euro rechnen. Das ist auf ein Jahr gerechnet ziemlich viel Geld, aber als meine Eltern gemerkt haben, dass ein eigenes Pferd mein sehnlichster Wunsch war, haben sie doch noch nachgegeben und mir Sheena gekauft. Allerdings musste ich mein Sparbuch „plündern“ und auch etwas Geld „beisteuern“, sonst wäre es für meine Eltern zu teuer geworden. Na ja, und die Geburtstags- und Weihachtsgeschenke fallen künftig eben auch etwas kleiner aus. Aber damit komme ich schon klar!

Doch nun zurück zu Sheena: Sheena ist, wie gesagt, ein Pony, das heißt sie ist nicht besonders groß. Gerade einmal 1,40 m beträgt ihr Stockmaß[1]. Aber obwohl sie relativ klein ist, ist Sheena eine sehr widerstandsfähige und kräftige kleine Stute, die an raues Klima gewöhnt ist und selbst erwachsene Reiter über weite Strecken ausdauernd tragen kann. Island-Ponys sind nämlich reinrassige Pferde, die sich seit Jahrhunderten nicht mit anderen Pferderassen vermischt haben. Das liegt ganz einfach daran, dass Pferde aus dem Ausland auf Island nicht eingeführt werden dürfen. Die Isländer fürchten nämlich, dass Pferdekrankheiten vom Festland auf ihre Insel eingeschleppt werden könnten.

Manche Pferdekenner sagen zwar, dass ein Island-Pony nicht gerade elegant aussieht, weil der Körperbau gedrungen wirkt und weil es einen kurzen Hals und einen großen Kopf hat. Aber mir ist egal, was die Leute sagen: Island-Ponys gefallen mir einfach so, wie sie sind. Und meine Sheena ist sowieso das schönste Pferd der Welt! Besonders mag ich ihre aufmerksamen Augen und ihr wunderschönes hellbraunes Fell. Wenn Sheena auf der Wiese steht, und der Wind in ihre lange, helle Mähne fährt, dann schaut sie mich immer ganz unternehmungslustig an.

Meine Sheena ist viereinhalb Jahre alt. Dabei muss man wissen, dass Island-Ponys relativ lange beim Züchter bleiben, bevor sie angeritten[2] werden können. Das ist auch der Grund, warum sie ziemlich teuer sind.

Erstaunlicherweise beherrschen isländische Ponys nicht nur die drei Grundgangarten *Schritt*, *Trab*[3] und *leichten Galopp*[4], sondern auch noch den *Passgang*[4] und den so genannten *Tölt*[6]. Dabei ist der Tölt den Island-Ponys angeboren und braucht ihnen nicht erst antrainiert zu werden.

So ein Pony macht aber nicht nur Spaß, sondern auch eine Menge Arbeit. Natürlich muss ich jeden Nachmittag in den Reitstall, um Sheena zu versorgen. Ponys haben nämlich einen guten Appetit und brauchen täglich Hafer, Heu, Gras, Möhren und Äpfel. Zucker frisst Sheena zwar auch gerne, aber was für Menschen gilt, gilt auch für Pferde: Zu viel Zucker ist ungesund! Nach jedem Ausritt, bringe ich Sheena wieder in den Stall und …

[1] Stockmaß: Schulterhöhe bei Pferden
[2] anreiten: Gewöhnung des Pferdes an Sattel und Reiter
[3] Trab: Vorderfuß und entgegengesetzter Hinterfuß berühren gleichzeitig den Boden
[4] Galopp: schnellste Gangart: eine nicht unterbrochene Abfolge von Sprüngen
[5] Passgang: wiegende Gangart: gleichzeitige Bewegung der beiden Beine *einer* Seite
[6] Tölt: Gangart, bei der abwechselnd ein oder zwei Hufe auf dem Boden sind

1 Das Mädchen ist vollkommen begeistert von Sheena. Nennt Textstellen, in denen das besonders deutlich wird.

2 Der Erzähltext enthält zwei Arten von Informationen:
a) **Informationen**, die **nur auf Sheena** zutreffen.
b) **allgemeine Informationen**, die für **alle Island-Ponys** gelten.
Lest den Text nun noch einmal.
Legt euch im Heft eine zweispaltige Tabelle an.
Ordnet dann alle Informationen in eurer Tabelle ein.
Notiert die Informationen dazu in der richtigen Spalte.

3 Versucht nun die folgenden Fragen über Island-Ponys zu beantworten.
Wenn ihr bei einzelnen Fragen unsicher seid, dann lest die entsprechenden Stellen im Text noch einmal nach.
- Was kostet ein Island-Pony?
- Welche Kosten entstehen, wenn man ein Pony hat?
- Was weißt du über Größe und Körperbau von Island-Ponys?
- Warum sind Island-Ponys reinrassige Pferde?
- Welche Gangarten beherrschen Ponys, die auf Island gezüchtet wurden?
- Was fressen Island-Ponys eigentlich?
- Welche Aussagen macht der Text über die Ausdauer von Island-Ponys?
- Wie muss man ein Pony pflegen?

4 Wie muss nun Sheena **nach** dem Ausritt versorgt werden? Schreibt diesen letzten Teil des Textes in der Ich-Form weiter. Die Anregungen geben euch einige Hintergrundinformationen.
Tipp: Legt euch schon jetzt eine Mappe an, in der ihr eure Tier-Texte im Verlauf dieses Unterrichtsvorhabens sammeln könnt.

Sattel und Zaumzeug abnehmen und säubern
frisches Heu und Stroh in die Pferdebox bringen
Fell mit Stroh trockenreiben
Dreck aus Hufen kratzen
Mähne und Schweif kämmen
streicheln und schmusen
mit Möhren, Äpfeln, Hafer füttern
Schwitzdecke[7] auflegen
Trense[8] gründlich säubern

[7] spezielle Decke, damit sich das verschwitzte Pferd nach dem Ausritt nicht erkältet
[8] Gebissteil des Zaumzeugs

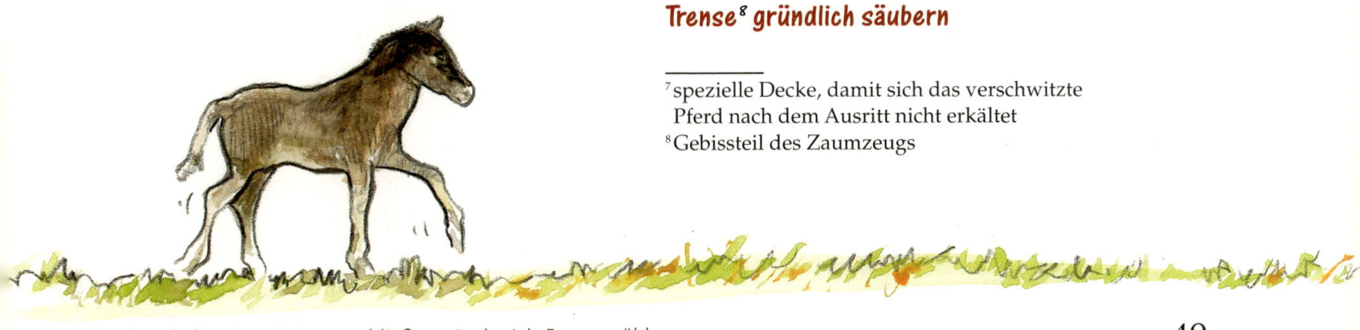

Form und Inhalt eines Tier-Steckbriefes untersuchen

1 Schaut euch diesen Steckbrief über einen Mohrenkopfpapagei einmal genau an.

Mohrenkopfpapagei

Familie:	Papageien
Art:	Mohrenkopfpapagei
Größe:	circa 24 cm
???:	Westafrika
Lebensraum:	lichte Waldgebiete und Savannen
Lebensweise:	in Paaren oder Schwärmen
???:	• schwärzlich graue Federn am Kopf • grüner „Kragen“ • Brust-, Bauch- und Unterschwanzfedern sind leuchtend gelb.
Haltung:	• in Käfigen mit starken Metallstangen (Mindestgröße des Käfigs: 60 cm x 60 cm x 100 cm) • braucht viel Zuwendung • sollte gelegentlich in der Wohnung umherfliegen können • knabbert manchmal Topfpflanzen und Möbel an
???:	Obst, Maiskolben, Möhren, Papageienfutter
Besonderheiten:	• Mohrenkopfpapageien sollten als Pärchen gehalten werden. • Die Jungtiere werden sehr zahm, wenn man sich täglich intensiv mit ihnen beschäftigt.

2 Einige Begriffe der linken Spalte fehlen! Ergänzt sie.

3 Sprecht über den Aufbau des Steckbriefes und überlegt, warum die meisten Informationen in **Stichwörtern** formuliert werden.

4 Wenn man ein Pärchen Mohrenkopfpapageien halten möchte, müssen bestimmte Voraussetzungen erfüllt werden. Worauf muss man bei der Haltung achten?

5 Kämen Mohrenkopfpapageien für euch als Haustiere in Frage? Begründet!

Einen Steckbrief über ein Island-Pony oder ein eigenes Haustier schreiben

Einen Steckbrief über ein Tier zu schreiben ist gar nicht so schwer. Probiert das einmal aus.

1 Besorgt euch zunächst Informationen über das Island-Pony Sheena. Dazu müsst ihr den Text auf Seite 48/49 noch einmal lesen.

2 Überlegt dann, zu welchen **Oberbegriffen** ihr in eurem Steckbrief Informationen aufschreiben möchtet. Welche Oberbegriffe aus dem Steckbrief über Mohrenkopfpapageien könnt ihr übernehmen, welche nicht?

3 Für euren Steckbrief braucht ihr selbstverständlich auch ein **Foto**. Das könnt ihr euch zum Beispiel aus diesem **Buch** kopieren oder ihr scannt es am Computer ein. Ihr könnt aber auch im **Internet** auf die Suche nach einem geeigneten Foto gehen.

4 Lest euch abschließend eure Sheena-Steckbriefe gegenseitig vor.
- Welche Gemeinsamkeiten stellt ihr fest?
- Gibt es auch Unterschiede? Worin bestehen sie?

5 Wenn ihr einen **Tier-Steckbrief über euer eigenes Haus- bzw. Wunschtier** schreiben möchtet, dann können euch die folgenden Tipps und Arbeitsschritte weiterhelfen:

- ▸ Beschafft euch zunächst ein **Foto** von eurem Haus- bzw. Wunschtier.
- ▸ Sammelt Informationen über euer Tier, und schreibt sie in Stichwörtern auf.
- ▸ Sammelt weitere **Oberbegriffe**, zu denen ihr in euren Steckbriefen Informationen aufschreiben möchtet. Zum Beipiel: *Herkunftsland, Gefieder, Haltung, Fell ...*
- ▸ Plant nun den **Aufbau** eures Steckbriefes:
  - Wo soll das Foto platziert werden?
  - Welche Reihenfolge für die Oberbegriffe wollt ihr festlegen?
  - Überlegt, welche Informationen ihr in Stichwörtern notieren wollt und welche Informationen ihr in ganzen Sätzen aufschreiben möchtet.
- ▸ Denkt darüber nach, wie ihr eure Steckbriefe attraktiv gestalten könnt. Zum Beispiel: *besonderer Schrifttyp für die Überschrift ...*
- ▸ Stellt eure Steckbriefe in der Klasse vor.

Tipp:
Wenn ihr eure Steckbriefe in der Klasse aushängt, bekommt ihr eine schöne Tier-Galerie mit vielen interessanten Informationen.

Fehlende Informationen in einer Tierbeschreibung ergänzen

1 Lest diese Tierbeschreibung einmal laut vor und findet heraus, was im zweiten Abschnitt des Textes nicht stimmt.

Golden Retriever

Golden Retriever stammen aus Großbritannien und können ungefähr 15 Jahre alt werden. Ein ausgewachsener Golden Retriever wird 51 bis 61 Zentimeter hoch, wobei sein Körpergewicht bei circa 30 Kilogramm liegt. Wegen ihres freundlichen Wesens zählen Golden Retriever zu den beliebtesten Hunderassen. Sie sind sehr kinderlieb, geduldig und anhänglich. Daher eignen sie sich bestens als Familienhunde.

Golden Retriever sind ? Hunde mit ? Beinen. Sie haben einen ? Schädel und ein ? Gebiss. Golden Retriever besitzen ein ? Fell mit ? Haaren, die regelmäßig gebürstet werden müssen. Durch ihr ? Fell wirkt der Körperbau dieser Hunderasse größer als er in Wirklichkeit ist. Ein ? Golden Retriever sollte eine ? Rute mit ? Haaren besitzen. Besonders sympathisch sind die herabhängenden Ohren und die ? Augen. Diese Hunde haben eine ? Nase, die weit geöffnet ist und mit der sie exzellent riechen können. Ihre Schnauze ist etwas ?. Natürlich brauchen Golden Retriever sehr viel Bewegung. Wegen ihrer Intelligenz sind Golden Retriever ? und ? Jagd- und Apportierhunde[1].

[1] apportieren: Gegenstände oder erlegtes Wild herbeibringen

2 Im zweiten Abschnitt fehlen einige Wörter.
Schaut euch diese Wörter einmal an.
Um welche **Wortart** handelt es sich?

schnell	lang, glatt	mittelgroß, dunkel
muskulös	langhaarig	schwarz
breit	prachtvoll	rundlich
kräftig	gerade	zuverlässig
weich, goldfarben	lang	wachsam

228

3 Setzt die Wörter beim lauten Lesen in die Lücken ein.

4 Schreibe nun den vollständigen zweiten Absatz fehlerfrei in dein Heft.

Einen Informationstext über einen Hund schreiben

1 Kennt ihr euch mit Hunden aus? Dann schaut euch den Hund auf dem Foto einmal genauer an und tragt zusammen, was ihr schon alles über Huskys wisst.

2 Ausführliche Informationen über Huskys findet ihr in der Stichwortsammlung rechts.

Sibirischer Husky

- **Herkunftsland:** ursprünglich: Sibirien; werden heute meist in USA gezüchtet
- **Lebenserwartung:** 11 bis 12 Jahre
- **Größe:** mittelgroß, circa 51 bis 60 cm
- **Gewicht:** 16 bis 27 kg
- **Fell:** sehr dichtes, mittellanges Haarkleid, das Huskys optimal vor Kälte schützt
- **Fellfarbe:** unterschiedliche Fellfarben von weiß bis silbrig, schwarz
- **Fellpflege:** Fell täglich intensiv ausbürsten
- **Wesen:** freundlich, anpassungsfähig
- **Körperbau:** sehr kräftiger Arbeitshund, den die Inuit als Schlittenhund genutzt haben.
- **Kopf:** länglicher, mittelgroßer Kopf mit flacher Stirn
- **Lefzen:** schwarze, eng anliegende Lefzen
- **Gebiss:** kräftiges Gebiss
- **Ohren:** mittelgroße, aufrecht stehende Ohren
- **Augen:** leicht schräg stehend
- **Augenfarbe:** braune oder blaue Augen
- **Nase:** schwarz oder braun
- **Rute:** reich behaarte, buschige Rute
- **Haltung:** braucht viel Bewegung und intensive Zuwendung
- **besondere Merkmale:** verträgt extrem niedrige Temperaturen; ovale Pfoten mit dichter Behaarung zwischen den Zehen; eigentlich nicht als Haustier geeignet

3 Schreibt nun einen **Informationstext** über Sibirische Huskys. Richtet euch beim Schreiben nach der Reihenfolge der Stichwörter. Beginnt eueren Text so:

Wie der Name schon sagt, stammen Sibirische Huskys ursprünglich aus Sibirien. Heute werden sie allerdings meist in den USA gezüchtet. Ein Husky kann ungefähr 11 bis 12 Jahre ...

Tipp: Wechselt beim Schreiben nach Möglichkeit Sätze mit ***hat/haben*** und ***ist/sind*** ab.

4 Lest euch eure Informationstexte gegenseitig vor. Welche Unterschiede stellt ihr fest?

5 Vielleicht gibt es richtige Hundeexperten in eurer Klasse, die noch andere Hunderassen in ähnlicher Weise vorstellen möchten!

Einem Sachtext gezielt Informationen entnehmen

1 Mögt ihr Meerschweinchen? Wie gefallen euch denn diese drei hier? Worin unterscheiden sie sich? Welches gefällt euch am besten? Begründet!

2 Bestimmt wisst ihr auch schon einiges über Meerschweinchen. Erzählt einmal!

3 Auf der gegenüberliegenden Seite findet ihr einen Sachtext mit vielen interessanten Informationen über Meerschweinchen.
Aber **bevor** ihr nun diesen Text lest, macht einmal Folgendes:
Notiert euch **vor dem Lesen** zunächst einmal einige **Fragen über Meerschweinchen**, die ihr gerne von dem Text beantwortet hättet.
Später könnt ihr dann überprüfen, ob ihr im Text Antworten auf eure Fragen gefunden habt oder ob einzelne Fragen unbeantwortet geblieben sind.

Welche Meerschweinchenrassen gibt es eigentlich?
Wieso heißen diese Tiere überhaupt Meerschweinchen?
...

4 „Überfliegt" nun den Text mit euren Augen.
Einen Text überfliegen bedeutet, dass jeder von euch den Text **so schnell wie möglich still** liest. Dafür habt ihr höchstens drei Minuten Zeit!
Ihr braucht dabei auch nicht unbedingt jeden Satz zu lesen.
Außerdem könnt ihr unklare Textstellen einfach „überlesen".

Meerschweinchen

Anne Kuckelkorn

Ursprünglich stammen unserer Meerschweinchen aus Mittel- und Südamerika. An Hand von Fossilien konnten Forscher nachweisen, dass es dort vor ungefähr 40 Millionen Jahren urtümliche Wildmeerschweinchen gegeben haben muss, die etwas größer und kräftiger als unsere heutigen Meerschweinchen waren.

Schon 1670 entdeckten holländische Kaufleute die zutraulichen Tiere bei den Indios in Peru. Sie fanden die Meerschweinchen so nett, dass sie einige der kleinen Nagetiere als Spieltiere für ihre Kinder mit nach Holland nahmen. Die Meerschweinchen vermehrten sich in Holland so rasch, dass man sie schon bald als Haustiere züchtete und ab 1680 nach Frankreich und England exportierte.

Bei Meerschweinchen unterscheidet man die verschiedenen Rassen hauptsächlich nach ihrem Fell. So spricht man im Volksmund beispielsweise von Glatthaar-, Rosetten- oder Angora-Meerschweinchen. Glatthaarmeerschweinchen sind schlank und besitzen ein glänzendes, dicht anliegendes Fell. Sie werden in vielen verschiedenen Farben gezüchtet. Bei den Rosettenmeerschweinchen bildet das Haar kleine Wirbel, die überall am Körper auftreten können. Durch die Haarwirbel wirken Rosettenmeerschweinchen immer etwas struppig und ungekämmt. Angora-Meerschweinchen sind wohl die pflegeintensivste Meerschweinchenrasse. Sie haben zwar ein wunderschönes, seidenweiches Fell, müssen aber oft gebürstet werden, weil sonst ihr 15 Zentimeter langes Haarkleid schnell verfilzt.

Mit dem Schwein vom Bauernhof haben Meerschweinchen nur das Quieken gemeinsam. Ansonsten sind Meerschweinchen mit Schweinen überhaupt nicht verwandt. Vielmehr gehören sie zur biologischen Ordnung der Nagetiere. Wie alle Nager besitzen nämlich auch Meerschweinchen ein ganz besonderes Gebiss, das sich durch eine große Lücke zwischen den Schneide- und den Backenzähnen und durch ständig nachwachsende Schneidezähne auszeichnet. Meerschweinchen heißen übrigens Meerschweinchen, weil sie wie Schweine quieken und früher einmal über das Meer zu uns nach Europa gekommen sind.

Meerschweinchen sind ziemlich anspruchslose und pflegeleichte Haustiere. Damit sie sich wohl fühlen, brauchen sie allerdings einen ausreichend großen Käfig, der für ein Einzeltier mindestens 68 x 36 x 35 Zentimeter groß sein sollte. Möchte man aber zwei Meerschweinchen halten, dann sollte der Käfig entsprechend größer sein. Der Käfig muss – je nach Anzahl der Tiere – ungefähr alle fünf Tage sauber gemacht werden. Dann müssen Einstreu und Heu erneuert werden. Einstreu nennt man übrigens die auf den Käfigboden gestreuten feinen Sägespäne. Zu fressen bekommen Meerschweinchen eine spezielle Körnermischung und Heu aus der Zoohandlung. Dazu gibt es frisches Obst und Gemüse. Im Frühjahr und Sommer freuen sie sich aber auch über frisches Gras und zarte Löwenzahnblätter.

Hin und wieder sollte man sein Meerschweinchen vorsichtig bürsten und ihm die Krallen schneiden; die wachsen nämlich schneller als sie auf dem weichen Käfigboden abgenutzt werden. Das Krallenschneiden übernimmt aber auch ein Tierarzt.

Schon beim Kauf eines Meerschweinchens sollte man nachfragen, ob es ein Männchen oder Weibchen ist. Besonders wichtig ist das natürlich, wenn man gleich zwei Tiere halten möchte. Kauft man nämlich ein Pärchen, so lässt der zahlreiche Nachwuchs nicht lange auf sich warten und der Käfig wird schnell zu eng. Außerdem sollte man darauf achten, dass die Tiere gesund sind. Gesunde Meerschweinchen machen einen lebhaften Eindruck und haben glänzende Augen und ein schönes dichtes Fell, das am Hinterteil nicht durch Kot verschmutzt sein darf.

Bei den Meerschweinchen nennt man die Männchen Böckchen und solch ein ausgewachsenes Böckchen kann bis zu 1 800 Gramm schwer werden. Die kleineren Weibchen sind da mit 1 100 Gramm deutlich leichter.

Meerschweinchen können bis zu zehn Jahre alt werden, sodass man lange Freude an ihnen hat.

5 Was habt ihr vom Inhalt des Textes behalten? Welche von euren Fragen hat der Text beantwortet?

6 Um die folgenden Aufgaben bearbeiten zu können, müsst ihr den Text noch einmal lesen. Am besten lest ihr ihn jetzt laut vor. Diesmal kommt es aber nicht auf Schnelligkeit, sondern auf **ganz genaues Lesen** an.
Tipp: Um Unterbrechungen beim Lesen zu vermeiden, solltet ihr die Abschnitte gleich zu Beginn aufteilen und festlegen, wer welchen Abschnitt liest.

7 Der Text ist in neun Abschnitte unterteilt. Ordnet die folgenden Zwischenüberschriften den richtigen Abschnitten zu.
Aber aufgepasst! Eine der Überschrift enthält einen Fehler. Findet ihn und formuliert diese Zwischenüberschrift richtig!
- Wie das Meerschweinchen nach Holland kam
- Wissenswertes über Käfig und richtige Ernährung
- Warum Meerschweinchen richtige Schweine sind
- Herkunft und Entwicklung der Meerschweinchen
- Wie alt Meerschweinchen werden können
- Die verschiedenen Meerschweinchenrassen
- Pflege von Meerschweinchen
- Wie schwer können Meerschweinchen werden?
- Worauf man beim Kauf besonders achten sollte!

8 Drei der folgenden Aussagen sind falsch. Finde sie heraus und schreibe sie richtig auf.

a) Die bis zu 1800 Gramm schweren männlichen Tiere nennt man bei Meerschweinchen Böckchen.
b) Die ersten Meerschweinchen brachten englische Händler aus Indien mit nach Europa.
c) Holländische Seeleute entdeckten die Meerschweinchen in Südamerika, und zwar bei Indios in Peru.
d) Die drei beliebtesten Rassen unterscheiden sich in ihrem Fell. Das dicke Glatthaarmeerschweinchen hat ein ganz kurzes Fell. Angora-Meerschweinchen besitzen auffallende Haarwirbel und Rosettenmeerschweinchen tragen ein 15 cm langes, seidenweiches Fell.
e) Die Lebenserwartung eines Meerschweinchens liegt bei zehn Jahren. Erwachsene Tiere wiegen zwischen 1100 und 1800 Gramm.
f) Meerschweinchen sind ziemlich anspruchslose Haustiere, die keinen besonders großen Käfig benötigen. Für ein Einzeltier genügt ein 40 x 25 x 20 Zentimeter großer Käfig vollkommen.

9 Beantwortet die folgenden Fragen schriftlich:
- Was sollte man bei der Haltung und Pflege von Meerschweinchen wissen?
- Warum gehören Meerschweinchen zoologisch gesehen nicht zu den Schweinen?
- Was ist beim Kauf eines Käfigs für Meerschweinchen zu beachten?

10 Jetzt wisst ihr so viel über Meerschweinchen, dass ihr einen **Steckbrief** über sie schreiben könnt. Schaut euch den Steckbrief auf Seite 53 noch einmal an, und überlegt, welche **Oberbegriffe** ihr für euren Steckbrief brauchen könnt.

11 Überprüft abschließend mit einem Partner, ob ihr die wichtigsten Informationen in eurem Steckbrief aufgeschrieben habt. Sind alle Informationen eures Steckbriefes richtig? Wenn ihr unsicher seid, dann lest doch die entsprechenden Textstellen zur Kontrolle noch einmal im Text nach.

Einen Erzähltext über ein Haustier erarbeiten

1 Hier erzählt ein Kind von seinem Haustier. Lest den Text aufmerksam.

Meine Mucka

Tristan Herzog

Das erste, das ich morgens im Halbschlaf höre, ist ein leises Rascheln im Heu. Dann trippeln kleine Pfötchen über weiche Sägespäne zum Fressnapf. Obwohl ich das im Dunkeln natürlich nicht sehen kann, höre ich es doch ganz deutlich; die Körner klappern leise im metallenen Fressnapf, wenn mein Meerschweinchen sie suchend durchwühlt, um herauszufinden, ob es am Vortag auch wirklich kein leckeres Körnchen übersehen hat. Mein Meerschweinchen ist nämlich wählerisch. Längst frisst es nicht alle Körner, sondern sucht sich nur die heraus, die es am liebsten mag. Meistens findet es noch einen Leckerbissen und ich höre, wie es die harten Körner knirschend zerkaut.

Wenn mein Funkwecker piepst, muss ich aufstehen. „Morgen, Mucka!“, begrüße ich mein Meerschweinchen und gleich sieht sie mich erwartungsvoll durch die Gitterstäbe an. Mucka ist ein Weibchen und heißt eigentlich Mucki. Aber so wird sie nur von meiner Mutter genannt. Ich sage Mucka und mein Vater nennt sie einfach nur Schwein. „Schließlich ist es ja ein Meerschwein“, sagt er, „dann kann ich es auch Schwein nennen.“ Er weiß natürlich, dass Meerschweinchen keine Schweine sind, sondern Nagetiere, aber er sagt trotzdem Schwein. „Kuck mal, Schwein“, sagt er dann, „ich habe dir ein leckeres Äpfelchen mitgebracht.“ Oder er sagt: „Schwein, heute wird dein Käfig sauber gemacht, dann hast du wieder ein sauberes Häuschen und kannst dein Bettzeug auffressen!“ Mit Muckas „Bettzeug“ meint er das Bergwiesenheu, das er in das Schlafhäuschen stopft, damit Mucka es auch schön warm hat. Und nichts hat Mucka lieber als frisches duftendes Bergwiesenheu. Gleich in der ersten Nacht frisst sie die Hälfte des Heus auf, sodass morgens nicht mehr viel vom frischen „Bettzeug“ übrig ist.

Nach dem Zähneputzen gehe ich wieder in mein Zimmer, um mich umzuziehen. Dann steht meine Mucka schon am Fressnapf und bettelt mich an. Das macht sie ganz geschickt. Mit beiden Vorderpfötchen stellt sie sich auf den Rand des Fressnapfes und schaut abwechselnd in den Napf und dann wieder zu mir hoch. Den Kopf hält sie leicht nach vorne gebeugt, sodass sie mich schon fast etwas vorwurfsvoll von unten ansieht. Jedenfalls bilde ich mir das ein. „Wo bleibt mein Frühstück?“, will sie mir sagen. „Lass mich nicht so

lange warten! Ich hab' Hunger!" Meistens bekommt sie dann sofort etwas, aber wehe, wenn es Mucka zu lange dauert; dann knabbert sie wütend die Holzwände ihres Schlafhäuschens an und hört erst auf, wenn sie etwas zu fressen bekommen hat.

Natürlich begnügt Mucka sich nicht nur mit Körnern und Heu. Nein, sie hat auch immer Lust auf etwas Frisches. Zarte Salatblätter mag sie zum Frühstück am liebsten und dazu auch gerne ein knackiges Stück Birne oder Apfel. Morgens ist es bei uns zu Hause aber manchmal auch so hektisch oder ich bin noch so verschlafen, dass ich den Salat oder das Apfelstück oder die frischen Körner vergesse. Das lässt Mucka sich natürlich nicht gefallen. Laut pfeift sie durch das ganze Haus, bis ich mit den Leckereien komme. Erst, wenn alles zu ihrer Zufriedenheit ist, gluckst sie ganz vergnügt, kuschelt sich gleich nach dem Frühstück wieder wohlig ins Heu und schläft schon bald zufrieden ein. Dann beneide ich meine Mucka. Auf mich wartet nämlich die Schule.

2 Welche Textstellen haben euch am besten gefallen? Lest diese Stellen vor und sprecht darüber.

3 Der zweite Textabschnitt (Zeile 12–28) eignet sich besonders gut zum Vorlesen.
Bereitet diesen Abschnitt für einen **Lesevortrag** vor.

Tipp:
Lest die wörtliche Rede mit verstellter Stimme oder lest den Textabschnitt gleich mit verteilten Rollen.

4 Vergleicht einmal den Text *Meine Mucka* mit dem Meerschweinchentext auf Seite 55.
Welche **Unterschiede** fallen euch auf?

5 Nur eine der folgenden drei Aussagen über den Erzähltext *Meine Mucka* trifft zu.
Welche Aussage ist das? Begründet!

- Der Text enthält viele interessante Sachinformationen über die Pflege und Haltung von Meerschweinchen. Der Leser wird gut informiert.
- Der Text ist **hauptsächlich** ein Sachtext, der aber auch hin und wieder von persönlichen Erlebnissen des Jungen mit seinem Meerschweinchen erzählt.
- Der Text enthält nur wenige sachliche Informationen über die Haltung von Meerschweinchen. Dafür erfährt man sehr viel über die persönliche Beziehung zwischen der Familie und dem Haustier. Man merkt, dass die ganze Familie das Meerschweinchen sehr gern hat und sich viel mit dem Tier beschäftigt.

6 Schreibt jetzt selbst einen ähnlichen Text über euer Haustier.
Wenn ihr selbst keins habt, dann könnt ihr vielleicht über das Tier eines Freundes oder einer Freundin schreiben.

Schreibtipps:
- Erzählt vom **alltäglichen Zusammenleben** mit dem Tier.
- Schreibt über **lustige Erlebnisse** mit eurem Haustier.
- Verwendet auch die wörtliche Rede. Das macht eure Erzählung „lebendiger".
- Beschreibt, wie ihr mit dem Tier sprecht, es streichelt und liebkost.
- Schreibt eure Texte im Präsens.

231
236/237

Zu einer Bildergeschichte einen Erzähltext planen und schreiben

1 Seht euch die Bildergeschichte in Ruhe an, und erzählt dann, was geschehen ist.

2 Ob der kleine Hund wohl wieder ganz gesund werden wird? Überlegt euch einen Schluss für die Bildergeschichte. Wer möchte, kann auch ein „Schlussbild" malen.

3 Schreibt jetzt eine Geschichte nach diesen Bildern. Beim Schreiben eurer Geschichten können euch die folgenden **Tipps** eine Hilfe sein:

- Aus den Bildern soll eine richtige Geschichte werden. Du brauchst dazu aber nicht jedes Bild bis in die letzte Einzelheit zu beschreiben.

- Schau nur auf die Bilder, wenn du nicht mehr weißt, wie die Handlung weitergeht.

- Erzähle die Geschichte in der ***Ich-Form***. Tu also so, als hättest du die ganze Geschichte selbst erlebt.

- Gib dem Hund einen Namen.

- Verwende Wörter und Formulierungen, die deine Geschichte spannend und anschaulich machen, zum Beispiel:
  plötzlich – auf einmal – da – starr vor Schrecken – mit quietschenden Reifen – ganz unerwartet

- Verwende wörtliche Rede, schreibe also zum Beispiel:
  „Jerry!!!", schrie ich verzweifelt, „bleib stehen!!! Die Straße!!!"
  „Tja", sagte Tierarzt Dr. Bommel, „ich glaube, da hat dein Hund noch einmal Glück im Unglück gehabt. Er hat nur einen einfachen Knochenbruch!"

231

- Stell dir vor, dass Ganze sei **gestern** passiert. Erzähle also in der Vergangenheit.

236/237

- Welche Überschrift möchtest du deiner Geschichte geben?

4 Hier haben zwei Schüler ihre Texte ganz unterschiedlich begonnen. Vergleicht einmal beide Texte miteinander. Welcher Anfang gefällt euch besser? Begründet!

Gestern ist mir vielleicht etwas passiert. Es war der letzte Tag der Sommerferien, und diesen Tag wollte ich natürlich noch richtig ausnutzen. Also ging ich mit meinem Jerry auf die Wiese. Weil Jerry so gerne mit Bällen spielt, habe ich meinen alten Fußball mit auf die Wiese genommen. ...

Gestern ist mein Hund Jerry in der Nähe der Spielwiese von einem Auto angefahren worden. Dabei hat er sich das Vorderbein gebrochen. Zu dem Unfall kam es so: Von zu Hause aus bin ich mit Jerry ...

Eine Hundegeschichte lesen und weiterschreiben

In der folgenden Geschichte erzählt die schwedische Kinderbuchautorin **Astrid Lindgren** von einem Jungen, der sich einen ganz bestimmten Hund wünscht …
Astrid Lindgren lebte von 1907 bis 2002 und wurde besonders durch ihre *Pippi Langstrumpf-Bücher* weltberühmt. Aber Astrid Lindgren hat auch noch andere sehr schöne Kinderbücher geschrieben, so z. B. *Ronja Räubertochter, Kalle Blomquist* und *Wir Kinder aus Bullerbü*.
Und aus ihrem Buch *Wir Kinder aus Bullerbü* stammt die Geschichte von Ole und Swipp, dem Hund.

1 Lies dir die Geschichte zuerst einmal durch.

Wie Ole seinen Hund bekam

Ole hat keine Geschwister. Aber er hat einen Hund (…) Der Hund heißt Swipp. Jetzt will ich erzählen, wie es zuging, dass Ole Swipp bekam, so wie er selber es uns erzählt hat. Mitten zwischen Bullerbü und Storbü wohnt ein Schuhmacher, der heißt Nett. Er heißt Nett, aber er ist kein bisschen nett, wirklich kein bisschen. Nie hat er unsere Schuhe fertig, wenn wir kommen und sie abholen wollen, auch wenn er es ganz bestimmt versprochen hat, dass sie fertig sein sollten. Das kommt davon, weil er so viel trinkt, sagte Agda. Ihm hat Swipp früher gehört. Er war nie nett zu Swipp, und Swipp war der schlimmste Hund, den es im ganzen Kirchspiel gab. Immer war er an der Hundehütte angebunden, und wenn man mit den Schuhen zu Nett wollte, kam Swipp aus der Hundehütte herausgestürzt und bellte böse. Wir hatten Angst vor ihm und wagten gar nicht, zu ihm hinzugehen. Wir hatten auch vor dem Schuhmacher Angst, denn er sagte immer: „Kinder sind eine Rasselbande, sie müssten jeden Tag Prügel kriegen."

Swipp bekam auch oft Prügel, obwohl er ein Hund war und kein Kind. Nett fand vielleicht, Hunde müssten auch jeden Tag Prügel kriegen. Und wenn Nett betrunken war, vergaß er, Swipp etwas zu essen zu geben.

Zu der Zeit, als Swipp noch bei dem Schuhmacher war, fand ich immer, er wäre ein grässlicher Hund. Er war so schmutzig und zerzaust und knurrte und bellte in einem fort. Jetzt finde ich, er ist ein freundlicher und hübscher Hund. Dazu hat Ole ihn gemacht. Ole selbst ist ja auch immer so freundlich.

Als Ole einmal mit seinen Schuhen zum Schuhmacher wollte, kam Swipp wie gewöhnlich aus der Hundehütte gestürzt und kläffte und sah so aus, als ob er beißen wollte. Ole blieb stehen und sprach mit ihm und sagte, er wäre ein guter Hund, nur er dürfte nicht so bellen. Er stand natürlich etwas entfernt, sodass Swipp nicht an ihn heran konnte. Swipp war genauso boshaft wie immer und bellte und riss an der Kette. Als Ole kam, um seine Schuhe abzuholen, brachte er für Swipp einen Knochen mit. Swipp knurrte und kläffte, aber er war so hungrig, dass er sich sofort auf den Knochen stürzte und ihn zerbiss. Während er fraß, stand Ole die ganze Zeit ein kleines Stück entfernt und sagte immer zu Swipp, er sei ein guter Hund. Ole musste ja oftmals hin, um nach seinen Schuhen zu fragen.

Denn sie waren doch nie fertig. Und immer brachte er Swipp irgendetwas mit. Und schließlich knurrte Swipp ihn nicht mehr an, sondern bellte nur, wie Hunde bellen, wenn sie einen Menschen sehen, den sie gut leiden können. Da ging Ole zu Swipp hin und streichelte ihn, und Swipp leckte ihm die Hand. Eines Tages fiel der Schuhmacher hin und verstauchte sich den Fuß. Da dachte er nur noch an seinen Fuß und er kümmerte sich nicht darum, ob Swipp etwas zu essen bekam.

Ole tat es Leid um Swipp. Deshalb ging er zu Nett und fragte, ob er für Swipp sorgen dürfe, solange Nett den schlimmen Fuß hätte. Dass er das gewagt hat! Aber Nett sagte nur:

„Das möchte ich mal sehen! Der fährt dir an die Kehle, wenn du nur in seine Nähe kommst.“

Ole ging zu Swipp hinaus und streichelte ihn, während der Schuhmacher am Fenster stand und zusah. Da sagte er, Ole könne gern für Swipp sorgen, solange er selbst es nicht könne.

Ole machte die Hundehütte sauber, legte frisches Heu hinein, wusch Swipps Trinknapf aus, füllte ihn mit frischem, sauberen Wasser und gab Swipp eine ganze Menge zu essen. Hinterher nahm er ihn mit auf einen langen Spaziergang bis zu uns nach Bullerbü. Swipp hüpfte und sprang und bellte vor Freude, denn er war so lange angebunden gewesen, dass es ihm schrecklich über war.

Die ganze Zeit, während Nett den kranken Fuß hatte, holte Ole Swipp jeden Tag ab und spielte mit ihm. Wir spielten auch mit ihm, aber Swipp mochte Ole am liebsten leiden. Als Netts Fuß wieder gut war, sagte er zu Ole: „Jetzt aber Schluss damit! Der Hund ist ein Wachhund. Er muss wieder an die Kette.“

Swipp dachte, er dürfe wie gewöhnlich mit Ole spazieren gehen, sodass er hüpfte und sprang und bellte. Als Ole fortging, ohne ihn mitzunehmen, heulte Swipp und war schrecklich traurig, sagte Ole. Ole war auch traurig. Schließlich konnte sein Vater es nicht länger mit ansehen, wie traurig er war, und da ging Oles Vater zu Nett und kaufte Swipp für Ole.

2 Sprecht nun über Astrid Lindgrens Erzählung.
- Welche Textstellen haben euch besonders gut gefallen? Warum?
- Wie erklärt ihr euch, dass aus einem bissigen Wachhund ein zahmer, kinderlieber Hund wird?
- Könnt ihr euch vorstellen, warum der Schuster so gemein zu seinem Hund gewesen ist?

3 *... und da ging Oles Vater zu Nett und kaufte Swipp für Ole.*
Astrid Lindgrens Erzählung ist hier natürlich noch nicht zu Ende.
Ihr sollt die Geschichte nun **weiterschreiben**.
Die folgenden Anregungen können euch dabei helfen:
- Ole ist außer sich vor Freude
- Swipp wird gebadet und gebürstet
- Freunde schauen zu und helfen
- Ole füttert Swipp
- Swipp verändert sich: Er ist lieb geworden
- Er schläft unter Oles Bett
- Swipp holt Ole jeden Tag von der Schule ab
- Der Hund fürchtet sich, wenn er Schuster Nett sieht
- Swipp macht einen weiten Bogen um Netts Haus

Tipps zum spannenden Erzählen findet ihr auf Seite 60.

Lieblingsplätze

Über Lieblingsplätze lesen und schreiben

In der Koje

Barbara Rhenius

Charlotte hat es gut. Wenn sie einmal allein sein möchte, dann zieht sie sich einfach an ihren Lieblingsplatz zurück. Und das ist ein ganz besonderer Platz! Eigentlich gehört er ihr gar nicht. Aber sie kann dort mit dem Fahrrad hinfahren, wann immer sie will. Der Platz liegt am Kanal, genauer gesagt auf einem Boot, das am Ufer festgemacht ist. Und das Boot gehört Imma, ihrer Tante. Gut, ihre richtige Tante ist Imma nicht; sie könnte vielmehr ihre Oma sein. Aber Charlotte sagt eben Tante zu ihr. Wenn sie zu ihr kommt, dann sagt Imma: „Du willst sicher wieder in deine Koje hinunter. Na, dann geh nur!“ Mehr sagt sie selten. Und dann lässt sie Charlotte in Ruhe.

Die Koje! Das ist ein wunderbarer Platz. Gut, es riecht etwas moderig und faulig darin. Das kommt vom Wasser und vielleicht auch daher, dass das Schiff schon so alt ist. Aber Charlotte mag diesen Geruch. Und dass es da manchmal in der Ecke piepst und kraspelt und eine Maus über den schwarzen Fußboden rennt, stört sie auch nicht. Das ist eben die Schiffsmaus, und die ist hier schließlich zu Hause. Und wenn die einmal nicht kommt, dann fehlt Charlotte irgendwas. Das Schönste aber ist die Hängematte, die in der Koje aufgespannt ist. In die legt sich Charlotte hinein und zieht an dem Seil, sodass sie anfängt zu schaukeln. Das ist schöner als ihr eigenes Federbett. Das geht dann hin und her und auf und ab. Über ihr knarrt das Holz von Immas Schritten, und unter ihr hört sie, wie das Wasser des Flusses an den Schiffsboden schwappt.

Die Koje hat natürlich ein Bullauge, ein kleines rundes Fenster, durch das man hinausschauen kann. Dann sieht sie manchmal, wie auf dem Kanal ein großer Lastkahn vorbeikommt. Und wenn so ein Ungetüm an dem Bullauge vorbeifährt, dann brummt und rumpelt es, und die Wellen poltern an die Schiffswand. Immas altes Boot fängt dann jedes Mal an zu zittern und zu ächzen, und die Hängematte beginnt zu schwanken.

Dann träumt Charlotte, dass sie mit ihrem Schiff losfahren würden, den Kanal hinunter und durch die Schleuse zum Fluss, erst nach Duisburg und dann bis nach Rotterdam. Imma wäre der Kapitän und sie selbst die Steuerfrau. Imma würde die Befehle geben, und sie selbst würde rufen: „Ai, ai, Käpten!“ Doch das Schiff fährt natürlich nicht los, und das ist auch gut so, denn es ist viel zu alt, und womöglich würden sie im Rhein absaufen. Aber ausdenken tut sich Charlotte so eine Reise gern, wenn sie allein in ihrer Koje ist, in der Hängematte schaukelt und träumt.

1 In dieser Geschichte wird ein ganz besonderer Platz beschrieben. Würdet ihr euch dort auch wohl fühlen? Was hättet ihr dort nicht so gern? Sprecht miteinander darüber.

2 Vergleiche die Geschichte mit der Illustration. Auf dem Bild sind Dinge zu sehen, die in der Geschichte gar nicht vorkommen. Und es fehlt etwas, was Charlotte besonders schön findet.

3 Sieh dir den Text genauer an.
Da wird beschrieben, was Charlotte so alles tut, was sie sieht, hört, riecht und fühlt.
Schreibe die Wörter auf, die du für wichtig hältst:
Das sieht sie: schwarzer Fußboden ...
Das tut sie: legt sich in die Hängematte ...
Das fühlt sie: schaukeln ...
Das hört sie: piepsen ...
Das riecht sie: ...

4 Sicher würde **dir** in dieser Koje manches fehlen. Schreibe ein, zwei Sätze auf, in denen steht, was du dir auf diesem Boot unbedingt wünschst.
Ich hätte in meiner Koje auch gern noch ...

5 Lest euch gegenseitig eure Wunschvorstellungen vor.

6 In dieser Geschichte kommen Dinge vor, die Charlotte tatsächlich erlebt. Aber sie erzählt auch von Dingen, die sie sich ausdenkt und von denen sie träumt. Von welcher Zeile an stellt sich Charlotte etwas im Traum vor?

7 Was würdest du dir selbst in Gedanken vorstellen, wenn du einmal in einem solchen Boot wohnen würdest? Schreibe es in einigen Sätzen auf:
Ich liege in der Hängematte und stelle mir vor, ...

8 Stellt euch eure Gedanken gegenseitig vor.

Eine Erzählung aufmerksam lesen – Fragen zum Text beantworten

Joschis Wunschgarten

Ursula Wölfel

Langsam drehte sich der Rasensprenger, und bei jedem Umschwung trieb der Wind den Saum der Wasserfahne über den Zaun. Ein Junge stand dort, den Kopf zurückgelegt, den Ranzen schräg über der linken Schulter. Mit beiden Händen hielt er sich an den Latten fest. Manchmal, wenn ihm ein Wassertropfen aus dem Haar in den Hemdkragen rann, schüttelte er sich und zog wie frierend die Schultern zusammen, aber er hielt sein Gesicht ganz unbewegt in die kleinen hellen Regenschauer. Er blinzelte nur und betrachtete weiter den fremden Garten.

Es war Mai. In den Beeten vor dem Haus blühten Schwertlilien und Akeleien, Pfingstrosen und Margeriten, und dicht neben ihm am Zaun der Busch mit den überhängenden Zweigen war wie mit einem Schnee von weißen Blüten bedeckt. In der Mittagsstille war nichts zu hören als das auf- und abschwellende Rauschen, wenn der Tropfenregen über die Blätter strich.

Da sagte eine Frau: „Hallo, du da! Guten Tag!" Der Junge stieß sich vom Zaun ab.

„Guten Tag", sagte er. Die Frau kniete nicht weit von ihm bei einem Beet mit abgeblühten Tulpen. Der Strauch hatte sie verdeckt. Sie fragte: „Wohnst du hier in der Nähe? Ich habe dich schon oft gesehen. Wie heißt du?"

„Joschi", sagte er und fuhr sich mit dem Arm über das nasse Gesicht.

„Gefällt dir unser Garten? Habt ihr auch einen?"

„Wir?", fragte er. „Einen Garten?", und schüttelte den Kopf. „Wenn ich einen Garten hätte –!" Er kam wieder näher an den Zaun, hob beide Arme und schrieb mit gespreizten Fingern einen Halbkreis in die Luft: „Mein Garten ist anders. Wie ein Wald, wie ein Urwald. Ringsum ist alles zugewachsen, man kann nicht von der Straße hineinsehen. In der Mitte ist eine Wiese mit Blumen, aber es gibt keinen Weg und keine Beete. Ein Bach fließt durch meinen Garten, und am Ufer wachsen solche Blumen wie diese dort."

„Schwertlilien?" fragte die Frau. „Aber die mögen es lieber trocken."

„So ähnliche", sagte Joschi. „Und dann habe ich eine Hütte in meinem Garten, nein, eigentlich zwei. Eine ist in einem Baum, man muss mit einer Strickleiter hinaufklettern. Dort sitze ich manchmal und lese. Die andere Hütte steht zwischen den Bäumen in meinem Wald, ein kleines Blockhaus ist das. Drinnen gibt es nur ein Heulager, eine Bank und einen Tisch. Einen Ofen habe ich auch, damit ich mir etwas kochen kann. Neben der Hütte ist nämlich der Gemüsegarten, da hab ich Radieschen und Salat gepflanzt und Möhren und Erbsen, auch ein paar Kartoffeln. Meistens zünde ich den Ofen in der Hütte gar nicht an, draußen habe ich nämlich eine Feuerstelle, nur aus Steinen, mit zwei Astgabeln, in die man den Kochtopf hängen kann. Abends ist es besonders schön in meinem Garten. Dann rauschen die Bäume, und ich sitze mit meinen Freunden am Feuer, und wir singen und erzählen uns Geschichten. Dann gehen sie nach Hause, und ich schlafe in meiner Hütte, und draußen glüht das Feuer noch ein bisschen, und ich habe keine Angst, wenn die Nachtvögel schreien. Morgens wasche ich mich am Bach und koche mir Kaffee. Dann arbeite ich in meinem Garten. Oder ich sitze oben in meinem Baumnest und lese. Aber dazu habe ich nicht viel Zeit."

„Du musst ja auch zur Schule gehen", sagte die Frau. Sie lächelte.

„Ja", sagte er. „Natürlich."

„Und deine Eltern erlauben dir, dass du nachts ganz allein im Garten schläfst?"

„Ich habe doch gar keinen Garten", sagte Joschi. Er schnickte den Ranzen hoch, warf den Kopf in den Nacken und rannte fort. Die Frau rief ihm noch etwas nach, aber er bog schon um die Straßenecke und lief zur Autobushaltestelle hinunter.

1 Joschi beschreibt der Frau seinen Garten sehr genau.
Doch dann kommt dieser überraschende Schluss!
Warum erzählt Joschi denn eigentlich das alles?

2 Welche Dinge hätte Joschi gern an seinem Lieblingsplatz?
Was würde er dort alles tun? Was würde er hören?
Hier sind einige Aussagen zu dem Text. Vier von ihnen sind falsch!

a) Joschi erzählt von zwei Hütten in seinem Garten.
b) Die eine Hütte ist eine Baumhütte.
c) Die andere Hütte besteht aus einem alten Bauwagen.
d) Neben der Hütte ist ein Blumengarten.
e) Joschi hat tatsächlich einen Garten.
f) Joschi denkt sich das alles nur aus.
g) Joschi erzählt das Ganze, weil er die Frau belügen möchte.
h) Er denkt sich das alles aus, weil er gern so einen Garten hätte.

3 Unterhaltet euch in der Klasse über eure Lösungen.

Lieblingsplätze genau beschreiben

Mein Lieblingsplatz ist im Stall von Ronny, meinem Pferd. Dort riecht es immer so gut nach Heu. Ich setze mich auf einen Strohballen und sehe Ronny beim Fressen zu. Es ist ziemlich schummerig, aber schön warm. Eine Lampe hängt an der Decke, und durch das Stallfenster kommt etwas Licht herein. Das ist gemütlich. Manchmal lese ich Ronny eine Geschichte vor oder spreche mit ihm. Ich glaube, er hört mir sogar zu.

Karolin

Ich stelle mir vor, dass ich ein Zelt hätte. Da würde ich manchmal draußen mit meinem Bruder schlafen. Wir hätten zu essen und zu trinken dabei. Wenn es dunkel wird, würden wir uns etwas gruseln. Dann machen wir unsere Taschenlampe an. Draußen knistert und knackt es. Aber hier drin ist es gemütlich. Der Wind weht leise über das Zeltdach. Wir machen die Taschenlampe aus und schlafen gemütlich ein.

Maximilian

1 Dies sind zwei Texte von Kindern in eurem Alter. Lest euch die Texte durch und sucht Stellen heraus, die euch gut gefallen.

2 Ein Kind beschreibt seinen Lieblingsplatz sehr genau, obwohl es nur ein ausgedachter Platz ist. Wer ist es? Und woran kann man das merken?

3 Lest euch die Texte noch einmal genauer durch. Achtet darauf:

- Was finden die Kinder so alles an ihrem Lieblingsplatz vor?
- Was bringen sie mit dorthin?
- Was sehen sie alles?
- Was hören und riechen sie?
- Wie fühlen sie sich?
- Warum halten sie sich so gern dort auf?

4 Hier sprechen Kinder über die beiden Texte.
Wer spricht wohl über welchen Text?

5 Ihr seht: Man kann einen Lieblingsplatz sehr genau beschreiben, auch wenn man gar keinen hat. Man muss nur Fantasie haben! Unterhaltet euch über eure Lieblingsplätze, die ihr tatsächlich habt, oder über Plätze, die ihr euch wünschen würdet:

Ein wirklicher Lieblingsplatz:

- Was für eine Art Ort ist das?
- Wie sieht es dort aus?
- Was nehmt ihr dort mit hin?
- Seid ihr allein oder mit anderen dort?

Am liebsten bin ich allein dort.
Dann liege ich in meiner Hängematte …

Ein ausgedachter Platz:

- Was wäre das für ein Ort?
- Wie könnte es dort aussehen?
- Was würdet ihr mitnehmen?
- Wäret ihr allein dort oder mit anderen?

Ich denke mir aus: Mein Hütte steht ganz hoch oben in einem riesigen Baum. Dort sitze ich und …

Mein Wunschplatz ist oben auf dem Boden unter dem Dach. Dort habe ich mir ein Zimmer eingerichtet …

Texte entwerfen – Texte überarbeiten

1 Eine Schülerin hat einen Text über ihren Lieblingsplatz auf einen Zettel geschrieben. Sie zeigt ihn der Gruppe in der Schreibkonferenz. Die Kinder sprechen darüber und stellen einige Fragen dazu.

278/279

Mein Lieblingsplatz ist oben auf dem Dachboden.
Dort kann ich aus der Dachluke kucken.
Dort steht auch ein alter Sessel.
Dort habe ich auch einen kleinen Tisch.
Draußen höre ich die Tauben gurren,
die meinem Papa gehören.
Manchmal nehme ich auch etwas zu essen
und zu trinken mit rauf.
Dort ist auch ein altes Kofferradio.
Ich finde es echt toll dort oben.

Lisa

2 Spielt die Schreibkonferenz einmal nach:
Ein Kind versetzt sich in die Rolle von Lisa und liest den Text vor.
Die anderen lesen vor, was die Kinder in der Schreibkonferenz gesagt haben.
Und Lisa muss sich überlegen, was sie auf die Hinweise der anderen antworten könnte:
- Sie kann ihren Text verteidigen.
- Sie kann sich auch einfach nur anhören, was die andern sagen, und braucht nichts dazu zu sagen.
- Sie kann aber auch zuhören und erklären, warum sie diese Stelle so lassen möchte.

3 Nimm dir jetzt den Text von Lisa selbst vor und überarbeite ihn.
Schreibe ihn anschließend neu auf.
Dabei solltest du beachten, was die Kinder in der Schreibkonferenz gesagt haben.

4 Lest euch jetzt eure überarbeiteten Texte in der Schreibkonferenz noch einmal vor.

Entwerfen, besprechen, überarbeiten, präsentieren

1 Stell dir vor, dieser Platz unter der Treppe wäre dein Lieblingsplatz. Schau dir den Platz auf dem Bild an und versuche dir ihn so genau wie möglich vorzustellen.

2 Schreibe einen Text über diesen Platz. Denke dir aus:
- Wie würdest du diesen Platz einrichten?
- Was würdest du dorthin mitnehmen?
- Was würdest du dort tun?

236–238

Du könntest **beschreiben**, wie dein Platz **aussieht**. Das tust du am besten in der Gegenwartsform:
Ich habe einen gemütlichen Platz unter der Treppe vor unserer Haustür. Vor dem Eingang hängt ein Decke …

Du könntest auch **erzählen**, was du an deinem Platz alles **tust**. Dann wählst du besser die Vergangenheitsform:
Vor einiger Zeit habe ich mir unter der Haustürtreppe meinen Lieblingsplatz eingerichtet. Ich fegte den Fußboden …

3 Besprecht anschließend eure Texte in einer Schreibkonferenz.

278/279

4 Überarbeite deinen Text danach und schreibe ihn schön sauber auf ein Blatt.

5 Präsentiert eure Texte den anderen: Ihr könnt sie euch gegenseitig vorlesen. Ihr könnt sie auch an die Wandtafel heften, damit sie alle lesen können.

6 Schreibe einen Text über einen Lieblingsplatz, den du wirklich hast. Du kannst dir aber auch einen gemütlichen oder etwas gruseligen Platz ausdenken.
Beschreibe ihn in der Gegenwartsform – oder erzähle von ihm in der Vergangenheitsform.
Die Bilder auf der gegenüberliegenden Seite können dir bestimmt einige Anregungen geben.

236–238

Worauf du beim Beschreiben deines Lieblingsplatzes achten solltest:

Was für ein Platz ist es? Wo befindet er sich?
Hütte im Baum, Platz im Park,
Ecke in deinem Zimmer, Zelt im Garten ...

Wie sieht es dort aus? Wie ist es dort?
freundlich, gemütlich, etwas schaurig,
geheimnisvoll ...

Wie kommst du dorthin?
In der Nähe der Wohnung, ein weiter Weg,
über eine Leiter ...

Womit beschäftigst du dich?
Lesen, Musik hören, Tiere beobachten,
Menschen beobachten ...

Wie ist es dort eingerichtet?
Teppich, Decken, Kisten, Kissen ...

Wann bist du am liebsten dort?
Am Nachmittag, am Wochenende, abends,
vielleicht sogar in der Nacht ...

Was hast du alles bei dir?
Kuscheltier, etwas zu essen, zu trinken,
ein Buch ...

Nimmst du dorthin jemanden mit?
Oder bist du am liebsten allein dort?
Mit einem Freund oder einer Freundin,
mit deiner Katze ...

Was kannst du dort sehen, hören, riechen, fühlen?
Geräusche, Vogelstimmen, Wind,
Tiere, das weite Land, das Meer,
Krach von der Straße ...

Ein Gedicht über einen Lieblingsplatz erarbeiten

Arno Holz

Rote Dächer!
Auf den Schornsteinen,
Hier und da
Rauch;
Oben, hoch, in sonniger Luft,
Ab und zu
Tauben!
Es ist Nachmittag.
Aus
Mohdrickers Garten her
Gackert
Eine Henne;
Bruthitze
Brastet *;
Die ganze Stadt … riecht nach Kaffee.
Dass mir doch dies alles noch so lebendig geblieben ist!
Ich bin ein kleiner achtjähriger Junge,
Liege,
Das Kinn in beide Fäuste,
Platt auf dem Bauch
Und
Gucke durch die Bodenluke.
Unter mir … steil, der Hof …hinter mir,
Weggeworfen,
Ein Buch.
… Franz Hoffmann …
„Die
Sklavenjäger".
Wie still das ist!
Nur drüben,
In Knorrs Regenrinne,
Zwei Spatzen, die sich um einen Strohhalm zanken.
Irgendwo ein Mann, der sägt,
Und,
Dazwischen,
Deutlich von der Kirche her,
In kurzen Pausen regelmäßig hämmernd,
Der Kupferschmied Thiel.
…

* brastet: das heißt hier so viel wie *die Sonne brütet, flimmert*

1 Schaut euch dieses Gedicht zunächst einmal in Ruhe an.
- Was fällt euch auf an seiner **äußeren Form**?
- Welche **sprachlichen** Besonderheiten entdeckt ihr?

266/267

2 Bereitet euch darauf vor, das Gedicht laut zu lesen.
Arbeitet mit einem Parter/mit einer Partnerin.
- Erprobt gemeinsam, an welchen Stellen Pausen sinnvoll sind.
- Probiert auch aus, welche Zeilen ihr ohne größere Pausen beim Lesen miteinander zu einer Sinneinheit verbinden wollt.
- Was macht ihr an den Stellen, die mit ... gekennzeichnet sind?
- Welche Stellen möchtet ihr beim Lesen besonders betonen? Erprobt dazu verschiedene Möglichkeiten.

3 In diesem Gedicht erinnert sich Arno Holz daran, was er früher einmal als Junge von seinem Lieblingsplatz aus beobachtet hat.
In welchen Zeilen wird deutlich, dass das alles Erinnerung ist?

4 Wo mag sich dieser Platz wohl befinden?

5 Was sieht, hört und riecht der Beobachter alles?
Schreib es heraus: Rote Dächer, Rauch ...

218

6 Arno Holz beschreibt in der Rolle des kleinen Jungen alles so genau, dass er sogar Namen nennt, an die er sich erinnert. Welche sind das?
Schreibe sie heraus: Mohdrickers Garten ...

7 Denke dich selbst einmal in das Kind hinein:
Was könnte es noch gesehen, gehört, gerochen oder gefühlt haben?
Schreibe vier oder fünf kurze Zeilen auf, etwa so:

Von unten herauf
riecht es
nach ...
Ich höre
...

234/235

8 Lest euch eure Sätze gegenseitig vor. Schreibt einige davon auch an die Tafel. Die schönsten von ihnen könntet ihr zu einer Fortsetzung dieses Gedichtes zusammenstellen. Vielleicht kann sie ja jemand sogar auf dem Computer auch so aufschreiben, wie es Arno Holz gemacht hat.

9 Beschreibe selbst in Gedichtform, was du von einem Lieblingsplatz aus beobachtest. Vielleicht erinnerst du dich ja an einen solchen Platz. Du kannst dir aber auch einen ausdenken.

10 Wie möchtet ihr eure Ergebnisse präsentieren?

Auf Bäume klettern

Hans Manz

Ausschau halten
nach Steuerbord:
Land in Sicht.

Sich einnisten:
Jeder Ast ein Stockwerk,
die Krone eine Wohnung,
das Laub der Vorhang.

Herabblicken
auf Menschlein,
die das Baumklettern
längstens vergessen haben.

Und das könnt ihr hier lernen:

Eine Erzählung über den Wald lesen

1 Hier erzählt ein Mädchen, wie sie und ihre Freunde früher im Wald gespielt haben. Lest euch die Geschichte vor.

Richtige Naturforscher

Wolfgang Menzel

„Wir treffen uns bei den Felsen!", hatte mir Gisela noch zugerufen, bevor sie in der Haustür verschwand. Wir: das waren Gisela, Manfred und ich. Wir wohnten in den beiden Häusern am Waldrand. Beinahe täglich, nachdem wir unsere Schularbeiten gemacht hatten, spielten wir drei im Wald, der dicht vor unserer Haustür gleich hinter der Straße begann. Aber wir spielten nicht nur, sondern wir erforschten auch alles, was es da gab.

Es war ein etwas trüber Sommernachmittag, so gegen vier Uhr, als ich über die schmale Straße rannte und durch den Zaun kroch, der den Wald von der Straße abgrenzte. Es war ein hoher Holzzaun, der die Rehe davon abhalten sollte, auf die Straße zu laufen. Aber an einer Stelle hatten wir eine Latte gelöst, damit wir durchkriechen konnten. Als ich mich auf der anderen Seite wieder hochgerappelt hatte, musste ich mich noch durch einige Büsche durchwinden, und schon stand ich drin in unserem Wald. Bis zu den Felsen war es nicht weit. Ich nahm den Weg zwischen den hellen Birken, den Ebereschen mit ihren roten Beeren und den hohen Buchen und dicken Eichen. Ein richtiger Weg war das allerdings nicht, nur ein schmaler Pfad, auf dem das Moos und das Blaubeerkraut niedergetreten waren. Es waren unsere eigenen Füße, die den Pfad getrampelt hatten. Wir gingen ihn oft.

Als ich bei den Felsen ankam, die auf einer kleinen Lichtung standen, runde, graue Felsen, war noch niemand da. Ich kletterte auf einen der kleineren Felsen hinauf und rief in den Wald hinein: „Gisela! Manfred!" Die Bäume und Büsche verschluckten die Rufe. Man konnte in unserem Wald nicht so leicht jemanden finden, dazu war er zu dicht. Es war, als ob meine Rufe von den Baumstämmen abprallten. Nun gut, dachte ich, sie werden gleich kommen! Ich sprang von dem Felsen wieder runter, mitten ins Heidekraut hinein. Auf der anderen Seite der Felsen war ein kleiner Unterschlupf, in dem wir es uns manchmal gemütlich machten. Vielleicht sind sie ja dort!

Dort waren sie aber nicht. Also pflückte ich mir ein paar Blaubeeren, die schon reif waren, und steckte mir eine Handvoll in den Mund. Wunderbar! Im Nu hatte ich blaue Hände von dem Saft. Dann ging ich zum Fuchsbau hinüber, den wir kürzlich entdeckt hatten. Früher hatte es den dort nicht gegeben. Er war ganz neu angelegt worden. Er bestand aus einer kleinen Burg aus verschiedenen Hügeln mit Löchern darin. Füchse brauchen mindestens zwei Ein- und Ausgänge, das wussten wir. Ich sah mir den einen Eingang genau an: Er ist bestimmt drin, dachte ich. Aber frische Spuren im Sand konnte ich nicht entdecken.

Ich rief noch einmal nach den beiden, hielt die Hände wie einen Trichter vor den Mund: „Gisela! Manfred! Wo seid ihr?" Keine Antwort. Es raschelte hinter mir. Ich drehte mich um. Ich konnte nichts entdecken. Vielleicht ein Eichhörnchen oder so. Dann knackste etwas. Ich drehte mich nach der anderen Seite um. Nichts. Wenn im Wald etwas knackst, muss das nichts weiter bedeuten. Es kann ein Tier sein. Muss aber nicht. Oft ist es nur ein trockener Zweig, der herunterfällt. Manchmal knackst es sogar noch nachträglich dort, wo man vorher selber gegangen ist. Im Wald knackst immer irgendetwas. Angst hatten wir davor nicht. Aber vielleicht schlichen sich die beiden ja doch heimlich hinter den Büschen heran. Deswegen rief ich: „Kommt raus! Ich habe euch gehört!“ Doch es kam niemand raus. Da stand ich nun. Allein. Ich schaute mich um. Überall Baumstämme, die weißen der Birken, die bläulichen der Buchen, die dünnen, schlanken der Ebereschen, die graubraunen der Eichen. Wir konnten sie alle unterscheiden! Zwischen den Stämmen zog weißlicher Dunst hindurch. Unter meinen Füßen Laub, Blaubeer- und Heidekraut. Über mir die grünen Blätter der Bäume und dazwischen der graue, bewölkte Himmel. Es roch nach feuchtem Laub. Es war sehr still. Nur ab und zu dieses leise Knacken. Ich stapfte wieder auf die Felsen zu, durch die Büschel von Blaubeerkraut, die meine Füße streiften. Das raschelte und knisterte bei jedem Schritt. Ich kletterte noch einmal hinauf, diesmal auf den dicksten der Felsen. Er war heute feucht und kalt. Bei schönem Wetter ist er trocken und warm, und man kann sich oben sogar hinlegen und sich die Sonne auf den Bauch scheinen lassen. Weil er aber heute glatt war, glitschte ich von oben wieder herunter und fiel auf den Hintern, mitten in die Blaubeeren. Ein spitzer Stein hatte meine Haut aufgeschrammt, das Kraut piekste in meine nackten Beine. Mist! Ich schimpfte vor mich hin.

Da hörte ich auf einmal ein Lachen. „Du spielst wohl Fallobst!“, sagte Manfred. Er kam mit Gisela hinter einem der Felsen hervor. Mir war nicht zum Lachen! „Ist der Fuchs zu Hause?“, fragte Gisela. Ich sagte: „Ich hab schon mal nachgeguckt. Ich glaube, er ist nicht da.“ Die beiden kamen näher. „Dann sehen wir uns mal die Eingänge an!“, sagte Manfred. Vorsichtig stapften wir um den Fuchsbau herum. Und da sahen wir am hinteren Eingang seine Spuren im feuchten Sand. „Er ist drin!“, flüsterte Gisela. Ich fragte: „Woher willst du das wissen?“ Sie antwortete leise: „Na, sieh doch! Die Spur führt rein und nicht raus!“ Gisela konnte Spuren lesen. Sie musste es wissen! Gesehen haben wir den Fuchs allerdings nicht. Füchse sind scheu und sehr schlau. Und außerdem kommen sie meistens erst nachts aus dem Bau. „Wir kriegen dich schon noch zu sehen!“, sagte Manfred. Wir fühlten uns wie richtige Naturforscher.

2 Was zieht die drei wohl beinahe täglich in den Wald? Was erleben sie dort?

3 Die Kinder kennen sich gut im Wald aus, fühlen sich „wie richtige Naturforscher“. Nennt einige Textstellen, die ihr Sachwissen beweisen.

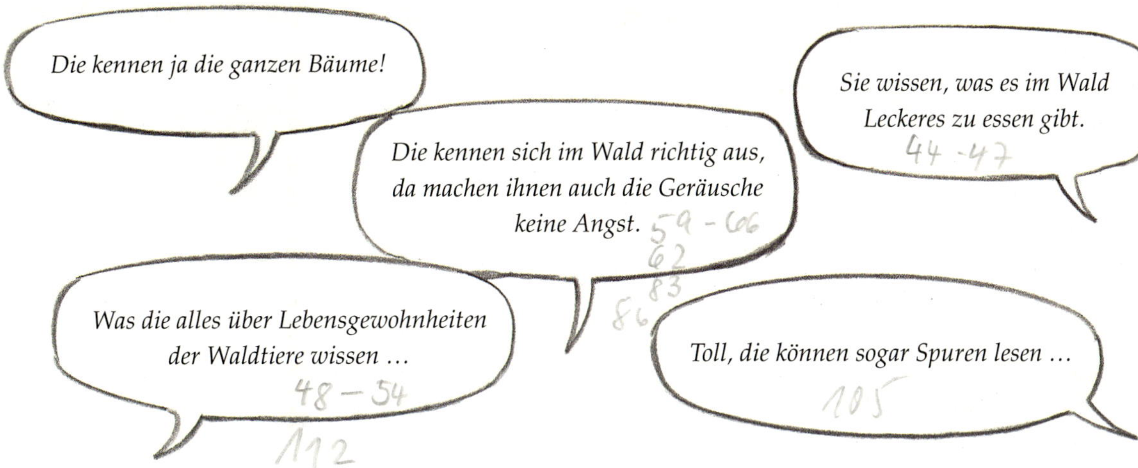

4 Für diese drei war das Spielen im Wald damals etwas ganz Selbstverständliches.
- Was würdet ihr gern einmal im Wald unternehmen? Erzählt.
- Welche Gelegenheiten habt ihr, im Wald zu spielen? Tauscht euch aus.

Informationen aus einem Naturlexikon entnehmen

Hier werden verschiedene Bäume vorgestellt, die in unseren Wäldern heimisch sind. Es sind drei Laubbäume und drei Nadelbäume. **Laubbäume** tragen Laubblätter. Im Herbst werfen fast alle Laubbäume ihre Blätter ab und sind dann bis zum Frühjahr kahl. **Nadelbäume** tragen Nadelblätter. Die meisten Nadelbäume sind immergrün. Nach ihren Zapfen werden sie auch Koniferen *(lat. conifer – zapfentragend)* genannt.

1 Um Waldbäume unterscheiden zu können, musst du genau hinschauen. Finde zu jedem Baum (Abbildung A–F) den passenden Steckbrief. Natürlich ist nicht jede Einzelheit zu erkennen, die beschrieben ist. Wodurch kannst du die Bäume dann doch zuordnen?

A

Buche (Rotbuche *Fagus silvatica*)
Krone: kuppelförmig, bis zu 40 Meter und höher
Stamm: auffallend glatt – Die Rinde schimmert hellgrau, beinahe silbrig.
Wurzel: Herzwurzelsystem – Das heißt: es gibt eine Hauptwurzel, an der viele kräftige Seitenwurzeln entspringen.
Blätter: oval – färben sich im Herbst goldgelb
Früchte: ölhaltige Bucheckern in einer dreikantigen Hülle, werden zur Schweinemast und Wildfütterung verwendet
Standort: der häufigste Laubbaum in Deutschland
Holz: rötlich, gleichmäßig gemasert, für Türen und Möbel geeignet
Besonderes: Viele Buchen sind schwer geschädigt. Als Ursachen gelten Luftverschmutzung, Hitze, Trockenheit und hohe Ozonwerte.

B

Kiefer (Waldkiefer oder Gemeine Kiefer – *Pinus sylvestris*)
Krone: ausladende Schirmkrone, bis 40 Meter hoch
Wurzel: dicke Pfahlwurzel
Stamm: rötlich – unten rissig und oben glatt
Nadeln: lang und bläulich grün – paarweise angeordnet
Zapfen: braun – öffnen sich bei trockenem Wetter und setzen Samen frei
Standort: anpassungsfähig – im Flachland häufigster Nadelbaum
Holz: gelblich und weich – Nutzung als Bau-, Brenn- und Möbelholz
Besonderes: Kiefernharz liefert Pech, Teer und Terpentin.

C

Birke (Weißbirke oder Hängebirke *Betula pendula*)
Krone: schmal, kräftige Äste und zierliche Nebenzweige, bis 25 Meter hoch
Stamm: schlank – auffällige weiße Rinde, darunter schwarze Borke
Wurzel: weit verzweigtes, flaches Wurzelwerk
Blätter: gezähnt und nahezu dreieckig
Früchte: Die geflügelten Samen bilden gelbe Kätzchen.
Standort: sehr lichtbedürftig, sonst anspruchslos und anpassungsfähig
Holz: gelblich, als Möbelfurniere genutzt, beliebtes Kaminholz
Besonderes: Birkenrindenstreifen dienten früher auch als Papierersatz.

D

Tanne (Weißtanne – *Abies alba*)
Krone: pyramidenförmig – die großen Zweige biegen sich am äußeren Ende aufwärts; bis zu 60 Meter hoch
Stamm: gerade – mit einer hellen, graubraunen Rinde
Wurzeln: Die tief reichende Pfahlwurzel sorgt für einen sicheren Stand.
Nadeln: spiralig angeordnet, oben dunkelgrün, unten zwei weiße Streifen – Deshalb erscheint der Baum von unten betrachtet silberfarben.
Zapfen: stehen aufrecht nach oben
Standort: einzige in Mitteleuropa heimische Tannenart – In Gebirgen ist sie bis zu 1 500 m Höhe anzutreffen.
Holz: gelblich und sehr widerstandsfähig gegen Feuchtigkeit. Tannenholz findet vor allem Verwendung als Werk- und Bauholz.
Besonderes: beliebte Weihnachtsbäume – können 800 Jahre alt werden

Fichte (Rotfichte oder Gemeine Fichte – *Picea abies*)
Krone: schlank und pyramidenförmig, bis zu 50 Meter hoch
Stamm: gerade – mit dunkler, rotbrauner Rinde
Nadeln: kantig und spitz – nach zwei Seiten gescheitelt
Zapfen: glänzend braun, lang und schmal, nach unten hängend
Wurzeln: flaches Wurzelwerk, wenig ausgebreitet – Deshalb kann der Baum vom Wind leicht umgeworfen werden.
Standort: vor allem in Gebirgen – Heute sind Fichten aber auch im Flachland zu finden, wo sie vom Menschen angepflanzt wurden.
Holz: gelbbraun, weich – Nutzung als Bauholz und für die Herstellung von Möbeln, Kisten und Sperrholz
Besonderes: beliebte Weihnachtsbäume

E

F

Eiche (Stieleiche – *Quercus robur*)
Krone: breite Krone mit starken Ästen, 30 bis 40 Meter hoch
Stamm: kurz und kräftig – Die dicke, graue Rinde wird im Alter rissig.
Wurzel: starke Pfahlwurzel, reicht an tief liegendes Grundwasser heran
Blätter: „gebuchtet“ – Eichenblätter haben Einschnitte und abgerundete Vorsprünge.
Früchte: Die harten und glatten Eicheln treten erst im Baumalter ab 40 bis 50 Jahren auf. Im Herbst sind sie ein Festschmaus für Eichhörnchen, Eichelhäher und Wildschweine.
Standort: häufigster Baum in Europa – In Deutschland machen Eichen ein Zehntel der Waldfläche aus.
Holz: hart und haltbar – Verwendung zur Fassherstellung, als Dielenholz, für Möbelfurniere
Besonderes: Eichen können bis zu 1 000 Jahre alt werden. Sie gehören mit zu den stark durch Umwelteinflüsse geschädigten Bäumen.

2 Im folgenden Text haben sich einige Fehler eingeschlichen. Überprüfe die Sätze, indem du sie mit den Informationen auf Seite 82/83 vergleichst. Notiere die Kennbuchstaben der **sechs fehlerhaften** Sätze. Wenn du sie in die richtige Reihenfolge bringst, ergeben sie den Namen eines Baumes mit einer ganz besonderen Eigenschaft.

Waldbäume in Deutschland

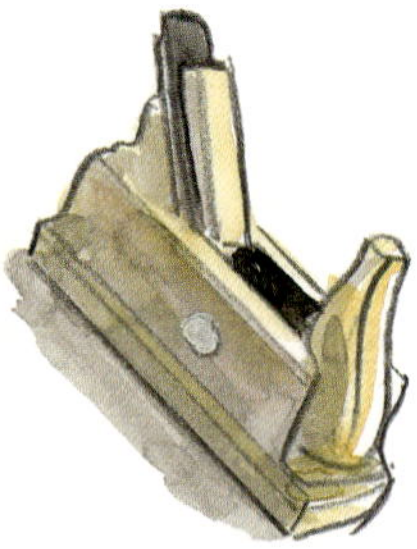

Die Waldkiefer ist sehr anpassungsfähig und fühlt sich deshalb an ganz unterschiedlichen Standorten wohl. (**T**) Das gelbliche Holz dieses beliebten Laubbaumes wird gern als Bau- und Möbelholz verwendet. (**R**)

Die Weißtanne schimmert silbrig, weil ihre Nadeln auf der Unterseite drei weiße Streifen haben. (**H**) Ihre tief reichende Pfahlwurzel verleiht ihr einen sicheren Stand. (**N**)

Die Eiche ist der häufigste Baum in Europa. (**I**) Ihre Früchte, die Bucheckern, werden gerne von Wildschweinen, Eichelhähern und Eichhörnchen gefressen. (**E**)

Die Gemeine Fichte ist eigentlich im Gebirge heimisch, sie wird aber auch häufig im Flachland angepflanzt. (**S**) Ihre langen, schmalen Zapfen glänzen braun und stehen aufrecht nach oben. (**Ä**)

Die weiße, glatte Rinde der Weiß- oder Hängebirke hat man früher als Papier benutzt. (**A**) Als Kaminholz ist das dunkle Birkenholz sehr beliebt, oft wird es als Furnier für Möbel verwendet. (**L**)

Die Bestände der Buche, Deutschlands häufigstem Laubbaum, sind schwer geschädigt. (**K**) Die ölhaltigen Bucheckern sind zur Wildfütterung und Schweinemast ungeeignet. (**C**)

3 Kennt ihr euch nun aus?

Welcher Baum hat …

a) ein Herzwurzelsystem und eine glatte Rinde?
b) schmale, nach unten hängende Zapfen und kann bei Sturm leicht umkippen?
c) hartes Holz, aus dem Fässer hergestellt werden?
d) nach oben stehende Zapfen und kann ein Alter von bis zu 800 Jahren erreichen?
e) Zapfen, die sich je nach Wetterlage öffnen oder schließen?
f) eine Borke, die früher als Papier genutzt wurde?

4 Sieh dir die Baum-Steckbriefe auf Seite 82/83 noch einmal an und formuliere selbst einige Fragen dazu. Gib sie einem Partner zum Raten.

5 Zur Rosskastanie sollst du nun selbst einen Steckbrief schreiben. Lies dazu den folgenden Text aufmerksam.

Die Rosskastanie

Nachdem die letzte Eiszeit die Rosskastanie *(Aesculus hippocastanum)* aus Mitteleuropa nach Südosteuropa verdrängt hatte, schaffte sie es danach nicht, sich durch eigene Kraft wieder nach Mitteleuropa auszubreiten. Erst der Mensch übernahm diese Rolle und hat die Rosskastanie überall auf der nördlichen Welt verbreitet, wo die Temperaturen im Winter nicht unter minus 30 °C sinken.

Meist beginnt in der ersten Maiwoche die Baumblüte. Eine der aufrechten, bis 30 cm langen „Blütenkerzen“ enthält bis über 100 Einzelblüten. In jeder Einzelblüte zeigt ein kräftig gelbes Farbmal in der Mitte, dass sich der Anflug für Bienen und Hummeln lohnt. Ist die Blüte jedoch pollen- und nektarleer, wandelt sich das Gelb in ein intensives Rot. Damit werden diese Blüten für Bienen und andere Blütenbesucher uninteressant. Aus den Blüten entwickeln sich die Früchte mit den glänzenden Kastanien, das sind die großen Samenkörner. Die eigentlichen Früchte sind die schweren, grünen Stachelkapseln. Die stärkehaltigen Kastanien sind für Hirsche ein Leckerbissen, aber für den Menschen giftig.

Rosskastanien können bis zu 200 Jahre alt werden. Sie wachsen schnell und werden bis zu 25 Meter hoch. Ihr kräftiger, dunkler Stamm ist häufig gedreht. Das helle Holz ist weich und brüchig. Es lässt sich – auch wegen des Drehwuchses – nur schlecht nutzen. Früher wurde es allerdings für Prothesen verwendet.

Die kuppelförmige Krone hat tief herabhängende Zweige. Die großen Blätter der Rosskastanie sind fingerförmig mit fünf bis sieben Federn gefiedert. Ihre Spitzen sind als so genannte „Träufelspitze“ ausgebildet, damit das Wasser rasch vom Blatt abfließen kann. Im Herbst färbt sich das Laub der Rosskastanie leuchtend gelb.

Weil dieser Baum ein vorzüglicher Schattenspender ist, pflanzte man früher in Bayern die flach wurzelnden Bäume auf die Bierkeller. So konnte man den Boden über den Kellern kühl halten. Erst später schenkte man dort auch Bier aus.

Rosskastanien wurden früher in Kleinasien als Heilmittel für Pferde eingesetzt, daher stammt vermutlich der deutsche Name. Heute wird aus Rosskastanien ein Arzneiwirkstoff gewonnen, der z. B. bei Venenerkrankungen abschwellend wirkt.

6 Verfasse nun einen Baum-Steckbrief für die Rosskastanie. Du kannst ähnliche Oberbegriffe wie auf Seite 82/83 verwenden.
Überlege dir, welche Informationen du in Stichwörtern notieren willst und welche Informationen du im ganzen Satz aufschreiben möchtest.

Einen Sachtext zum Thema Wald lesen

1 Der folgende Sachtext ist in sechs Abschnitte aufgeteilt. Lest ihn laut vor und wechselt euch dabei ab.

Deutschland – ein Waldland

Früher im Mittelalter war fast das ganze Land mit Wald bedeckt. Bauern trieben ihr Vieh in den Wald, damit es Eicheln und Bucheckern fressen konnte. Das Laub nutzten sie im Stall als Streu. Aus der Rinde konnte man Farbstoffe gewinnen, arme Leute deckten ihre Dächer damit. Holz und Holzkohle waren die wichtigsten Brennstoffe. Die Bevölkerung nahm zu und die wachsenden Städte brauchten ständig Bauholz. Weil die Bauern immer mehr Menschen mit Nahrungsmitteln versorgen mussten, benötigten sie zusätzliche Felder und Wiesen. So wurden immer mehr Wälder abgeholzt und gerodet. (1)

Und wie sieht es heute aus? Rund ein Drittel der Gesamtfläche von Deutschland ist bewaldet. Das ist der Lebensraum von Pilzen, Moosen, Farnen, Sträuchern und Bäumen. Dort leben Eichhörnchen, Fuchs, Waldkauz und viele andere Tiere – etwa 500 Millionen Würmer, Käfer, Spinnen und Schnecken verstecken sich in einem Hektar[1] Waldboden. (2)

Durch den Wald zu wandern, das ist für viele Menschen Erholung pur: die Ruhe genießen, die duftende Luft und die Schönheit von Pflanzen und Tieren. Jogger wissen den federnden Waldboden zu schätzen und im Winter ist so mancher Wald mit seinen Loipen ein Paradies für Skiläufer. Spezielle Reit- und Radwanderwege, Spiel- und Grillplätze, Trimm- und Walderlebnispfade vervollständigen das Erholungsangebot für große und kleine Waldbesucher. (3)

Aber der Wald erfüllt auch noch andere wichtige Aufgaben. Die Wälder produzieren einen Teil des Sauerstoffs, den wir zum Atmen brauchen. Messungen haben ergeben, dass ein Hektar Nadelwald in einem Jahr 30 Tonnen Sauerstoff herstellt.

Der Wald ist ebenfalls ein gigantischer Luftfilter: Staub, Ruß und andere Schadstoffe bleiben an den Pflanzen hängen und werden vom Regen in den Boden gespült. Bis zu 200 Liter kann ein Quadratmeter Waldboden speichern. Wie ein Schwamm saugen Moos und der lockere Boden das Wasser auf. Später wird das Wasser gleichmäßig wieder abgegeben und der Wald befeuchtet die Luft. Weil die Wurzeln die Erde festhalten, schützt der Wald den Boden vor Abtragung. Das ist besonders an steilen Gebirgshängen wichtig, wo die Erde sonst leicht abgespült werden könnte. Im Winter halten dort die Bäume den Schnee zwischen den Stämmen und bremsen Lawinen ab. So schützt der Wald auch die Menschen im Tal. (4)

Unsere Wälder sind zum größten Teil Nutzwälder, die von den Forstleuten gepflegt und bewirtschaftet werden, denn unser heimisches Holz ist ein wichtiger nachwachsender Rohstoff. Um unseren Wald zu erhalten, darf nur so viel Holz eingeschlagen werden, wie nachwächst.[2] Inzwischen gibt es bei uns viele naturnahe Mischwälder, in denen Nadel- und Laubbäume unterschiedlichen Alters wachsen. Sie haben sich oft widerstandsfähiger gegen Umweltbelastungen und Stürme erwiesen als „Holzplantagen" aus gleichaltrigen Fichten oder Kiefern. (5)

Durch Umwelteinflüsse kann der Wald Schaden nehmen. So entstehen beim Verbrennen von Erdöl und Kohle in Kraftwerken, Fabriken, Autos und Haushalten Abgase, die sich mit den Niederschlägen zu so genanntem „sauren Regen" verbinden können. Kranke Bäume erkennt man an den gelichteten Kronen und den vergilbten Nadeln und Blättern. Wir alle wünschen uns einen gesunden Wald und jeder kann etwas dazu beitragen. (6)

---

[1] 1 Hektar (1 ha) entspricht 10 000 Quadratmetern – also einer Fläche von 100 x 100 Metern

[2] so genanntes Nachhaltigkeitsprinzip

2 Was habt ihr nach dem ersten Lesen behalten? Tauscht euch aus.

3 Lest den Text nun zu zweit – Absatz für Absatz: Ordnet dabei den Abschnitten diese fünf Zwischenüberschriften zu. Eine müsst ihr selbst finden.

Lebensraum für Pflanzen und Tiere
Schutz für Luft, Wasser und Boden
Wald im Mittelalter
Waldschäden
Holz aus dem Nutzwald

- Notiert euch Fragen, wenn ihr etwas nicht genau verstanden habt oder Genaueres wissen möchtet.
- Vergleicht eure Ergebnisse in der Klasse und versucht im gemeinsamen Gespräch eure Fragen zu klären.

4 Betrachtet die Deutschlandkarte mit den großen Waldgebieten.
- Welche Namen sind euch vertraut?
- Wo seid ihr schon einmal gewesen?
- Vielleicht liegt ja ein Wald direkt vor „eurer Haustür". Wie heißt er? Ist es einer von den großen oder ein kleiner Wald, der nicht auf dieser Karte mit Namen verzeichnet ist?

5 Welche Gegenden sind besonders waldreich? Wo gibt es ziemlich wenig Wald? Habt ihr dafür eine Erklärung?

6 Schreibe die Namen der Waldgebiete sortiert auf:
- entweder nach Namen mit den Wörtern **Wald, Alb, Heide, Berg** und **Gebirge**
- oder nach dem Alphabet: Alpen, ...

Informationen über den Wald in einer Mind-Map präsentieren

Hier findet ihr das Gerüst für eine Mind-Map[1] zum Thema „Wald“. Eine Mind-Map ist ein Schaubild, in dem man Informationen, Ideen und Gedanken zu einem Thema übersichtlich darstellen kann.

[1] aus dem Englischen: mind – Gedanke, map – Landkarte

1 Schaut euch die Mind-Map an und sprecht darüber, wie sie aufgebaut ist.

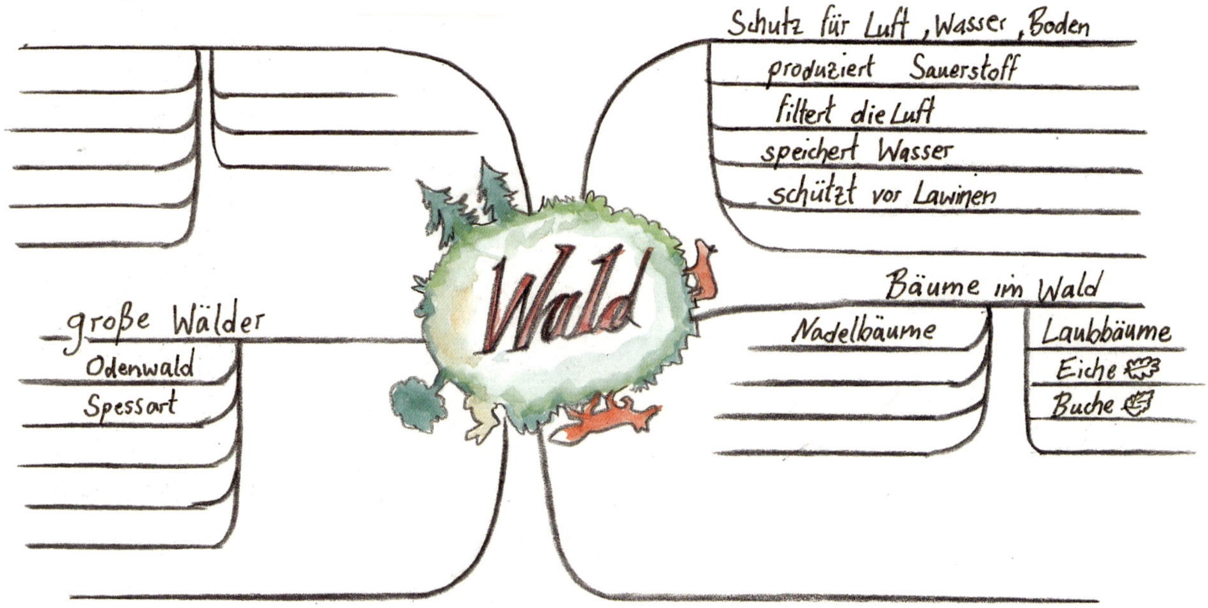

2 Gestaltet in einer kleinen Gruppe – zu dritt oder viert – selbst solch eine Mind-Map, in der ihr Informationen rund um das Thema „Wald“ zusammentragt. Und so könnt ihr vorgehen:

- Schreibt groß das Wort *Wald* mitten auf ein Plakat oder einen Bogen Packpapier und kreist es ein.
- Übertragt dann das hier abgebildete Gerüst einer Mind-Map groß auf euer Plakat.
- Schreibt auf die „Hauptäste“ Überschriften – z. B. aus dem Text auf Seite 86, von der Landkarte auf Seite 87 und zu Dingen, die fürs Thema wichtig sind.
- Einzelheiten notiert ihr auf den kleineren „Zweigen“ darunter.
- Benutzt dicke Stifte in mehreren Farben.
- Verschönert eure Mind-Map mit kleinen Zeichnungen oder Fotos. Vielleicht klebt ihr auch Dinge aus dem Wald auf – eine Feder, ein Stückchen Rinde, gepresste Blätter ...

3 Hängt eure Mind-Maps auf und stellt sie euch gegenseitig vor. Erklärt z. B. den anderen, was euch besonders wichtig war und welche Materialien ihr verwendet habt.

Einem Zeitungsartikel gezielt Informationen entnehmen

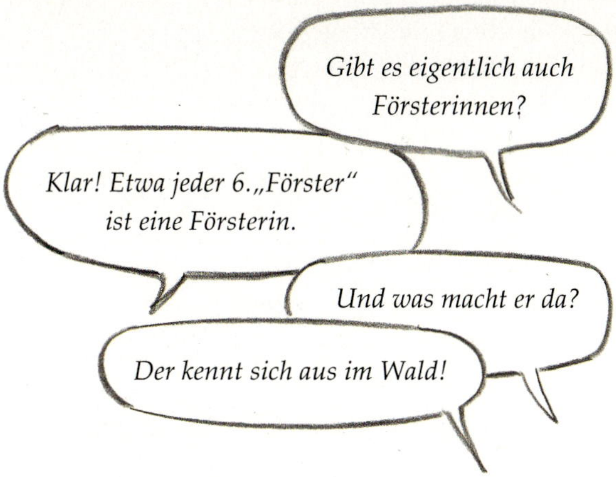

Von Beruf: Förster

Dirk Lehmann

Bestimmt hast du ihn schon einmal getroffen: Du bist mit Freunden oder Eltern im Wald herumspaziert, und plötzlich habt ihr vor einem Mann mit Stiefeln, grüner Hose und grüner Jacke gestanden. Über der Schulter trug dieser Mann ein Gewehr, und um seine Füße schnüffelte ein Rauhaardackel. „Das ist ein Jäger", hast du gedacht. Doch dann zog der grüne Mann eine Spraydose hervor und sprühte ein rotes Kreuz auf einen Fichtenstamm. Wie bitte, Graffiti im Wald? Und plötzlich fiel dir ein: Da waren ja ganz viele besprühte Bäume im Wald. Darf der das überhaupt? Er darf, denn der Mann ist ein Förster.

Studium der Forstwirtschaft

So nennen ihn die meisten Leute, obwohl er eigentlich korrekt als Diplomingenieur für Forstwirtschaft oder Diplom-Forstwirt zu bezeichnen wäre. Denn wer so sein Geld im Wald verdienen will, muss erst eine Menge lernen – entweder auf einer Fachhochschule oder an einer Universität. Mindestens vier Jahre dauert die Ausbildung, schließlich muss ein Förster mehr können, als Bäume besprühen und mit einem Dackel spazieren gehen. Und eigentlich hat er nicht nur einen, sondern ganz viele Berufe. Förster müssen die Pflanzen- und Tierarten im Wald kennen – fast wie ein Botaniker oder ein Zoologe.

Arzt und Jäger

Wusstet ihr zum Beispiel, dass gesunde Bäume normalerweise ein paar hundert Jahre alt werden können? Aber wenn ein Baum oder auch ein Tier krank ist, muss ein Förster das erkennen – wie ein Arzt. Förster müssen außerdem Tiere töten können, zum Beispiel, wenn diese den Wald „leer fressen". Deshalb sind sie auch Jäger. Und obendrein müssen sie ihr Holz und Saatgut verkaufen – wie ein Händler.

Wälder und Felder

Obwohl der Wald ihr Arbeitsplatz ist, verbringen Förster rund ein Drittel ihrer Arbeitszeit im Büro. Dort arbeiten sie zum Beispiel an so genannten „Hauungsplänen": Darin legen sie fest, wo welche Bäume gefällt werden. Denn viele Wälder werden bewirtschaftet – vergleichbar mit Feldern, auf denen gesät und geerntet wird.

?????

Es sollen zum Beispiel nur so viele Bäume gefällt werden, wie auch nachwachsen. Manche Bäume müssen allerdings geschlagen werden, ob es dem Förster gefällt oder nicht: nämlich dann, wenn sie zu krank sind – vom sauren Regen zerfressen, von schädlichen Pilzen befallen. (**A**)

?????

Eine wichtige Aufgabe der Förster ist es auch, Wälder „umzubauen“. Wo zum Beispiel nur Fichten wachsen, sollen auch andere Bäumchen gepflanzt werden: Buchen, Eichen oder Eschen. So wächst ein bunter Mischwald heran – der schöner aussieht als ein „Ein-Baum-Wald“ und auch nicht so anfällig ist für Schädlinge. (**B**)

?????

Die jungen Bäumchen, die der Förster pflanzen lässt, sind allerdings richtige Leckerbissen für Rehe oder Hirsche. Weil diese Tiere keine natürlichen Feinde mehr haben, wie z. B. Bären, Luchse oder Wölfe, müssen immer wieder einige von ihnen erlegt werden. Aber es darf nur zu festgelegten Zeiten gejagt werden, damit nicht etwa die Mütter kleiner Rehkitze erschossen werden. (**C**)

1 Welche Informationen über den Förster-Beruf hast du nach dem ersten Lesen behalten? Notiere dir Stichwörter, ohne noch einmal in den Text zu gucken. Am besten klappst du das Buch dabei zu.

2 Tauscht euch nun über eure Notizen aus. Was konntet ihr euch merken? Welche Orientierung geben die Zwischenüberschriften?

3 Lest den zweiten Teil des Textes noch einmal und ordnet folgende Überschriften den drei Abschnitten **A**, **B** und **C** zu.

Leckere Bäume **Gesunder Mischwald**
Bäume fällen

4 Klärt im Gespräch Wörter, die ihr nicht genau verstanden habt. Schwierige Fachbegriffe, wie z. B. *saurer Regen*, solltet ihr nachschlagen.

5 Für wen ist dieser Text wohl geschrieben worden:
a) für Erwachsene, die sich informieren wollen?
b) für Försterinnen, Förster und andere Wald-Fachleute?
c) für Kinder, die sich für den Wald interessieren?
Woran erkennt man das? Begründet mit Beispielen aus dem Text.

6 Der Text enthält viele Informationen über den Förster-Beruf. Verfasse einen Berufe-Steckbrief.

7 Vergleicht eure Steckbriefe anschließend.
- Sind die wichtigsten Informationen vorhanden?
- Stimmen alle Informationen?

Von Beruf: Försterin/Förster

Ausbildung: 4 Jahre Studium …
Arbeitsplatz: im Büro …
Tätigkeiten: Hauungspläne erstellen …

Zeugenaussagen aufnehmen – einen Bericht schreiben

1 Besprecht, was hier passiert ist.

2 Wen werden die Kinder angerufen haben? Was werden sie wohl erzählt haben?

3 Informiert euch darüber, wie man sich bei einem Wildunfall verhalten muss.

Die hat gleich den zuständigen Revierförster benachrichtigt und einige Minuten später ist Herr Lehmann auch schon am Unfallort. Aufgeregt erzählen die Kinder ihm, was passiert ist.

Herr Lehmann kann die Aufregung und Empörung der Kinder gut verstehen, aber für seinen Bericht braucht er sachliche Informationen zu den so genannten **W-Fragen**:

Wann ist es geschehen?
Wo ist es geschehen?
Wer hat etwas getan?
Wem ist etwas passiert?
Warum ist es geschehen?
Wie ist das Ganze ausgegangen?

- Mittwoch, 25. Juni, ca. 14.30 Uhr
- Landesstraße 231 – Grimwald
- ?
- ?
- ?
- zweijähriger Rehbock verendet
  Fahrer flüchtig,
  Kennzeichen: GX US 14
- Zeugen: Anna Müller …

4 Versucht diese **W-Fragen** zunächst einmal mündlich anhand der Bilder und Sprechblasen zu beantworten.

5 Schaut euch nun die Notizen des Försters an:
- Welche Angaben hat er ergänzt?
- Welche Angaben sind jetzt genauer?
- Welche Angaben fehlen noch?

6 Übernimm die Notizen in dein Heft und ergänze sie.

7 Vergleicht eure Ergebnisse.
Sind eure Angaben korrekt und vollständig?

Hinweis: Es gibt in Deutschland keine Kennzeichen, die mit GX anfangen.

Am Nachmittag sitzt Herr Lehmann im Büro und tippt einen Bericht, den er der Polizei faxen will.

In einen **sachlichen Bericht** für eine Behörde oder Versicherung gehören nur die reinen Fakten.

Mittwoch, 25. Juni

Um 14.30 Uhr beobachteten vier Kinder einen Wildunfall im Grimwald. Auf der Landesstraße 231 fuhr ein weißer Kleinbus einen Rehbock an, als das Tier auf die Straße lief. Der Fahrer …

8 Schreibe nun den vollständigen Bericht auf.
Versuche alle **W-Fragen** in deinem Text zu beantworten.

- Verwende Zeitformen der Vergangenheit.
- Beachte: Ein **sachlicher Bericht** für eine Behörde, wie z. B. die Polizei, soll nur über die reinen Fakten informieren. Gefühle oder Bewertungen des Schreibers gehören nicht hinein.
- Kontrolliert eure Ergebnisse in der Schreibkonferenz.

278/279

9 Lest einmal, wie die beiden ihren Text begonnen haben:
Woran merkt man ihr, dass die Kinder von dem Vorfall **persönlich betroffen** sind?

Am letzten Mittwoch haben wir eine schlimme Sache beobachtet. Robert, Anna, Paul und ich waren mal wieder mit unseren Fahrrädern im Grimwald unterwegs. Als Robert am Straßenrand ein kleines Reh entdeckte, hielten wir vorsichtig in einiger Entfernung an, um das niedliche Tierchen nicht zu stören. Ganz friedlich stand es da und rupfte Gras. Aber plötzlich …

Die persönlich gefärbte Form des Berichtens nennt man **Erzählbericht**. Bei einem Erzählbericht, wie z. B. für die Schulzeitung, müssen die Fakten stimmen; aber darüber hinaus dürfen auch persönliche Gefühle und Bewertungen ausgedrückt werden.

10 Verfasse einen Erzählbericht für die Schulzeitung. Berichte aus der Sicht der Kinder über den Wildunfall. Welche Schlagzeile nimmst du?

Reh tot im Straßengraben **Fahrerflucht nach Wildunfall**
So eine Gemeinheit! **Rücksichtsloser Raser begeht Fahrerflucht**

Einen Text zum Vorlesen vorbereiten

Das weltberühmte Kinderbuch „Nils Holgerssons wunderbare Reise mit den Wildgänsen" hat die schwedische Dichterin Selma Lagerlöf vor rund 100 Jahren geschrieben. Zum Däumling geschrumpft, fliegt Nils Holgersson zusammen mit einer Schar Wildgänse in den Norden. In eine zauberhafte Geschichte verpackt, beschreibt Selma Lagerlöf ihre schwedische Heimat mit allem, was dazugehört: Tiere, Natur und Menschen.

Der Waldbrand

Selma Lagerlöf

Während Nils Holgersson noch mit seinem Frühstück beschäftigt war, spürte er einen schwachen Brandgeruch, der von Norden kam. Er wendete sich gleich nach dieser Seite um und sah eine ganz dünne Rauchsäule wie einen weißen Nebel von einer bewaldeten Bergkuppe aufsteigen, nicht von der nächsten, sondern von der zweiten aus der dahinter liegenden Bergreihe. Es sah merkwürdig aus, dieser Rauch mitten im Wald, aber es war ja möglich, dass dort eine Sennhütte[1] lag und dass die Sennerinnen ihren Morgenkaffee kochten.

Sonderbar war es doch, wie der Rauch zunahm und sich ausbreitete. Von einer Sennhütte konnte er nicht kommen, aber es waren vielleicht Köhler im Walde. Auf Skansen[2] hatte er eine Köhlerhütte und einen Kohlenmeiler[3] gesehen, und er hatte gehört, dass es etliche davon hier in diesen Wäldern gäbe. Aber sonst hatten die Köhler doch nur im Herbst und im Winter brennende Meiler.

Der Rauch nahm mit jedem Augenblicke zu. Jetzt wogte er über die ganze Bergkuppe hin. Es war ja gar nicht möglich, dass ein Kohlenmeiler so viel Rauch geben konnte! Irgendwo musste eine Feuersbrunst sein, denn eine Menge Vögel flogen auf und zogen nach der nächsten Bergkuppe hinüber. Habichte und Auerhähne und andere Vögel, die so klein waren, dass man sie unmöglich erkennen konnte, flohen vor dem Brande.

Die kleine, weiße Rauchsäule war zu einer schweren, weißen Wolke herangewachsen, die sich über den Rand der Bergkuppe wälzte und in das Tal hinabsenkte. Und aus der Wolke heraus flogen Funken und Rußflocken, und hin und wieder konnte man drinnen in dem Rauch auch eine rote Flamme sehen. Es musste eine gewaltige Feuersbrunst da drüben ausgebrochen sein. Aber was in aller Welt brannte denn dort? Es konnte doch unmöglich ein großer Bauernhof im Walde versteckt liegen?

Aber es musste auch mehr als ein Hof sein, was diese große Feuersbrunst verursachte. Jetzt kam nicht nur der Rauch von der Bergkuppe herunter, sondern auch aus dem Tal, das er nicht sehen konnte, weil es von dem zunächst liegenden Bergrücken verdeckt wurde, stiegen große Rauchmassen auf. Es war nicht anders möglich, der Wald selbst musste brennen.

Welch ein entsetzliches Knattern und Krachen jetzt auf einmal. Es kam von der ihm zunächst gelegenen Bergkuppe. Ganz oben stand dort eine

---

[1] Sennerei – ein Betrieb auf der Alm, in dem Milch zu Käse verarbeitet wird

[2] eine schwedische Insel

[3] ein mit Erde abgedeckter Holzstoß, in dem ein Köhler Holz zu Holzkohle verschwelt

Tanne, ebenso hoch wie die, auf der er saß. Sie war so hoch, dass sie über alle die anderen Bäume herausragte. Eben noch stand sie errötend in der Morgensonne da, jetzt glühten auf einmal alle ihre Nadeln; das Feuer hatte sie erreicht. So schön war sie wohl nie zuvor gewesen, aber es war auch das letzte Mal, dass sie ihre Schönheit zeigen konnte. Sie war der erste Baum auf dieser Bergkuppe, der Feuer fing, und es war nicht zu begreifen, wie das Feuer bis zu ihr hatte gelangen können. War es auf roten Schwingen dahergeflogen, oder war es zischend am Boden entlanggekrochen wie eine Schlange? Das war nicht zu sagen, aber nun war es einmal da. Die ganze Tanne flammte auf wie ein Haufen Reisig.

So! Nun schlug weißer Rauch an verschiedenen Stellen der Kuppe durch. Der Waldbrand war Vogel und Schlange zugleich. Er konnte sich durch ein weites Stück durch die Luft schleudern und auch am Erdboden entlangkriechen. Er zündete den ganzen Wald auf einmal an.

Die Vögel flohen in wilder Hast. Gleich großen Rußwolken kamen sie aus dem Rauch herausgeflattert, flogen quer über das Tal und kamen nach dem Berg herüber, auf dem der Junge saß. Ein Uhu setzte sich neben ihn in die Tanne, und gerade über ihm ließ sich ein Habicht auf einem Zweig nieder. Zu anderen Zeiten wären es gefährliche Nachbarn gewesen, aber jetzt sahen sie ihn nicht einmal. Sie starrten nur in das Feuer und konnten wohl nicht begreifen, was da im Walde vor sich ging. Ein Marder kam auch in den Wipfel der Tanne heraufgesprungen, stellte sich auf die äußerste Spitze eines Zweiges und sah mit seinen blanken Augen nach der brennenden Waldkuppe hinüber. Dicht neben dem Marder saß ein Eichhörnchen, aber die beiden schienen einander gar nicht zu sehen.

Jetzt wälzte sich das Feuer den Abhang hinunter ins Tal. Es fauchte und dröhnte wie ein brausender Sturm. Durch den Rauch hindurch konnte man die Flammen von Baum zu Baum fliegen sehen. Ehe eine Tanne in Brand geriet, wurde sie erst in einen dünnen Rauchschleier gehüllt, dann wurden alle Nadeln auf einmal rot, und dann begann es zu knistern und zu brennen.

Unten im Tal floss ein kleiner Bach, dessen Ufer mit Erlen und kleinen Birken bekränzt war. Es sah aus, als wollte das Feuer hier Halt machen. Die Laubbäume gerieten nicht so schnell in Brand wie die Nadelbäume. Der Waldbrand blieb hier stehen wie vor einer Mauer und konnte nicht weiterkommen. Er glühte und sprühte Funken und versuchte, nach dem Fichtenwald auf der anderen Seite des Baches hinüberzuspringen; aber es gelang ihm nicht.

Für eine Weile war das Feuer zum Stillstand gebracht, dann aber sprang eine lange Flamme nach der großen abgestorbenen Fichte hinüber, die am Abhang wuchs, und sofort stand sie in hellen Flammen. Und damit war das Feuer über den Bach hinübergelangt. Die Hitze was so stark, dass jeder Baum am ganzen Abhang bereit war, Feuer zu fangen. Und mit Brausen und Bullern wie der heftigste Sturm und der wildeste Wasserfall flog der Waldbrand zur Bergkuppe hinauf.

Da flogen der Habicht und der Uhu davon, und der Marder schoss von dem Baum hinunter. In wenigen Augenblicken würde das Feuer den Wipfel der Fichte erreicht haben. Der Junge musste wohl auch sehen, dass er hinunter kam. Aber es war nicht leicht, an dem hohen, geraden Stamm der Tanne hinabzuklettern. Er hielt sich daran fest, so gut er konnte; ließ sich lange Strecken von einem Zweig zum anderen gleiten und stürzte schließlich heftig zu Boden. Aber er hatte keine Zeit, um nachzufühlen, ob er sich verletzt hatte. Es galt jetzt zu entkommen. Gleich einem zischenden Blitz schlug das Feuer in die Fichte. Der Boden unter ihm war heiß und fing an zu rauchen. An der einen Seite neben ihm rannte ein Luchs, an der anderen Seite ringelte sich eine lange Kreuzotter, und dicht neben der Kreuzotter gluckte eine Birkhenne, die mit ihren kleinen flaumigen Jungen davoneilte.

Als die Flüchtlinge den Abhang hinunter und in das Tal gekommen waren, stießen sie auf Leute, die ausgezogen waren, um das Feuer zu löschen. Sie waren wohl schon lange da gewesen, aber der Junge hatte so beharrlich nach der anderen Richtung gestarrt, aus der das Feuer kam, dass er sie nicht bemerkt hatte. Auch hier unten in diesem Tal floss ein Bach, den ein breiter Rand von Laubbäumen umsäumte, und in diesem Schutz arbeiteten die Leute. Sie fällten die Nadelbäume, die den Erlen zunächst standen, schöpften Wasser aus dem Bach und gossen es auf den Erdboden und rissen Heidekraut und Maiblumen aus, damit sich das Feuer nicht durch das Gestrüpp seinen Weg bahnen konnte.

Als das Feuer mit Bullern und Dröhnen und unleidlicher Hitze und erstickendem Rauch den Abhang herunterkam, bereit, über den Bach mit seiner Mauer aus Laubbäumen zu springen und nach dem anderen Ufer hinüberzugelangen, ohne auch nur Halt zu machen, da wichen im ersten Augenblick die Menschen zurück, als könnten sie ihm keinen Einhalt gebieten. Aber sie flohen nicht weit; sie kehrten wieder um.

Mit gewaltiger Kraft stürmte der Waldbrand drauflos. Die Funken stürzten wie ein Feuerregen auf die Laubbäume nieder, die langen Flammen schlugen zischend aus dem Rauch heraus, als wenn der Wald sie auf der anderen Seite einsöge.

Aber die Laubbäume hemmten das Feuer und hinter ihnen arbeiteten die Menschen. Wo die Erde zu rauchen begann, holten sie Wasser in ihren Eimern und kühlten sie ab. Wenn ein Baum in Rauch eingehüllt wurde, griffen sie ihn mit eiligen Axtschlägen an, hieben ihn um und löschten die Flammen. Wo das Feuer im Heidekraut schwelte, schlugen sie es mit nassen Fichtenzweigen nieder und erstickten es.

Der Rauch wurde so dicht, dass er alles einhüllte. Es war nicht zu sehen, wie es mit dem Kampf vorwärts ging, aber man konnte ja wissen, dass er hart werden würde, und mehrmals war es nahe daran, dass der Brand sich weiter ausbreiten würde.

Aber endlich, nach einer Weile, nahm das heftige Knistern des Feuers ab, und der Rauch verteilte sich ein wenig. Da hatten die Laubbäume alle ihre Blätter verloren, die Erde unter ihnen war versengt, die Menschen waren schwarz vom Rauch, aber dem Waldbrand war Einhalt getan. Er flammte nicht mehr. Weiß und weich glitt der Rauch am Boden hin, und eine Menge schwarzer Stangen tauchte daraus auf. Das war alles, was von dem prächtigen Wald übrig geblieben war.

1 Tauscht euch aus:
- Wie breitet sich der Waldbrand aus?
- Wie verhalten sich die Tiere?
- Wie bekämpfen die Menschen das Feuer?

2 Habt ihr in letzter Zeit in den Medien von Waldbränden gehört, gesehen oder gelesen? Wisst ihr noch, wann und wo das Feuer gewütet hat? Wie werden heutzutage Waldbrände bekämpft?

3 Bereitet nun den Text zum Vorlesen vor. Jeder übernimmt einen bestimmten Abschnitt und übt ihn so lange, bis er ihn sicher und richtig betont vorlesen kann.

- Schreibt euren Textabschnitt sauber ab oder tippt ihn am Computer und druckt ihn aus.
- Unterstreicht die Wörter, die ihr betonen wollt.
- Markiert die Sprechpausen mit senkrechten Strichen.
- Weitere Hinweise zum betonten Vorlesen findet ihr auf Seite 264/265.

<u>Ganz oben</u> | stand dort eine <u>Tanne</u>, | ebenso hoch wie <u>die</u>, | auf der er <u>saß</u>. || Sie war <u>so hoch</u>, | dass sie über alle die anderen Bäume <u>herausragte</u>. || <u>Eben</u> noch | stand sie errötend in der <u>Morgensonne</u> da, | <u>jetzt</u> glühten auf einmal alle ihre Nadeln; || das <u>Feuer</u> hatte sie <u>erreicht</u>.

4 Lest euch nun die Geschichte vor und hört euch dabei gut zu. Sprecht darüber, was beim Lesevortrag gelungen ist und was noch geübt werden sollte.

5 Stell dir vor, du sollst die Geschichte anderen vorstellen, die sie **nicht** kennen. Fasse das Geschehen in eigenen Worten zusammen und lies den Schluss der Geschichte vor.

Fernsehen

Vielleicht wundert ihr euch ein bisschen, dass es in eurem Deutschbuch eine Einheit zum Thema „Fernsehen“ gibt. Schließlich ermahnen euch doch die Erwachsenen oft, nicht so viel Fernsehen zu gucken und stattdessen mal ein Buch zu lesen. Bücherlesen ist natürlich wichtig. Das steht außer Frage! Aber auch beim Thema „Fernsehen“ kann man etwas lernen. Schaut euch doch einmal an, was wir so alles „im Programm“ haben:

- Wie das Fernsehen entstanden ist
- Ein Experiment: Wie das Bild auf den Bildschirm kommt
- Ein Gedicht über das „Zappen“ lesen
- Eine Lieblingssendung vorstellen
- Eine Umfrage durchführen und ein Diagramm zeichnen
- Anregungen zum richtigen Fernsehen formulieren

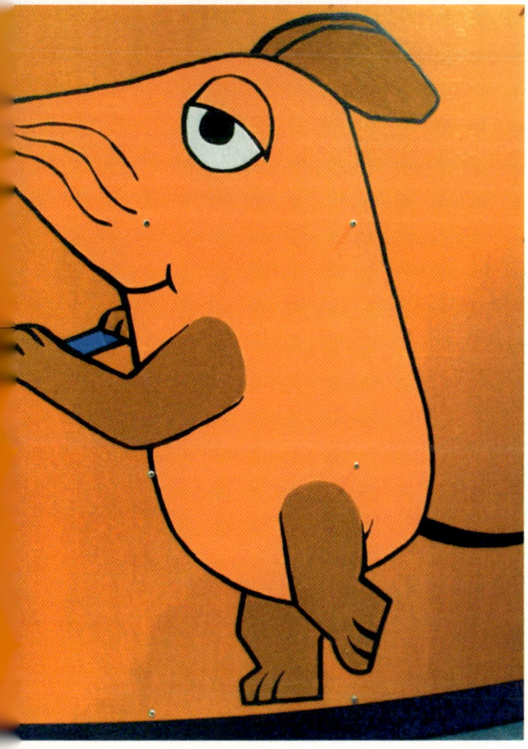

Ein Bild beschreiben und mit einem Text vergleichen

1 Ein sonderbares Bild, findet ihr nicht auch?
- Beschreibt den Raum und das Mädchen einmal genauer.
- Sprecht darüber, was euch merkwürdig erscheint.
- Vermutet, warum sich das Mädchen in diesem Raum befindet.

2 Das Bild bezieht sich auf ein Märchen der Gebrüder Grimm, das so beginnt:

Das Meerhäschen

Es war einmal eine Königstochter, die hatte in ihrem Schloss hoch unter der Zinne einen Saal mit zwölf Fenstern, die gingen nach allen Himmelsrichtungen, und wenn sie hinaufstieg und umherschaute, so konnte sie ihr ganzes Reich übersehen. Aus dem ersten sah sie schon schärfer als andere Menschen, aus dem zweiten noch besser, aus dem dritten noch deutlicher und immer so weiter bis zu dem zwölften, wo sie alles sah, was über und unter der Erde war, sodass ihr nichts verborgen bleiben konnte. (…)

Von welchem alten Menschheitstraum erzählt dieses Märchen?

3 Vergleicht nun Text und Bild miteinander. Welche Unterschiede stellt ihr fest? Sprecht darüber, wie der Zeichner das Märchen in unsere Zeit übertragen hat.

Einem Sachtext Informationen entnehmen

1 Der folgende Sachtext handelt von der Entstehung des Fernsehens. Achtet gleich beim ersten Lesen auf Textstellen, die Informationen zu diesen drei Fragen enthalten:

- Wann gab es die ersten Fernseher in Deutschland?
- Wer hat die grundlegende Idee für die Erfindung des Fernsehens gehabt?
- Wann gab es die ersten Farbfernsehgeräte?

Wie das Fernsehen entstanden ist

Der Wunsch der Menschen, in die Ferne sehen zu können, ist schon viele hundert Jahre alt und wird oft in Märchen beschrieben. So wie die Prinzessin durch ihre zwölf wundersamen Fenster in die fernsten Winkel ihres Reiches blicken konnte, waren auch Zauberer und Hexen in der Lage, mit magischen Kristallkugeln oder Zauberspiegeln in die Ferne zu sehen.

Doch erst im 20. Jahrhundert sollte der Menschheitstraum des „In die Ferne Sehens" Wirklichkeit werden. Am 9. März 1929 gelang nämlich in Berlin erstmals die Übertragung von bewegten Bildern über die Entfernung einiger Straßen. Die ersten Fernsehbilder hatten aber noch nicht sehr viel mit unseren heutigen Fernsehbildern zu tun: Die schwarz-weißen Bilder waren unscharf, verwackelt und hatten noch keinen Ton. Trotzdem wurde die erste Bildübertragung in der Berliner Presse als großer wissenschaftlicher Erfolg gefeiert.

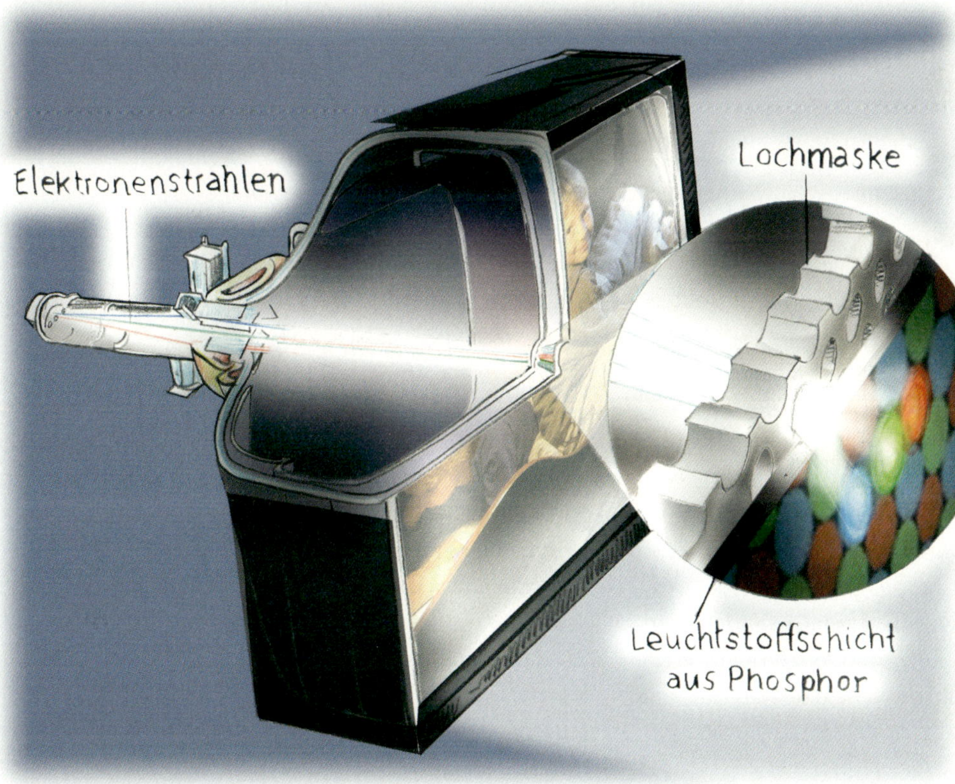

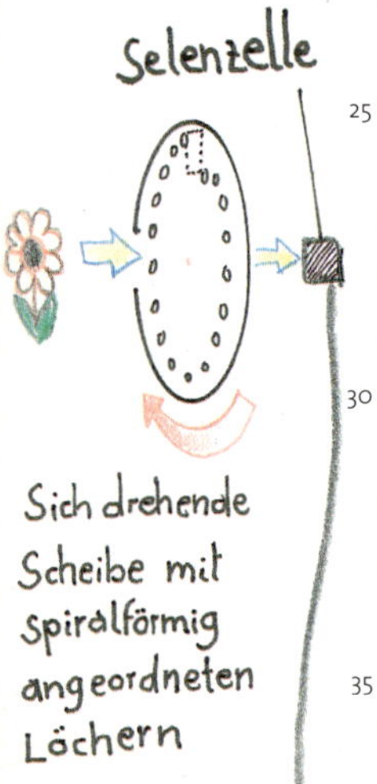

Bereits 46 Jahre vorher hatte ein 23-jähriger Student die grundlegende Idee zur Übertragung von Bildern gehabt. Paul Nipkow war nämlich in der Weihnachtsnacht 1883 die Idee gekommen, ein Bild in viele Lichtpunkte zu zerlegen. Diese Lichtpunkte wollte er in elektrische Signale umwandeln und dann über einen Sender zu einem Empfänger schicken.

Nipkows Idee ist bis heute die Grundlage der modernen Fernsehtechnik geblieben. Wenn man den Bildschirm eines heutigen Fernsehgerätes einmal aus der Nähe betrachtet, kann man immer noch ein Raster aus kleinen Punkten erkennen. Ein Fernsehbild besteht also aus vielen winzigen Bildpunkten, die in unterschiedlichen Farben und in verschiedenen Helligkeitsstufen leuchten. Schon aus einer kurzen Entfernung verschmelzen die einzelnen Punkte in unseren Augen zu einem zusammenhängenden Bild.

In den Anfängen des Fernsehens konnte man noch nicht zu Hause fernsehen. Es gab nämlich noch keine Fernsehgeräte zu kaufen. Stattdessen gab es ab 1935 in Deutschland so genannte Fernsehstuben. Das waren abgedunkelte Räume für 20 bis 30 Personen, in denen ein Fernseher stand. Erst allmählich wurde die Technik so ausgereift, dass Fernsehgeräte auch an Privatleute verkauft werden konnten. Lange Zeit mussten sich die Fernsehzuschauer mit mehr oder weniger unscharfen schwarz-weißen Bildern im Fernsehen zufrieden geben. So war es eine kleine Sensation, als im Jahre 1953 das Farbfernsehen in Amerika eingeführt wurde.

In Deutschland wurden die Fernsehbilder erst 1967 farbig.

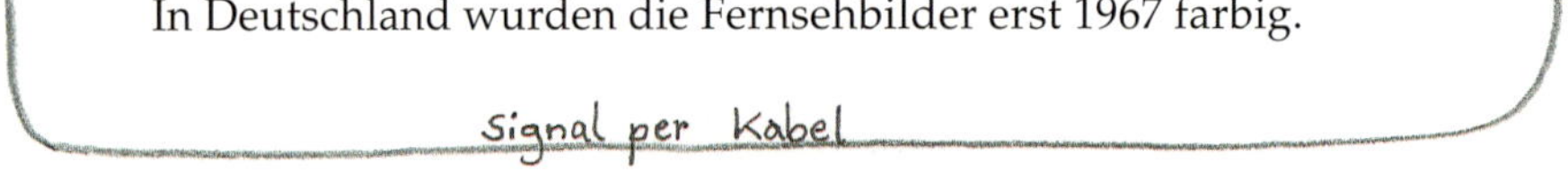

2 Bearbeitet jetzt zuerst einmal die Fragen aus **Aufgabe 1** auf Seite 101.

3 Erklärt einmal in eigenen Worten, wie P. Nipkow Bilder übertragen wollte.

4 Nur eine der folgenden drei Aussagen zum Text ist richtig. Findet die beiden falschen Aussagen und formuliert sie in richtige Aussagen um.

- Von Berlin aus wurden am 9. März 1929 die ersten Fernsehbilder in ganz Deutschland ausgestrahlt.
- Im Alter von zweiundzwanzig Jahren hatte Paul Nipkow die Idee, Bilder in Lichtpunkte zu zerlegen.
- Ab 1935 konnten die Deutschen in Fernsehstuben fernsehen.

5 Der Text enthält zahlreiche **Jahreszahlen**, die bei der Entwicklung des Fernsehens von Bedeutung waren.

- Schreibt diese Jahreszahlen unter der Überschrift „Entstehung des Fernsehens“ in eure Hefte.
- Notiert dann zu jeder Jahreszahl die wichtigsten Informationen als **Stichwörter**.

6 Benutzt eure Stichwörter jetzt für einen **zweiminütigen „Partner-Vortrag“**. Bei einem Partner-Vortrag geht es darum, dass sich zwei Schüler oder Schülerinnen **gegenseitig** einen kurzen Vortrag halten.

- Sucht euch also zuerst einen Partner oder eine Partnerin.
- Klärt dann, wer von euch beiden zuerst den Vortrag halten soll.
- Achtet beim Vortragen darauf, nicht zu laut zu sprechen, damit die anderen nicht zu sehr gestört werden.
- Während der Erste den Vortrag hält, kontrolliert der Zuhörende mit seinen Notizen, ob alle wichtigen Informationen genannt werden.
- Danach tauscht ihr die Rollen. Achtet darauf, dass wirklich **beide** Partner ihren Vortrag halten.

Über das Zappen und über Lieblingssendungen sprechen

Zappen

Beate Günther

Kanal 1: Da ist nichts los.
Kanal 2: Zusammenstoß.
Kanal 3: Ein Autostau.
Kanal 4: Die Tagesschau
Kanal 5: Nein! Werbung nur.
Kanal 6: Was mit Kultur.
Kanal 7: Alte Leute.
Kanal 8: Das Wetter heute.
Kanal 9: Langweilig! Sport!
Kanal 10: Ich mag kein' Mord!
Kanal 11, 12: Tanzen, Rappen.
Kanal 14, 15, 16 … Blöde! Und was soll'n wir jetzt sehn?
Kanal 5: Ein Koch kocht Reis.
Kanal 8: Ein Film – schwarz-weiß!
Kanal 1: Was mit Gefühlen!
Woll'n wir jetzt nicht lieber spielen?

1 Hier zappen zwei Kinder die Kanäle durch. Wie machen sie das? Und warum zappen sie zum Schluss doch noch einmal Kanal 5, 8 und 1 an?

2 Lest den Text jetzt einmal mit verteilten Rollen.

3 Wie ist das bei euch? Zappt ihr auch manchmal? Sprecht darüber, warum ihr zappt und wie ihr euch fühlt, wenn ihr zu viel zappt.

4 Bestimmt habt ihr auch Lieblingssendungen, bei denen ihr überhaupt nicht zappt. Nennt eure Lieblingssendungen und sammelt sie an der Tafel.

5 Gibt es bei den **Lieblingssendungen** Unterschiede zwischen Jungen und Mädchen?
- Welche Lieblingssendungen haben die Jungen?
- Welche Sendungen werden von den Mädchen bevorzugt?

Ein Experiment beschreiben: Wie das Bild auf den Bildschirm kommt

Vielleicht habt ihr euch schon einmal gefragt, wie das Bild eines Gegenstandes auf einen Bildschirm kommt. Bereits um das Jahr 1000 hat der arabische Gelehrte Ibn al Haitam das Prinzip der natürlichen Abbildung von Gegenständen beschrieben. In dem folgenden Experiment mit einer einfachen Lochkamera, einer so genannten *Camera obscura*, könnt ihr selbst einmal versuchen, eine brennende Kerze auf einem Bildschirm abzubilden.

Tipp: Zwei Kinder sollten das Experiment zu Hause vorbereiten und dann in der Klasse vorführen.

1 Schaut euch die Bilder zunächst in der richtigen Reihenfolge an. Sprecht darüber, welche Arbeitsschritte in jedem Bild dargestellt sind.

2 Vervollständigt jetzt die folgende Beschreibung des Experiments zuerst einmal mündlich.
Tipp: Bei eurer Beschreibung kommt es darauf an, jeden Arbeitsschritt in der richtigen Reihenfolge genau zu beschreiben.

Experiment: Wie das Bild auf den Bildschirm kommt

Für dieses Experiment benötigt man …

Zuerst wird in die Vorderseite des Schuhkartons …
Der Durchmesser sollte …
Man kann das Loch auch mit einer Zirkelspitze vorbohren.

Dann schneidet man aus der gegenüberliegenden Rückseite des Kartons …
Man muss aber darauf achten, einen 1,5 Zentimeter breiten Rad zu lassen.

Auf diesen Rand klebt man nämlich jetzt ein passendes Stück …
Das Pergamentpapier wird später der Bildschirm der Lochkamera sein.

Daraufhin verschließt man den Karton mit …

Nun muss im Zimmer das Licht …, denn es sollte bei dem Experiment …

Jetzt wird die Kerze … und vor … gestellt.

Auf dem Bildschirm sieht man nun …

Das Bild der Kerze steht aber auf …

Kann man die Kerze auf dem Pergament-Bildschirm nur undeutlich erkennen, dann lässt sich das Bild „scharf einstellen", indem man den Abstand der Kerze vor dem Linsenloch etwas verändert oder das Linsenloch etwas vergrößert.

3 Schreibt jetzt die vollständige Beschreibung auf.

4 Lest eure Beschreibungen abschließend vor und vergleicht sie miteinander.

Eine Lieblingssendung vorstellen und empfehlen

Hier ist in einer Klasse über Lieblingssendungen geschrieben worden. Dabei sollten die Lieblingssendungen so interessant und anschaulich beschrieben werden, dass die Mitschüler Lust bekamen, sich diese Sendung auch einmal anzuschauen. Die jeweilige Lieblingssendung sollte in dem Text also **empfohlen** werden.

1 Lest dazu einmal den folgenden Text über die Sendung „Duck Tales".

Meine Lieblingssendung im Fernsehen: Duck Tales – Neues aus Entenhausen

Ich mag Zeichentrickfilme besonders gerne. Am liebsten schau ich mir aber Duck Tales im Fernsehen an. Die sehe ich immer!

Duck Tales läuft von montags bis freitags, jeweils um 18:25 Uhr auf Super RTL. Jede Folge dauert eine halbe Stunde, sodass ich die Sendung noch vor dem Abendessen sehen kann.

Die Hauptfiguren sind Onkel Dagobert und seine schlauen Neffen Tick, Trick und Track. Immer müssen sie gefährliche Abenteuer bestehen, die aber zum Glück gut ausgehen. Es gibt also meistens ein „Happy End"! Oft fängt die Handlung damit an, dass gerissene Bösewichte es auf Onkel Dagoberts wertvolle Taler abgesehen haben und ihm sein Gold aus dem riesigen Geldspeicher stehlen wollen. Dabei entsteht eigentlich immer ein wahnsinniges Durcheinander mit wilden Verfolgungsjagden, lustigen Verwechslungen und vielen Pannen. Tick, Trick und Track sind natürlich mit dabei. Die drei Neffen stellen zwar manchmal auch etwas an, aber wenn es darauf ankommt, behalten sie die Nerven und helfen Onkel Dagobert mit ihren tollen Ideen, die hinterhältigen Bösewichte zu überlisten und sein Geld wiederzubekommen. Manchmal werden Onkel Dagobert und seine Neffen von dem chaotischen Bruchpiloten Quak und dem genialen Erfinder Düsentrieb unterstützt. Dadurch kommt es dann oft wieder zu neuen witzigen Pannen und unerwarteten Zwischenfällen.

Ich kann euch diese Zeichentrickserie wirklich sehr empfehlen. Die Handlung ist nicht nur spannend, sondern auch lustig. Außerdem sind die Figuren toll gezeichnet.

2 Hat euch der Text überzeugt? Würdet ihr euch diese Sendung auch einmal gerne ansehen? Begründet eure Meinung!

3 Wie gelingt es dem Verfasser des Textes, die Leser von **dieser** Sendung zu überzeugen? Lest dazu auch entsprechende Textstellen vor.

4 Anfang und Ende des Textes unterscheiden sich deutlich vom Hauptteil.
- Was sagt der Verfasser im ersten Textabschnitt über seine Lieblingssendung?
- Wovon spricht er im letzten Abschnitt?
- Welche Argumente nennt er für die Qualität seiner Lieblingssendung?

5 Der Text enthält ganz unterschiedliche Informationen über die Serie *Duck Tales*. Nennt Textstellen, die zu den folgenden Bereichen passen:
- Titel
- Sendetag
- Sendezeit
- Hauptfiguren
- Wie lange die Sendung dauert
- Worum es in dieser Sendung geht
- Warum die Sendung empfohlen wird

6 Verwendet die Bereiche aus Aufgabe 5 nun, um euch Stichwörter zu **eurer eigenen** Lieblingssendung zu notieren.

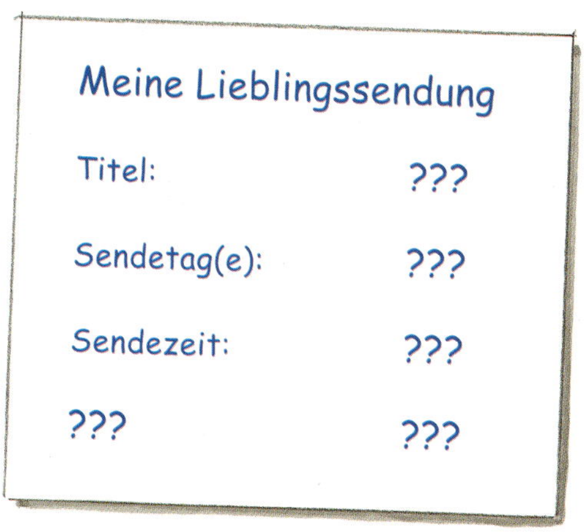

7 Schreibt jetzt mit Hilfe eurer Stichwörter einen Text über **eure** Lieblingssendung.
Natürlich könnt ihr eure Texte durch Zeichnungen oder durch besondere Schrifttypen gestalten.

Tipp: Vielleicht findet ihr in einer Fernsehzeitschrift ein Foto eurer Lieblingssendung, das ihr in euren Text einkleben könnt.

8 Lest euch eure Texte gegenseitig vor. Sprecht über die empfohlenen Lieblingssendungen oder stellt Fragen zu den Personen und der Handlung.

9 Überlegt abschließend, wie ihr eure gestalteten Texte in der Klasse ansprechend präsentieren könntet. In manchen TV-Zeitschriften gibt es kurze Bewertungstexte zu bestimmten Sendungen. Wenn ihr eine solche Bewertung auch für eure Lieblingssendung findet, dann könnt ihr sie ebenfalls in euren Text einfügen.

MEINE LIEBLINGSSENDUNG

Angela Anaconda

Das ist ein tolles Mädchen! Selbstbewusst, lustig und schlagfertig. Die lässt sich nichts gefallen und heckt ganz tolle Streiche aus. „Angela Anaconda" kommt immer sonntags um 14:00 Uhr auf RTL. Natürlich ist Angela die Hauptfigur, aber auch ihre Familie und ihre Schulklasse kommen in fast jeder Folge vor. Ihre Lehrerin bringt Angela mit ihren verrückten Einfällen fast zur Verzweiflung. Aber es gibt immer viel zu lachen.
...

14:00 SRTL **Angelas Schulfest**

Asterix und Obelix: Mission Kleopatra

Ich bin ein großer Asterix-Fan und habe fast alle Comics gelesen. Die Zeichentrickfilme fand ich natürlich auch ganz toll, aber der Spielfilm „Asterix & Obelix: Mission Kleopatra" hat mich total begeistert. Letztes Jahr lief dieser Film zum ersten Mal im Fernsehen. Eigentlich ist das nämlich ein Kinofilm, aber nach einiger Zeit werden ja fast alle Kinofilme auch im Fernsehen gezeigt. Letzten Samstag lief dieserFilm auf SAT. 1, um 20.15 Uhr.Die Hauptfiguren sind natürlich ....

Marvi Hämmer
Wieder da: der wissbegierige Nager

Marvi Hämmer präsentiert: National Geographic

Sonntags stehe ich immer extra früh auf. Pünktlich um 8:35 Uhr schalte ich den Fernseher ein und schaue mir „Marvi Hämmer" im ZDF an. Marvi Hämmer ist eine lustige Ratte, die wie ein Mensch gekleidet ist und natürlich auch sprechen kann. Sein internationales Team von Reportern berichtet weltweit über interessante Tiere oder Neuigkeiten aus Wissenschaft und Technik. Das Tolle ist, dass selbst schwere Themen so einfach erklärt werden, dass jedes Kind sie verstehen kann.

20:15 WDR **Raubkatzen unter sich**
Spannendes Kräftemessen in Südafrikas Busch

Schneller Sprinter: Gepard

Ich interessiere mich sehr für Tiere und darum schaue ich mir oft Tiersendungen im Fernsehen an. Am meisten faszinieren mich Raubkatzen. Die Sendung „Raubkatzen unter sich" kam am Dienstag um 20:15 Uhr im WDR. In dieser Sendung wurden tolle Bilder von Löwen, Geparden und sogar Leoparden gezeigt. Im Vordergrund der Sendung standen die verschiedenen Jagdtechniken der Raubkatzen. Das war wirklich interessant! Löwen, zum Beispiel, jagen immer im Rudel; die Weibchen jedenfalls. Die Männchen ...

„Wissen macht Ah!" ist eine Wissenssendung speziell für Kinder in unserem Alter. Donnerstags um 19:25 Uhr könnt ihr diese Sendung im KIKA (Kinderkanal) sehen. In jeder Sendung steht ein bestimmtes Thema im Mittelpunkt und das wird dann von Shary und Ralph ganz einfach und sehr anschaulich erklärt. Ich habe jedenfalls bisher immer alles verstanden. An dieser Sendung gefällt mir aber nicht nur, dass man viel lernt, sondern auch, dass es immer lustig zugeht. Die beiden Moderatoren Ralph und Shary albern nämlich in der Sendung oft rum und machen auch schon einmal einen Scherz. Wenn ihr also etwas lernen wollt und trotzdem Spaß haben möchtet, dann ist „Wissen macht Ah!" genau die richtige Sendung für euch!

19:25 KIKA **Wissen macht Ah!**
Was wir über Brillen und Briefe wissen müssen

Shary Reeves blickt durch

Aufbau und Aussagen eines Diagramms untersuchen

Die Klasse 5 c hat in der Jahrgangsstufe 5 ihrer Schule eine Umfrage durchgeführt. Die Schülerinnen und Schüler wollten herausfinden, **wie lange** Fünftklässler **im Durchschnitt pro Tag** fernsehen. Außerdem interessierte sie die Frage, ob Jungen und Mädchen gleich lange fernsehen oder ob es in der Fernsehdauer Unterschiede gibt. Die Ergebnisse ihrer Umfrage hat die Klasse in Form von zwei Schaubildern **(Diagrammen)** anschaulich dargestellt.

1 Hier seht ihr das erste **Diagramm** über die Fernsehgewohnheiten der **Jungen**. Schaut es euch in Ruhe an. Sprecht dann über die Bedeutung der beiden **Achsen**.
- Was zeigt die senkrechte Achse des Diagramms an?
- Was zeigt die waagerechte Diagramm-Achse an?

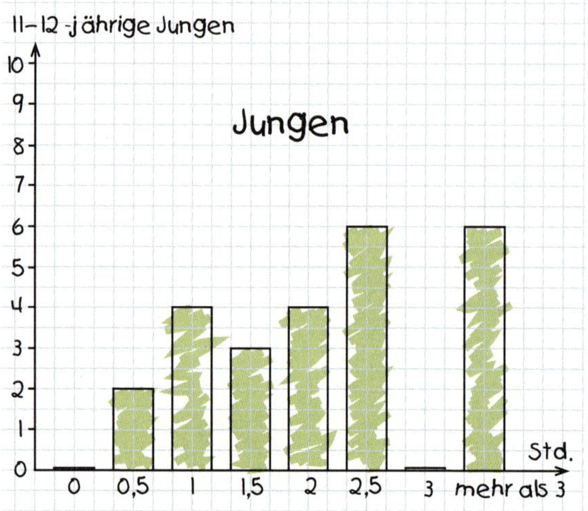

2 Schaut euch das Diagramm nun genauer an und klärt die folgenden Fragen:
- Warum bezeichnet man diese Diagramm-Art als **Stabdiagramm**?
- Warum eignet sich für ein Diagramm ein Rechenblatt besser als ein liniertes Blatt?
- Was bedeutet **ein Strich** auf der senkrechten Achse?
- Wie viele Jungen schauen täglich zwei Stunden fern?
- Wie viele Jungen wurden eigentlich **insgesamt** befragt?
- Wie erklärt ihr euch die beiden „Lücken“ im Diagramm?

3 Versucht nun die bildliche Darstellung der Umfrage-Ergebnisse „in Worte zu fassen“.
- Formuliert die Umfrage-Ergebnisse zuerst mündlich.
- Schreibt sie dann so auf:

Umfrage-Ergebnisse: JUNGEN

- Es wurden 25 Jungen im Alter von 11 bis 12 Jahren befragt.
- Die Klasse 5C hat herausgefunden, dass es bei den Befragten keinen Jungen gab, der überhaupt kein Fernsehen schaut.
- Nur zwei der befragten 25 Jungen schauen täglich ...

4 Die Klasse 5 c hat ihre Umfrage mit Hilfe eines **Fragebogens** durchgeführt.
Welche Fragen haben die Kinder wohl gestellt?
Schreibt die Fragen in Partnerarbeit auf.

5 Zwei der folgenden Aussagen zum Stabdiagramm links sind falsch. Vergleicht die Aussagen mit dem Diagramm und schreibt die falschen Aussagen dann richtig auf.

a) Neun der befragten Jungen sehen jeden Tag mehr als drei Stunden fern.
b) Die Untersuchung hat gezeigt, dass gleich viele Jungen täglich eine oder zwei Stunden fernsehen.
c) Es gibt deutlich mehr Jungen, die 2,5 Stunden pro Tag fernsehen, als Jungen, die mehr als drei Stunden pro Tag Fernsehen gucken.
d) Keiner der befragten Jungen lässt das Fernsehgerät täglich ganz ausgeschaltet und nur zwei Jungen sehen pro Tag nur eine halbe Stunde fern.

6 Versucht einmal an Hand des Stabdiagramms auszurechnen, wie viele Stunden alle befragten Jungen zusammen täglich **insgesamt** fernsehen. Das Ergebnis braucht ihr noch für eine spätere Aufgabenstellung.

Umfrage-Ergebnisse in Form eines Diagramms anschaulich darstellen

Natürlich hat die Klasse 5 c auch die **Mädchen** der Jahrgangsstufe 5 befragt.
Die Ergebnisse der Umfrage sehen so aus:

Auswertung der Fragebögen:

Frage: Wie lange siehst du durchschnittlich pro Tag fern?

Anzahl der befragten Mädchen: 25
Alter der befragten Mädchen: 11 bis 12 Jahre

Anzahl der Stunden, die pro Tag ferngesehen werden:	Anzahl der Mädchen:
0 Stunden	1
0,5 Stunden	3
1 Stunde	5
1,5 Stunden	2
2 Stunden	5
2,5 Stunden	4
3 Stunden	2
mehr als 3 Stunden	3

1 Stellt diese Testergebnisse nun in Partnerarbeit anschaulich als Stabdiagramm dar.
Tipps:
- Verwendet dazu kariertes Papier, ein Geo-Dreieck und einen feinen Filzstift.
- Markiert auf der senkrechten Achse je **zwei Rechenkästchen** für **eine Schülerin**.

2 Vergleicht anschließend euer *Mädchen-Diagramm* mit dem *Jungen-Diagramm* von Seite 108.
- Welche Unterschiede stellt Ihr fest?
- Welche Gemeinsamkeiten gibt es?

3 Rechnet auch hier aus, wie viele Stunden **alle** befragten Mädchen zusammen pro Tag vor dem Fernsehgerät verbringen. Vergleicht nun das Ergebnis mit den errechneten Fernsehstunden der Jungen auf Seite 108, Aufgabe 6. Wer sieht pro Tag mehr fern? Die Jungen oder die Mädchen?

4 Führt diese Umfrage nun auch **in eurer Klasse** und in 1 bis 2 Parallelklassen durch.
- Erstellt zuerst einen geeigneten Fragebogen und kopiert ihn in ausreichender Anzahl.
- Führt dann die Befragung in eurer eigenen und den Parallelklassen durch.
  Tipp: Achtet darauf, dass die gleiche Anzahl von Jungen und Mädchen befragt wird. Nur so lassen sich später eure Umfrageergebnisse miteinander vergleichen.
- Wertet die Fragebögen aus und notiert die Ergebnisse wie in Aufgabe 1.
- Stellt die Umfrage-Ergebnisse abschließend als Stabdiagramme dar.
  Tipp: Wenn ihr euer „Mädchen-Diagramm“ auf **Butterbrotpapier** zeichnet, dann könnt ihr es später auf das „Jungen-Diagramm“ (Seite 108) auflegen. So lassen sich beide Diagramme besser miteinander vergleichen.

Anregungen zum richtigen Fernsehen formulieren

1 Schaut euch zunächst das Bild an und lest, was diese beiden Kinder über ihr Fernsehverhalten sagen.

2 Habt ihr die gleichen Fernsehgewohnheiten wie der Junge und das Mädchen?
- Was macht ihr beim Fernsehen genauso?
- In welchen Punkten verhaltet ihr euch anders?

3 In der ersten Sprechblase sprechen die Kinder vom *Zappen*.
Überlegt, **warum** so viele Zuschauer beim Fernsehen *zappen*.

4 Sprecht nun über die einzelnen Aussagen in den Sprechblasen.
Welche Fernsehgewohnheiten der beiden Kinder würdet ihr ändern?
Begründet.

5 Versucht nun einmal, **Anregungen zum richtigen Fernsehen** zu formulieren.
Schreibt eure Anregungen in Partnerarbeit auf.
Greift dabei auf die Sprechblasen zurück und formuliert sie zu Anregungen um.
Tipp: Schreibt jeweils eine Anregung auf eine „Chart" (Papierkärtchen).
Als Charts könnt ihr zum Beispiel DIN-A 5-Blätter verwenden.

Sich zuerst in einer Programmzeitschrift über die Sendungen informieren.

Möglichst zu zweit oder dritt fernsehen; dann kann man miteinander über die Sendungen reden.

6 Heftet eure Charts jetzt mit Klebeband an die Tafel.
- Welche Anregungen sind mehrfach genannt worden?
  Hängt die jeweils überzähligen Charts wieder von der Tafel ab.
- Ordnet eure Anregungen nun ihrer Wichtigkeit nach.
  Klebt dazu eure Charts an der Tafel in der entsprechenden Reihenfolge auf.

7 Überlegt, ob ihre die wichtigsten Anregungen auf ein **Plakat** schreiben und in der Klasse aushängen möchtet.
Wie könntet ihr euer Plakat grafisch gestalten?

Anregungen zum richtigen Fernsehen

1 Sich zuerst in einer Programmzeitschrift über die Sendungen informieren.

2 Möglichst zu zweit oder dritt fernsehen; dann kann man miteinander über die Sendungen reden.

3 ???

Mit Gedichten durch das Jahr

Dieses Kapitel begleitet euch mit seinen Gedichten und Bildern durch alle vier Jahreszeiten. Auf dieser Reise durch das Jahr lernt ihr die folgenden Autoren und ihre Gedichte kennen:

Wilhelm Busch: Im Herbst
Georg Britting: Goldene Welt
Heinrich Seidel: November
Friedrich Hebbel: Herbstbild
Theodor Fontane: Herr von Ribbeck auf Ribbeck im Havelland
Gustav Sichelschmidt: Dezember
Christian Morgenstern: Die drei Spatzen
Wolf Harranth: Drei Finken
Josef Guggenmos: Der Mann im Schnee
Rainer Maria Rilke: Advent
Eckart Bücken, Reinhard Horn: Merry Christmas – Frohe Weihnacht
Heinrich von Loufenberg: In einem krippfly
Wolfgang Menzel: In einem Kripplein
Josef Guggenmos: Ich male mir den Winter
Wolfgang Menzel: Ich male mir das Frühjahr
Ludwig Uhland: Frühlingsglaube
Christine Busta: Der Sommer
James Krüss: Gewitterlied
Erwin Moser: Gewitter

Und so könnt ihr mit diesen Gedichten arbeiten:

- Ihr bringt sie zum Klingen und lest sie gestaltend vor oder lernt sie auswendig
- Ihr lernt Reime und verschiedene Reimformen kennen und anwenden
- Ihr kommt dem Versmaß in Gedichten auf die Spur
- Ihr ordnet Gedichte um oder neu
- Ihr lernt ein Gedicht in seiner alten Sprache kennen und vergleicht es mit seiner Übersetzung aus der heutigen Zeit
- Ihr setzt Gedichte in Bilder und Gespräche um
- Ihr schreibt selbst Gedichte und gestaltet sie
- Ihr experimentiert mit Sprache und ihrer Wirkung
- Ihr lernt sprachliche Bilder in Gedichten kennen und verstehen
- Ihr setzt euch mit sprachlichen Besonderheiten auseinander und interpretiert sie

Herbst

Im Herbst

Wilhelm Busch

Der schöne Sommer ging von hinnen, ↱
Der Herbst, der reiche, zog ins Land. |
Nun weben all die guten Spinnen ↱
So manches feine Festgewand. ||

Sie weben zu des Tages Feier ↱
Mit kunstgeübtem Hinterbein ↱
Ganz allerliebste Elfenschleier |
Als Schmuck für Wiese, Flur und Hain. ||

Ja, tausend Silberfäden geben ↱
Dem Winde sie zum leichten Spiel, |
Sie ziehen sanft dahin | und schweben ↱
Ans unbewusst bestimmte Ziel. ||

Sie ziehen in das Wunderländchen, |
Wo Liebe scheu im Anbeginn,
Und leis verknüpft ein zartes Bändchen ↱
Den Schäfer | mit der Schäferin. ||

1 Lest das Gedicht zunächst einmal leise. Tauscht anschließend aus, was ihr behalten habt.

2 Aus einfachen Spinnweben wird bei Wilhelm Busch etwas ganz Besonderes.
- Welche Beobachtung könnt ihr machen?
- Konntet ihr so etwas auch schon einmal in der Natur beobachten?

3 Im zweiten Vers heißt es bei Wilhelm Busch *„Der Herbst, der reiche“* ... Woran ist er denn reich, der Herbst? Welche Kostbarkeiten besitzt er? Schaut euch dazu die ersten drei Strophen an und zählt einmal auf.

4 Was ist das für ein Land, in das die Festgewänder ziehen?
- Schaut in die vierte Strophe. Wie versteht ihr diese Verse?
- Und was haben Spinnenfäden mit Schäfern zu tun?

Wie erklärt ihr euch dieses Bild? Versucht zu begründen.

5 Das Gedicht von Wilhelm Busch hat vier **Strophen**.
Die Zeilen, aus denen eine Strophe besteht, nennt man **Verse**.
Wie viele Verse hat jede Strophe bei Wilhelm Busch?

Ein Kennzeichen von Gedichten kennt ihr bereits aus der Grundschule: den **Reim**. Es gibt zwei Arten von Reimen:

Von einem **„reinen" Reim** spricht man dann, wenn der betonte Vokal und die Laute und Silben, die danach folgen, **gleich klingen**:

Nacht – wacht	singt – winkt	flink – Fink
gern – fern	Mütze – Witze	Baum – Traum
müssen – küssen	Mengen – Gängen	schwer – mehr

Wenn nur der letzte betonte Vokal gleich ist, aber der darauf folgende Konsonant verschieden ist, spricht man von einem **„unreinen" Reim**:

sie**g**en	le**g**en	pla**g**en
lie**b**en	re**d**en	la**d**en

6 Stellt aus der folgenden Liste Paare mit reinen und unreinen Reimen zusammen und schreibt sie auf.

Bank	Ast	hegen	Haus
Getöse	klappert	Suppe	rasselt
siegen	krank	schlagen	wagen
tropft	Ball	still	Bauch
legen	prasselt	Mütze	Mutter
Hast	Laus	bunt	rattert
klopft	Knall	Rind	Butter
Kind	Pfütze	Rauch	Vase
böse	plagen	blieben	fliegen
rattert	stank	Spucke	Nase
hell	rund	schnell	will

7 Ergänzt selbst weitere Paare mit reinen und unreinen Reimen.

8 Schaut euch noch einmal das Gedicht von Wilhelm Busch an.
Welche Verse reimen in den Strophen miteinander?

Es gibt verschiedene Reimformen, die in Gedichten vorkommen können:

Verse, die in Paaren miteinander reimen, nennt man **Paarreim**:

Neid	**a**
Kleid	**a**
Gut	**b**
Mut	**b**

Verse, die über Kreuz miteinander reimen, nennt man **Kreuzreim**:

Neid	**a**
Gut	**b**
Kleid	**a**
Mut	**b**

Verse, die einander umarmen, nennt man **umarmenden Reim**:

Neid	**a**
Gut	**b**
Mut	**b**
Kleid	**a**

9 Welche Reimform entdeckt ihr in dem Gedicht von Wilhelm Busch?

10 Schreibe die erste Strophe des Gedichtes „Im Herbst" selbst einmal so um, dass daraus ein **umarmender Reim** oder ein **Paarreim** entsteht. Tauscht eure Ergebnisse aus und vergleicht.

11 Bereitet das Gedicht von Wilhelm Busch nun für einen **gestaltenden Lesevortrag** vor. Am besten geht ihr dabei so vor:

- Schreibt zunächst die zweite Strophe ab und setzt entsprechende Vorlesezeichen ein.
  Orientiert euch dabei an den Markierungen, wie ihr sie in der ersten Strophe vorfindet.
  ↱ = Stimme nicht absenken, sondern oben lassen
  | = kleine Pause
  || = große Pause, Stimme absenken
  ＿ = Wörter und Silben, die ihr beim Lesen besonders betonen möchtet

- Lest die Verse dann so vor, sie ihr sie markiert habt.

- Erprobt mehrfach durch lautes Sprechen, ob eure Markierungen sinnvoll sind.

- Wenn euch die Ergebnisse beim Vortrag nicht überzeugen, unternehmt einen weiteren Versuch und korrigiert eure Markierungen fürs betonte Vorlesen.

266/267

12 Verfahrt mit den anderen Strophen des Gedichtes genauso wie in Aufgabe 11.

13 Und nun stellt eure Ergebnisse in einem gestaltenden Vortrag vor.

Ein Herbstgedicht auswendig lernen und vortragen

1 Lerne das Gedicht „Goldene Welt“ auswendig.
Tipps dazu findest du auf den folgenden Seiten.

Friedrich Hechelmann: Buche

Goldene Welt

Georg Britting

Im September ist alles aus Gold:
Die Sonne, die durch das Blau hinrollt,
Das Stoppelfeld,
Die Sonnenblume, schläfrig am Zaun,
Das Kreuz auf der Kirche,
der Apfel am Baum.

Ob er hält? Ob er fällt?
Da wirft ihn geschwind
Der Wind in die goldene Welt.

Tipps fürs Auswendiglernen:

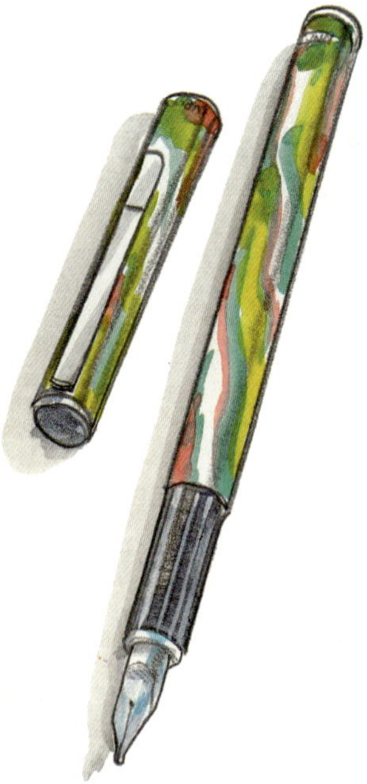

1. Schreibe dein Gedicht auf einem Blatt auf:
   Beim Abschreiben wirst du auf bestimmte Wörter aufmerksamer, als wenn du sie nur mit den Augen liest.
   Achte darauf, dass deine Verse da enden und neu beginnen, wo es im Originaltext der Fall ist.

2. Setze Pausenzeichen ein:
   kleine Pause (|)   größere Pause (||)
   Es ist besser, du machst eher zu viele Pausenzeichen als zu wenige, damit du nicht zu hastig sprichst.

3. Unterstreiche Sinnwörter, die du beim Vortrag besonders betonen möchtest.

4. Setze Haltepfeile (↱), wenn du am Ende einer Zeile zwar kurz anhalten musst, aber die Stimme nicht absinken lassen darfst.

5. Mach deinen Vortrag durch Gebärden lebendig:
   Durch Gebärden, die du mit deinen Armen und Händen ausführst, kannst du eine besondere Stimmung, besondere Ereignisse oder Gegebenheiten unterstützend betonen.

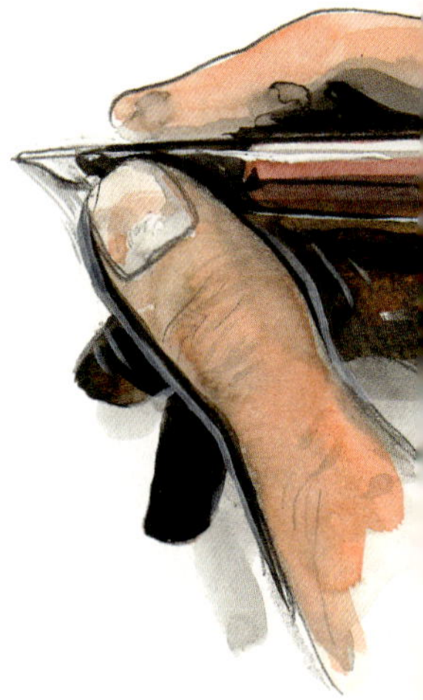

2 Natürlich kannst du diese Zeichen nur setzen, indem du immer wieder durch Sprechen ausprobierst, wie etwas klingen muss.
Also: mehrere Versuche machen – und dann die Zeichen in den Text einsetzen!
Zum Beispiel so:

Goldene Welt

Georg Britting

Im September ist alles aus Gold: |
Die Sonne, die durch das Blau hinrollt, ↱   → mit dem Zeigefinger auf eine gedachte Sonne hinweisend
Das Stoppelfeld, ↱
Die Sonnenblume, schläfrig am Zaun, ↱   → Hand gegen die Wange lehnend, um Müdigkeit anzudeuten
Das Kreuz auf der Kirche, ↱
der Apfel am Baum. ||

Ob er hält? Ob er fällt? | → Schultern und Arme hochziehen, um Frage zu unterstützen
Da wirft ihn geschwind ↱
Der Wind in die goldene Welt. ||

6. Lerne das Gedicht in Abschnitten auswendig. Übe das „Einsprechen".
Wie geht denn das Auswendiglernen am besten vonstatten?
Jeder Schauspieler hat da eine andere Technik. Eine wäre die folgende:

Hinstellen oder umhergehen.
Das Blatt in der Hand halten.
Mit halblauter Stimme ablesen.

Auswendig sprechen.
Nur dann aufs Blatt schauen,
wenn du etwas vergessen hast.

Das Ganze mehrere Male wiederholen:
Den Text „einsprechen".

Das Blatt auf den Tisch legen.
Sprechen ohne hinzuschauen.
Zum Tisch gehen und nachschauen,
wenn du etwas durcheinander gebracht hast.

Gebärden einsetzen: Mit Armen und Händen sprechen!
(Neben dem Gedicht auf der linken Seite sind verschiedene Gebärden angegeben!)

7. Wenn du auf diese Weise etwa eine Viertelstunde geübt hast, dann solltest du das Gelernte, wie man so sagt, „sich setzen lassen". Also: Buch zu oder Blatt weg – und etwas ganz anderes tun! Der Text ist jetzt schon recht gut in deinem Gedächtnis gespeichert.

8. Damit du das Gelernte aber auch wirklich **lange** und **dauerhaft** im Gedächtnis behalten kannst, solltest du in bestimmten Abständen immer wieder üben! Besser öfter und kurz – als länger und selten! Nimm dir also vor, vielleicht für den Abend, und dann für den nächsten Tag, das Ganze zu wiederholen, bis der Text vollständig sitzt. Erst dann hat er sich so richtig in deinem Gedächtnis festgesetzt.

9. Tu dich mit einem Partner oder mit einer Partnerin zusammen und hört euch gegenseitig ab. Wie im richtigen Theater kann dabei euer Partner auch als **Souffleur** (jemand, der vorsagt) aushelfen und dann und wann ein Stichwort sagen, wenn ihr ins Stocken kommt und nicht mehr weiter wisst.

3 Ihr könnt auch das Gedicht „Im Herbst" von Wilhelm Busch (Seite 114) auswendig lernen.

Das Versmaß eines Gedichtes erforschen

November

Heinrich Seidel

Solchen Monat muss man loben:
Keiner kann wie dieser toben,
Keiner so verdrießlich sein
Und so ohne Sonnenschein!
Keiner so in Wolken maulen,
Keiner so mit Sturmwind graulen!
Und wie nass er alles macht!
Ja, es ist 'ne wahre Pracht.

Seht das schöne Schlackerwetter!
Und die armen welken Blätter,
Wie sie tanzen in dem Wind
Und so ganz verloren sind!
Wie der Sturm sie jagt und zwirbelt
Und sie durcheinander wirbelt
Und sie hetzt ohn Unterlass:
Ja, das ist Novemberspaß.

Und die Scheiben, wie sie rinnen!
Und die Wolken, wie sie spinnen
Ihren feuchten Himmelstau
Ur und ewig, trüb und grau!
Auf dem Dach die Regentropfen:
Wie sie pochen, wie sie klopfen!
Schimmernd hängts an jedem Zweig,
Einer dicken Träne gleich.

Oh, wie ist der Mann zu loben,
Der solch unvernünft'ges Toben
Schon im Voraus hat bedacht
Und die Häuser hohl gemacht;
Sodass wir im Trocknen hausen
Und mit stillvergnügtem Grausen
Und in wohlgeborgner Ruh
Solchem Gräuel schauen zu.

1 Das ist ja ein toller Geselle, der November! Tauscht aus, was ihr behalten habt.

2 Und jetzt lasst dieses Klopfen, Pochen, Tropfen im November beim lauten Lesen lebendig werden. Das gestaltende Lesen gelingt euch besonders gut, wenn ihr beim Lesen die betonten Silben besonders hervorhebt.

Jeder Vers besteht aus einer regelmäßigen Folge von betonten und unbetonten Silben. Für die erste Strophe findet ihr hier einmal die betonten (–) und die unbetonten Silben (◡) markiert. Jeder Vers beginnt mit einer betonten Silbe. Ein solches Versmaß nennt man **Trochäus**.

November

Solchen Monat muss man loben:
– ◡ – ◡ – ◡ – ◡

Keiner kann wie dieser toben,
– ◡ – ◡ – ◡ – ◡

Keiner so verdrießlich sein
– ◡ – ◡ – ◡ –

Und so ohne Sonnenschein!
– ◡ – ◡ – ◡ –

Keiner so in Wolken maulen,
– ◡ – ◡ – ◡ – ◡

Keiner so mit Sturmwind graulen!
– ◡ – ◡ – ◡ – ◡

Und wie nass er alles macht!
– ◡ – ◡ – ◡ –

Ja, es ist 'ne wahre Pracht.
– ◡ – ◡ – ◡ –

3 Sprecht die Verse laut. Klopft dazu den **Takt** auch mit der Hand.
Bei einer betonten Silbe (–) klopft ihr fest mit den Fingern,
bei einer unbetonten Silbe (◡) klopft ihr nur ganz leicht:

Sol	chen	Mo	nat	muss	man	lo	ben
–	◡	–	◡	–	◡	–	◡
tam	ta	tam	ta	tam	ta	tam	ta

4 Teilt euch in drei Gruppen auf.
Jede Gruppe nimmt sich eine weitere Strophe des Gedichtes vor und bearbeitet sie:
- Schreibt die Strophe Vers für Vers auf.
- Lasst nach jedem Vers eine Zeile frei, damit ihr die betonten und unbetonten Silben markieren könnt.

5 Stellt eure Ergebnisse vor und vergleicht.

6 Und nun tragt einmal das ganze Gedicht laut vor.

7 Besonders eindrucksvoll ist es, dieses Gedicht im Sprechchor zu sprechen oder zwei Sprechchöre abwechselnd hin und her sprechen zu lasssen.

Verse zu einem Gedicht ordnen

Von Hebbels Gedicht „Herbstbild“ findet ihr hier jeweils den ersten Vers der ersten und zweiten Strophe:

Herbstbild

Friedrich Hebbel

Dies ist ein Herbsttag, wie ich keinen sah!
…
…
…

O stört sie nicht, die Feier der Natur!
…
…
…

1 Ordne die anderen Verse so, dass das ganze Gedicht zum Vorschein kommt. Schreibe jeden Vers einzeln auf und schneide ihn aus. Jeder Vers soll in eine Zeile passen!

2 Bringt die Verse nun in die richtige Reihenfolge.
Tipp: Das Gedicht besteht aus zwei Strophen und Friedrich Hebbel hat den Kreuzreim verwendet.

Was von dem milden Strahl der Sonne fällt.

Dies ist die Lese[1], die sie selber hält,

Die schönsten Früchte ab von jedem Baum.

Die Luft ist still, als atmete man kaum,

Denn heute löst sich von den Zweigen nur,

Und dennoch fallen raschelnd, fern und nah,

[1] Lese = Ernte

3 Tauscht eure Ergebnisse anschließend aus. Vergleicht sie auch mit dem Originalgedicht auf Seite 300.

4 Verständigt euch über die Bedeutung dieses Verses: *Dies ist die Lese, die sie selber hält.*

Ein Bild zum Herbst malen

1 Den Herbst kann man **mit allen Sinnen** wahrnehmen. Welche Früchte, Pflanzen, Materialien ... könnt ihr auf diesem Gemälde von Guiseppe Arcimboldo entdecken?

Guiseppe Arcimboldo: Der Herbst

2 Was genau könnt **ihr** in eurer Vorstellung riechen, sehen, hören, fühlen, schmecken? Schreibt das auf und tauscht euch aus.

3 Malt mit euren Herbsteindrücken und Erinnerungen selbst ein Bild. Ihr könnt euch in der Form an das Bild von Arcimboldo anlehnen.

Ein Gedicht lesen und interpretieren

Herr von Ribbeck auf Ribbeck im Havelland

Theodor Fontane

Herr von Ribbeck auf Ribbeck im Havelland,
ein Birnbaum in seinem Garten stand,
Und kam die goldene Herbsteszeit
Und die Birnen leuchteten weit und breit,
Da stopfte, wenn's Mittag[1] vom Turme scholl,
Der von Ribbeck sich beide Taschen voll,
Und kam in Pantinen[2] ein Junge daher,
So rief er: „Junge, wiste 'ne Beer[3]?
Und kam ein Mädel, so rief er: „Lütt Dirn,
Kumm man röwer, ick hebb 'ne Birn."

So ging es viele Jahre, bis lobesam[4]
Der von Ribbeck auf Ribbeck zu sterben kam.
Er fühlte sein Ende. 's war Herbsteszeit,
Wieder lachten die Birnen weit und breit;
Da sagte von Ribbeck: „Ich scheide nun ab.
Legt mir eine Birne mit ins Grab."
Und drei Tage drauf, aus dem Doppeldachhaus,
Trugen von Ribbeck sie hinaus,
Alle Bauern und Büdner[5] mit Feiergesicht
Sangen „Jesus meine Zuversicht",
Und die Kinder klagten, das Herze schwer:
„He is dod nu. Wer giwt uns nu 'ne Beer?"
So klagten die Kinder. Das war nicht recht,
Ach, sie kannten den alten Ribbeck schlecht;
Der neue freilich, der knausert und spart,
Hält Park und Birnbaum strenge verwahrt.
Aber der alte, vorahnend schon
Und voll Misstrauen gegen den eigenen Sohn,
Der wusste genau, was damals er tat,
Als um eine Birn ins Grab er bat,
Und im dritten Jahr aus dem stillen Haus
Ein Birnbaumsprössling sprosst heraus.

Und die Jahre gehen wohl auf und ab,
Längst wölbt sich ein Birnbaum über dem Grab,
und in der goldenen Herbsteszeit
Leuchtet's wieder weit und breit.
Und kommt ein Junge übern Kirchhof her,
So flüstert's im Baume: „Wiste 'ne Beer?"
Und kommt ein Mädel, so flüstert's: „Lütt Dirn,
Kumm man röwer, ick gew di 'ne Birn."

So spendet Segen noch immer die Hand
Des von Ribbeck auf Ribbeck im Havelland.

[1] die Mittagsglocke der Kirche
[2] Holzschuhe oder Holzpantoffeln
[3] Birne
[4] veraltet für: lobenswert
[5] Kleinbauern

1 Herr von Ribbeck auf Ribbeck – solch einen Menschen trifft man nicht alle Tage ...

2 Die Kinder sind besonders traurig, als Herr von Ribbeck stirbt. Begründet.

3 Herr von Ribbeck hat vorgesorgt. Welche Vorahnung hatte er? Was passiert drei Jahre nach seinem Tod?

4 In Vers 31 ist von einem „stillen Haus" die Rede. Übersetzt dieses sprachliche Bild mit euren Worten.

5 Versetzt euch in die Situation der Kinder hinein und schreibt eine Todesanzeige für Herrn von Ribbeck.
- In dieser Todesanzeige soll deutlich werden, was Herr von Ribbeck den Kindern bedeutet hat.
- Diese Anzeige könnt ihr auf dem Computer sicher in besonderer Weise gestalten.

6 Ihr könnt auch ein Gespräch mit dem jungen Herrn von Ribbeck spielen.
- Sicher werdet ihr ihn fragen wollen, warum er so knausrig ist.
- Und ihr könntet ihm seinen Vater als „gutes Beispiel" vor Augen führen ...

Erprobt verschiedene Möglichkeiten im Spiel.

7 Lernt das Gedicht vom Herrn Ribbeck auswendig.
- Jeder von euch kann sich eine Strophe aussuchen. Dann könnt ihr die Egebnisse in der Klassengemeinschaft präsentieren.
- Ihr könnt das Gedicht auch zu zweit auswendig lernen.

118/119

Doppeldachhaus in Ribbeck

Das Versmaß eines Gedichtes erforschen

Winter

1 Dem folgenden Gedicht von Gustav Sichelschmidt haben wir noch eine zweite Fassung gegenübergestellt.
Lest beide Gedichte laut und vergleicht. Was stellt ihr fest?

Dezember

Gustav Sichelschmidt

Der Zeiger dreht sich unverwandt.
Geht alles nun zu End.
Schon führt der Winter hierzuland
Sein strenges Regiment.

Es knirscht der Schnee. Es klirrt das Eis.
Bald ist das Jahr herum,
Und durch die Gassen geht schon leis
Das liebe Christkind um.

Das Jahr ist müd, will schlafen gehen,
Möcht endlich seine Ruh,
Hat viel gehört, hat viel gesehn
Und zieht den Vorhang zu.

Dezember

Gustav Sichelschmidt

Der Zeiger dreht sich unverwandt.
Schon führt der Winter hierzuland
Sein strenges Regiment.
Geht alles nun zu End.

Es knirscht der Schnee. Es klirrt das Eis.
Und durch die Gassen geht schon leis
Das liebe Christkind um.
Bald ist das Jahr herum.

Das Jahr ist müd, will schlafen gehen,
Hat viel gehört, hat viel gesehn
Möcht endlich seine Ruh
Und zieht den Vorhang zu.

2 Versucht, dem Takt des Gedichtes auf die Spur zu kommen.
Schaut euch dazu das folgende Schema an.
Es wechseln jeweils vier betonte gegen drei betonte Silben in einer Strophe miteinander ab.
Zu welcher Fassung passt das Schema?

◡ – ◡ – ◡ – ◡ –

ta tam ta tam ta tam ta tam

◡ – ◡ – ◡ –
◡ – ◡ – ◡ – ◡ –
◡ – ◡ – ◡ –

Dieses Versmaß nennt man **Jambus.**

3 Gustav Sichelschmidt hat in seiner Originalversion den Kreuzreim gewählt. Sprecht dazu beide Fassungen laut vor und vergleicht.

Gedichte lesen, verstehen – und vortragen

Die drei Spatzen

Christian Morgenstern

In einem leeren Haselstrauch
da sitzen drei Spatzen, Bauch an Bauch.

Der Erich rechts und links der Franz
und mitten drin der freche Hans.

Sie haben die Augen zu, ganz zu,
und oben drüber, da schneit es – hu!

Sie rücken zusammen, dicht an dicht.
So warm wie der Hans hat's niemand nicht.

Sie hör'n alle drei ihrer Herzlein Gepoch.
Und wenn sie nicht weg sind, so …

1 Diese Drei haben das richtige Rezept gegen die Kälte gefunden.
In welchem Vers findet ihr die Antwort?

2 Ergänzt den letzten Vers.

Drei Finken

Wolf Harranth

Es sitzen drei Finken auf einem Ast,
die haben zur Herbstzeit den Abflug verpasst.
Da hocken sie nun und träumen
von sommersonnigen Bäumen.

Doch beißt sie ein Windstoß von Zeit zu Zeit
und zaust ihnen eisig das Federkleid
und bringt ihren Ast arg ins Schwanken,
geraten die Träume ins Wanken.

Dann rucken sie hin und rucken sie her,
die frierenden Finken, und träumen nicht mehr.
Und ich höre sie, will es mir scheinen,
ganz leise auf Finkenart weinen.

3 Diese drei Kerlchen kommen mit dem Wetter **nicht** so gut zurecht wie die Spatzen!

4 Wovon träumen die Finken in der ersten Strophe?

5 Übersetzt die zweite Strophe mit euren Worten.
Was geschieht hier?

6 Und was passiert mit ihrem Träumen in der dritten Strophe?

7 Ob es wirklich die Finken sind in der dritten Strophe, die weinen?
Was meint **ihr**?

8 *Finken, die träumen ...* *Finken, die weinen ...*
Hier werden den Vögeln menschliche Verhaltensweisen zugeschrieben.
Wie wirkt das auf euch beim Lesen?

9 In der dritten Strophe gibt es ein „Ich", das diese Beobachtungen macht.
Wie mag es sich fühlen? Wer könnte das sein?

10 Hier sind noch zwei weitere Gedichte und ein Lied zum Winter.
- Ihr könnt sie in schön gestalteter Schrift aufschreiben.
- Ihr könnt sie auswendig lernen.
- Und das Lied könnt ihr in der Adventszeit miteinander singen.

118/119

Der Mann im Schnee

Josef Guggenmos

Winter ist es. Draußen steht
Einer, der nicht weitergeht.
Verlassen steht er dort im Schnee,
der dicke Mann. Geh zu ihm, geh
und sprich mit ihm! Sag: „Guten Tag!
Wie geht es Ihnen?" Oder frag:
„Wie spät ist es? Wo sind Sie her?
Wie heißen Sie? Liegt Bonn am Meer?
Wie viel ist dreimal drei und vier?
Was ist der Kürbis für ein Tier?"
Stelle ihm noch tausend Fragen –
Keine Antwort wird er sagen.
Er bleibt stumm.
Nimm's nicht krumm.
Er weiß nicht einmal, wie's ihm geht,
der weiße Mann, der draußen steht.

Advent

Rainer Maria Rilke

Es treibt der Wind im Winterwalde
die Flockenherde wie ein Hirt,
und manche Tanne ahnt, wie balde
sie fromm und lichterheilig wird;
und lauscht hinaus. Den weißen Wegen
streckt sie die Zweige hin – bereit,
und wehrt dem Wind und wächst entgegen
der einen Nacht der Herrlichkeit.

Merry Christmas – Frohe Weihnacht

T.: Eckart Bücken/M.: Reinhard Horn

Ein Gedicht und seine Übersetzung

In einem krippfly

Heinrich von Loufenberg (1530)

In einem krippfly lag ein Kind,
do stund ein Esel und ein rind,
do by waz ouch die maget clar,
maria, di daz kind gebar.

Do singent ihm der engel kor
mit süßer stimm gar hoch embor
Gloria, lob und würdigkeit
sy got in hohem rich geseit.

Diz ward den hirten schier verkunt,
darumb so lüffend sy ze stunt
gen bethleem und fundend do
daz edle kind und wurdent fro.

Ze stund enbran eins sternen schin,
daz es ward kunt den küngen drin
in verrem land zu orient,
die koment mit ir gob gerent.

Sy vielend nyder uff die erd,
sie gebetent dem kinde werd
gar edel myrren, wirouch, gold,
dem kindly wurdent sy gar hold.

In einem Kripplein

übersetzt von Wolfgang Menzel

In einem Kripplein lag ein Kind,
da stand ein Esel und ein Rind
und auch die Frau, so hell und klar,
Maria, die das Kind gebar.

Da sangen Engel ihm im Chor
mit süßer Stimme hoch empor:
Gloria, Ehre, Lob und Preis
sei Gott gesagt im Erdenkreis!

Die Hirten waren auch nicht weit.
Drum liefen sie zur selben Zeit
nach Bethlehem – und fanden so
das schöne Kind – und wurden froh.

Zugleich entbrannt' ein Sternenschein,
bis zu den Heilgen Königen drein
im Orient, in fernem Land.
Die kamen auch gleich angerannt.

Sie fielen nieder auf die Erd',
gleich gaben sie dem Kindlein wert
kostbares Myrrhen, Weihrauch, Gold.
So ehrten sie das Kindlein hold.

Worterklärungen und Aussprache:
maget: Mädchen; *embor*: empor, hinauf; *rich* (sprich: riech): Reich; *geseit*: gesagt; *verkunt*: verkündet; *ze stunt*: zu dieser Stunde; *enbran*: entbrannte; *schin* (sprich: schien): Schein; *küngen drin* (sprich: drien): Königen drei; *gob* (sprich: goop): Gabe, Geschenk; *werd*: wert, lieb; *hold*: wunderschön

1 Dieses Gedicht ist fast 500 Jahre alt. Der Dichter Heinrich von Loufenberg schrieb es in einer Sprache, die wir heute nur noch schwer verstehen.
Doch mit Hilfe der Übersetzung und den Worterklärungen könnt ihr sicher viele der alten Wörter wiedererkennen.

2 Tragt auf einer Weihnachtsfeier dieses Gedicht vor. Dabei könnte es ein Kind in unserer Sprache lesen und ein anderes Kind in der Sprache von früher. Das ist gar nicht so schwer, wenn ihr die Wörter so aussprecht, wie sie früher gesprochen wurden. Und eure Zuhörer haben sicher Freude daran zu hören, wie es früher einmal geklungen hat.

Ein Gedicht interpretieren

Ich male mir den Winter

Josef Guggenmos

Ich male ein Bild,
ein schönes Bild,
ich male mir den Winter.
Weiß ist das Land,
schwarz ist der Baum,
grau ist der Himmel dahinter.

Sonst ist da nichts,
da ist nirgends was,
da ist weit und breit nichts zu sehen.
Nur auf dem Baum,
auf dem schwarzen Baum
hocken zwei schwarze Krähen.

Aber die Krähen,
was tun die zwei,
was tun die zwei auf den Zweigen?
Sie sitzen dort
und fliegen nicht fort.
Sie frieren nur und schweigen.

Wer mein Bild besieht,
wie's da Winter ist,
wird den Winter durch
und durch spüren.
Der zieht einen dicken Pullover an
vor lauter Zittern und Frieren.

1 In diesem Gedicht von Josef Guggenmos kommt ein „lyrisches Ich" vor.
- Wer könnte das sein? Es gibt mehrere Möglichkeiten!
- Was tut dieses Ich?

Wenn es ein „Ich" in Gedichten gibt, das erzählt, so nennt man es das **lyrische Ich**. Der Autor hat dieses Ich als ein selbstständiges Wesen zum Leben erweckt. Das lyrische Ich kann jemand ganz anderes sein als der Dichter: ein Kind, ein Junge, ein Mädchen, ein Mann, eine Frau …

2 Schaut euch das Bild, das hier vom **lyrischen Ich** gemalt wird, genauer an:
- Es kommen verschiedene Farben vor. Wie viele?
- Was genau ist auf dem Bild zu sehen? Ordnet den Dingen die entsprechenden Farben zu.
  Land = ...
- An mehreren Stellen gibt es in diesem Gedicht Wiederholungen. Welche Wörter kommen mehrere Male vor? Und wie oft kommen sie insgesamt vor? Schreibt es auf.
- Wie wirken diese Wiederholungen auf euch? Welches Bild entsteht dabei in euren Köpfen? Und was hat das mit dem Winter zu tun?

3 Das **lyrische Ich** malt ein Bild, das im wahrsten Sinne des Wortes unter die Haut geht. Mit dem, der das Bild betrachtet, passiert etwas ...

4 Nun sorgt ihr durch gestaltendes Lesen einmal dafür, dass eure Zuhörer den Winter zu spüren bekommen.
- Arbeitet zu zweit und erprobt verschiedene Betonungen.
- Hört euch aufmerksam zu und gebt euch gegenseitig Tipps.

Zwei Gedichte miteinander vergleichen

Frühling

1 Ihr habt nun genug vom Winter? Bitteschön!
Dann holt euch das Frühjahr in eure Köpfe
und lest das folgende Gedicht von Wolfgang Menzel.
Er hat es in Verehrung für Josef Guggenmos geschrieben.

Ich male mir das Frühjahr

Wolfgang Menzel

Ich male ein Bild,
ein schönes Bild,
ich male mir das Frühjahr.
Hell ist das Land
und grün ist der Baum
und blau ist der Himmel darüber.

Und überall
sind an dem Baum
viel weiße Blüten zu sehen.
Eine Amsel singt
auf dem höchsten Zweig,
kein Wind kann sie runterwehen.

Und noch eine Amsel!
Was macht die dort
zwischen all den blühenden Zweigen?
Sie piepst im Geäst,
sie hüpft um ihr Nest,
das will sie dem Männchen zeigen.

Wer mein Bild besieht,
wie's da Frühling ist,
wird den Frühling mit
Freude genießen.
Der zieht seine Schuh' und Strümpfe aus
und geht barfuß über die Wiesen.

2 Vergleicht einmal mit dem Gedicht von Josef Guggenmos (Seite 131).
- Auch **hier** kommen verschiedene Farben vor!
- Und was genau gibt es bei Wolfgang Menzel zu sehen? Ordnet diesen Dingen die entsprechenden Farben zu.

3 Bei Wolfgang Menzel gibt es Wiederholungen.
- Welche Wörter sind das?
- Wie oft kommen sie **insgesamt** vor?

4 Wenn ihr die Gedichte von Josef Guggenmos und Wolfgang Menzel miteinander vergleicht: Welche inhaltlichen **Gegensätze** könnt ihr ausfindig machen?

5 Und die letzte Strophe: Welch ein Gegensatz! Lest nach!

6 Welche Jahreszeit magst du lieber: den Winter oder das Frühjahr? Wähle aus und mache dir von deinem Text eine Kopie. Nun machst du aus diesem Gedicht ein schönes Bild:
- Kreise die Wörter ein, die dir besonders wichtig sind, und verbinde sie zu ein oder zwei Sätzen.
- Wichtig ist, dass du keinen Unsinnsatz bildest! Deine ausgewählten Wörter sollen etwas miteinander zu tun haben. Von oben nach unten gelesen ergeben sie einen Sinn.
- Den Rest des Gedichtes malst du zu, sodass deine Lieblingswörter übrig bleiben. Schau dir dazu das Bild von Gerrit an.

Ich male
ein Bild,
Winter.
Sonst nichts,
da ist weit und breit nichts zu sehen.
Nur auf dem Baum,
hocken Krähen.
was tun die zwei,
Zittern und Frieren.
Gerrit

Aus Wörtern werden Gedichte

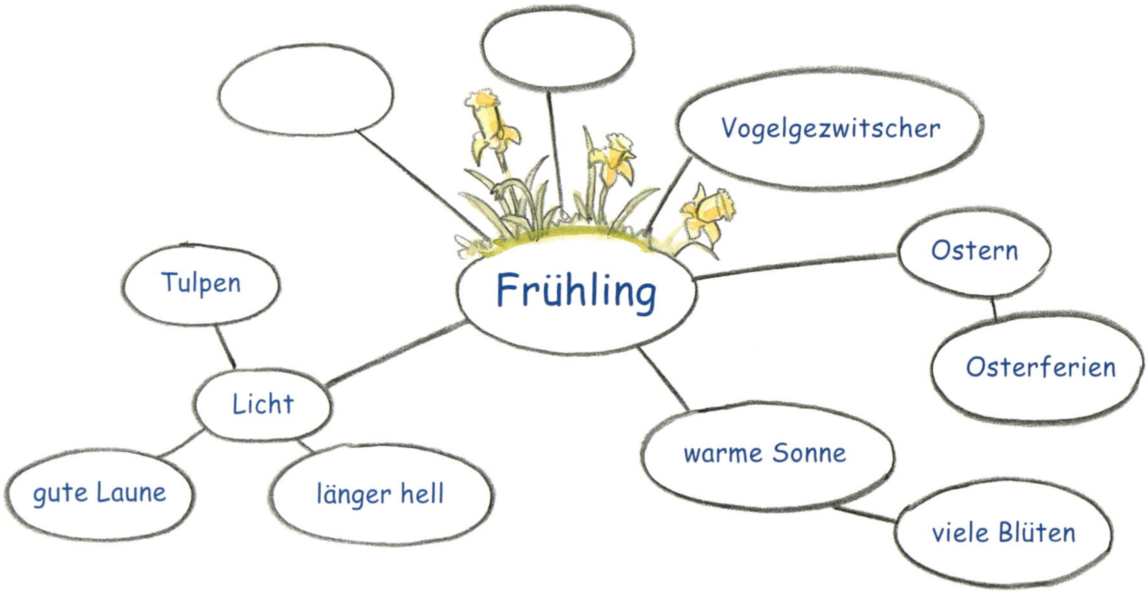

277

1 Was fällt euch zum Thema **Frühling** ein? Sammelt eure Gedanken rund um den Frühling in einem Gedankenschwarm (Cluster).

2 Wenn der Frühling gerade bei euch unmittelbar vor der Tür steht: Wie erlebt ihr den Frühling jetzt? Nehmt euch Bleistift und Notizblock und ab geht's in die Natur. Beobachtet:

- Wie **sieht** der Frühling **aus**?
- Wie **riecht** er?
- Wie **schmeckt** er?
- Wie **klingt** er?
- Wie **fühlt** er sich **an**?

Haltet eure Eindrücke, Wahrnehmungen und Empfindungen in Form von Stichwörtern fest.

3 Mit euren Stichwörtern könnt ihr dann Folgendes tun: Jeder macht seinen ganz persönlichen Gedankenschwarm und gestaltet ihn auf einem Blatt oder Plakat. Begriffe, die inhaltlich eng miteinander verknüpft sind, verbindet ihr mit Linien (siehe oben).

4 Nun wählt ihr ein Wort aus und schreibt es senkrecht auf. Schaut euch dazu das Beispiel unten an: SONNENSTRAHLEN.
Jeder Buchstabe wird dann waagerecht mit einem neuen Wort gefüllt: z. B. Ostereier, Sonne ...
So entsteht schon ein kleiner Text, den ihr noch mit Bildern oder Farben gestalten könnt.
Solch einen Text nennt man **Akrostichon**.
Nutzt die Wörter aus eurem Gedankenschwarm.

S
OSTEREIER
SONNE
BUNT
VÖGEL
ZITRONENFALTER
SCHLÜSSELBLUME
TULPEN
ROT
BLAU
LICHT
LÄNGERE TAGE
WÄRME
BLUMEN

5 Aus euren Notizen können aber auch **Elfer-Gedichte** entstehen.
Die Bauform von Elfer-Gedichten sieht so aus:

1. Vers: ein Wort	April
2. Vers: zwei Wörter	Der Schnee
3. Vers: drei Wörter	hat sich verkrümelt.
4. Vers: vier Wörter	Bald wird es wärmer.
5. Vers: ein Wort	Hoffentlich!

6 Versucht aus der folgenden Wörtersammlung ein Elfer-Gedicht zu machen.
Tipp: Aus vielen Wörtern wird ein kleiner Text mit **wenigen Wörtern**. Konzentriert euch also auf wenige Wörter, die ihr zu einer kleinen Geschichte verdichtet. Stellt eure Ergebnisse anschließend vor.

letzter Schnee	**Besuch**
Wärme	**weicher Boden**
Sonne	**warme Steine**
grüne Sträucher	**Fahrrad fahren**
grüne Bäume	**fröhlich sein**
hell	**länger hell**
Ferien	**bunte Tulpen**
Ostern	**T-Shirt**

Feste Spielregeln gibt es auch für das Schreiben von **Haikus**:

Der Schnee geschmolzen.
Unser Dorf läuft über von
lachenden Kindern.

Am kahlen Astwerk
vom ersten Frühlingsregen
die runden Perlen.

7 Vergleicht diese beiden Haikus miteinander. Was fällt euch auf?
Jeder Vers besteht aus einer bestimmten Anzahl von Silben.
Aus wie vielen Silben besteht die erste, die zweite und die dritte Zeile?

8 Hier hat ein Kind ein Haiku zum Thema „Frühling" aufgeschrieben.
Aber an einer Stelle hat es sich verzählt!
Verbessere diesen Vers.

Verschwunden ist der Schnee.
Grün blinkt es aus dem Boden.
Hand auf warmem Stein.

9 Probiert **ihr** es jetzt einmal aus. Fürs Schreiben kann es eine Hilfe sein, wenn ihr eure Notizen zuerst zu drei, vier Sätzen ausformuliert. Anschließend speckt ihr diese Notizen ab, bis ihr das Wichtigste in einem Haiku zusammenfügt, z. B. so:

Bald ist Ostern. Dann suchen wir im Garten nach bunten Eiern und Osterhasen. Die Eier bemalen wir selbst. Es macht Spaß, mit den Farben zu klecksen. Hasen aus Schokolade mag ich besonders.

Ostereier im
Garten versteckt. Mein Hase
bald ohne Ohren.

10 **Jetzt ihr:** *warme Sonne, Ausflug mit dem Fahrrad, Picknick, schwitzen, lachen, Eis schlecken, einen Platten fahren, zu Fuß zurück ...*

Ein Gedicht interpretieren

Frühlingsglaube

Ludwig Uhland

Die linden Düfte sind erwacht,
Tag und Nacht säuseln und weben sie,
Sie schaffen an allen Enden.
O frischer Duft, o neuer Klang!
Nun, sei nicht bang, armes Herze,
Nun muss sich alles, alles wenden.

Mit jedem Tag wird die Welt schöner,
Man weiß nicht, was noch werden mag,
Nicht enden will das Blühen.
Es blüht das fernste, tiefste Tal:
Nun, armes Herz, vergiss der Qual!
Nun muss sich alles, alles wenden.

1 Diese Fassung haben wir im Vergleich zum Original etwas verändert. Was fällt euch auf?

116

2 Das Gedicht von Ludwig Uhland hat in der Originalfassung das folgende Reimschema: Ihr müsst diese Reime in den markierten Zeilen aber erst noch herstellen. Jedes Wort wird gebraucht. Kein Wort darf weggelassen werden.

a
a
b
c
c
b

3 Schreibt das Gedicht anschließend vollständig auf. Vergleicht mit der Originalfassung auf Seite 300.

4 *Die linden Düfte* treten in diesem Gedicht wie Menschen auf. Was tun sie alles? Findet diese Stellen.

> Wenn in einem Gedicht Jahreszeiten, Pflanzen, Tieren oder Gegenständen menschliche Eigenschaften und Verhaltensweisen zugesprochen werden, so nennt man das **Personifikation**. Auf diese Weise werden sie vermenschlicht.

5 Mit dem erwachenden Frühling verbindet sich in diesem Gedicht eine große Hoffnung.
- Wem wird hier Mut gemacht? Warum? Und: was soll sich wenden?
- Welche Qualen könnten das sein, die vergessen werden sollen? Der folgende Text gibt euch Hinweise.

Ludwig Uhland hat von 1787 bis 1862 in Tübingen gelebt. Er hat sein Gedicht „Frühlingsglaube“ im Jahre 1812 verfasst. Zu dieser Zeit lebten viele Menschen in bitterer Armut und Not. Große Hungersnöte machten damals das Leben sehr schwer. Obwohl die Bauern alle verfügbaren Ackerflächen nutzten, gelang es nicht, alle Menschen ausreichend zu versorgen. Insbesondere in der kalten Winterzeit haben die Menschen und vor allem die Kinder außerordentlich gelitten: Es gab kein elektrisches Licht und keine Heizung. Auch Glas für Fenster gab es nicht. Glas war damals unerschwinglich teuer und die einfachen Leute konnten sich das nicht leisten. Notdürftig ausgestattet gegen die Kälte mussten die Familien den Winter überstehen und auf den Frühling hoffen.

Ein Bild zu einem Gedicht malen

Sommer

Der Sommer

Christine Busta

Er trägt einen Bienenkorb als Hut,
blau weht sein Mantel aus Himmelsseide,
die roten Füchse im gelben Getreide
kennen ihn gut.
Sein Bart ist voll Garten. Die seltsamsten Mären[1]
summt er der Sonne vor, weil sie's mag,
und sie kocht ihm dafür jeden Tag
Honig und Beeren.

[1] Mär: Kunde, Nachricht, Sage

1 Ein prächtiger Kerl, dieser Sommer! Was hat er so alles an?

2 Die Farben des Sommers – schreibt sie einmal auf. Wie viele findet ihr?

3 Malt diesen Sommer in einem Bild. Wörter, die euch besonders wichtig sind, könnt ihr in das Bild mit aufnehmen.

4 Auf diesem Gemälde von Marc Chagall ist der Sommer als Frau dargestellt.
- Schreibt ein kleines Gedicht zu diesem Bild. Orientiert euch dabei an Christine Busta.
- Entscheidet, welche Zeilen ihr beibehalten könnt. Und wo müsst ihr etwas ändern?

Marc Chagall: Die Schnitterin, 1928/1930

Elfer-Gedichte und Haikus schreiben

Gewitterlied

James Krüss

Schwarz sind die Wolken.
Ein erster Blitz.
Die Hähne krähen
so schrill und spitz.
Die Vögel zittern
und sind so stumm.
Da rollt der Donner:
rummbumm, rummbumm!
Mit Blitz und Regen
und Wolken schwer
braust das Gewitter
von Westen her.

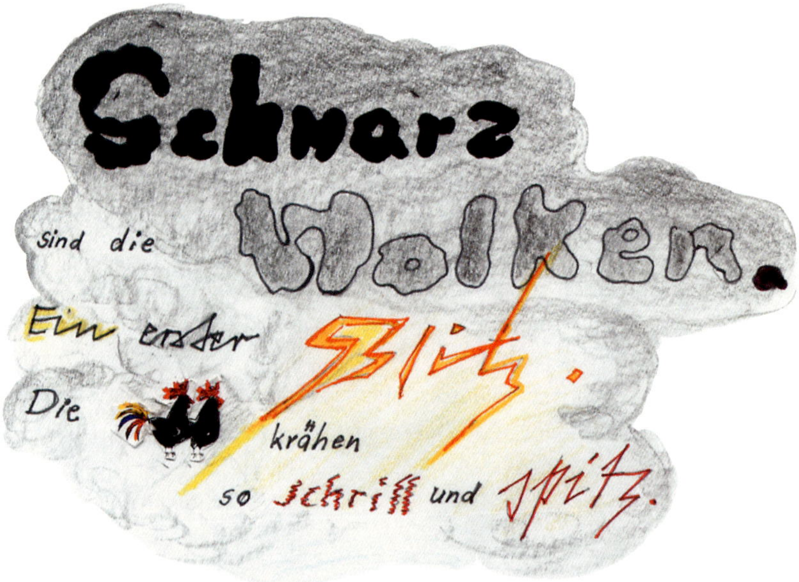

1 Durch lautes Lesen könnt ihr das Gewitter in diesem Gedicht **hörbar** machen.

2 Dieses Gedicht könnt ihr abschreiben und dabei die Wörter mit verschiedenen Schriften mal dick oder dünn, mal schwarz oder rot oder ... als Bild-Gedicht gestalten.

3 Aus diesem Gedicht kannst du ein **Elfer-Gedicht** oder ein **Haiku** herstellen:
- Schreibe das Gedicht auf ein Blatt.
- Markiere alle Wörter, die dir ganz besonders wichtig sind.
- Verdichte deine Wörtersammlung zu einem Elfer-Gedicht oder zu einem Haiku.

135

Spielregeln für ein Elfer-Gedicht:

1. Vers: ein Wort
2. Vers: zwei Wörter
3. Vers: drei Wörter
4. Vers: vier Wörter
5. Vers: ein Wort

Spielregeln für ein Haiku:

Die erste Zeile besteht aus fünf Silben, die zweite Zeile aus sieben Silben und die dritte wieder aus fünf Silben.

4 Tauscht eure Ergebnisse aus. **Wie** möchtet ihr sie präsentieren?

Verse zu einem Gedicht anordnen

Gewitter

Erwin Moser

Der Himmel ist blau
Der Himmel wird grau
…
…
…

Himmel noch grau
Himmel bald blau!

Wind fegt herbei
Vogelgeschrei

Es plitschert und platscht
Es trommelt und klatscht

Blitze tollen
Donner rollen

Eine Stunde lang
Herrlich bang

Dann Donner schon fern
Kaum noch zu hör'n

Es rauscht und klopft
Es braust und tropft

Regenwand
Verschwommenes Land

Zwei Tropfen im Staub
Dann prasseln auf Laub

Blitz durch die Stille
Donnergebrülle

Wolken fast schwarz
Lauf, weiße Katz!

Regen ganz fein
Luft frisch und rein

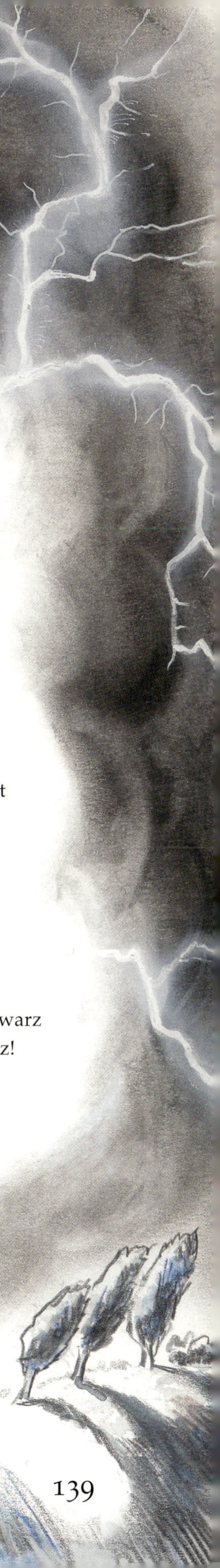

1 Lasst dieses Gewitter lebendig werden, indem ihr die Strophen in eine sinnvolle Reihenfolge bringt.
- Erprobt, was euch sinnvoll erscheint. Es gibt sicher mehrere Möglichkeiten.
- **Aber:** Das **Heranrollen** und das **Wegziehen** des Gewitters soll deutlich werden in euren Texten!

2 Tauscht eure Ergebnisse anschließend aus und vergleicht mit dem Original auf Seite 300.

Märchen – Märchen

Märchen

Märchen gibt es auf der ganzen Welt: bei den Indianern, den Türken, Inuit, Chinesen genauso wie bei uns. Eines der bekanntesten von ihnen, das Märchen von Frau Holle, ist in über 900 Abwandlungen weltweit verbreitet.
Märchen gehören zu den ältesten Geschichten der Literatur aller Länder. Früher wurden sie nicht nur Kindern, sondern auch Erwachsenen erzählt und so von Mund zu Mund weitergegeben, denn damals konnten die meisten Menschen noch nicht lesen. Heute gehören Märchenbücher zu den meistgelesenen Büchern überhaupt. Viele Märchen gibt es außerdem auf Kassette, als Filme, als Comics und als Theaterstücke.

Jakob Grimm

Wilhelm Grimm

Christian Andersen

Am bekanntesten sind die Märchen von Jakob und Wilhelm Grimm geworden. Die beiden Brüder ließen sich damals von verschiedenen Leuten aus dem Volk Märchen erzählen und schrieben sie auf. 1857 erschien ihr großes Buch „Kinder- und Hausmärchen", in dem 200 Märchen vereint sind: *Froschkönig, Hänsel und Gretel, Das tapfere Schneiderlein, Schneewittchen* und viele andere.

Auch der Däne Christian Andersen war ein bekannter Märchenerzähler. Er lebte von 1805 bis 1875 und schrieb seine Märchen wie *Des Kaisers neue Kleider* für Kinder und für Erwachsene.

Märchen sind Geschichten über die Gegensätze von gut und böse, schlau und dumm, schön und hässlich, Feigheit und Tapferkeit, Fleiß und Faulheit, Glück und Unglück, Armut und Reichtum. In vielen von ihnen geschehen Wunder, Wünsche werden erfüllt und Schwierigkeiten werden gelöst. Fast immer siegt in ihnen am Schluss das Gute über das Böse. Weil das aber in der Wirklichkeit so selten der Fall ist, versetzen sich die Menschen gern in Märchen hinein und malen sich in ihrer Fantasie aus, wie eine Welt aussehen könnte, in der es am Ende heißt: *... und lebten glücklich bis an ihr Ende.*

Auf den folgenden Seiten findet ihr verschiedene Märchen, die ihr euch vor allem erst einmal gegenseitig vorlesen könnt.

- Ihr lernt an einem Beispiel die Bausteine von Märchen kennen: *Der Schmied Butek* – ein slowakisches Volksmärchen.
- Ihr lernt die beiden Fassungen eines Märchens kennen und miteinander vergleichen: *Hansens Trine* – ein recht unbekanntes Märchen der Brüder Grimm.
- Zum Schluss könnt ihr ein Märchen in eine Bildergeschichte umwandeln: *Des Kaisers neue Kleider* von Christian Andersen.
- Vor allem aber lernt ihr, selbst Märchen zu schreiben. Ihr könnt ...
  den Mittelteil von Grimms *Prinzessin Mäusehaut* schreiben;
  ein Märchen ausgestalten: Brüder Grimm: *Der Dummling*;
  ein eigenes Märchen nach Leitwörtern schreiben;
  ein Märchen in ein Theaterstück umgestalten: *Rosamund, die Starke*.

Ein Märchen lesen und verstehen

Hier findet ihr ein Märchen, das man sich in der Slowakei, einem Nachbarland von Österreich, erzählt.
Der Märchentext wird an mehreren Stellen durch Fragen unterbrochen. Dort könnt ihr über den Text sprechen und euch Gedanken darüber machen, wie das Märchen weitergehen wird. Am linken Textrand sind einige Wörter notiert, mit denen ihr später arbeiten sollt.

Der Schmied Butec

Slowakisches Volksmärchen, nacherzählt von Wolfgang Menzel

Anfangsformel

Es war einmal ein armer, kleiner Mann und seine Frau, die hatten einen merkwürdigen Sohn. Der war nämlich bärenstark, und die beiden wussten nicht, wie es dazu gekommen war. Sie nannten ihn Butec, und als er erwachsen war, ging er in die Welt hinaus, um sein Brot zu verdienen.

Wegen seiner großen Kraft wollte Butec Schmied werden. Doch in der Schmiede schlug er so mächtig auf den Amboss ein, dass der im Boden versank. Das machte seinem Meister Angst, und er wollte Butec nicht behalten. Butec nahm eine lange, schwere Eisenstange und zog weiter.

Als er durch einen Wald ging, bemerkte er einen Waldarbeiter, der die Fichten mitsamt den Wurzeln aus dem Boden drehte. Butec und der Fichtendreher wurden sogleich Freunde und gingen miteinander weiter. Im nächsten Land trafen sie einen Müller, der riesige Mühlsteine in die Luft warf und sie wieder auffing. Auch der

Weiter Weg

wurde ihr Freund. So zogen die drei starken Männer in die Welt hinaus.

Eines Tages führte sie der Weg zu einem alten, grauen Schloss, in

Zauberwesen

dem sie Unterkunft fanden. Weil es dort Gespenster geben sollte, wollte niemand sonst darin wohnen. Butec und seine starken Freunde aber blieben dort. Sie einigten sich, dass jeden Tag ein anderer von ihnen Essen kochen sollte, während die anderen beiden hinausgingen, um für Nahrung zu sorgen.

Am ersten Tag kochte der Müller. Da kam auf einmal ein Wald-

Verwandlung

geist vorbei, der sich als Bettler verkleidet hatte, und bat um ein Stück Fleisch. Der Müller gab ihm auch gleich ein Stück, aber der Bettler ließ es auf den Boden fallen und jammerte: „Mein Rücken,

Märchenspruch

mein Rücken! Ich kann mich nicht bücken!“ Da bückte sich der Müller, um das Fleisch aufzuheben. Der Bettler aber erhob die schwere

Gut und böse

Eisenstange von Butec, schlug damit den Müller halb tot – und verschwand. Als die anderen beiden ins Schloss zurückkamen, sahen sie ihren Freund auf dem Boden liegen und verbanden ihm die Wunden. Der erzählte ihnen, was geschehen war. Doch die beiden hielten ihn für einen Schwächling.

Märchenspruch

Am nächsten Tag ging Butec allein auf die Jagd, und der Fichtendreher kochte das Essen. Wieder kam der Bettler, bat um Fleisch, ließ es fallen und jammerte: „Mein Rücken, mein Rücken! Ich kann mich nicht bücken!" Der Fichtendreher wollte gerade das Fleisch aufheben, als auch er dabei halb tot geschlagen wurde. Als Butec aus dem Wald zurückkam, sah er den Fichtendreher am Boden liegen. Er verband ihm die Wunden. Er sagte aber zu ihm: „Ihr beide taugt nichts, ihr seid zu schwach! Morgen bleibe ich zu Hause, da werdet ihr sehen, wie ich mit dem Alten fertig werde."

1 Wird Butec wohl mit dem Geist fertig?
Und wie wird er das anstellen?
Oder wird auch er unterliegen?
Tauscht eure Erwartungen aus.

Die Zahl Drei

Als Butec am dritten Tag gerade das Fleisch gekocht hatte, kam wieder der Bettler. Er bat um ein Stück Fleisch, ließ es fallen und jammerte: „Mein Rücken, mein Rücken! Ich kann mich nicht bücken!" Butec nahm seine lange, schwere Eisenstange und rief: „Mach, dass du fortkommst!" – und trieb den Waldgeist in die Flucht. Der lief entsetzt hinaus und verschwand hinter dem Schloss in einem Loch, als hätte ihn die Erde verschluckt.

Als die anderen beiden wieder auf den Beinen waren, sahen sich die drei Männer das Loch an, in dem der Alte verschwunden war, und sie blickten in einen schaurigen, schwarzen Abgrund. Da sie aber wissen wollten, was es mit dem riesigen Loch auf sich hatte, sagte Butec: „Einer von uns sollte an einem Seil hinunterklettern." Und sie knüpften das Seil an einem Felsen fest und banden eine Glocke daran. Bei Gefahr sollte die Glocke läuten, wenn der, der hinabgestiegen war, in Gefahr geriet und am Seil zog.

Der Müller stieg als Erster hinunter, kam aber zitternd vor Angst bald wieder herauf. Der Fichtendreher ließ sich als Zweiter hinab, aber auch er kam bleich vor Angst wieder herauf. Da kletterte Butec hinunter. Seine lange, schwere Eisenstange nahm er mit.

2 Wie mag es dort unten wohl aussehen?
Und was könnte nun geschehen?
Hier ist wieder eure Vorstellungskraft gefragt!

Als er unten angekommen war, gelangte er an eine Tür mit einem schweren Riegel. Mit seiner Eisenstange zertrümmerte er sie – und was sah er? Hinter der Tür öffnete sich ein weites, helles Land. Drei Schlösser sah Butec, das eine aus Silber, das andere aus Gold, und das dritte war aus Diamanten und so glänzend, dass der Glanz seine Augen blendete.

Die Zahl Drei

Aufgabe

Butec wollte das erste Schloss betreten, aber eine riesige Schlange bewachte das Tor. Doch Butec versetzte ihr einen Schlag mit seiner Eisenstange, dass sie tot liegen blieb. Dann ging er hinein. Ein wunderschönes Mädchen kam ihm entgegen und begrüßte ihn mit den Worten: „Ich bin verwunschen, und du bist mein Retter!" Und sie erzählte ihm, dass in den anderen beiden Schlössern noch zwei verwunschene Mädchen lebten. Butec führte das Mädchen zurück zu dem Loch, durch das er gekommen war, band sie an das Seil, läutete die Glocke, und sie wurde hinaufgezogen. Dem Müller und dem Fichtendreher oben aber gefiel sie so gut, dass jeder sie gerne zur Frau gehabt hätte.

Märchenspruch

Zauberwesen

Unten machte sich Butec auf den Weg in das goldene Schloss. Ein gewaltiges Ungeheuer, das ihn verschlingen wollte, bewachte das Tor. Doch Butec versetzte ihm einen Schlag mit seiner Eisenstange, sodass es tot liegen blieb. Da kam ihm ein noch schöneres Mädchen entgegen und begrüßte ihn mit den Worten: „Ich bin verwunschen, und du bist mein Retter!" Butec führte auch dieses Mädchen zurück zu dem Loch und läutete die Glocke. Das Mädchen gab ihm ein goldenes Schwert, das es bei sich hatte, dann wurde es nach oben hinaufgezogen. Dem Müller und dem Fichtendreher oben gefiel dieses Mädchen noch besser, und sie fingen an, sich zu streiten, wer es bekommen sollte.

Unten steckte Butec das goldene Schwert in seinen Gürtel und machte sich auf den Weg zu dem dritten Schloss. Vor dem Tor lag ein riesiger Lindwurm mit drei Köpfen und versperrte ihm den Weg. Butec versetzte ihm einen mächtigen Schlag mit seiner eisernen Stange, doch diesmal richtete er damit nichts aus. Der Lindwurm stürzte sich auf ihn und wollte ihn verschlingen. Lange kämpften sie erbittert miteinander. In größter Not erinnerte sich Butec an das Schwert, das ihm das Mädchen gegeben hatte. Er zog es aus dem Gürtel und schlug dem Untier damit alle drei Köpfe auf einmal ab. Die Erde erzitterte wie bei einem gewaltigen Erdbeben, als der Lindwurm tot zu Boden sank.

Zauberding

Da erblickte Butec ein Mädchen, das noch viel schöner war als die ersten beiden. Ihre Schönheit war wie der Morgenstern zwischen den anderen Sternen. Sie sahen einander an, und das Mädchen sagte: „Ich bin verwunschen, und du bist mein Retter!" Da führte Butec sie zurück zu dem Loch, band sie am Seil fest, läutete die Glocke, und sie wurde hinaufgezogen. Dem Müller und dem Fichtendreher gefiel dieses dritte Mädchen noch besser als die beiden anderen, und sie begannen sich zu prügeln, denn jeder wollte es zu seiner Frau haben. Als aber Butec nun selbst in die Höhe gezogen werden wollte, ließen die beiden das Seil nicht mehr hinunter, und Butec blieb unten in dem finsteren Loch.

Die Zahl Drei

3 Wie mag das Märchen jetzt weitergehen?
Kommt Butec wieder auf die Erde hinauf?
Und was geschieht mit den drei Mädchen, mit dem Müller und dem Fichtendreher?

Er wusste erst nicht, was er tun sollte. Dann aber ging er noch einmal der Reihe nach in die drei Schlösser. Aus dem ersten Schloss nahm er alles Silber mit, aus dem zweiten alles Gold. Als er aber in das dritte Schloss mit den strahlenden Diamanten kam, erblickte er in einem Winkel den alten Waldgeist. Der zitterte vor Angst, als er den starken Butec sah. „Sag mir", befahl Butec dem zitternden

Waldgeist, „wie ich wieder hinaufkomme in die Welt!" Da zog der Alte einen Schlüssel hervor, übergab ihn Butec und beschrieb ihm den Weg. So schnell ihn seine Beine trugen, lief Butec zu einer geheimen Tür, schloss sie mit dem Schlüssel des Waldgeistes auf und gelangte zurück auf die Erde.

Was aber sah er dort oben? Die drei unterirdischen Schlösser standen auf einmal eines neben dem anderen, genau dort, wo das alte, graue Schloss gestanden hatte, in dem die drei starken Männer gelebt hatten. Als er zu den Schlössern kam, liefen ihm die drei Mädchen entgegen, die er gerettet hatte, und auch der Müller und der Fichtendreher kamen ihm voller Reue entgegen.

4 Was wird Butec jetzt mit seinen „Freunden" anstellen?
Ob er sich rächt?
Und wie wird es mit den drei Mädchen weitergehen?
Tauscht eure Vermutungen und Erwartungen aus.

Das erste Mädchen sagte zu Butec: „Verzeih dem Müller, dass er dich nicht hinaufzog. Ich möchte, dass er mein Mann wird." Und Butec konnte nicht anders, als ihm zu verzeihen. Das zweite Mädchen sagte zu Butec: „Verzeih dem Fichtendreher, dass er dich nicht hinaufzog. Ich möchte, dass er mein Mann wird." Und da verzieh Butec auch ihm. Das dritte und schönste Mädchen aber kam ihm entgegen und sagte: „Willst du mein Mann werden?" Da nahm Butec sie in seine Arme und sagte: „Ja!" In diesem Augenblick aber

Verwandlung

fiel die gewaltige Kraft, die er als Schmied gehabt hatte, von ihm ab, und seine kräftige Gestalt verwandelte sich in einen schönen, schlanken Prinzen.

Drei Tage darauf feierten alle eine große Hochzeit, der Schmied, der nun ein Prinz war, der Müller und der Fichtendreher. Der Müller zog mit seiner Frau in das silberne Schloss, der Fichtendreher mit seiner in das goldene – und Butec, der Prinz, mit dem schönsten der

Schlussformel

Mädchen in das diamantene Schloss. Dort lebten sie ein Leben lang in Frohsinn und Frieden.

5 Der Schmied Butec – ein bärenstarker Kerl!
Was hat euch am meisten beeindruckt?

6 Die drei Freunde erleben ja eine ganze Menge ...
Welche Erlebnisse haben euch am besten gefallen?

7 Woran habt ihr im Text am deutlichsten erkannt, dass es ich hier um ein Märchen handelt? Nennt entsprechende Textstellen.

Märchen-Bausteine

1 Beim Lesen des Textes *Der Schmied Butec* ist euch sicher aufgefallen, dass links neben dem Text einige Begriffe notiert worden sind. Diese Begriffe kann man als **Bausteine** eines Märchens bezeichnen.

- Untersucht nun diese Märchen-Bausteine in Partnerarbeit genauer. Löst dazu die folgenden Aufgaben und notiert euch zu jedem Baustein einige Stichwörter. So könnt ihr eure Ergebnisse anschließend besser in der Klasse vergleichen.
- Natürlich könntet ihr die Bausteine (z. B. jeweils drei) auch auf verschiedene Gruppen verteilen und am Ende eure Ergebnisse in der Klasse austauschen und sammeln.

Anfangsformel
Diese Anfangsformel gibt es in vielen Märchen. Kennt ihr weitere Formeln? Schaut auch in eigene Märchenbücher.

Märchensprüche
Im Märchen sagen manche Personen mehrfach das Gleiche. Notiert die Märchensprüche in diesem Text. Märchensprüche gibt es aber auch in anderen Märchen. Schreibt zwei davon auf.

Gute und böse Figuren
Welche Personen oder Figuren sind im Märchen eher gut, welche böse? Welche nützen dem Helden, welche versuchen ihm eher zu schaden? Auch in anderen Märchen gibt es außer gut – böse auch Gegensätze wie hässlich – schön, arm – reich, klein – groß usw. Nennt verschiedene Beispiele.

Aufgaben
Der Schmied muss mehrmals Aufgaben lösen, bevor er ans Ziel kommt. Wie viele Aufgaben sind es jeweils? In welchen Situationen muss er seine Kraft und Tapferkeit beweisen? Wie unterscheidet sich der Held beim Lösen der Aufgaben von seinen beiden Gefährten?

Weiter Weg
Der Held hat einen weiten Weg zu gehen, ehe er sein Glück findet. Welche sind auf diesem Weg die wichtigsten Stationen? Was hat er dort jeweils zu tun? Zeichnet eine Skizze mit den Stationen in euer Heft. Kennt ihr andere Märchen, in denen die Heldin oder der Held einen weiten Weg zurücklegen müssen?

Wiederkehrende Zahlen
Eine Zahl spielt in diesem Märchen eine entscheidende Rolle. Welche Personen und Ereignisse werden von dieser Zahl bestimmt? Sucht sie im Text auf. Auch die Zahlen Sieben und Zwölf kommen häufig in Märchen vor. Nennt einige Beispiele.

Zauberdinge
Zauberdinge helfen dem Helden oft beim Lösen von Aufgaben. Welche Zauberdinge kommen in diesem Märchen vor? Was gelingt dem Helden jeweils mit Hilfe der Zauberdinge? Notiert einige Zauberdinge aus anderen Märchen.

Verwandlung
Der Schmied wird am Ende des Märchens verwandelt. Warum wohl? Bestimmt kennt ihr weitere Märchen, in denen Figuren verwandelt werden.

Schlussformel
Die Schlussformel besiegelt im Märchen meist ein gutes Ende. Wie heißt sie in diesem Märchen? Ihr kennt aber sicher auch andere Schlussformeln.

Zwei Märchenfassungen miteinander vergleichen

Hansens Trine

Brüder Grimm

Hansens Trine war faul und wollte nichts thun. Sie sprach zu sich selber: „Was thu ich? Eß ich oder schlaf ich oder arbeit ich? – Ach! Ich will erst essen!“ – Als sie sich dick satt gegessen hatte, sprach sie wieder: „Was thu ich? Arbeit ich oder schlaf ich? – Ach! Ich will erst ein bischen schlafen.“ Dann legte sie sich hin und schlief, und wenn sie aufwachte, war es Nacht, da konnte sie nicht mehr zur Arbeit ausgehen. Einmal kam der Hans nachmittags nach Haus und fand die Trine wieder in der Kammer liegen und schlafen, da nahm er sein Messer und schnitt ihr den Rock ab, bis an die Knie. Trine wachte auf und gedacht: Nun willst du zur Arbeit gehn. Wie sie aber hinauskommt und sieht, daß der Rock so kurz ist, erschrickt sie, wird irr, ob sie auch wirklich die Trine ist, und spricht zu sich selber: „Bin ichs oder bin ichs nicht?“ Sie weiß aber nicht, was sie darauf antworten soll, steht eine Zeitlang zweifelhaftig, endlich denkt sie: „Du willst nach Haus gehen und fragen, ob dus bist, die werdens schon wissen.“ Also geht sie wieder zurück, klopft ans Fenster und ruft hinein: „Ist Hansens Trine drinnen?“ Die anderen antworten, wie sie meinen: „Ja, die liegt in der Kammer und schläft.“ – „Nun, dann bin ichs nicht“, sagt die Trine vergnügt, geht zum Dorf hinaus und kommt nicht wieder, und Hans war die Trine los.

Hansens Trine

Neu erzählt von Barbara Rhenius

Hansens Trine wollte nicht immer so viel arbeiten, wie Hans es gern hätte. Oft sprach sie zu sich selber: „Was tu ich? Esse ich oder schlafe ich oder arbeite ich? – Ach, ich will erst essen!“ Als sie satt war, sprach sie: „Was tue ich? Arbeite ich oder schlafe ich? – Ach, ich will erst schlafen!“ Dann legte sie sich hin und schlief. Als sie aufwachte, war es Nacht, und da konnte sie nicht mehr zur Arbeit ausgehen. Eines Nachmittags kam der Hans nach Hause und fand die Trine wieder in der Kammer liegen und schlafen. Da nahm er sein Messer und schnitt ihr den Rock ab, bis an die Knie. Damit wollte er sie bestrafen, denn mit kurzem Rock konnte eine verheiratete Frau damals nicht auf die Straße gehen, weil sie dann wie ein Kind aussah. Als die Trine nun auf dem Wege zur Arbeit war und sah, dass ihr Rock so kurz war, sprach sie zu sich selber: „Bin ich eigentlich noch die Trine oder bin ich's nicht?“ Sie stand eine Zeitlang voller Zweifel auf der Straße. Endlich dachte sie: Ich bin doch nicht blöd! Ich gehe einfach einmal nach Hause und frage, ob die Trine zu Hause ist, die werden es schon wissen. Also ging sie wieder zurück, klopfte ans Fenster und rief hinein: „Ist Hansens Trine zu Hause?“ Die anderen antworteten, was sie vermuteten: „Ja, die liegt in der Kammer und schläft.“ – „Nun, wenn die mich nicht erkennen“, sagte sich Trine vergnügt, „dann tue ich eben so, als wäre ich's nicht.“ Sie ging zum Dorf hinaus und kam nicht wieder zurück, – und Trine war den Hans los.

1 Die alte Originalfassung des Märchens unterscheidet sich in manchen Dingen von der neu erzählten Fassung. Nennt einige dieser Dinge, die euch beim Durchlesen aufgefallen sind: Rechtschreibung, Zeichensetzung, Zeitformen, Ausrücke in alter Sprache ...

2 Wollte der Hans die faule Trine forttreiben oder wollte die Trine vom bösen Hans loskommen? In welcher der beiden Fassungen ist eher das eine – und in welcher eher das andere der Fall? Und ist die Trine eigentlich eher etwas dumm oder ist sie ziemlich schlau? Sprecht darüber.

Ein kurzes Märchen zu einem langen Märchen ausformen

Das ist eines der Märchen, das Wilhelm Grimm so aufgeschrieben hat, wie es ihm erzählt worden ist. Es ist zuerst ganz kurz gewesen. Man hört noch richtig die gesprochene Sprache heraus.
Erst viel später hat Grimm daraus ein richtig langes Märchen geformt.

Der Dümmling

Wilhelm Grimm

Es war einmal ein Hans, der war so unerhört dumm, dass ihn sein Vater in die weite Welt jagte. Er rennt vor sich hin, bis er ans Meeresufer kommt. Da setzt er sich hin und hungert. Da kommt eine hässliche Kröte auf ihn zu und quakt: „Umschling mich und versenk dich!“ Zweimal kommt sie so, aber er weigert sich. Wie sie aber zum dritten Mal kommt, folgt er ihr. Er sinkt unter und kommt an ein schönes Schloss unter dem Meer. Hier dient er der Kröte. Eines Tages befiehlt sie ihm, mit ihr zu ringen, und er ringt mit ihr, und die hässliche Kröte wird zu einem schönen Mädchen. Ihr Schloss aber steht oben auf der Erde. Hans wird gescheit, geht zu seinem Vater und erbt sein Reich.

1 Forme diesen kurzen Text zu einem längeren Märchen um.
- Erzähle in der Vergangenheitsform und füge wörtliche Reden ein.
- Vor allem aber sollte das Märchen etwas **spannender** und **anschaulicher** werden. Dazu musst du die einzelnen Situationen etwas ausspinnen.
- Besonders deutlich soll auch werden, dass der Hans nicht gar so dumm gewesen sein kann, wie sein Vater angenommen hat.
- Und natürlich kannst du aus dem Hans auch eine Liese machen!

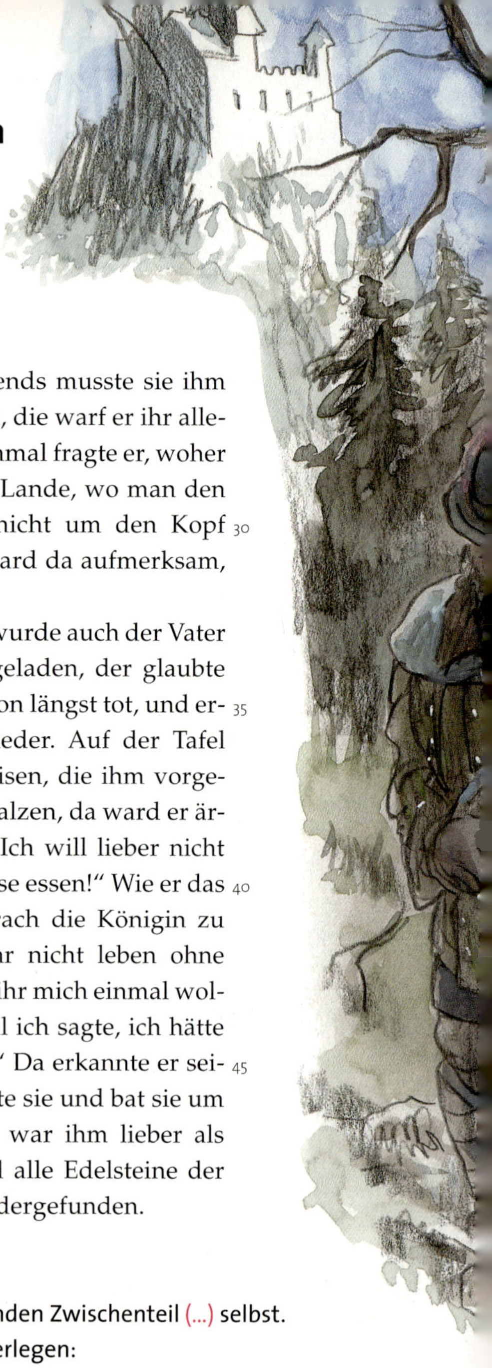

Den Zwischenteil zu einem Märchen schreiben

Prinzessin Mäusehaut

Brüder Grimm

Ein König hatte drei Töchter; da wollte er wissen, welche ihn am liebsten hätte, ließ sie vor sich kommen und fragte sie. Die älteste sprach, sie habe ihn lieber als das ganze Königreich; die zweite, als alle Edelsteine und Perlen auf der Welt; die dritte aber sagte, sie habe ihn lieber als das Salz. Der König ward aufgebracht, dass sie ihre Liebe zu ihm mit einer so geringen Sache vergleiche, übergab sie einem Diener und befahl, er solle sie in den Wald führen und töten. Wie sie in den Wald gekommen waren, bat die Prinzessin den Diener um ihr Leben; dieser war ihr treu und würde sie doch nicht getötet haben, er sagte auch, er wolle mit ihr gehen, und ganz nach ihren Befehlen tun. Die Prinzessin verlangte aber nichts als ein Kleid von Mausehaut, und als er ihr das geholt, wickelte sie sich hinein und ging fort. Sie ging geradezu an den Hof eines benachbarten Königs, gab sich für einen Mann aus und bat den König, dass er sie in seine Dienste nehme. Der König sagte es zu, und sie solle bei ihm die Aufwartung haben: Abends musste sie ihm die Stiefel ausziehen, die warf er ihr allemal an den Kopf. Einmal fragte er, woher sie sei. – „Aus dem Lande, wo man den Leuten die Stiefel nicht um den Kopf wirft." Der König ward da aufmerksam, (...)

Zu der Hochzeit wurde auch der Vater der Mausehaut eingeladen, der glaubte seine Tochter sei schon längst tot, und erkannte sie nicht wieder. Auf der Tafel aber waren alle Speisen, die ihm vorgesetzt wurden, ungesalzen, da ward er ärgerlich und sagte: „Ich will lieber nicht leben als solche Speise essen!" Wie er das Wort ausgesagt, sprach die Königin zu ihm: „Jetzt wollt ihr nicht leben ohne Salz, und doch habt ihr mich einmal wollen töten lassen, weil ich sagte, ich hätte euch lieber als Salz!" Da erkannte er seine Tochter und küsste sie und bat sie um Verzeihung, und es war ihm lieber als sein Königreich und alle Edelsteine der Welt, dass er sie wiedergefunden.

1 Wenn ihr das Märchen gelesen habt, wird euch auffallen, dass es doch ein ziemlich seltsames Märchen ist. Was kommt euch darin merkwürdig vor? Sprecht darüber.

2 Die Sache mit der Mäusehaut müsst ihr euch so vorstellen, dass der Diener ihr ein Kleid gemacht hat, das aus vielen Mäusefellen zusammengenäht war. Warum aber verkleidete sie sich wohl so komisch – und noch dazu als Mann?

3 Schreibe den fehlenden Zwischenteil (...) selbst.
Dazu musst du dir überlegen:
- Der König muss irgendwie erfahren haben, dass Mäusehaut kein Mann ist, sondern ein Mädchen – und noch dazu eine Prinzessin. Hat er es vielleicht an irgendeinem besonderen „Zeichen" gemerkt? Hat Mäusehaut es ihm selbst verraten? Hat der König es von seinen Dienern erfahren?
- Denke beim Schreiben daran: Dieses Märchen ist **eins der kürzesten** von allen Märchen der Brüder Grimm. Der Zwischenteil ist also auch nicht besonders lang!

4 Vergleicht eure Texte miteinander. Und vergleicht sie dann auch mit dem fehlenden Mittelteil. Den findet ihr auf Seite 300.

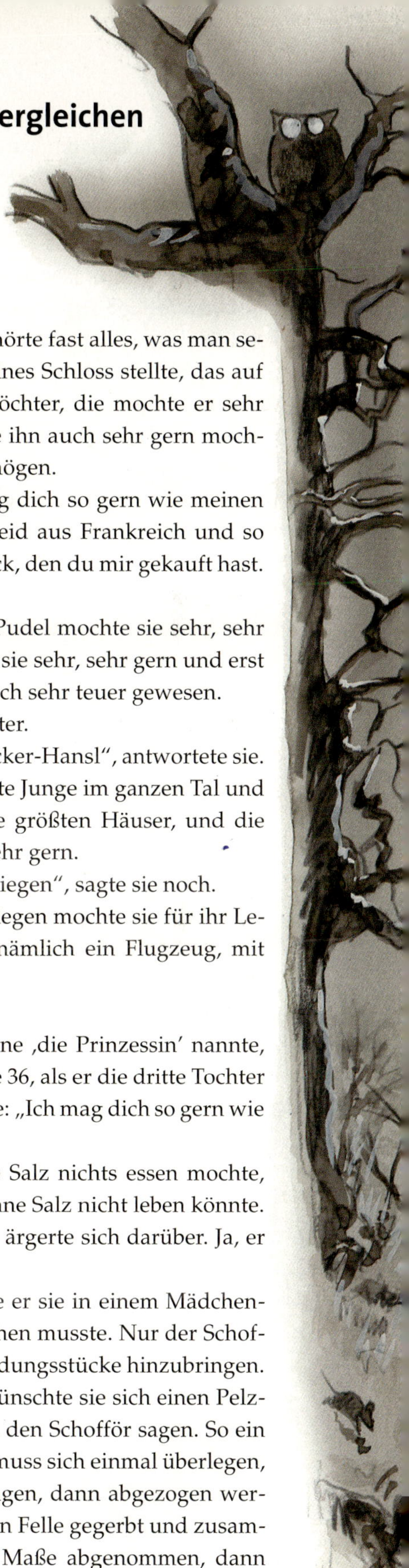

Zwei Märchen miteinander vergleichen

Prinzessin Mäusehaut

Janosch

Es war einmal ein reicher Mann, dem gehörte fast alles, was man sehen konnte, wenn man sich vor sein kleines Schloss stellte, das auf einem Berg stand. Er hatte auch drei Töchter, die mochte er sehr gern. Als er einmal wissen wollte, ob sie ihn auch sehr gern mochten, fragte er sie, wie gern sie ihn wohl mögen.

Die erste Tochter sagte: „Ach, ich mag dich so gern wie meinen Pudel. Und so gern wie mein Modellkleid aus Frankreich und so gern wie meinen ganzen, ganzen Schmuck, den du mir gekauft hast. So gern mag ich dich."

Das war schon sehr viel, denn ihren Pudel mochte sie sehr, sehr gern, und ihr neues Modellkleid mochte sie sehr, sehr gern und erst recht den ganzen Schmuck; er war nämlich sehr teuer gewesen.

Dann fragte der Vater die zweite Tochter.

„Ich mag dich so gern wie den Schmucker-Hansl", antwortete sie.

Der Schmucker-Hansl war der schönste Junge im ganzen Tal und der beste Skiläufer. Sein Vater hatte die größten Häuser, und die zweite Tochter hatte ihn wirklich sehr, sehr gern.

„Ich mag dich auch so gern wie das Fliegen", sagte sie noch.

Das war schon sehr, sehr viel; denn fliegen mochte sie für ihr Leben gern. Der Schmucker-Hansl hatte nämlich ein Flugzeug, mit dem durfte sie manchmal fliegen.

Da war der Vater sehr zufrieden.

Als er seine dritte Tochter, die er gerne ‚die Prinzessin' nannte, weil sie so kleine Füße hatte, Schuhgröße 36, als er die dritte Tochter also fragte, wie gern sie ihn mag, sagte sie: „Ich mag dich so gern wie Salz."

Sie meinte aber damit, dass sie ohne Salz nichts essen mochte, dass sie Salz immer brauchte, dass sie ohne Salz nicht leben könnte. Aber das wusste der Vater nicht, und er ärgerte sich darüber. Ja, er war kolossal beleidigt.

Bei der nächsten Gelegenheit meldete er sie in einem Mädchenpensionat an, damit er sie nicht mehr sehen musste. Nur der Schofför fuhr manchmal hin, um ein paar Kleidungsstücke hinzubringen.

An ihrem neunzehnten Geburtstag wünschte sie sich einen Pelzmantel aus Mäusefell, das ließ sie durch den Schofför sagen. So ein Pelzmantel ist aber gewaltig teuer, man muss sich einmal überlegen, wie viele hundert Mäuse erst mal gefangen, dann abgezogen werden müssen. Und dann müssen die vielen Felle gegerbt und zusammengenäht werden. Dann werden die Maße abgenommen, dann muss der Mantel gefüttert werden – kurzum, viel Arbeit! So viel Geld aber mochte der Vater für seine dritte Tochter nicht springen lassen. Also kaufte die Mutter ihr den Mäusepelz.

Als nun ein reicher Baron sie im Park in diesem Mäusepelz sah, wusste er sofort: Wer einen solchen Pelz hat, der muss wohl sehr reich sein. Und er heiratete sie. Als dann die Hochzeit war und ein Fest in Saus und Braus gefeiert wurde, mit Champagner und Kaviar, mit Rebhuhn in Speck gewickelt und hundertzwanzig Torten, ließ Prinzessin Mäusehaut auch ihren Vater einladen. Prominente Gäste kamen, Filmschauspieler und Grafen, sechs Konsule und zwei berühmte Sportler.

Ihr Vater aber erkannte sie nicht, denn sie hatte sich die Haare lang wachsen lassen und nach vorne gekämmt. Sie trug kurze Minikleider, was der Vater ihr zu Hause immer verboten hatte. Sie trug hohe Absätze und wirkte damit ein ganzes Stückchen größer.

Als dann das Festessen stattfand, ließ sie ihrem Vater alles ohne Salz servieren: Spanferkel vom Grill ohne Salz, Forelle in Aspik ohne Salz, Pasteten ohne Salz, kurzum, alles ohne Salz.

Erst verlangte der Vater von den Dienern etwas Salz, aber sie sagten: „Gibt kein Salz."

Dann beschwerte er sich, dass alles ungenießbar sei, ohne Salz. „Ohne Salz schmeckt mir nichts", sagte er. „Ich bin doch kein Kannibale! Also, dann gehe ich lieber nach Hause oder ins Wirtshaus essen."

Jetzt gab sich ihm seine Tochter zu erkennen und sagte: „Siehst du, ohne Salz kann man nicht leben. So gern mag ich dich, und ohne dich kann ich nicht leben."

Da küsste der Vater seine Tochter und wusste, dass sie ihn sehr, sehr gern mochte, am meisten von allen seinen Töchtern. Er bat sie um Verzeihung und vererbte ihr alles, alles, was er besaß. So hatte sich der Baron doch nicht getäuscht, denn wer einen Mäusepelz trägt, der muss wohl wirklich sehr reich sein.

1 Janosch hat das alte Märchen in eine moderne Form verpackt. Was hat er alles anders gemacht als die Brüder Grimm (Seite 150)?

2 Hier sind acht Aussagen. Welche vier sind richtig?
Lest beide Texte (Brüder Grimm: Seite 150) noch einmal genau durch!

a) Bei Janosch ist der König ein reicher Mann.
b) Er nennt seine Tochter „Prinzessin".
c) Er will sie nicht im Wald töten lassen, sondern bringt sie ins Gefängnis.
d) Mäusehaut mag bei Janosch ihren Vater so gern wie Zucker.
e) Bei den Brüdern Grimm bringt ein Schofför Mäusehaut in den Wald.
f) Der Mäusepelz ist bei Janosch ein scheußliches Kleidungsstück.
g) Bei Janosch heiratet Mäusehaut keinen König, sondern einen Baron.
h) Das Märchen geht bei Janosch so ähnlich aus wie bei den Brüdern Grimm.

Einen anderen Schluss zu einem Märchen schreiben

Die drei Wünsche

Volksmärchen aus den Pyrenäen

Es waren einmal ein Mann und eine Frau, die waren sehr arm und beklagten sich unausgesetzt über ihr Schicksal. „Mein Gott! Mein Gott!", sagten sie. „Es gibt Leute, die sind so glücklich! Und wir laufen den ganzen Tag nach Holzkohlen umher."

Das hörte ein Greis, der durch den Wald ging. „Ich sehe, ihr seid mit eurem Schicksal nicht zufrieden. Nun! Ich möchte etwas für euch tun. Wünscht euch drei Dinge; sie sollen in Erfüllung gehen."

Am Abend saß der Köhler mit seiner Frau am Feuer. Sie dachten nach. „Was sollen wir uns wünschen?", fragten sie sich. Plötzlich, beim Anblick der kleinen Holzscheite, die lustig knisterten, rief die gute Frau, ohne im Geringsten daran zu denken, dass sie einen Wunsch äußerte: „Ganz gleich, eine Elle Blutwurst auf dieser guten Kohlenglut, das wäre ein Wohltat!" Augenblicklich fiel eine Elle Blutwurst aus dem Kamin mitten in die Kohlenglut hinein.

Der Mann wurde zornig. „Bist du verrückt, altes Weib? Ist das dein Wunsch? Ich möchte wahrhaftig, dass diese Elle Blutwurst sich an deine Nase hängt!" Sofort geschah, was er sagte. Die Blutwurst hängte sich an die Nasenspitze der alten Frau.

Beide, der Köhler wie seine Frau in ihrer Feuerecke, waren höchst betrübt. „Jetzt haben wir nur noch einen Wunsch." Sie überlegten lange, lange, und die Blutwurst hing immer weiter an der Nase der unglücklichen Frau. Der Mann, von Mitleid ergriffen, fasste einen weisen Entschluss. „Ich muss dich aus dieser Lage befreien. Ich wünsche, dass die Blutwurst von deiner Nase verschwindet. Bleiben wir arm. Reichtum macht nicht glücklich."

Der dritte Wunsch wurde erfüllt wie die vorigen, und unsere beiden Alten suchten weiter Holzkohle im Wald, bis sie starben.

1 Drei völlig unnütze Wünsche! Oder? Wie ist es eigentlich zu ihnen gekommen? Hier sind zehn Begriffe.
Aus welchen Gründen ist der erste, der zweite, der dritte Wunsch in Erfüllung gegangen?
Der erste Wunsch geschah aus …, der zweite aus …, der dritte aus …

Hunger	Versehen
Wut	Mitleid
Unachtsamkeit	Eitelkeit
Bosheit	Angst
Blödheit	Mut

2 Dass sich gleich der erste Wunsch erfüllte, kann man noch verstehen. Aber als die beiden nur noch einen einzigen Wunsch hatten, hätten sie sich vielleicht doch etwas anderes überlegen können.
Schreibt andere Schlüsse zu diesem Märchen und lest sie euch vor.

3 Geht dieses Märchen eigentlich gut aus oder schlecht? Und was könnten die beiden Alten aus ihrem törichten Verhalten gelernt haben? Diskutiert darüber.

4 Was würdest **du** dir wünschen, wenn du drei Wünsche frei hättest?
Stell dir einmal vor, du müsstest dich bei deinen drei Wünschen auch mit jemandem anderen einigen, mit Geschwistern oder mit Eltern.
Was würdest du dir in einem solchen Falle wünschen?

Ein Märchen nach Leitwörtern schreiben

König – Töchter – Prinz – Märchenzahlen – Verzauberung – Erlösung

Ein Märchen nach Leitwörtern – von Tanja Roberts

Es war einmal ein König, der hatte drei Töchter. Zwei von ihnen waren schon verheiratet, und nun war auch die dritte an der Reihe, die hieß Lachemund. Eines Tages kam ein Zauberer in das Schloss, der hatte sich in einen Prinzen verwandelt. Als der König ihm seine Tochter nicht zur Frau geben wollte, verzauberte sie der Prinz mit einer Zauberrute in einen Papagei. Mit dem Papagei auf der Schulter zog er wieder davon. Der König merkte bald, dass Lachemund verschwunden war, und war traurig. Er ließ überall nach dem Zauberer suchen, man konnte ihn aber nirgends finden.

Der falsche Prinz war in sein Zauberreich zurückgekehrt. Dort verwandelte er den Papagei wieder zurück in die Prinzessin. Lachemund musste ihm sieben Tage in der Woche dienen und für ihn arbeiten. Sie musste ihm das Essen machen, seine Wäsche waschen, seine Schuhe putzen und was sonst noch alles zu tun war. Am Abend verwandelte er Lachemund immer wieder in einen Papagei und sperrte sie in einen Vogelkäfig, damit sie nicht wegfliegen konnte.

Eines Tages kamen dreizehn Jäger des Königs in das Reich des Zauberers. Der Zauberer aber tat immer noch so, als wäre er ein Prinz. Er lud die Jäger zu einem großen Essen ein. Als die Jäger am Abend im Schloss schliefen, hörte einer von ihnen plötzlich eine Stimme: „Erlöst mich! Erlöst mich!" Er schlich sich in das Zimmer des Zauberers, der schon schlief. Dort saß aber nur ein Papagei in seinem Käfig. Der Jäger wollte schon wieder rausgehen, da hörte er den Papagei noch einmal rufen: „Erlöst mich!" Da wusste er, dass es Prinzessin Lachemund war. Er packte den Käfig und ritt damit zum Königsschloss zurück. Und die anderen Jäger ritten auch gleich los.

Damit hatte der König zwar einen Papagei, aber noch lange nicht seine Tochter Lachemund. Er sprach mit ihr und überlegte, wie er sie wieder erlösen könnte. Lachemund wusste aber, dass der Zauberer eine Zauberrute hatte. Da schickte der König seine dreizehn Jäger noch einmal zu dem falschen Prinzen. Der war aber so wütend auf sie, dass er mit seiner Zauberrute einen nach dem anderen in Papageien verwandelte. Er hatte aber nur zwölf Käfige, sodass sich der dreizehnte Papagei die Zauberrute schnappen konnte und mit ihr zum König flog. Dort erlöste er Lachemund. Und als sie wieder eine Prinzessin war, erlöste sie auch den Jäger und heiratete ihn. Die anderen zwölf Jäger lebten als Papageien weiter bei dem Zauberer. Papageien können aber viel älter werden als Zauberer. Und vielleicht werden sie eines Tages auch alle erlöst, wenn der Zauberer tot ist.

1 Dieses Märchen, das eine Schülerin nach Leitwörtern geschrieben hat, ist wirklich einfallsreich! Suche einmal heraus, ob die Schreiberin alle Leitwörter in ihrem Text verwendet hat – und wo sie zu finden sind.

2 Schreibe selbst ein Märchen. Du kannst dazu die folgenden Leitwörter verwenden. Du kannst dir aber auch selbst fünf oder sechs Leitwörter als Überschrift ausdenken und danach ein Märchen schreiben.

- Kind von armen Eltern – von zu Hause weggelaufen – Fee – drei Wünsche – wieder zu Hause.
- König – Prinzessin/Prinz – ängstlich – Land vom Drachen befreien – Drachen zähmen – Drachen als Beschützer

Zu einem Märchen Theaterszenen schreiben

Rosamund, die Starke

Martin Waddell, Patrick Benson

Es waren einmal ein König und eine Königin. Bis jetzt hatten sie es eigentlich nicht sehr weit gebracht, denn sie verloren einen Krieg nach dem anderen, und vom Haushalt verstanden sie rein gar nichts. So verbrachten sie nun ihre Tage in einem schäbigen Wohnwagen am Rande des finsteren Waldes.

Eines Tages erzählte die Königin dem König, dass sie schwanger sei.

„Krieg einen Knaben", befahl der König. „Er wird zu einem Helden heranwachsen, eine reiche Prinzessin heiraten und uns wieder zu unserem Land verhelfen."

„Wird gemacht", sagte die Königin.

Aber, als das Baby kam ..., war es ein Mädchen!

„Macht nichts", sagte der König. „Sie wird zu einer wunderschönen Prinzessin heranwachsen, und dann werde ich eine böse Fee derartig ärgern, sodass sie die Prinzessin verwünscht. Dann kommt ein schöner Prinz, um sie zu erlösen, und wir werden alle in Freuden auf seinem Schloss leben!"

„Einverstanden!", sagte die Königin. „Wir nennen sie Rosamund."

„Bäh", sagte Rosamund.

Die Prinzessin wuchs heran und wuchs und wuchs und wuchs, bis sie schließlich keinen Platz mehr im Wohnwagen hatte. Der König besorgte ihr ein Zelt, das er draußen aufschlug.

„Es ist Zeit, dass du heiratest, Rosamund", meinte der König an ihrem siebzehnten Geburtstag.

„Ja, Papa", antwortete die Prinzessin, „aber ..."

„Lass mich nur machen", sagte der König.

Also ging der König in den tiefen, finsteren Wald, um einige böse Feen zu ärgern. Die erste, auf die der König traf, war ohne jeden Nutzen. Es war eine gute Fee. Sie wurde nicht einmal böse, als der König sie beim Namen nannte.

Die zweite Fee war böse, aber sie war noch Anfängerin. Zwar verwandelte sie den König – ihrer Katze zuliebe – in einen Frosch, aber der Fluch hielt nicht lange vor.

Die dritte Fee war sehr böse.

Der König war schrecklich unhöflich zu ihr.

„Wehe!", schrie die böse Fee. „Was ist dir das Liebste auf der ganzen Welt?"

„Meine Tochter Rosamund", antwortete der König erwartungsvoll.

„Ich werde sie verwünschen", krächzte die böse Fee, die nicht besonders helle war, und flog von dannen.

„Hurra!", jubelte der König, weil sein Vorhaben ‚Beschaff-der-Prinzessin-einen-reichen-Prinzen' offensichtlich glückte.

Die böse Fee traf Prinzessin Rosamund, als diese gerade Butterblumen auf einer Lichtung pflückte.

„Endlich!", schrie die Alte. „Ich bin die böse Fee, ich bin gekommen, dich zu verwünschen. Sieben Jahre sollen vergehen, eh ein Prinz zu ..."

Peng! Prinzessin Rosamund kartöffelte ihr eine, dass der bösen Fee nicht nur die Flöhe aus dem Kleid hopsten, sondern auch Gebiss und Brille verloren gingen.

„Rosamund, du bist ein ganz verdorbenes, undankbares Stück!", schimpfte die Königin, als sie die böse Fee aufsammelte.

„Ich werde mir einen Prinzen auf meine Art suchen", sagte Prinzessin Rosamund.

Am nächsten Tag lieh sie sich des Königs Fahrrad aus und fuhr los, ihren Prinzen zu suchen.

Rosamund hatte eine ganze Menge Abenteuer. Sie erschlug reihenweise Drachen, Riesenwürmer und schwarze Ritter. Sie erlöste mehrere Prinzen, die ziemlich reich waren, aber sie mochte keinen von ihnen leiden. Sie tat all die Dinge, die man von einer Heldin verlangen kann, nur ihren Prinzen fand sie nicht.

Allmählich wurde es Prinzessin Rosamund Leid, Prinzen zu erlösen und Drachen zu töten. Außerdem eierte das Vorderrad nach einem Kampf mit einem hundertköpfigen Ungetüm. Schließlich begab sie sich, ihr Rad tragend, traurig auf den Heimweg.

„Hallo, Mama. Hallo, Papa. Hallo, böse Fee", sagte Prinzessin Rosamund, als sie nach Hause kam.

„Wo hast du deinen Prinzen?", fragten der König, die Königin und die böse Fee, die mittlerweile bei ihnen lebte.

„Ich hab' keinen", sagte Prinzessin Rosamund, „und ich bin nicht bereit, jeden Hanswurst zu heiraten."

„Aber denk doch einmal an uns", jammerten der König, die Königin und die böse Fee. „Wovon sollen wir denn leben, wenn du dir keinen Prinzen nimmst?"

„Das ist allein eure Sache", sagte Prinzessin Rosamund, „ich bin nicht bereit ..." und dann sah sie die Inschrift:

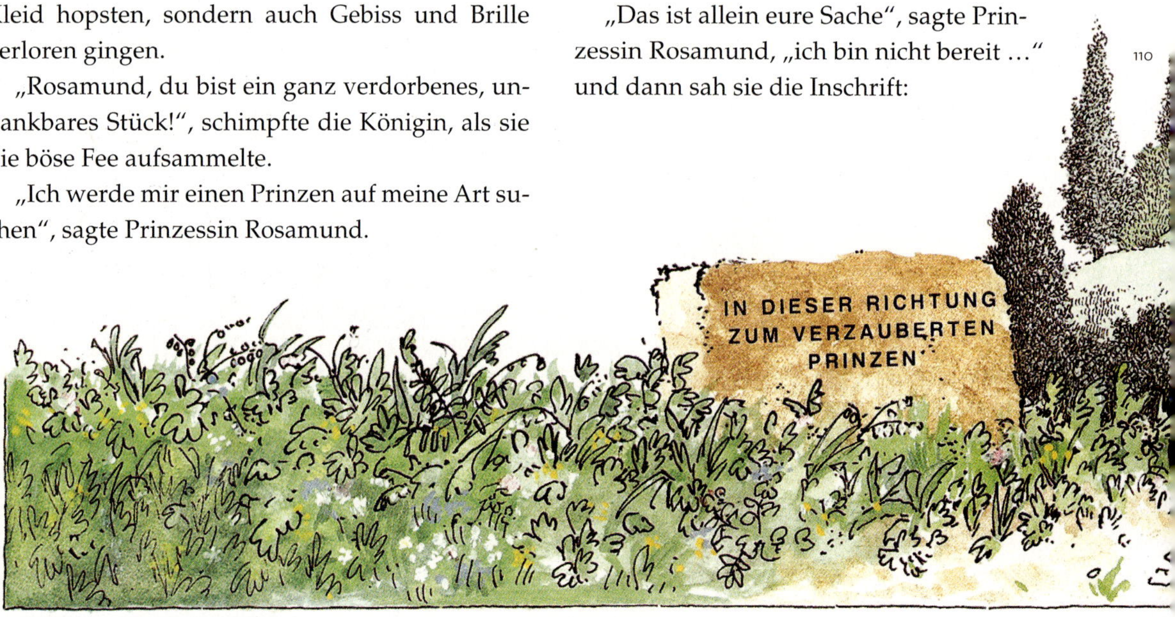

Bevor Prinzessin Rosamund in den tiefen finsteren Wald ging, sagte sie mit Nachdruck: „Ich tue das nur für mich. Ihr müsst für euch schon selber sorgen."

Auf ihrem Weg verwalkte sie mehrere Kobolde, Dämonen und böse Feen (versehentlich auch einige gute) und erreichte schließlich das Zauberschloss. Dort lag auf einem Blumenbett ein wunderschöner Prinz. Rosamund gab ihm einen dicken Schmatz.

Der wunderschöne Prinz schlug die Augen auf und beguckte Prinzessin Rosamund. „Das ist stark!", rief er und gab ihr einen Nasenstüber, mitten auf ihre allerliebste Nase. Es war Liebe auf den ersten Stüber.

Glücklich spielten sie das Nasenstüber-Spiel noch viele Jahre.

Glücklich lebten auch der König und die Königin noch viele Jahre.

Und die böse Fee wurde noch viel, viel böser.

1 Das ist nun einmal ein ganz modernes Märchen. Es kommen darin zwar viele Dinge vor, die es auch in den alten Märchen gibt; doch es ist ganz anders erzählt: humorvoll und witzig.
- Welche Märchenfiguren finden sich auch in alten Märchen?
- Welche Dinge aber könnten dort nie und nimmer vorkommen?

2 Auf den folgenden Seiten findet ihr eine Theaterfassung dieses Märchens.
Drei Absätze sind schon zu Szenen umgestaltet worden. Den zweiten und dritten Absatz müsst ihr selbst erst noch schreiben, wenn ihr das Märchen einmal aufführen wollt. Dabei solltet ihr auf Folgendes achten:

159–162

- Ihr könnt die wörtlichen Reden verwenden; ihr könnt sie aber auch weiter ausgestalten.

231

- Ihr könnt immer wieder auch den Erzähler auftreten lassen.
- Wie die einzelnen Personen sprechen, müsst ihr in „Regieanweisungen", die in Klammern stehen, deutlich machen.
- Am Anfang der Szenen solltet ihr den Ort beschreiben, an dem die Szene spielt.

3 Und nun gestaltet die Szenen richtig aus.
Lasst die Figuren reden, wie ihr selbst es wollt.
Was in dem Märchen erzählt wird, müsst ihr möglichst anschaulich in wörtliche Reden übertragen, zum Beispiel:

- wie der König mit den verschiedenen Feen redet,
- wie sich Rosamund mit den Drachen und Prinzen auseinander setzt.

Alles muss jetzt zu Handlung und Rede werden!

Rosamund, die Starke

ERZÄHLER: Es waren einmal ein König und eine Königin. Bis jetzt hatten sie es eigentlich nicht sehr weit gebracht, denn sie verloren einen Krieg nach dem anderen, und vom Haushalt verstanden sie schon rein gar nichts. So verbrachten sie nun ihre Tage in einer schäbigen Hütte am Rande des finsteren Waldes.

1. Szene

Wald. König und Königin versuchen ihre Wohnhütte zu reparieren.

KÖNIG: Gut, dass uns hier niemand beobachtet. Eine Schande ist es, wie wir leben müssen. Kein Personal, nicht mal ein Gärtner ist uns geblieben.
(schlägt sich mit dem Hammer auf die Finger, wendet sich an die Königin)
Au, verdammt, kannst du das Brett nicht fester halten? Weiber!

KÖNIGIN: Was heißt hier Weiber? Mein Kleid ist mir viel zu eng geworden, ich kann mich kaum bewegen. Ich brauche dringend ein neues Gewand.

KÖNIG: *(entrüstet)* Ich möchte wissen, wer das bezahlen soll. Mein Hemd hat auch schon viele Löcher. *(verträumt)* Ach, waren das noch Zeiten in unserem Schloss. Rauschende Feste – jedes Mal ein neues Gewand. Und die köstlichen Speisen, die unsere Köche bereitet haben.

KÖNIGIN: Hör auf zu träumen. Ich jedenfalls brauche ein neues Kleid. Ich erwarte ein Kind und in diesem Fetzen ist nun mal kein Platz für zwei.

KÖNIG: *(überrascht)* Waaaas, du bist schwanger? *(überlegt ein wenig, dann sehr bestimmt)* Ich will, dass du einen Knaben zur Welt bringst. Er wird zu einem Helden heranwachsen, eine reiche Prinzessin heiraten und uns wieder zu unserem Land verhelfen.

KÖNIGIN: Das ist eine gute Idee. Hoffen wir, dass es ein Junge wird.

ERZÄHLER: Aber als das Baby kam, war es ein Mädchen.

KÖNIG: Es macht nichts. Unser Mädchen wird zu einer wunderschönen Prinzessin heranwachsen, und dann werde ich eine böse Fee derartig ärgern, sodass sie die Prinzessin verwünscht. Dann wird ein reicher Prinz kommen und sie erlösen. Er wird uns alle mit auf sein Schloss nehmen und wir werden in Freuden leben.

KÖNIGIN: So wird es sein. Wir nennen unser Töchterchen Rosamund. Sie wird so schön werden wie Dornröschen, mindestens aber wie Schneeweißchen und Rosenrot.

ERZÄHLER: Die Prinzessin wuchs heran und wuchs und wuchs und wuchs, bis sie schließlich keinen Platz mehr in der Hütte hatte. Der König besorgte ihr ein Zelt, das er draußen aufschlug.

KÖNIG: Heute wirst du siebzehn Jahre alt. Es ist Zeit, dass du heiratest, Rosamund.

ROSAMUND: Ja, Papa, aber …

KÖNIG: Lass mich nur machen.

2. Szene

ERZÄHLER: Noch am selben Tag ging der König in den finsteren Wald, um einige böse Feen zu ärgern. Nach einigen Versuchen hatte er Glück …

1 Diese Szene schreibt ihr selbst.
Anregungen dazu findet ihr auf Seite 158.

3. Szene

Erzähler: Rosamund begegnet der bösen Fee … und erlebt anschließend viele Abenteuer mit Drachen, Riesenwürmern, schwarzen Rittern …

2 Diese Szene schreibt ihr selbst.
Anregungen dazu findet ihr auf Seite 158.

4. Szene

Erzähler: Auf ihrer abenteuerlichen Reise hat Rosamund gleich mehrere reiche Prinzen erlöst, aber sie mochte keinen von ihnen heiraten. Bald verlor sie die Lust und begab sich wieder auf den Heimweg.

(Rosamund mit Fahrrad. Weg vor der elterlichen Hütte.)

Rosamund: Hallo, Mama! Hallo, Papa! Hallo, böse Fee!

König, Königin, böse Fee : *(gemeinsam)* Wo hast du deinen Prinzen?

Rosamund: Ich hab' keinen, und ich bin nicht bereit, jeden Hanswurst zu heiraten, nur weil er reich ist.

König: *(jammernd)* Aber denk doch einmal an uns.

Königin: Wovon sollen wir denn leben, wenn du dir keinen Prinzen nimmst?

Rosamund: Das ist allein eure Sache, ich jedenfalls werde keinen …
(ihr Blick fällt auf ein Schild am Straßenrand, sie liest langsam):

König: Na los, mach dich auf den Weg!

Rosamund: Nur für mich allein mache ich diesen letzten Versuch.
Für euch müsst ihr schon selber sorgen.

Erzähler: Wieder stieg die Prinzessin auf den Drahtesel und fuhr in Richtung Zauberschloss. Unterwegs verwalkte sie wieder mehrere Kobolde, Dämonen und böse Feen, versehentlich auch einige gute. Schließlich erreichte sie ihr Ziel und stand vor einem Blumenbeet.

5. Szene

(Rosamund mit Fahrrad. Schloss. Schlossgarten. Blumenbeet.)

Rosamund: *(entdeckt einen verzauberten Prinzen zwischen den Blumen)*
Wow! Ist das ein toller Typ. Wie war das noch bei Dornröschen?
Küssen soll helfen. *(Rosamund gibt ihm einen dicken Schmatz)*

Prinz: *(erwacht, richtet sich auf, beider Nasen berühren sich)*
Das ist stark! Noch nie habe ich so ein entzückendes Näschen gesehen. Lass uns das gleich noch mal probieren.
(Sie geben sich noch einige Nasenstüber und lachen dabei.)

Rosamund: Es ist lustig mit dir. Willst du mich heiraten?

Prinz: In all den verzauberten Jahren habe ich von so einer starken und lustigen Prinzessin geträumt. Nun gebe ich dich nie mehr her.

(Und wieder beginnen sie mit ihrem Nasenstüber-Spiel)

Erzähler: Ja, das war Liebe auf den ersten Nasenstüber.
Glücklich spielten sie das Nasenstüber-Spiel noch viele Jahre.
Glücklich lebten auch der König und die Königin noch viele Jahre. Und die böse Fee wurde noch viel, viel böser, weil sie ihr Ziel nicht erreicht hatte.

Ein Märchen als Bildergeschichte darstellen

Des Kaisers neue Kleider

Hans Christian Andersen

Vor vielen Jahren lebte ein Kaiser, der so ungeheuer viel auf hübsche, neue Kleider hielt, dass er all sein Geld dafür ausgab, um recht geputzt zu sein. Er kümmerte sich nicht um seine Soldaten, kümmerte sich nicht um das Theater und liebte es nicht, in den Wald zu fahren, außer um seine neuen Kleider zu zeigen. Er hatte einen Rock für jede Stunde des Tages, und wie man sonst von einem König sagt, er ist im Rate[1], sagte man hier immer: „Der Kaiser ist in der Kleiderkammer!“

In der großen Stadt, in der er wohnte, ging es sehr munter zu. Jeden Tag kamen viele Fremde, eines Tages kamen auch zwei Betrüger. Sie gaben sich für Weber aus und sagten, dass sie das schönste Zeug, das man sich denken könne, zu weben verständen. Nicht allein Farben und Muster wären ungewöhnlich schön, sondern die Kleider, die von dem Zeug genäht würden, besäßen auch die wunderbare Eigenschaft, dass sie für jeden Menschen unsichtbar wären, der nicht für sein Amt tauge oder unverzeihlich dumm sei.

„Das wären ja prächtige Kleider“, dachte der Kaiser. „Wenn ich die anhätte, könnte ich ja dahinter kommen, welche Männer in meinem Reiche zu dem Amte, das sie haben, nicht taugen; ich könnte die Klugen von den Dummen unterscheiden! Ja, das Zeug muss sogleich für mich gewebt werden!“ Und er gab den beiden Betrügern viel Handgeld, damit sie ihre Arbeit beginnen möchten.

Sie stellten auch zwei Webstühle auf und taten, als ob sie arbeiteten; aber sie hatten nicht das Geringste auf dem Stuhle. Frischweg verlangten sie die feinste Seide und das prächtigste Gold, das steckten sie in ihre eigene Tasche und arbeiteten an den leeren Stühlen bis spät in die Nacht hinein.

„Nun möchte ich doch wohl wissen, wie weit sie mit dem Zeuge sind!“, dachte der Kaiser. Aber es war ihm ordentlich beklommen[2] zumute bei dem Gedanken, dass derjenige, der dumm war oder schlecht zu seinem Amte passte, es nicht sehen könne. Nun glaubte er zwar, dass er für sich selbst nichts zu fürchten brauche, aber er wollte doch erst einen andern schicken, um zu sehen, wie es damit stände. Alle Menschen in der ganzen Stadt wussten, welche wunderbare Kraft das Zeug habe, und alle waren begierig zu sehen, wie schlecht oder dumm ihr Nachbar sei.

„Ich will meinen alten ehrlichen Minister zu den Webern senden!“, dachte der Kaiser. „Er kann am besten sehen, wie das Zeug sich ausnimmt, denn er hat Verstand und keiner versieht sein Amt besser als er!“

Nun ging der alte gute Minister in den Saal hinein, wo die zwei Betrüger saßen und an den leeren Webstühlen arbeiteten. „Gott behüte uns!“, dachte der alte Minister und riss die Augen auf, „ich kann ja nichts erblicken!“ Aber das sagte er nicht.

Beide Betrüger baten ihn, gefälligst näher zu treten, und fragten, ob es nicht

[1] er führt seine Regierungsgeschäfte
[2] ängstlich

ein hübsches Muster und schöne Farben sind. Dabei zeigten sie auf den leeren Webstuhl, und der arme alte Minister fuhr fort, die Augen aufzureißen; aber er konnte nichts sehen, denn es war nichts da. „Herrgott!", dachte er, „sollte ich dumm sein? Das habe ich nie geglaubt und das darf kein Mensch wissen! Sollte ich nicht zu meinem Amte taugen? Nein, es geht nicht an, dass ich erzähle, ich könnte das Zeug nicht sehen!"

„Nun, Sie sagen nichts dazu?", fragte der eine, der da webte.

„Oh, es ist hübsch! Ganz allerliebst!", antwortete der alte Minister und sah durch seine Brille. „Dieses Muster und diese Farben! Ja, ich werde dem Kaiser sagen, dass es mir sehr gefällt."

„Nun, das freut uns!", sagten die beiden Weber, und darauf nannten sie die Farben mit Namen und erklärten das seltsame Muster. Der alte Minister passte gut auf, damit er dasselbe sagen könnte, wenn er zum Kaiser zurückkäme, und das tat er. Nun verlangten die Betrüger mehr Geld, mehr Seide und mehr Gold, das sie zum Weben brauchen wollten. Sie steckten alles in ihre eigenen Taschen, auf den Webstuhl kam kein Faden, aber sie fuhren fort, wie bisher an dem leeren Webstuhle zu arbeiten.

Der Kaiser sandte bald wieder einen anderen ehrlichen Staatsmann hin, um zu sehen, wie es mit dem Weben stände und ob das Zeug bald fertig sei. Es ging ihm ebenso wie dem Minister; er schaute und schaute, weil aber außer dem leeren Webstuhle nichts da war, konnte er auch nichts erblicken.

„Ist das nicht ein hübsches Stück Zeug?", fragten die beiden Betrüger und zeigten und erklärten das prächtige Muster, das gar nicht da war.

„Dumm bin ich nicht!", dachte der Minister. „Ist es also mein gutes Amt, zu dem ich nicht tauge? Das wäre lächerlich, aber man darf es sich nicht merken lassen!", und so lobte er das Zeug, das er nicht sah, und versicherte ihnen seine Freude über die schönen Farben und das herrliche Muster. „Ja, es ist ganz allerliebst!", sagte er zum Kaiser.

Alle Menschen in der Stadt sprachen von dem prächtigen Zeuge.

Nun wollte der Kaiser es selbst sehen, während es noch auf dem Webstuhle war. Mit einer ganzen Schar auserwählter Männer, unter ihnen auch die beiden ehrlichen Staatsmänner, die schon früher dort gewesen waren, ging er zu den beiden listigen Betrügern hin, die nun aus Leibeskräften webten, aber ohne Faser oder Faden.

„Ist das nicht prächtig?", sagten die beiden alten Staatsmänner, die schon einmal dagewesen waren. „Sehen Eure Majestät, welches Muster, welche Farben!" Und dann zeigten sie auf den leeren Webstuhl, denn sie glaubten, dass die andern das Zeug gewiss sehen könnten.

„Was!", dachte der Kaiser, „Ich sehe gar nichts! Das ist ja schrecklich! Bin ich dumm? Tauge ich nicht dazu, Kaiser zu sein? Das wäre das Schrecklichste, was mir begegnen könnte!" – „Oh, es ist sehr hübsch!", sagte er. „Es hat meinen allerhöchsten Beifall!" Und er nickte zufrieden und betrachtete den leeren Webstuhl, denn er wollte nicht sagen, dass er nichts sehen könnte. Das ganze Gefolge, das er bei sich hatte, schaute und schaute und bekam nicht mehr heraus als alle andern; aber sie sagten wie der Kaiser: „Oh, das ist sehr hübsch!" Und sie rieten ihm, diese neuen prächtigen Kleider das erste Mal bei der großen Prozession, die bevorstand, zu tragen. „Herrlich, wundervoll, exzellent[3]!", ging es von Mund zu Mund; man war allerseits innig erfreut darüber und der Kaiser verlieh den Be-

[3] ausgezeichnet

trügern einen Ritterorden, im Knopfloch zu tragen, und den Titel: Kaiserliche Hofweber.

Die ganze Nacht vor dem Morgen, an dem die Prozession stattfinden sollte, saßen die Betrüger auf und hatten über sechzehn Lichter angezündet. Die Leute konnten sehen, dass sie stark beschäftigt waren, des Kaisers neue Kleider fertig zu machen. Sie taten, als ob sie das Zeug aus dem Webstuhl nähmen, sie schnitten mit großen Scheren in die Luft, sie nähten mit Nähnadeln ohne Faden und sagten zuletzt: „Nun sind die Kleider fertig!"

Der Kaiser kam mit seinen vornehmsten Kavalieren[4] selbst dahin und beide Betrüger hoben einen Arm in die Höhe, gerade als ob sie etwas hielten, und sagten: „Seht, hier sind die Beinkleider[5]! Hier ist der Rock[6]! Hier der Mantel!", und so weiter. „Es ist so leicht wie Spinnwebe, man sollte glauben, man habe nichts auf dem Leibe; aber das ist gerade der Vorzug dabei!"

„Ja!", sagten alle Kavaliere; aber sie konnten nichts sehen, denn es war nichts da. „Belieben Eure kaiserliche Majestät jetzt Ihre Kleider allergnädigst auszuziehen", sagten die Betrüger, „so wollen wir Ihnen die neuen anziehen, hier vor dem großen Spiegel!"

Der Kaiser legte alle seine Kleider ab und die Betrüger taten so, als ob sie ihm jedes Stück der neuen Kleider anzögen. Sie fassten ihn um den Leib und taten, als bänden sie etwas fest, das war die Schleppe; der Kaiser drehte und wendete sich vor dem Spiegel.

„Ei, wie gut das kleidet! Wie herrlich das sitzt!", sagten alle. „Welches Muster, welche Farben! Das ist eine kostbare Tracht!" –

„Draußen stehen sie mit dem Thronhimmel, der über Eurer Majestät in der Prozession getragen werden soll", meldete der Oberzeremonienmeister.

„Ja, ich bin fertig", sagte der Kaiser. „Sitzt es nicht gut?" Und dann wandte er sich nochmals vor dem Spiegel, denn es sollte scheinen, als ob er seinen Schmuck recht betrachte.

Die Kammerherren, die die Schleppe tragen sollten, griffen mit den Händen nach dem Fußboden, gerade als ob sie die Schleppe aufhöben. Sie gingen und taten, als ob sie etwas in der Luft hielten; sie wagten nicht, es sich merken zu lassen, dass sie nichts sehen konnten.

So ging der Kaiser in der Prozession unter dem prächtigen Thronhimmel und alle Menschen auf der Straße und in den Fenstern riefen: „Gott, wie sind des Kaisers neue Kleider unvergleichlich; welch herrliche Schleppe hat er am Rocke, wie schön das sitzt!" Keiner wollte es sich merken lassen, dass er nichts sah, denn dann hätte er ja nicht zu seinem Amte getaugt oder wäre sehr dumm gewesen. Keine Kleider des Kaisers hatten solches Glück gemacht wie diese.

„Aber er hat ja nichts an!", sagte endlich ein kleines Kind. „Herrgott, hört die Stimme der Unschuld!", sagte der Vater und der eine flüsterte dem anderen zu, was das Kind gesagt hatte.

„Er hat nichts an, dort ist ein kleines Kind, das sagt, er hat nichts an!" „Aber er hat ja nichts an!", rief zuletzt das ganze Volk. Das ergriff den Kaiser, denn es schien ihm, sie hätten Recht, aber er dachte bei sich: „Nun muss ich die Prozession aushalten." Und so hielt er sich noch stolzer und die Kammerherren gingen und trugen die Schleppe, die gar nicht da war.

[4] Rittern
[5] Hosen
[6] Jacke

1 Dieses Märchen ist beim ersten Durchlesen nicht ganz leicht zu verstehen.
Lest es daher noch ein zweites Mal genauer durch und versucht dabei folgende Aufgaben zu lösen:

- Charakterisiert den Kaiser einmal etwas genauer.
  Lest euch dazu die folgenden Charaktermerkmale durch.
  Welche treffen wohl eurer Meinung nach auf diesen Kaiser zu?
- Schreibt einige der Merkmale auf einen Zettel.
  Ihr könnt sie auch durch weitere ergänzen.
  Sprecht anschließend darüber.

Dieser Kaiser ist ...

ein reicher Mann
ein Kunstliebhaber
misstrauisch gegenüber seinen Ministern
ein tapferer Krieger
ein eitler Fatzke
ein guter Jäger
einer, der an der neuesten Mode interessiert ist
einer, der sich um sein Volk kümmert
ein guter Politiker
ein ziemlich dummer Typ
einer, der seine Regierungsgeschäfte gut führt
einer, der zu einem Kaiser nicht taugt

2 Welche **vier** Aussagen treffen auf das Märchen zu?
Dies ist ein Märchen darüber, ...

a) wie dumm und untauglich ein Kaiser und seine Minister sein können.
b) dass ein Kaiser klüger ist als seine Minister und sein Volk.
c) dass sich Kinder nicht so leicht etwas vormachen lassen.
d) dass man an der Kleidung erkennen kann, ob jemand dumm oder klug ist.
e) wie leicht sich Erwachsene aus lauter Eitelkeit täuschen lassen.
f) dass es sehr nützlich sein kann, auf Kinder zu hören.

3 Die betrügerischen Weber machten dem Kaiser vor, dass sie eine ganz bestimmte Sorte von Kleidern herstellen könnten:
Wer sie trägt, könne erkennen, ob andere dumm oder klug seien.

a) Warum glaubte der Kaiser eigentlich einen solchen Unsinn?
b) Warum taten die Minister so, als sähen sie die Kleider?
c) Warum wollten sogar die Menschen auf der Straße sich zuerst nicht anmerken lassen, dass sie eigentlich gar keine Kleider am Kaiser und an den Ministern sahen?
d) Warum rief das kleine Kind: „Aber er hat ja nichts an!"?

4 Dieses Märchen lässt sich sehr gut als Bildergeschichte mit Sprech- und Denkblasen darstellen, die ihr in einer Art Bilderbuch veröffentlichen könnt.

1. Bild
Die Weber stellen dem Kaiser ihre Kunst vor.

2. Bild
Der Kaiser steht allein in seinem Palast und denkt darüber nach

3. Bild
Ein Minister sieht den Webern bei ihrer Arbeit zu.

5. Bild
Der Kaiser und die Minister lassen sich von den Webern „ankleiden".

4. Bild
Der Kaiser verleiht den Webern einen Orden.

6. Bild
Der Kaiser steht vor dem Spiegel und betrachtet sich.

5 Zeichnet mit einfachen Strichen (vielleicht in Gruppenarbeit) dieses Märchen. Das siebente Bild könntet ihr kopieren und eurer Bildergeschichte hinzufügen.

Till Eulenspiegel

Die 9. Geschichte erzählt, wie Eulenspiegel in einen Bienenkorb kroch, wie zwei Diebe kamen und den Korb stehlen wollten und wie er es machte, dass sie den Korb fallen ließen.

Die 47. Geschichte erzählt, wie Eulenspiegel drei Schneidergesellen vom Fensterbrett fallen ließ und den Leuten sagte, der Wind habe sie herabgeweht.

Till Eulenspiegel

Schelmenfigur aus alter Zeit

Was ihr hier erfahrt:

- Wann Eulenspiegel gelebt hat
- Was er für ein Schelm war
- Wer das Eulenspiegelbuch geschrieben hat
- Warum er den Menschen Streiche gespielt hat

Welche Geschichten ihr lesen könnt:

- Wie Eulenspiegel allen seinen Hintern zeigte
- Wie Eulenspiegel auf dem Seil tanzte
- Wie Eulenspiegel einen Esel das Lesen lehrte
- Wie er Eulen und Meerkatzen buk
- Wie er einen Weinverkäufer reinlegte
- Wie er einen Metzger betrog

Was ihr schreiben lernt:

- Eine alte Eulenspiegelgeschichte in die moderne Sprache übersetzen
- Ein Theaterstück schreiben
- Eine Eulenspiegelgeschichte nacherzählen
- Eine Bildergeschichte schreiben
- Eine Eulenspiegelgeschichte aus anderer Perspektive erzählen
- Eine Eulenspiegelgeschichte erfinden

Was ihr lesen und spielen lernt:

- Aus einem Sachtext Informationen entnehmen
- Einen Text in alter Sprache lesen
- Mehrere Eulenspiegelgeschichten lesen
- Geschichten mit Bildern vergleichen
- Eine Eulenspiegelgeschichte spielen

Eine Eulenspiegelgeschichte lesen und verstehen

Wie Eulenspiegel allen seinen Hintern zeigte

Nacherzählt nach Hermann Bote

Dies ist eine der ersten Geschichten über Eulenspiegel, als er noch ein kleines Kind war. Doch sie zeigt schon, was Till Eulenspiegel für ein Typ war und was einmal aus ihm werden würde.

Als Eulenspiegel so alt war, dass er gehen und stehen konnte, da spielte er viel mit den anderen Kindern, denn er war sehr lustig. Er sprang wie ein Affe auf Kissen und im Gras herum, bis er drei Jahre alt war. Von da an trieb er allerhand Unsinn, sodass sich die Nachbarn bei seinem Vater beschwerten und ihm sagten: „Was ist dein Sohn Till nur für ein Schalk und Nichtsnutz!" Da nahm sich der Vater seinen Sohn vor und sagte zu ihm: „Wie kommt es nur, dass alle Nachbarn sagen, dass du ein Tunichtgut bist?" Eulenspiegel sagte: „Ich glaube, die Leute mögen mich nicht. Aber ich tue doch niemandem etwas! Ich werde dir das sogar beweisen. Setz dich auf dein Pferd, und ich will mich hinter dich setzen und ganz brav mit dir durch die Straßen reiten. Dann wirst du schon sehen, dass die Menschen trotzdem Lügen über mich verbreiten und Böses über mich sagen!" Der Vater nahm also sein Pferd und setzte Eulenspiegel hinter sich auf den Sattel. Da zog Eulenspiegel für einen kurzen Augenblick seine Hose runter, ließ die Leute seinen nackten Hintern sehen. Danach zog er die Hose schnell wieder hoch. Die Leute zeigten mit dem Finger auf ihn und riefen: „Schäm dich! Was ist das nur für ein Schelm!" Da sagte Eulenspiegel zu seinem Vater: „Jetzt kannst du es selber hören! Ich sitze ganz lieb auf dem Pferd, tue niemandem etwas, und doch sagen die Menschen, dass ich Schabernack treibe!"

Da setzte der Vater seinen lieben Till vor sich aufs Pferd. Eulenspiegel saß ganz brav da, aber er sperrte den Mund auf, grinste die Bauern böse an und streckte ihnen die Zunge raus. Da kamen einige Leute angerannt und riefen: „Seht nur, was für ein Schalk Euer Sohn ist!" Da sagte der Vater zu Eulenspiegel: „Du sitzt ganz brav auf dem Pferd, tust niemandem was – und doch sagen die Leute, dass du ein Schalk bist und mit den Leuten Spaß und Unsinn treibst. Es muss wohl kein guter Tag gewesen sein, an dem du geboren wurdest!" Der Vater war traurig und zog mit seiner Familie in eine andere Stadt.

1 In dieser Geschichte kommt dreimal das Wort *Schalk* vor.
Dieses Wort wird im Text auch noch mit anderen Worten umschrieben.
Schau dir die Stellen im Text an. Was bedeutet wohl dieses Wort?

2 Warum zog wohl der Vater mit seiner Familie in eine andere Stadt?

Geschichte und Bedeutung des Namens „Eulenspiegel“

Der wirkliche Eulenspiegel

Was der Name „Eulenspiegel“ bedeutet, ist bis heute nicht ganz geklärt. Die einen deuten ihn so: Die Eule ist der Vogel der Weisheit, und Eulenspiegel war ja auch wirklich ein ganz Schlauer. Mit seiner Klugheit wollte er den Menschen den Spiegel vorhalten, damit sie sehen lernten, was für geizige und faule Menschen sie sind.

Die anderen deuten den Namen, der eigentlich „Ulenspeegel“ lautete, so, wie es in dieser ersten Eulenspiegelgeschichte schon angedeutet ist: Das Verb „ulen“ bedeutete so viel wie „lecken“. Und der „Spiegel“ ist der weiße Hintern, den man heute bei Rehen noch immer so nennt. Ihr könnt euch selbst denken, was das bedeutet!

Geschichten über Eulenspiegel sind schon im Mittelalter erzählt worden. Und es gilt auch als sicher, dass Eulenspiegel um das Jahr 1290 in dem Dorf Kneitlingen in der Nähe von Braunschweig geboren worden ist und im Jahre 1350 in Mölln in Schleswig-Holstein starb. Anfang 1500 hat dann der Stadtschreiber von Braunschweig, Hermann Bote, die Geschichten, die überall erzählt wurden, aufgeschrieben. Er traute sich aber nicht, seinen Namen als Schriftsteller zu nennen. In vielen der Geschichten spielte nämlich Eulenspiegel den Fürsten und Pfarrern ziemlich üble Streiche. Bote fürchtete, seinen Posten zu verlieren, wenn man herausbekommen würde, dass er sie aufgeschrieben hatte. Denn auch Hermann Bote ging es darum, den Lesern zu zeigen, wie dumm und abergläubisch, wie herrschsüchtig und rechthaberisch angesehene Leute sein können, und wie wichtig es ist, solchen Menschen die Wahrheit zu sagen. Aber das war eben gefährlich!

Das Eulenspiegelbuch wurde damals sehr schnell bekannt und wurde von vielen gern gelesen. Viele aber lehnten es ab, weil es unangenehme Wahrheiten sagte. Manche Menschen können es eben nicht vertragen, wenn sie verulkt werden oder wenn man über sie lacht. Und das passierte damals tatsächlich in allen Ländern, wo sich Eulenspiegel herumgetrieben und den Menschen lustige oder auch böse Streiche gespielt hatte. Er war eben das, was man damals einen „Schalk“ nannte, und das war einer, der andere hereinlegte, ein lustiger, aber auch boshafter und hinterlistiger Typ, den man fürchten musste. Er wollte nicht, dass man über ihn lachte, sondern dass er über andere lachte. Er gehörte zu den armen Leuten, und er hat sich sein Leben lang für die Bettler und Straßenmusikanten, für die Landstreicher und Gaukler eingesetzt – gegen die reichen Handwerker und die hochmütigen Professoren und Priester. Er war bei vielen von ihnen beschäftigt, war Bäcker, Schuster, Schneider, Koch, Tischler und Fleischer; aber wirklich gelernt hatte er keinen dieser Berufe.

Den Ärmsten der Armen ging es damals wirklich miserabel. Sie hatten keinerlei Rechte und wurden von den Reichen ausgenutzt. Besonders manche Handwerksmeister nutzten ihre Lehrlinge und Gesellen aus und gaben ihnen wenig Lohn. Eulenspiegel ließ sich so etwas aber nicht gefallen und spielte manchem Handwerksmeister einen bösen Streich. Da war es kein Wunder, dass er bei den Reichen verhasst war. Bei den armen Leuten aber war er sehr beliebt. Und so ist es bis heute geblieben. Einen Bösen reinzulegen, das macht immer Spaß, – zumindest wenn man davon Geschichten liest.

1 Hier sind einige Fragen zu diesem Text. Beantwortet sie.

- Wann und wo ist Eulenspiegel geboren? Wann und wo ist er gestorben?
- Wer hat die Eulenspiegel-Geschichten aufgeschrieben?
- Welchen Beruf hatte Eulenspiegel?
- Welche Leute legte Eulenspiegel gern herein?
- Was wollte Eulenspiegel erreichen: Dass die Leute über ihn lachten? Dass die Reichen über die Armen lachten? Dass die Armen über die Reichen lachten?

Eine Eulenspiegelgeschichte in alter Sprache lesen und verstehen

Ulenspiegel uff dem Seil

Ulenspiegels Muter wonet in einem Huß, und der Hof ging an das Wasser, die Sal genant. Und Ulenspiegel begund uff dem Seil ze gon.

Ulenspiegel zoch ein Seil oben von seiner Mutter Hinderhuß uber die Sal in ein ander Huß gegenuber. Vil junge und alte Lüt wurden inne des Seils und daß Ulenspiegel sich darauf dumlen wolt. Die kamen und wolten ihn daruff sehen. Sie wunderten sich ser, was er doch für ein seltzam Spil wolt treiben. Und als nun Ulenspiegel uff dem Seil war, ward es seine Mutter inne doch sie kunt nit viel darum tun. Sie schleich sich heimlich hinden in das Huß uff die Bün, da das Seil gebunden was, und schneid das Seil entzwei. Da fiel Ulenspiegel, ihr Sun, in das Wasser mit großem Spot und badet in der Sal. Da warden die Bauren gar ser lachen, und die Jungen rufften ihm nach: „He, he! Bad nur wol uß!" Das verdroß Ulenspiegel ser, und er gedacht, wie er inen das wieder vergelten wolt.

Haus
Wasser: Fluss, die Saale
begund: lernte
auf dem Seil zu tanzen
zog
Hinterhaus
anderes Haus gegenüber, Leute
wurden inne: kriegten mit
herumspazieren
seltzam Spil: komisches Spiel
ward inne: bemerkte es
konnte nicht viel dagegen tun
Bün: Fensterbrett
gebunden: angebunden
Sun: Sohn
Spot: unter dem Spott der Leute
lachten sich schief
Bade nur schön! – verdroß: ärgerte
gedacht: dachte
vergelten: sich rächen

1 In dieser Sprache las man die Eulenspiegelgeschichten vor 400 Jahren. Die Sprache klingt heute altmodisch, und die Rechtschreibung war völlig anders. Verstehen könnt ihr das noch. Aber wir würden es heute ganz anders schreiben. Lasst euch die Geschichte erst einmal vorlesen und lest dabei selbst mit.

2 Lasst euch diesen alten Text in unsere heutige Sprache übersetzen.

3 Wie findet ihr eigentlich, was Eulenspiegels Mutter getan hat? Und warum hat sie wohl so etwas getan?

4 Auf dem Bild gegenüber sind zwei Sachverhalte anders dargestellt als in der Geschichte. Vergleicht einmal. Welche Unterscheide stellt ihr fest?

5 Übertrage die Geschichte in die Sprache unserer Zeit. So könnte sie anfangen:

Eulenspiegels Mutter wohnte in einem Haus, dessen Hof an einem Fluss lag, den man die Saale nennt. Dort begann Eulenspiegel das Seiltanzen zu lernen. Eulenspiegel zog ein Seil oben vom Hinterhaus seiner Mutter über die Saale zu einem anderen Haus, das gegenüberstand …

Eine Eulenspiegelgeschichte umerzählen

Die 29. Historie aus dem Eulenspiegelbuch erzählt:

Wie Eulenspiegel zu Erfurt einen Esel das Lesen lehrte

In Prag hatte sich Eulenspiegel als Gelehrter ausgegeben und behauptet, alles zu wissen und zu können. Und tatsächlich hatte er auf jede Frage der Prager Professoren eine Antwort gewusst und sie mit seiner Schlauheit sehr verärgert. Als er dann nach Erfurt kam, hatte sich das dort schon herumgesprochen. Natürlich wollten die Erfurter sich nicht so blamieren. Deshalb zerbrachen sich Professoren, Studenten und der Rektor der Universität den Kopf, mit welcher Aufgabe sie Till hereinlegen könnten. Endlich hatten sie eine Idee. Sie besorgten einen Esel, brachten ihn zu Eulenspiegel und fragten scheinheilig, ob er ihm wohl das Lesen beibringen könne. Till dachte, dass dabei für ihn etwas herausspringen würde, und sagte fröhlich:

„Selbstverständlich kann ich das. Aber es kostet euch eine Kleinigkeit!“

„Gut, aber wie lange wird es wohl dauern?“, fragte der Rektor.

„Nun, so ein Esel ist ein dummes Tier. Ich denke ungefähr zwanzig Jahre“, antwortete Till listig und dachte bei sich: ‚Zwanzig Jahre sind eine lange Zeit. Darüber stirbt vielleicht der Rektor, der Esel oder ich selbst. Aber bis dahin kann ich von dem Geld leben.‘

Der Rektor war mit den zwanzig Jahren einverstanden. Nachdem Geld und Esel übergeben worden waren, zog Eulenspiegel in den Gasthof „Zum Turm“. Er stellte seinen neuen Schüler in den Stall und legte ihm ein großes Buch in die Futterkrippe. Zwischen die einzelnen Blätter hatte er aber Hafer getan. Das merkte der Esel bald und so blätterte er mit seinem Maul die Seiten um, damit er den Hafer fressen konnte. Doch wenn er kein Futter fand, schrie er: „I-A! I-A!“ Das gefiel Till und er übte es mit dem Esel wieder und wieder. Als eines Tages der Rektor mit einigen Professoren zu ihm in den Gasthof kam, fragte er: „Hat denn Ihr Schüler schon etwas gelernt?“ „Oh, ein paar Buchstaben kann er schon“, antwortete Till voller Stolz. Er führte alle in den Stall und legte seinem Schüler das Buch vor. Hungrig blätterte der Esel die Seiten des Buches um. Aber er fand nichts zu fressen, weil der schlaue Till dieses Mal keinen Hafer in das Buch gelegt hatte. Da beschwerte sich das Tier lauthals und begann zu schreien: „I-A, I-A!“ „Sehen Sie, meine lieben Herren“, sagte Eulenspiegel, „I und A kann er schon. Und morgen fange ich damit an, ihm ein X und ein U beizubringen.“ Da merkten die Erfurter, dass sie an der Nase herumgeführt worden waren und wütend gingen sie weg. Den Rektor traf vor lauter Ärger sogar der Schlag. Eulenspiegel verjagte seinen Schüler mit den Worten: „Los, lauf zu den anderen Erfurter Eseln“, und verließ die Stadt.

1 Was passiert in dieser Eulenspiegelgeschichte?
Erzählt es euch gegenseitig mit eigenen Worten.

2 Stell dir einmal vor, eines Tages wäre Eulenspiegel mit seinem Esel im Gasthof deines Vaters aufgetaucht. Du wärest der Sohn oder die Tochter des Gastwirtes und hättest alles heimlich beobachtet, was sich da so abspielt. Daraus könnte eine schöne Geschichte werden. Schreibe sie weiter bis zum Schluss:

Eines Tages tauchte ein komischer Typ in unserer Gastwirtschaft auf. Er hieß Eulenspiegel. Der hatte einen Esel bei sich, den er bei uns in den Stall stellen wollte. Er wollte doch tatsächlich dem Esel das Lesen beibringen, jedenfalls hatte er das den Professoren unserer Stadt Erfurt vorgegaukelt. Wie er das machte, habe ich jeden Tag heimlich beobachtet. ...

Eine Eulenspiegelgeschichte szenisch spielen

1 Die Geschichte, wie Eulenspiegel einen Esel das Lesen lehrt, eignet sich gut für ein kleines szenisches Spiel in einer Gruppe von fünf bis sechs Kindern.
Aber bevor ihr loslegt, solltet ihr einige Vorbereitungen treffen:

- Legt fest, welche Figuren auftreten sollen und verteilt die Rollen.
- Welche Requisiten und Kostüme braucht ihr?
- Wie könnt ihr sie euch möglichst einfach beschaffen?
- So könnt ihr die Geschichte in Szenen einteilen:

1. Szene:
Die Erfurter beratschlagen, wie sie Eulenspiegel reinlegen können und haben eine Idee.

2. Szene:
Die Erfurter beauftragen Eulenspiegel einem Esel das Lesen beizubringen. Eulenspiegel nimmt den Auftrag an.

3. Szene:
Eulenspiegel dressiert den Esel.

4. Szene:
Eulenspiegel führt den Erfurtern den „lesenden" Esel vor.

5. Szene:
Die wütenden Erfurter auf dem Heimweg, den Rektor trifft der Schlag.

6. Szene:
Eulenspiegel verjagt den Esel und verlässt die Stadt.

- Überlegt euch, was in den einzelnen Szenen genau passieren muss. Was wird gesprochen? Was wird getan?
- Schreibt euch die **Dialoge** auf.
  Ihr könnt euch die Arbeit untereinander aufteilen.
  Ein Vorschlag für die 1. Szene ist auf der nächsten Seite abgedruckt.

1. Szene:

Ratsherr: Habt ihr gehört, was sich Till Eulenspiegel in Prag geleistet hat?
Er hat behauptet, alles zu wissen und alles zu können.
Und die ganzen schlauen Professoren sind drauf reingefallen.

Rektor *(mit Esel)*: So dumm muss man erst mal sein.
Also, uns kann das nicht passieren.

Bürgermeisterin: Nein! Wir lassen uns nicht reinlegen.

Rektor *(mit Esel)*: Nein! Sondern wir legen ihn herein. Der Kerl soll sich wundern.

Ratsherr: Uns muss nur das Richtige einfallen.

Bürgermeisterin: Ich glaube, ich hab's!
Till soll deinem alten störrischen Esel das Lesen beibringen.

Rektor *(mit Esel)*: Super! Das schafft der nie im Leben. Das kann wirklich keiner.

Bürgermeisterin: Und dann lachen wir Till aus. Das soll ihm eine Lehre sein.

Ratsherr: Seht mal, da hinten kommt er ja schon, der Schelm.
Na warte, dir werden wir es zeigen.

2. Szene: …

- Wie hören sich eure Texte an? Lassen sie sich gut sprechen?
  Probiert auch aus, wie ihr sie wirkungsvoll sprechen könnt.

- Wenn ihr euer Spiel probt, achtet auf eure Mimik und auf effektvolle Gesten.

- Stellt euch eure Spielszenen gegenseitig vor.
  Besprecht, was bei den Zuschauern besonders gut angekommen ist und wo vielleicht noch etwas geändert werden sollte.

Tipp: Führt euer Spiel euren Eltern auf einem Elternabend vor.

Wie ein Schriftsteller eine Eulenspiegelgeschichte nacherzählt

1 Und so hat Erich Kästner die 61. Eulenspiegelgeschichte nacherzählt. Teilt sie abschnittsweise unter euch auf und lest sie euch vor.

Wie Eulenspiegel Eulen und Meerkatzen[1] buk

Erich Kästner

Einmal kam Eulenspiegel auch nach Braunschweig und suchte die Herberge „Zur Heimat", weil er dort übernachten wollte. Er fragte einen Bäcker, der vor seinem Laden stand, nach dem Weg. Der Bäcker beschrieb ihm genau, wie er gehen müsse, und fragte noch: „Was bist du denn eigentlich?" „Ich?", sagte Till. „Ich bin ein wandernder Bäckergeselle." Da freute sich der Bäcker, denn er brauchte gerade einen Gesellen. Und Eulenspiegel blieb für Lohn, Beköstigung und freies Logis[2] in der Bäckerei.

Weil nun der Meister selber mitunter in der Backstube arbeitete, fiel es ihm am ersten und zweiten Tag überhaupt nicht auf, dass Till vom Backen nicht mehr verstand als ein Ochse vom Klavierspielen.

Doch am dritten Tag wollte sich der Meister früh am Abend schlafen legen. Vielleicht wollte er auch in den Gasthof „Zum Schwarzen Eber" gehen und kegeln. Jedenfalls sagte er zu Till: „Heute Nacht musst du allein backen. Ich komme erst morgen früh wieder herunter." „Ist recht", meinte Till. „Aber was soll ich denn backen?" „Da hört sich ja Verschiedenes auf!", rief der Meister. „Du bist ein Bäckergeselle und fragst mich, was du backen sollst! Meinetwegen Eulen und Meerkatzen!" Er hätte ebenso gut sagen können: „Veilchen und junge Hunde"; und er sagte „Eulen und Meerkatzen" natürlich nur, weil er sich über die dumme Frage seines Gesellen geärgert hatte. Aber als er fort war, rührte Eulenspiegel den Teig an und buk von zehn Uhr abends bis drei Uhr früh tatsächlich lauter Eulen und Meerkatzen.

Als der Meister am Morgen hereintrat, dachte er, er käme in den Zoo. Überall lagen und standen knusprig gebackene Tiere. Und er sah sich vergeblich nach Broten, Brötchen und Semmeln um. Da schlug er vor Wut mit der Faust auf den Tisch und rief: „Was hast du denn da gebacken?" „Das sehen Sie doch", sagte Till. „Eulen und Meerkatzen. Wie Sie's verlangt haben. Sind die Biester nicht ähnlich genug? Ich hab mir furchtbar viel Mühe gegeben."

Eulenspiegels Frechheit brachte den braven Mann vollends auf den Baum. Er packte ihn am Kragen, schüttelte ihn hin und her und brüllte: „Aus dem Haus! Aber sofort, du Haderlump!"

„Erst müssen Sie mich loslassen", sagte Till. „Sonst kann ich nicht weg." Der Meister ließ ihn los, und Till wollte schleunigst auf und davon. Doch da hielt ihn der Bäcker noch einmal fest. „Erst zahlst du mir den Teig, den du verhunzt hast!" „Nur, wenn ich die lieben Tierchen mitnehmen darf", erwiderte Eulenspiegel. „Wenn ich den Teig, aus dem sie gebacken sind, bezahle, gehören sie mir."

Der Bäcker war einverstanden und nahm das Geld. Till aber verfrachtete seine Eulen und Meerkatzen in einen Tragkorb und zog damit ab. Am Nachmittag war auf dem Platz vor der Kirche großes Gedränge. Till Eulenspiegel stand mitten unter den Leuten und verkaufte seine Eulen und Meerkatzen Stück für Stück und verdiente großartig daran.

Das sprach sich im Nu herum. Und als der Bäckermeister davon hörte, schloss er seinen Laden ab und rannte im Dauerlauf zur Sankt-Niklas-Kirche hin. „Der Kerl muss mir das Holz bezahlen, das er für das alberne Viehzeug verfeuert hat!", rief er, während er durch die Gasse stürmte. „Und eine Benutzungsgebühr für den Backofen! Und einsperren lasse ich ihn außerdem!"

Doch als er auf dem Platz ankam, war Till Eulenspiegel schon über alle Berge. Er hatte seine Eulen und Meerkatzen restlos ausverkauft, und sogar den Korb, der dem Bäcker gehörte, hatte er für einen Taler verkauft.

Und die Braunschweiger lachten noch jahrelang über den armen Bäckermeister.

---

[1] baumbewohnende, langschwänzige Affen
[2] Logis – Unterkunft

2 Hier sind vier Sprichwörter. Welches passt eurer Meinung nach zu dieser Eulenspiegelgeschichte? Begründet eure Entscheidung.

Wer andern eine Grube gräbt, fällt selbst hinein.
Wer den Schaden hat, braucht für den Spott nicht zu sorgen.
Man soll den Tag nicht vor dem Abend loben.
Es ist noch kein Meister vom Himmel gefallen.

3 Was nimmt Till in dieser Eulenspiegelgeschichte zum Anlass, um den Bäckermeister zu ärgern? Nennt die entsprechenden Stellen im Text.

4 Vergleicht diesen Streich einmal mit der 58. Eulenspiegelgeschichte auf Seite 182. Welche Übereinstimmungen könnt ihr feststellen?

Zu Bildern eine Eulenspiegelgeschichte schreiben

Wie Eulenspiegel einen Weinverkäufer reinlegte

In Lübeck gab es einen Weinverkäufer im Ratskeller, der war ein großer Angeber. Er wusste alles besser als die andern und dachte, niemand könnte ihn jemals überlisten. Deswegen war er bei vielen Bürgern der Stadt unbeliebt. Als nun Eulenspiegel davon hörte …

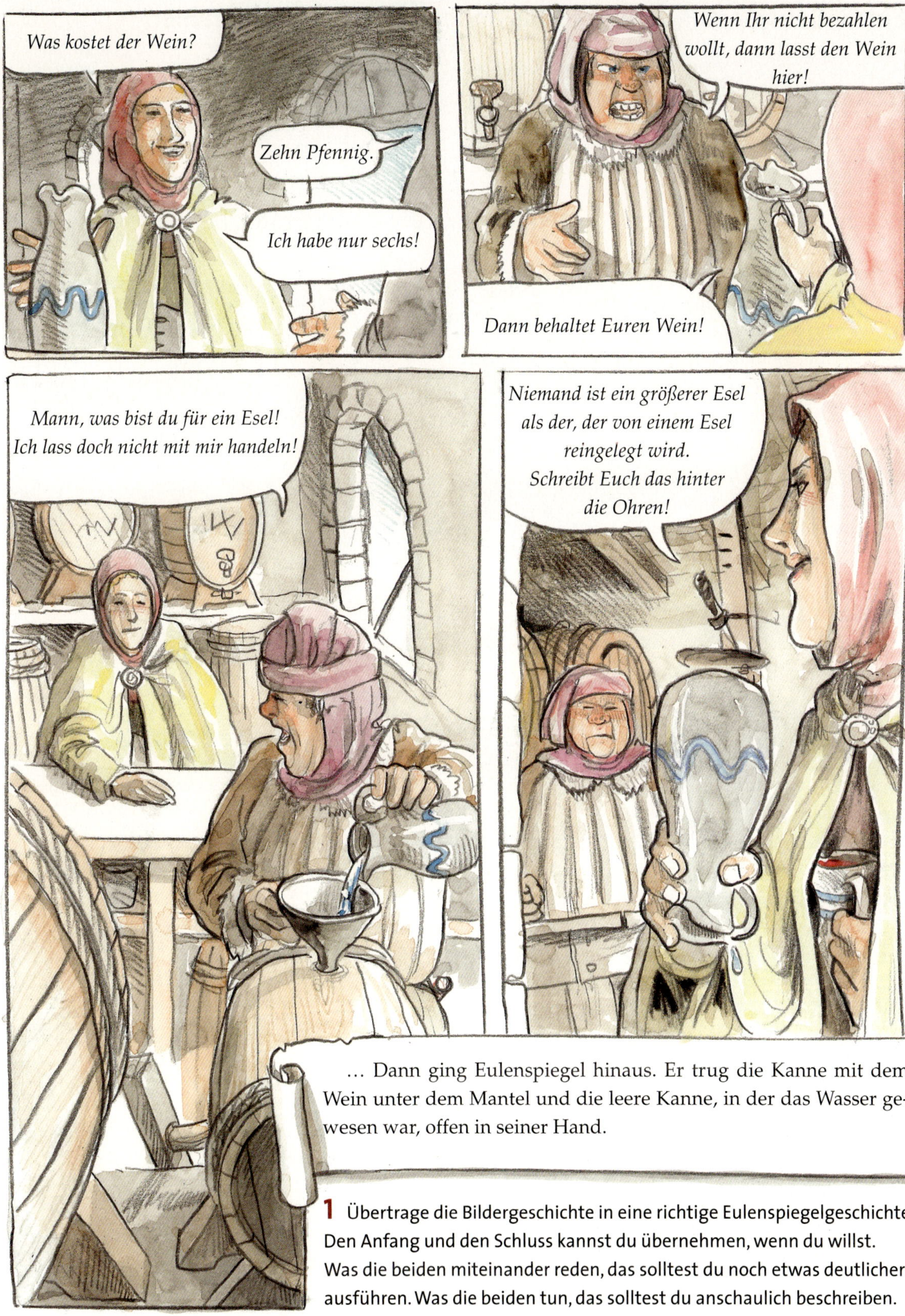

1 Übertrage die Bildergeschichte in eine richtige Eulenspiegelgeschichte. Den Anfang und den Schluss kannst du übernehmen, wenn du willst. Was die beiden miteinander reden, das solltest du noch etwas deutlicher ausführen. Was die beiden tun, das solltest du anschaulich beschreiben.

Eine Eulenspiegelgeschichte aus anderer Perspektive erzählen

1 Das ist die 58. Historie aus dem Eulenspiegelbuch. Lest die Geschichte genau.

Wie Eulenspiegel zu Erfurt einen Metzger um einen Braten betrog

Eulenspiegel konnte seine Schalkheit nicht lassen. Als er nach Erfurt kam, war er bald bei Bürgern und Studenten bekannt. Einmal ging er zu den Fleischbänken[1], wo die Metzger ihre Waren verkauften. Da sprach ein Metzger ihn an: „Willst du nicht etwas mit dir nach Hause tragen?" Eulenspiegel fragte: „Was soll ich mit mir nehmen?" Der Metzger antwortete: „Diesen schönen Braten." Eulenspiegel sagte ja, nahm den Braten und ging damit davon.

Der Metzger lief ihm nach und sagte: „Nein, nicht so. Du musst den Braten bezahlen!"

Eulenspiegel antwortete: „Vom Bezahlen hast du mir nichts gesagt. Sondern du hast mich gefragt, ob ich nicht etwas mit mir nach Hause tragen wollte. Und dann hast du auf diesen Braten gezeigt, damit ich den mit mir nehmen sollte. Die anderen Metzger hier sind meine Zeugen."

Da kamen die anderen Metzger hinzu und gaben Eulenspiegel Recht. Das taten sie, weil sie auf den ersten Metzger sehr ärgerlich waren. Immer wieder gelang es ihm, den anderen die Kundschaft abspenstig zu machen. Darum stimmten sie zu, dass Eulenspiegel den Braten behalten sollte. Während die Metzger noch miteinander zankten, nahm Eulenspiegel den Braten unter die Jacke und ging damit weg.

[1] die Auslage des Schlachters, Metzgers

2 Wie kommt Till Eulenspiegel hier zu einem leckeren Braten?

3 Weist am Text nach, dass Till Eulenspiegel den Metzger genau beim Wort nimmt.

4 Warum geben die anderen Metzger Eulenspiegel eigentlich Recht?

5 Die Eulenspiegelgeschichten sind alle in der Er-Form geschrieben.
Hier sind aber drei Anfänge in der **Ich-Form** geschrieben.
Lest sie und überlegt, wer jeweils der Ich-Erzähler ist.

A

In Erfurt war ich bald bekannt wie ein bunter Hund. Die Handwerker hatten von meinen tollen Streichen gehört und wollten mir keine Arbeit geben. Mit knurrendem Magen und ohne einen roten Heller lief ich über den Wochenmarkt. So viele leckere Dinge wurden da angeboten. Beim Anblick der Würste und Braten der Metzger lief mir das Wasser im Munde zusammen. Wie konnte ich bloß davon etwas bekommen? Da ...

B

Es war Markttag in Erfurt. Mein Geschäft lief gut – ich hatte schon viele Bratwürste und Schinkenstücke verkauft. Nur den großen Kalbsbraten, den musste ich noch unbedingt an die Frau, an den Mann bringen. Da kam ein seltsamer Geselle an meinem Stand vorbei und besah sich neugierig meine Auslage. Der kam mir gerade recht. Dem würde ich den Braten schon andrehen. „Tragt etwas mit nach Hause, mein Herr!", sprach ich ihn an. ...

C

Es war Markttag in Erfurt. Mein Geschäft lief schlecht – ich hatte erst wenige Würstchen und Eisbeine verkauft, von den großen Sonntagsbraten ganz zu schweigen. Immer wenn ein Kunde sich für meine Auslage interessiert hatte, hatte der Metzger von nebenan lauthals seine Waren angepriesen. Und viel zu oft war es ihm gelungen, die Kundschaft abzuwerben. So ein Schurke. Da kam schon wieder ein Kunde ...

6 Erzähle diese Eulenspiegelgeschichte nun in der **Ich-Form**:
entweder aus der Sicht von Till oder aus der Sicht eines Metzgers.
Wenn du möchtest, kannst du einen der drei Anfänge übernehmen.

Eine Eulenspiegelgeschichte selbst erfinden und schreiben

Wie Eulenspiegel …

Auf einer seiner Wanderungen kam Eulenspiegel in die Stadt … Weil er kein Geld mehr besaß, suchte er sich eine Arbeit als … Eines Tages sagte der Meister zu ihm: „Geh zu … und hole das Geld ab, das er mir für … schuldet. Wenn er nicht bezahlen will, dann hau auf die Pauke, heiz ihm tüchtig ein, tritt ihm auf die Füße oder hau ihm das Fell grün und blau. Dann wird er es dir schon geben. Lass dir was einfallen. Du bist doch so schlau! Aber komm ja nicht ohne Knete wieder!“ Da machte sich Eulenspiegel auf den Weg zu …

1 Wo die Geschichte spielt, was für ein Handwerker Eulenspiegel war, zu wem er gehen sollte und wie die Geschichte ausgeht, das musst du dir selbst ausdenken. Es gibt ja mehrere Möglichkeiten:

- Der Kunde will Eulenspiegel das Geld nicht geben, und da macht Eulenspiegel, was ihn der Meister geheißen hat. Da bekommt er das Geld und bringt es dem Meister.
- Oder Eulenspiegel bekommt das Geld nicht, aber er bringt dem Meister die „Knete“.
- Oder Eulenspiegel bekommt das Geld, behält es aber und bringt dem Meister stattdessen „Knete“.

Du musst dir auf jeden Fall genau überlegen:

- Wen will Eulenspiegel reinlegen: den Kunden, den Meister oder alle beide?
- Welche Aufforderung des Meisters hat Eulenspiegel wörtlich genommen?
- Wie sprechen die Menschen in ihren wörtlichen Reden miteinander?
- Und welche spannende Überschrift sollte seine Geschichte bekommen?

Was du wissen musst – und vielleicht ja schon weißt:

- Der Meister meinte mit „Knete“ natürlich Geld;
- mit „auf die Pauke hauen“: jemanden anbrüllen, Zoff machen;
- mit „jemandem einheizen“: ihm Angst machen;
- mit „auf die Füße treten“: ihn bedrohen;
- mit „das Fell grün und blau hauen“: ihn verprügeln.

Was Eulenspiegel wirklich gemacht hat, ist ganz allein deine Sache!

2 Hier sind einige weitere Anregungen, die ihr für eine moderne Eulenspiegelgeschichte nutzen könnt. Natürlich könnt ihr euch auch etwas anderes ausdenken.
Denkt daran: Till Eulenspiegel macht sich einen Spaß daraus, die Reden eines anderen **wortwörtlich** zu nehmen!

Till Eulenspiegel hatte einen etwas angeberischen, reichen Freund mit Namen Hinz. Der wollte unbedingt im Lotto gewinnen, denn er wollte noch reicher werden. „Aber dazu braucht man großes Schwein", sagte Hinz. ...

Tills Kumpel Kunz lud Eulenspiegel dazu ein, am Wochenende „einmal richtig die Sau raus zu lassen". Da ...

Tills Mutter war wieder einmal böse über einen Streich, den Eulenspiegel gespielt hatte. Sie sagte zu ihm: „Heute Abend muss ich mit dir ein Hühnchen rupfen!" Und das sollte so viel heißen wie: Da muss ich einmal ernsthaft mit dir reden. Doch Till ...

3 Schreibe zu diesem Bild eine eigene Eulenspiegel-Geschichte. Die Überschrift lautet: *„Wie Eulenspiegel einmal die Kranken in einem Spital ohne Arznei gesund gemacht hat".*

Rund um Bücher

Spurensuche – oder: Wissen wollen, wie es weitergeht

Der Autor Peter Härtling hat in seinem Kinderbuch „Oma" eine ganz besondere Geschichte aufgeschrieben. Es ist „Die Geschichte von Kalle, der seine Eltern verliert und von seiner Großmutter aufgenommen wird". Wie werden die beiden wohl miteinander auskommen?

1 Hier findet ihr einen Auszug aus Peter Härtlings Buch.

Oma findet Fußballspielen gut

In der Schule kam Kalle zwar nicht in allen Fächern zurecht, machte auch nicht immer die Schulaufgaben, aber die meisten seiner Kameraden mochten ihn. Er hatte Einfälle für Spiele, er half, konnte sich prima schlagen und war vor allem ein ausgezeichneter Fußballspieler. Sein Freund Kümmel, ein dünner, hochgeschossener Junge, dessen Hobby Sternkunde war, zeichnete sich als bester Torwart von allen fünf Parallelklassen aus. Und er hatte auch die Idee, dass alle dritten Klassen eine Fußballmannschaft wählen sollten, die dann sicher auch die vierte schlagen würde.

Kalle wurde Libero. Was Libero war, wussten sie aus dem Radio und Fernsehen. Jedenfalls, so sagte sich Kalle, muss der Libero der Gescheiteste in der Mannschaft sein, da er allen zuspielt, das Spiel macht, wie die Reporter immer sagten.

Eine Zeit lang trainierten sie in den Pausen. Lehrer erfuhren davon und regten an, sie sollten sich nachmittags auf dem Vereinssportplatz treffen. Einer der Lehrer käme auf jeden Fall dazu.

Kalle fand das prima. Er erzählte es, kaum zu Hause, der Oma. Die war dagegen. Bei einem solch hektischen Spiel könne er sich das Bein brechen, könne ihm einer ein Loch in den Kopf hauen. Sie sagte: Also, das geht nicht, Kalle. Ich bin ja großzügig, aber ihr seid ja nicht einmal richtig bewacht.

Bewachen lassen wir uns von niemandem, sagte Kalle. Immer suchst du nach Aufpassern. Bitte lass mich doch gehen. Am Donnerstag ist das erste Training.

Oma konnte nicht hart bleiben. Im Grunde nie. Sie fragte Kalle, auf welchem Fußballplatz sich denn das alles abspiele.

Gar nicht so weit von hier, antwortete Kalle. Auf dem Grün-Weiß-Platz, weißt du, dort, wo die Leute auch immer Tennis spielen.

Ja, ja, sagte Oma. Die Leute, die sonst nichts zu tun haben.

Das ist doch Quatsch, sagte Kalle. Wenn du es gelernt hättest, würdest du auch spielen.

Weißt du, wie viel Geld so ein weißes Kleidchen kostet?, fragte Oma.

Das ist mir schnuppe.

Mir auch, sagte Oma. Aber eben deswegen kann ich nicht spielen.

Kalle verschwand am Donnerstag. Er hatte den Ball zur Aufbewahrung, einen weiß-schwarz gefleckten, den sogar die Oma richtig hübsch gefunden hatte.

Es war auch einer der jungen Lehrer da. Er brachte ihnen viel bei. Wie man Bälle stoppt, mit der Brust oder mit dem Fuß, wie man mit der einen Kante des Fußes schlägt oder mit der Spitze. Kopfball fand Kalle am besten.

Kümmel bewegte sich im Tor wie eine Schlange. Er warf sich in die Luft, fiel in den Dreck und es war ihm alles egal. Hauptsache, er hielt den Ball.

Als sie mitten im Spiel waren, sah Kalle zu seinem Schrecken am Spielfeldrand Oma stehen. Sie winkte ihm zu; er achtete nicht auf sie. Er schämte sich fürchterlich. Nach einer Weile fing Oma an zu schreien. Erst dachte Kalle, der nicht zu ihr hinsah, sie rege sich über ihn auf, dann merkte er, dass sie ihn oder andere Jungen anfeuerte. Er hörte, wie sie rief: Schneller, Kalle! Das war gemein von dem Dicken! Lass dir den Ball doch nicht wegnehmen! – Der Lehrer ging zu ihr hin und sie unterhielten sich eine Weile. Aus den Augenwinkeln beobachtete Kalle beide. Der Lehrer lachte oft. Oma musste eine Menge komischer Sachen sagen.

Sie blieb bis zum Schluss des Spiels und feuerte ihn sogar an. Verstanden hatte sie jedoch nicht viel. Wahrscheinlich hatte der Lehrer deswegen so gelacht. Sie redete von Nebenläufern und Seitenspringern und Kalle hatte gar keine Lust, ihr das genau zu erklären. Sie würde es doch nicht begreifen. Von da an ließ sie ihn aber ohne Jammern zum Spielen gehen.

Bei einem der nächsten Spiele verletzte er sich. Er war ungeschickt gewesen. Kein anderer war dran schuld. Er stolperte – und das noch ohne Ball! – und verstauchte sich den Knöchel. Der wurde schnell dick. Kalle konnte nicht mehr auftreten.

Der Lehrer brachte ihn mit dem Auto nach Hause.

Kalle wunderte sich, dass Oma sich nicht aufregte. Sie blieb ganz ruhig, bedankte sich beim Lehrer, prüfte den Knöchel, stellte fest: Gebrochen ist nichts! Sie holte nicht einmal den Arzt, obwohl Kalle sagte: Der Fuß tut fürchterlich weh.

Ich weiß, sagte sie. Pass auf, wenn ich dir Umschläge mit essigsaurer Tonerde mache, hören die Schmerzen bald auf. Nur liegen musst du ein paar Tage.

Oma war prima. Sie trug an diesem Tag keine Prospekte aus, blieb bei ihm, rückte den Fernseher so, dass er vom Bett aus sehen konnte, spielte mit ihm Mensch-ärgere-dich-nicht und Flohhupfen. Als es ihm am dritten Tag langweilig wurde, wollte sie ihm das Stricken beibringen. Aber das lehnte er ab.

Kalle fürchtete, Oma würde ihn nicht mehr Fußball spielen lassen. Das war nicht der Fall. Sie fragte ihn sogar, nachdem er den ersten Tag wieder in der Schule war: Hast du kein Spiel?

Nein, erst morgen, sagte er.

Du musst eben auf dein Bein aufpassen, sagte sie. Aber gut spielen sollst du auch, Kalle!

Oma unterstützt Kalle auch weiterhin und nicht nur beim Fußball, sondern z. B. auch dann, wenn er Schwierigkeiten bei der Arbeit an den Hausaufgaben hat.
Aber eines Tages wird Oma krank und muss ins Krankenhaus. Was soll nun aus Kalle werden? Er ist erst neun Jahre alt! Muss er ins Kinderheim oder kommt die Oma wieder?
Das erfahrt ihr, wenn ihr im Buch selbst weiterlest.

2 Leiht euch das Buch aus der Bibliothek aus.
Wie ihr euch in einer Bibliothek orientieren könnt und wie ihr erfolgreich auf Spurensuche geht, das erfahrt ihr auf den nächsten Seiten.

Eine Bibliothek erkunden

Stadtbibliotheken verfügen über hunderttausende Bücher und Medien, wie z. B. Zeitschriften, Comics, CDs, Videos, CD-ROMs usw. Damit sich jeder schnell zurechtfinden kann, haben Bibliotheken eine Information und sind in verschiedene Abteilungen untergliedert.

1 Betrachtet folgende Übersicht zum Aufbau einer Bibliothek. In welcher Abteilung könnt ihr das Kinderbuch von Peter Härtling „Oma" finden?

Regionalkundekabinett	**Lesesaal**	**Lesecafe**
Musikbibliothek	**Internationale Bibliothek**	**Freihandbibliothek**
Magazinbibliothek	**Kinder- und Jugendbibliothek**	**Information**

2 Schaut euch auch die Namen der anderen Abteilungen an.
- Was stellt ihr euch unter den einzelnen Abteilungen überhaupt vor?
- Was könnt ihr dort finden oder tun?

3 Lest euch folgende Erklärungen aufmerksam durch.
Findet heraus, welche Definition zu welchem Abteilungsnamen passt.

a) Hier findet man Tonträger, Bücher, Noten, Zeitschriften, Lexika, Videos … rund um die Musik.
b) Bücher, Zeitschriften, Kalender u. a. Druckerzeugnisse aus acht Jahrhunderten sind in einem großen Raum (Magazin) gelagert, schützenswerte Bestände können nur im Lesesaal eingesehen werden.
c) In ca. 35 Sprachen – von **A** wie Arabisch bis **Z** wie Zulu – werden fremdsprachige Literatur, Sprachkurse, Wörterbücher, Hörbücher, Reiseführer, Spielfilme, Zeitungen und Zeitschriften angeboten.
d) Regionalkundliche Literatur aus dem Heimatgebiet und dem Bundesland sowie Quellen aus mehreren Jahrhunderten sind hier zu finden.
e) Medien, die nicht mit nach Hause genommen werden dürfen, können hier gelesen werden.
f) In diesem Raum kann man beim Lesen etwas trinken oder sogar frühstücken. Zusätzlich stehen PC-Arbeitsplätze mit Internetanschluss zur Verfügung. An manchen Abenden stellen Buchautoren ihre Bücher vor und diskutieren mit dem interessierten Publikum darüber.
g) In dieser Bibliotheksabteilung kann man vom Comic-Heft bis zum Video, aber auch Bücher aus allen Wissensgebieten ausleihen und mit nach Hause nehmen.

Nachschlagen, suchen, finden: Kataloge in Bibliotheken

Nach all den Vorinformationen entführen wir euch hier einmal gedanklich in die Bibliothek vor Ort, Abteilung: **Kinder- und Jugendbibliothek**.

1 Die Kinder- und Jugendbibliothek untergliedert sich in zwei große Bereiche: in die **Belletristik** (unterhaltende Literatur wie z. B. Erzählungen, Märchen, Gedichte, Bildgeschichten und anderes) und in die **Sachbuchbestände**. In welchem Bereich werdet ihr Peter Härtlings Buch „Oma" finden?

Zettelkataloge

Bevor ihr direkt in den Bücherregalen nach diesem oder einem anderen Buch sucht, solltet ihr euch vergewissern, ob das Buch überhaupt in dieser Bibliothek vorhanden ist.
Darüber geben euch die in jeder Abteilung vorhandenen **Zettelkataloge** (Auflistung aller Bücher/Medien in Karteikästen auf Karteikarten) Auskunft: **Autorenkatalog**, **Titelkatalog** und der **systematische Katalog**.
Die Namen der Kataloge erklären sich so:

Einen **Autorenkatalog** benutzt man, wenn man den **Autor des Buches** kennt.

Einen **Titelkatalog** benutzt man, wenn man den **Titel des Buches** kennt.

Im **systematischen Katalog** schlägt man nach, wenn weder Autor noch Titel bekannt sind. Dazu überlegt man sich ein Stichwort (einen Oberbegriff, das Thema), das auf den Inhalt des gesuchten Buches passt, und schlägt dann im Katalog nach. Die Themen sind nach Buchstaben geordnet.

Belletristik

- J Belletristik (Erzählungen, Märchen, Gedichte, Bildgeschichten und anderes)
  - J 0 Erzählungen
  - J 1 Märchen, Sagen, Volksbücher, Fabeln
  - J 2 Sprichwörter, Rätsel, Witze
  - J 3 Gedichte
  - J 4 Theaterstücke (u. a. Puppenspieltexte)
  - J 5 Sammelbände (Verschiedenes in einem Buch)
  - J 6 Bildgeschichten, Comics
  - J 7 Fremdsprachige Belletristik

Sachliteratur

- A Allgemeines (Nachschlagewerke)
- B Wirtschaft (u. a. Eigentumsformen, Arbeit, Geld)
- C Staat (u. a. Rathaus, Polizei, Feuerwehr), Militär
- D Geschichte
- E Freundschaft, Liebe, Religionen
- F Schule, Familie, Berufe. Feste und Feiern. Bibliothek
- G Sport, Spiele. Sammeln. Basteln
- H Literatur
- I Sprache
- K Kunst (u. a. Malerei, Musik, Theater, Zirkus, Film)
- L Länder und Völker, Reisen
- M Mathematik, Computer
- N Natur
  - N 0 Allgemeines (u. a. Umweltschutz)
  - N 1 Physik
  - N 2 Chemie
  - N 3 Astronomie (Sterne, Planeten)
  - N 4 Pflanzen und Tiere der Urzeit. Gesteine, Bodenschätze. Wasserhaushalt der Erde. Wetterkunde
  - N 5 Biologie (Allgemeines, Pflanzen- und Tierkunde)
  - N 6 Über Naturforscher
- O Der menschliche Körper, Gesundheit, Krankheit
- P Technik
- V Verkehr (Straßen- und Schienenverkehr, Schifffahrt, Luftfahrt, Raumfahrt), Post
- W Land- und Forstwirtschaft. Garten, Zimmerpflanzen. Haustiere
- X Haushalt. Kochen. Handarbeiten

2 Erklärt nun mit euren Worten, was man unter einem **Autorenkatalog**, einem **Titelkatalog** und einem **systematischen Katalog** versteht.

3 In welchen Katalogen findet ihr Peter Härtlings Buch „Oma"?

4 In welchen Katalogen sucht ihr, um folgende Bücher zu finden?

a) „Harry Potter und der Stein der Weisen"
b) Wichtiges zur Altsteinzeit
c) Herbert, Ina: „Clever durchs Internet"
d) „Der Traum vom Fliegen – Die Geschichte der Luftfahrt"
e) „Tintenherz"
f) Erich Kästner: „Das fliegende Klassenzimmer"

5 Euch ist bestimmt schon aufgefallen, dass alle Karteikarten oben rechts Zahlen und Ziffern enthalten. Das nennt man eine **Signatur**.

- Betrachtet in Ruhe folgende Illustration und lest die Erläuterungen.
- Erklärt nun: Was ist eine Signatur? Worüber gibt sie Auskunft?

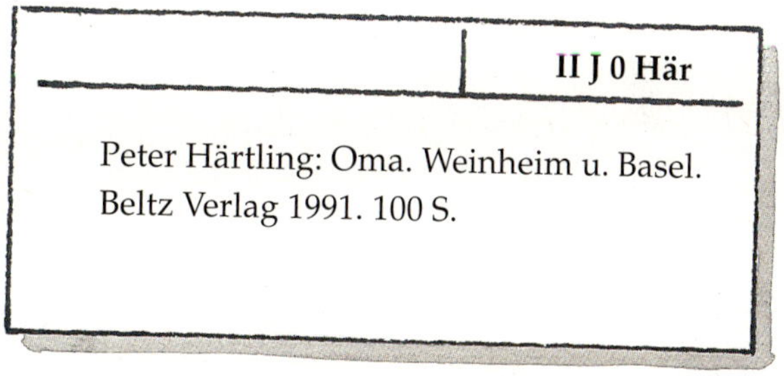

Man findet das gesuchte Buch in dem Regal, das mit den ersten Zeichen dieser Signatur versehen ist **(II J 0)**. Innerhalb eines Regals sind die Bücher alphabetisch nach Autor und Titel geordnet. Die Signatur zeigt also den Standort eines Buches an.

6 Welche weiteren Kinderbücher von Peter Härtling findest du im Regal? Erstelle eine Liste.

Ein Jugendbuch vorstellen

1 Wähle dir nun einmal ein Buch aus der Bibliothek aus, z. B. „Rennschwein Rudi Rüssel“ von Uwe Timm oder „Der Sprachabschneider“ von Hans-Joachim Schädlich.
Tipp: Um zu entscheiden, welches Buch du nehmen möchtest, kannst du
1. das Inhaltsverzeichnis ansehen oder
2. den Klappentext (besondere Form der Inhaltsangabe) lesen, den du auf der Innenseite des Umschlages oder auf der Rückseite des Buches findest.

2 Stelle das Buch, nachdem du es gründlich gelesen hast, deiner Klasse vor.
Du gehst am besten dabei so vor:

- Leite deinen Vortrag mit einem interessanten Detail aus dem Buch ein, z.B. so:
  Paul ist in der Schule nicht besonders fleißig und auch nicht besonders faul. Eines Tages aber trifft er einen seltsamen Mann, der ihm anbietet, alle Hausaufgaben für Paul zu übernehmen, wenn ...? Was Paul dafür tun muss und was sonst noch alles passiert, erfahrt ihr in dem Kinderbuch „Der Sprachabschneider“ von H. J. Schädlich.
- Schreibe Autor und Titel des Buches an die Tafel.
- Lass deine Mitschüler erzählen, was sie sich unter diesem Titel vorstellen.
- Begründe kurz, warum du gerade dieses Buch gewählt hast.
- Stelle die wichtigsten Personen mit ihren Eigenschaften/Rollen vor. Bereite dazu ein Plakat für deine Mitschüler vor und illustriere es:

Paul,
Schüler der 5. Klasse
- träumt gern
- braucht immer viel Zeit
- hat eine Menge Fantasie
- sieht einen Himmels-Riesenbaum und Wolkenelefanten
- spielt sehr gern Fußball

Vielolog,
der Sprachabschneider
- wunderlicher Mann mit großem grünen Regenschirm
- trägt stets einen kofferähnlichen Holzkasten mit sich herum
- hat eine krächzende Stimme
- macht „Geschäfte“ mit Schulkindern

Direktor und Lehrer der Schule
...

Pauls Eltern
...

Mitschüler
...

Pauls Freund Bruno
...

► Gib nun einen Überblick über den Inhalt des Buches. Nutze als Redegrundlage einen Stichwortzettel. Lies ab und zu eine treffende Textstelle gut betont und fehlerfrei vor. Lege dir vorbereitend kleine Zettel in die entsprechende Seite des Buches und nummeriere sie nach der Reihenfolge.

► Beziehe am Schluss deine Zuhörer in deinen Vortrag ein, indem du sie das Ende erraten lässt. Stelle erst dann den Ausgang des Geschehens vor.

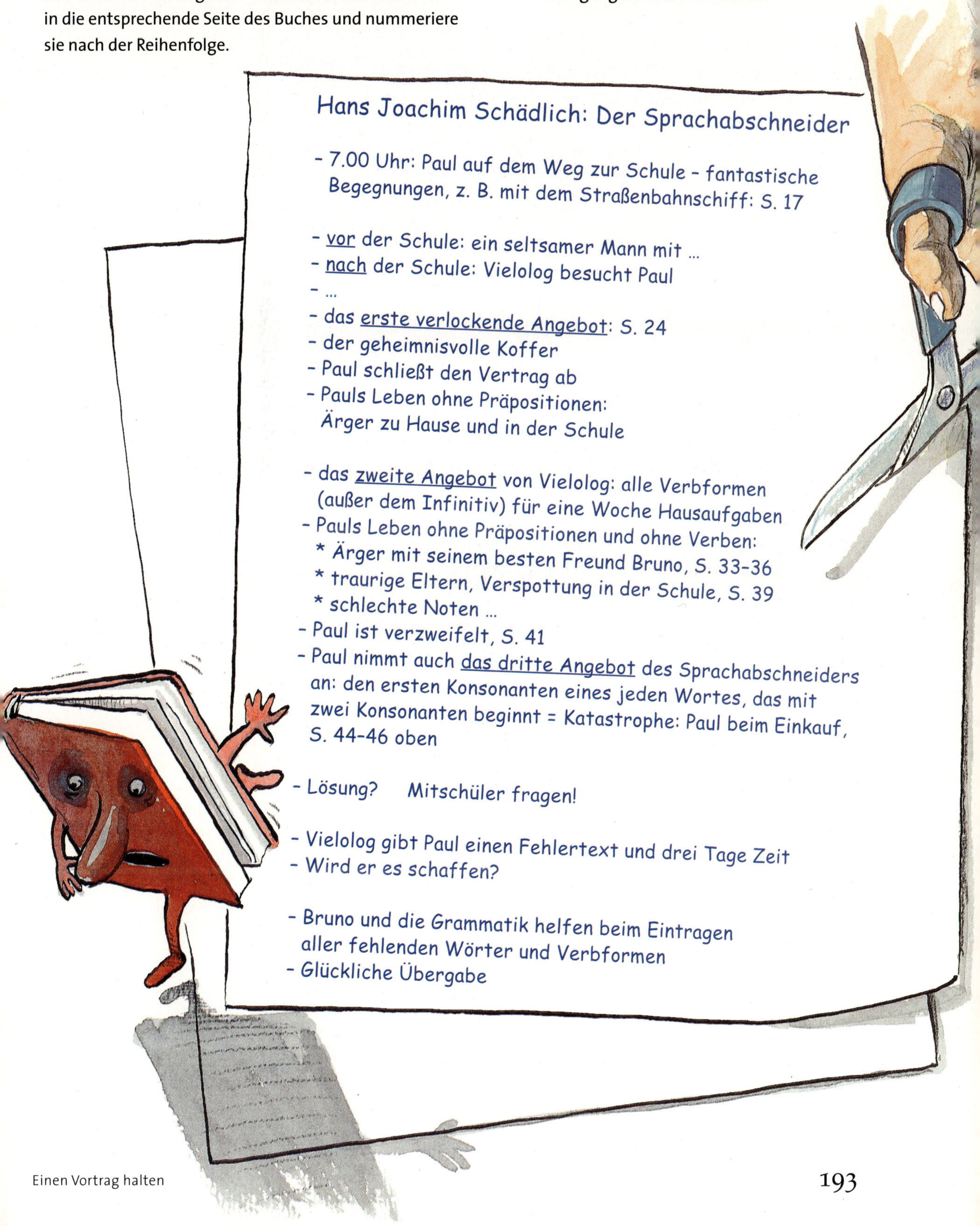

Hans Joachim Schädlich: Der Sprachabschneider

- 7.00 Uhr: Paul auf dem Weg zur Schule – fantastische Begegnungen, z. B. mit dem Straßenbahnschiff: S. 17

- vor der Schule: ein seltsamer Mann mit ...
- nach der Schule: Vielolog besucht Paul
- ...
- das erste verlockende Angebot: S. 24
- der geheimnisvolle Koffer
- Paul schließt den Vertrag ab
- Pauls Leben ohne Präpositionen: Ärger zu Hause und in der Schule

- das zweite Angebot von Vielolog: alle Verbformen (außer dem Infinitiv) für eine Woche Hausaufgaben
- Pauls Leben ohne Präpositionen und ohne Verben:
  * Ärger mit seinem besten Freund Bruno, S. 33–36
  * traurige Eltern, Verspottung in der Schule, S. 39
  * schlechte Noten ...
- Paul ist verzweifelt, S. 41
- Paul nimmt auch das dritte Angebot des Sprachabschneiders an: den ersten Konsonanten eines jeden Wortes, das mit zwei Konsonanten beginnt = Katastrophe: Paul beim Einkauf, S. 44–46 oben

- Lösung? Mitschüler fragen!

- Vielolog gibt Paul einen Fehlertext und drei Tage Zeit
- Wird er es schaffen?

- Bruno und die Grammatik helfen beim Eintragen aller fehlenden Wörter und Verbformen
- Glückliche Übergabe

EDV-Kataloge – Ein Buch mit dem PC ermitteln

In allen größeren Bibliotheken befinden sich so genannte EDV-Kataloge. Damit sucht man sich seine Informationen am PC zu Hause oder in der Bibliothek aus.
Unter der Internetadresse http://webopac.wuppertal.de/
kommt ihr auf die Startseite der Stadtbibliothek Wuppertal:

Der OPAC-Katalog (Online-Public-Access-Catalog) steht euch für die selbstständige Suche zur Verfügung.
Klickt nun auf Start webOPAC. Jetzt befindet ihr euch auf der Seite **Standardsuche** und könnt eure Suche nach einem Buch starten.

1 Schaut euch dazu folgende Abbildung genau an.
Wie geht ihr vor, um z. B. ein **Sachbuch über Wale** zu suchen?

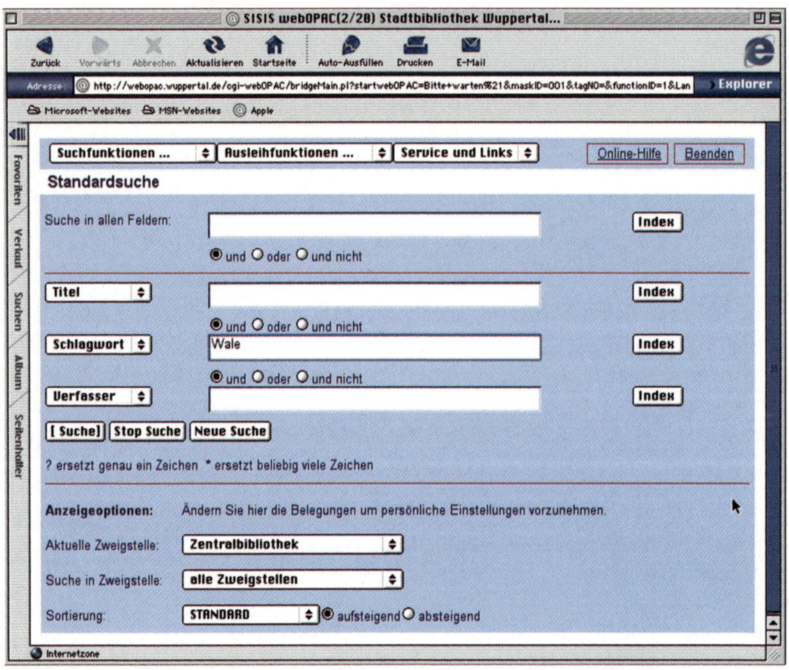

2 Der Computer listet nun alle Bücher auf, die zum Stichwort **Wale** passen.
Welche Titel würdet ihr auswählen, um **Informationen über Wale** zu bekommen?
Begründet eure Auswahl.

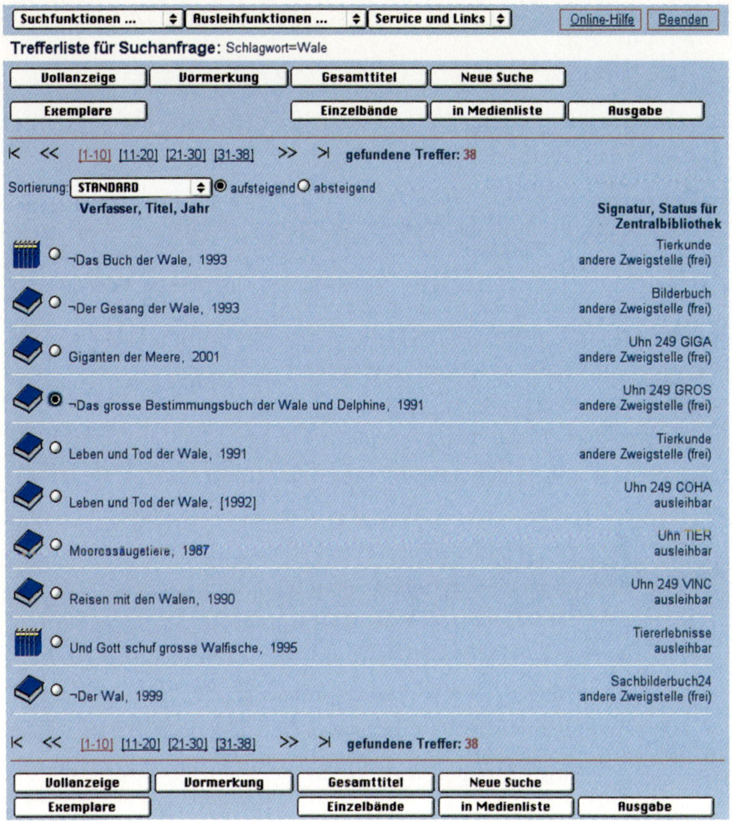

3 Was möchtet ihr über Wale wissen? Sammelt eure Fragen.

4 Wenn man einen Titel der Liste anklickt, erscheint ein Fenster mit den Angaben zum Buch.
- Was ist für euch wichtig?
- Ist das Buch für eure Zwecke geeignet? Begründet.

5 Wählt nun am PC oder/und in den Zettelkatalogen die Bücher aus, die euch Antworten auf eure Fragen geben können.
Wo würdet ihr nachschlagen: im **Autorenkatalog**, im **Titelkatalog** oder im **systematischen Katalog**? Begründet.

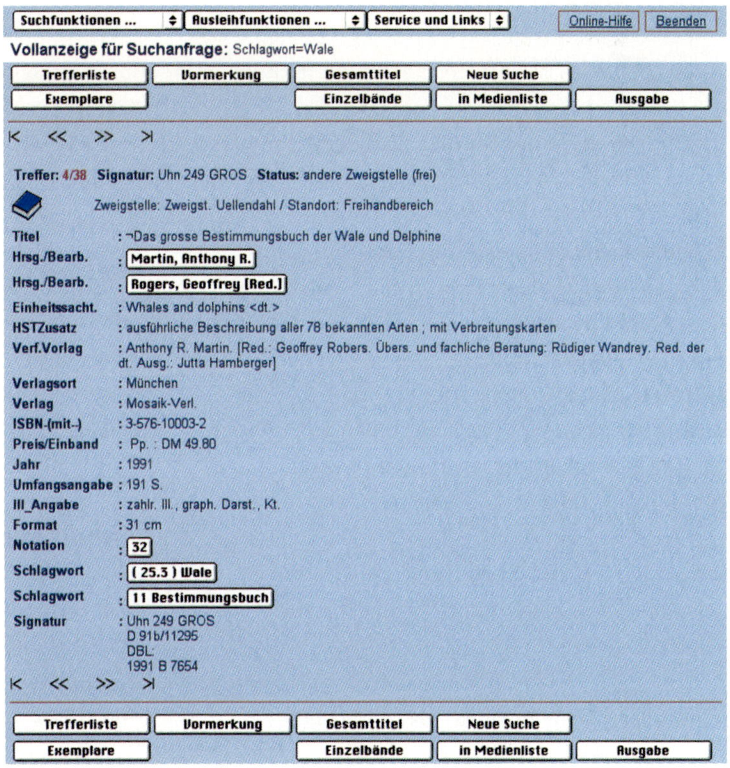

Ein Lesetagebuch anlegen und schreiben

Wie das funktioniert, fragt ihr? Lasst euch überraschen!
Nina Rauprich veröffentlichte 1987 erstmals ihr Buch „Die sanften Riesen der Meere“. Seitdem wurde es immer wieder neu aufgelegt.

1 Betrachtet in Ruhe das Titelbild und lest noch einmal leise die Überschrift.
- Wovon wird dieses Buch wohl handeln? Jeder von euch schreibt einmal seine Erwartungen und Vorstellungen auf.
- Tauscht eure Ideen anschließend in der Klasse aus.

2 Lest nun den Klappentext des Buches laut vor. Werden eure Erwartungen erfüllt?

Seit Generationen leben die Bewohner der portugiesischen Insel Madeira vom Walfang und auch der zwölfjährige Manuel möchte einmal Walfänger werden. Doch als er eines Tages in Seenot gerät und von Delphinen zur Küste zurückgetragen wird, beginnt er die Riesen der Meere mit ganz anderen Augen zu sehen. Zusammen mit der Meeresbiologin Petra kämpft er für die Einstellung des Walfangs vor der Insel.

3 Was ist euch noch unklar? Was möchtet ihr unbedingt wissen?

4 Sucht auf der Wandkarte oder im Atlas die Insel Madeira. Vielleicht wart ihr schon einmal in der Nähe im Urlaub?

5 Bevor du mit dem Lesen des Buches beginnst, legst du dir ein **Lesetagebuch** in Form eines Heftes oder einer Mappe an. In diesem **Buch zum Buch** hältst du deine persönlichen Arbeitsergebnisse fest und kannst dich stets schnell orientieren, um Fragen zu beantworten und entsprechende Textstellen aufzufinden. Die folgenden **Tipps** zeigen dir, wie du verfahren kannst:

- Auf das Deckblatt schreibst du die Autorin und den Titel. Später kannst du das Deckblatt noch illustrieren.
- Die inneren Seiten deines Lesetagebuches werden nummeriert.
- Die erste Seite des Lesetagebuchs enthält die Kapitelübersicht – das Inhaltsverzeichnis. Du nummerierst von eins bis zehn untereinander, weil das Buch zehn Kapitel enthält. Immer, wenn du ein Kapitel gelesen hast, formulierst du dafür eine treffende Überschrift und trägst sie in die Kapitelübersicht ein.

Inhaltsverzeichnis

1. Kapitel: Eine gefährliche Paddeltour aufs Meer
2. Kapitel: Alte Geschichten eines Walfängers
3. Kapitel: ...

▸ Ab Seite zwei deines Lesetagebuchs kannst du jedes Kapitel mit folgender Übersicht beginnen, die du während oder nach dem Lesen des entsprechenden Kapitels ausfüllst:

Kapitel ...	Seite ...
Handelnde Personen: ... Handlungsorte: . Handlungsverlauf: ... Besondere Textstellen: ...	

▸ Nach dem Lesen des Buches schreibst du in sinnvoller Reihenfolge die Namen aller wichtigen Personen auf und welche Rolle sie im Buch spielen.

▸ Du kannst die Personen des Buches auch zeichnen.

▸ Du kannst deine eigene Meinung zu dem formulieren, was die Personen in besonderen Situationen tun.

▸ Du kannst den Handlungsverlauf oder die Textstellen mit Fotos, Zeichnungen oder Collagen ergänzen.

Anhand deines Lesetagebuches fällt es dir jetzt bestimmt leicht, folgende Aufgaben zu lösen.

6 An seinem zwölften Geburtstag – einem ungewöhnlich heißen Tag im März – paddelt Manuel mit seinem Schlauchboot heimlich allein aufs Meer hinaus und wäre beinahe ertrunken. Aber Delphine haben ihn auf wundersame Weise gerettet.
- Wie wird es Manuels Mutter dabei ergangen sein?
- Schreibe auf, was sie an diesem Abend in ihr Tagebuch einträgt.

7 Eine Fremde kommt ins Dorf und bringt einiges durcheinander.
- Wer ist diese Fremde? Was will sie?
- Fertige einen Personensteckbrief an und illustriere ihn.

8 Übernimm die folgende Tabelle in dein Lesetagebuch und trage die Personen in die entsprechende Tabellenspalte ein. Ergänze dann, warum sie **für** oder **gegen** den Walfang sind.

Comandante
Manuel
Manuels Vater
Manuels Mutter
Luis-Alberto
Carlos
Petra
Chicos Vater

Personen	Für den Walfang – Begründungen	Gegen den Walfang – Begründungen
...	...	...

9 Auf welche Seite stellst du dich? Warum?

Praxis Rechtschreiben und Grammatik

Auf diesen Teil des Buches werdet ihr immer wieder einmal zurückkommen.
Man kann hier nicht alles auf einmal lernen.
Aber man lernt hier etwas, was man immer gebrauchen kann,
vor allem beim Schreiben und für das Schreiben von Texten

Richtig schreiben – warum muss man das eigentlich können?
Nun, vor allem, damit andere Kinder die Texte, die du schreibst, gut lesen und verstehen können. Du selbst kannst ja das, was du geschrieben hast, meistens wieder lesen, auch wenn es Fehler enthält.
Aber die anderen! Die wollen nicht lange an einem falsch geschriebenen Wort herumraten. Die wollen deine Texte verstehen. Und dafür ist es wichtig, dass sie fehlerfrei sind. Du musst dazu zweierlei tun: über die Rechtschreibung nachdenken – und sie üben!
So lernst du in diesem Kapitel, **warum** ein Wort so und nicht anders geschrieben wird.
Aber du lernst nicht nur Regeln kennen, sondern immer wieder auch Strategien und Arbeitstechniken. Die geben dir an, wie du deine Übungen planvoll und intelligent durchführen kannst.

Die **Grammatik** handelt von Dingen, die man in der Sprache richtig und falsch machen kann. Dazu muss man in besonderer Weise auch über die Sprache nachdenken und sie richtig gebrauchen können.
Auch davon sollst du hier in diesem Kapitel etwas lernen.
Und das, was du lernst, das kannst du gut anwenden, wenn du zum Beispiel mit anderen redest, wenn du etwas liest oder wenn du Texte schreibst.
Du lernst also in diesem Kapitel nicht nur die Wortarten zu unterscheiden und so zu gebrauchen, dass deine Texte interessanter werden.
Du lernst nicht nur Satzglieder kennen und Zeitformen unterscheiden, du lernst vor allem unsere Sprache besser kennen. Du erfährst,

- aus welchenTeilen sie besteht,
- wie sie aufgebaut ist,
- was du mit ihr so alles machen kannst,
- was an ihr richtig und was falsch ist,
- was sich gut liest
- und wie du wirkungsvolle und schöne Texte schreiben kannst.

Und das könnt ihr hier lernen:

Aufbau und Schreibung der Wörter

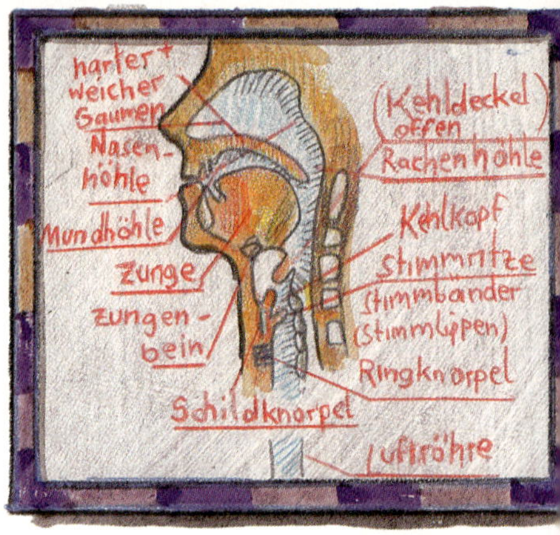

Vokale – Konsonanten

Im Rechtschreibunterricht muss man immer wieder über den Aufbau von Wörtern sprechen. Da unsere Wörter aus Vokalen und Konsonanten bestehen, ist es wichtig zu wissen, was diese Begriffe bedeuten und wie sie sich unterscheiden.

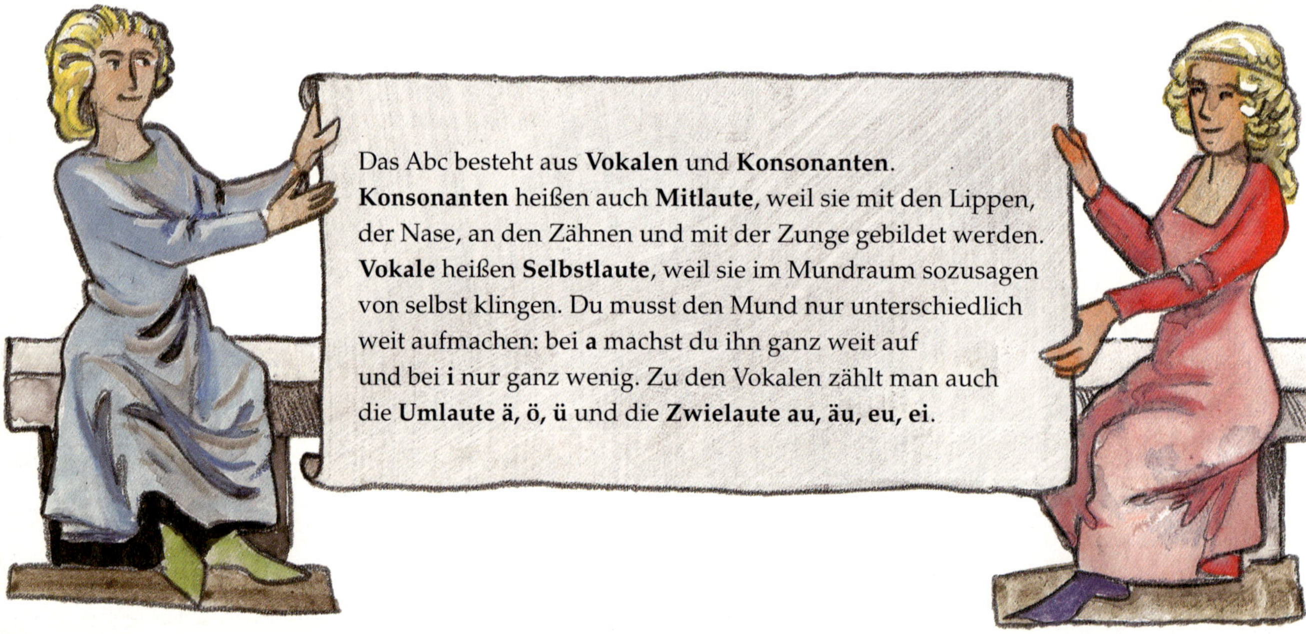

Das Abc besteht aus **Vokalen** und **Konsonanten**. **Konsonanten** heißen auch **Mitlaute**, weil sie mit den Lippen, der Nase, an den Zähnen und mit der Zunge gebildet werden. **Vokale** heißen **Selbstlaute**, weil sie im Mundraum sozusagen von selbst klingen. Du musst den Mund nur unterschiedlich weit aufmachen: bei **a** machst du ihn ganz weit auf und bei **i** nur ganz wenig. Zu den Vokalen zählt man auch die **Umlaute ä, ö, ü** und die **Zwielaute au, äu, eu, ei**.

1 Spielt einmal folgendes Ratespiel: Ein Kind bildet mit seinen Mundwerkzeugen ganz deutlich ein **p, t, l, f, a, o, i** oder **u** – aber so, dass der Laut nicht zu hören, sondern **nur zu sehen** ist. Die anderen Kinder sollen aufschreiben, welcher Laut gemeint ist.

2 Könnt ihr jeden Laut wirklich erraten?
Lässt er sich allein an der Mundstellung erkennen?
Was könnte man noch aufgeschrieben haben, wenn einer ein **p** oder ein **f** gebildet hat?
Was, wenn einer ein **u**, ein **o** oder ein **ä** gebildet hat?

3 Zu welcher Art von Buchstaben zählt man die folgenden: **m, ai, ö, o, t, g, u, r, eu, ü, z**?
Schreibe so in dein Heft:

Konsonanten sind: … Vokale sind: …
Umlaute sind: … Zwielaute sind: …

4 Schreibe das ganze Abc auf. Schreibe dabei die Vokale **rot** und die Konsonanten **schwarz**.
Ein Buchstabe ist dabei, der sowohl als Konsonant wie auch als Vokal vorkommt: *Yacht, Pony.*

5 Die Buchstaben werden im Alphabet der Reihe nach geordnet.
Überprüfe noch einmal, ob du sie wirklich alle der Reihe nach aufschreiben kannst:
a, e, i, o, u, y, b, p, d, t, g, k, w, f, v, l, m, n, l, r, c, s, z, q, h, j, x
Alphabet: a, b, c …

6 An welchen Stellen im Wörterbuch findest du die folgenden Buchstaben und Buchstabenkombinationen **ä, ai, au, äu, ei, eu, ie, ö, ü**?
Schreibe sie hinter die Buchstaben des Alphabets:
a: ä, ai …

Kurze Vokale – lange Vokale

Jedes Wort, das nur aus einer Silbe besteht, hat einen **Vokal**. Sonst könnte man es kaum sprechen. Jedes Wort hat aber auch mindestens einen **Konsonanten**, der vor oder nach dem Vokal steht. Nur das Wort *Ei* nicht! Oft werden die Vokale von den Konsonanten „eingerahmt".

1 Sprich die Wörter deutlich aus. Die Wortpaare werden jeweils verschieden gesprochen. Woran merkt man das eigentlich ?

Wal – Wall	wen – wenn
wir – wirr	kam – Kamm
Fuß – Kuss	Aas – Ass
Mus – muss	Beet – Bett

2 Sprich auch diese Wörter deutlich aus. Die meisten Vokale in ihnen werden kurz und knapp gesprochen, aber einige von ihnen klingen schön lang und deutlich. Schreibe auf:
Wörter mit kurzen Vokalen sind: ...
Wörter mit langen Vokalen sind:...

Stift	Schaf	Klaps
Bär	Hund	Bild
Spatz	Weg	Reh
Tür	Schuh	Kind

3 Schreibe die Wörter im Plural noch einmal mit Silbenstrichen auf. Ordne sie so:
Die erste Silbe endet mit einem Vokal: Bä-ren ...
Die erste Silbe endet mit einem Konsonanten: Stif-te ...

4 Wenn du nicht genau heraushörst, ob der Vokal in einem Wort lang oder kurz ist, dann musst du von dem Wort eine zweisilbige Form bilden. Endet die erste Silbe mit einem Vokal, dann ist der Vokal fast immer lang. Endet sie mit einem Konsonanten, dann ist der Vokal meistens kurz. Verlängere die folgenden Wörter. Schreibe sie mit Silbenstrichen auf und ordne sie.
Wörter mit langem Vokal: Ta-ge ...
Wörter mit kurzem Vokal: Ber-ge ...

Tag	Berg	Witz	Herz	Keil
Lied	Pilz	Prinz	Rad	Saat

5 Selbst an geschriebenen Fantasiewörtern, deren Bedeutung du nicht kennen kannst, kann man in der Regel erkennen, ob die Vokale in ihnen lang oder kurz sind. Sprich die Wörter deutlich aus.

Brüggen – Brügen	Mölke – Möle
Trüter – Trütter	Zorre – Zohre
Schlumse – Schlume	

6 An den Vokalen selbst erkennt man nicht, ob sie lang oder kurz sind. Aber woran dann?

7 Schreibe die Wörter aus Aufgabe 5 mit Silbentrennungsstrich auf:
Wörter mit kurzen Vokalen: Schlum-se ...
Wörter mit langen Vokalen: ...

Silben

Ka-	-fe
Kat-	-kel
Ha-	-ter
En-	-se
Fer-	-sen
Af-	-gel
Scha-	-he
Kü-	-zen
Gän-	-fen
I-	-ten
Ra-	-ten
Rat-	-ben

1 Wenn du diese Silben richtig zusammensetzt, bekommst du zwölf Tiernamen heraus. Sie stehen alle im Plural (in der Mehrzahl). Schreibe sie mit Artikel und Silbenstrich auf:
die Ka-ter ...

2 Sprich die ersten Silben dieser Wörter ganz deutlich aus. Bei manchen kannst du den Vokal deutlich hören, weil er lang klingt. Bei manchen klingt er dagegen kurz. Sprecht euch die ersten Silben vor und achtet darauf, wie sie klingen.

Die meisten Wörter unserer Sprache haben zwei Silben: *Ka-ter, Kat-ze* ...
Die erste Silbe ist in der deutschen Sprache meistens betont, die zweite unbetont.
Der **Vokal** in der ersten, betonten Silbe kann **lang** sein.
Dann **endet** die Silbe mit dem Vokal: *Ka-ter*.

Der Vokal in der ersten, betonten Silbe kann aber auch **kurz** sein.
Dann **endet** die Silbe mit einem Konsonanten: *Kát-ze*.

3 Ordne die Silben aus Aufgabe 1 danach, ob die betonten Vokale kurz oder lang sind:
Langer Vokal: Ka- ...
Kurzer Vokal: Kat- ...

4 Setze diese ersten und zweiten Silben zu möglichst vielen Wörtern zusammen. Manche werden großgeschrieben, manche klein:
Scha-le, scha-ben ...

SCHA-	-le, -den, -ne, -te, -ge
TA-	-fel, -ler, -fe, -ben
TAN-	-zen, -len, -dem, -ren, -me
HAL-	-be, -ten, -lo, -ken, -del

5 Ordne die folgenden Namen danach, ob der betonte Vokal in ihnen kurz oder lang ist, und unterstreiche den betonten Vokal:
Namen mit betontem Kurzvokal: Anna ...
Namen mit betontem Langvokal: ...

Anna	Lena
Lea	Lucas
Lotte	Jonas
Sarah	Niklas
Julia	Florian
Vanessa	Pascal
Anne	Felix
Dora	Minna

Silben trennen

Im Zoo

Streichelwiese
Elefant
Gnu
Affe
Gorilla
Goldhamster
Raubtiergehege
Bär
Unterwasseranlage
Eisbär
Krokodilbecken
Schildkrötenteich
Kindertummelplatz

1 Sprich diese Wörter deutlich aus.
Schreibe sie dann mit Silbenstrichen auf:
Wörter mit einer Silbe: ...
Wörter mit zwei Silben: Af-fe ...
Wörter mit drei Silben: ...
...
Welches Wort hat die meisten Silben?

Dort schwamm im Krokodilbecken
ein riesiges Krokodil herum.
In der großen Unterwasseranlage
konnten wir Fische beobachten,
die wir noch nie gesehen hatten.

2 So etwas sieht nicht gerade gut aus!
Wenn die Zeile zu Ende ist, solltest du besser die Wörter mit einem Silbenstrich abtrennen und auf der nächsten Zeile weiterschreiben.
Schreibe den Text so in dein Heft, dass sich niemand darüber ärgern muss.
Wie würdest du die Wörter am Zeilenende trennen?

Im Allgemeinen trennt man Wörter beim Schreiben so, wie es sich beim langsamen Sprechen eines Wortes ergibt, also nach **Sprechsilben**:
Nor-den, Sü-den, Os-ten, Don-ner, Hit-ze, Wol-ke ...
Einige **Regeln** müssen dabei aber zusätzlich beachtet werden:
Das **ck** wird niemals getrennt, genauso wenig wie das **ch** und das **sch**:
ne-cken, we-cken, wa-chen, wa-schen ...
Das **st** wird immer getrennt, genau wie das **pf**:
lus-tig, pus-ten, kämp-fen, stop-fen ...
Einzelne betonte **Vokale** können abgetrennt werden, wenn es sich um Silben handelt: *O-fen, Au-to, Ei-mer ...*
Zusammengesetzte Wörter werden zwischen den beiden Wörtern getrennt:
Last-auto, Fahr-rad, Weck-uhr ...

3 Sprich die folgenden Wörter deutlich aus und schreibe sie mit Silbenstrichen auf:

Apfel
Birne
Johannisbeere
Erdbeere
Apfelsine
Pfirsich
Banane
Stachelbeere
Sauerampfer
Schneckenhaus
Pusteblume
Ackerwinde
Maulwurfhaufen
Brennnessel

Vorsilben und Nachsilben

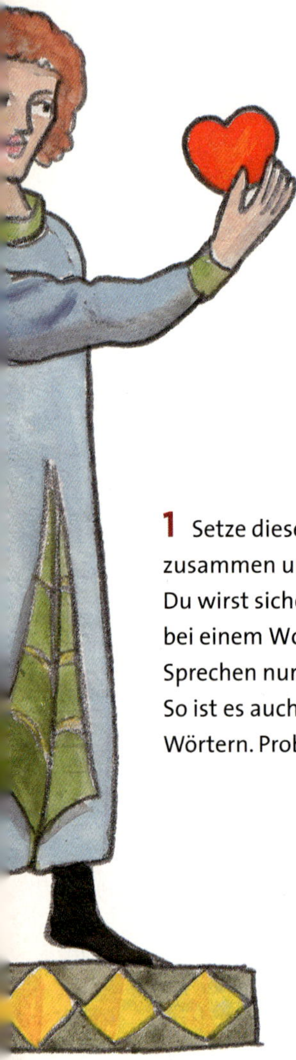

Es gibt einfache Wörter wie *raten*.
Ein solches Wort besteht aus zwei Silben: *ra-ten*.
Vor solche Wörter kann man oft Vorsilben setzen:
er-raten, ver-raten, be-raten, ab-raten.

ver-	-raten	-rückt	ab-	-brechen	-biegen
zer-	-reißen	-reiben	weg-	-gehen	-geben
er-	-reichen	-richten	un-	-nötig	-nütz
an-	-nehmen	-nageln	ein-	-nehmen	-nebeln

1 Setze diese Wörter mündlich zusammen und sprich sie deutlich aus. Du wirst sicher merken, dass man bei einem Wort wie *verraten* beim Sprechen nur **ein *r*** hört. So ist es auch bei den anderen Wörtern. Probiere es aus.

2 Schreibe jetzt die Wörter mit den Vorsilben auf. Wenn du die Wörter aussprichst, hörst du zwischen der Vorsilbe und dem Wort nur einen Konsonanten. Beachte aber, dass die Vorsilben beim Schreiben mit denselben Konsonanten enden, mit denen die Wörter anfangen! Damit du das nicht vergisst, trenne die Vorsilben immer mit einem Silbenstrich ab: ver-raten ...

An manche Wörter kann man aber auch **Nachsilben** anhängen.
Besonders häufig kommt die Nachsilbe **-lich** vor.
Wenn man an das Nomen *Freund* ein **-lich** anhängt, wird daraus das Adjektiv ***freund-lich.***

3 Hänge an diese Nomen immer die Nachsilbe **-lich** an.
Beachte: Alle Wörter werden dann kleingeschrieben:
Feind - feind-lich ...

Feind	Herz	Schrift	Mensch
Glück	Ärger	Kind	Feier

4 Auch an diese Nomen kannst du die Nachsilbe **-lich** anhängen.
Aus den Vokalen **a, o, u** wird dann aber immer **ä, ö, ü**:
Tag - täg-lich ...

Tag	Person	Gefahr	Hass
froh	Bruder	Jahr	Wort

5 Die folgenden Wörter musst du dir besonders merken, weil sie oft falsch geschrieben werden. Schreibe sie nach dem Abc geordnet auf.

ähnlich
ziemlich
gewöhnlich
lächerlich
endlich
neulich
plötzlich
nützlich

Es gibt einige Nachsilben, die zeigen, dass ein Wort ein Nomen ist:

-heit:	*Schön-**heit**,*
-keit:	*Ehrlich-**keit**,*
-schaft:	*Freund-**schaft***
-nis:	*Hinder-**nis***

6 Füge an diese Wörter die Nachsilben an, die zu ihnen passen.
Alle diese Wörter werden dabei zu neuen Nomen, die du großschreiben musst:

albern: Albern-heit
dumm: Dummheit ...

albern	farbig	frei	gesund	schön
dumm	Feind	Freund	klug	selten
ehrlich	finster	fröhlich	krank	wichtig
ewig	flüssig	geheim	Land	wild
fähig	frech	gemein	sauber	Zeug

7 Die Wörter in der Mitte kannst du mit den Vorsilben und den Nachsilben zu richtig langen Wörtern zusammensetzen.
So kann aus der Vorsilbe **un-** , dem Wort *Freund* und den Nachsilben **-lich** und **-keit** ein langes Wort werden. Bilde einige solcher langen Wörter. Dabei fallen manchmal die eingeklammerten Teile des Wortes weg.
Achtung: Es sollen immer Nomen werden wie
Un-freund-lich-keit ...

Vorsilben	Wörter		Nachsilben
	Freund		
	Feind		
	Fried(en)		
	Gefahr		
un-	klar		-keit
ver-	frei	-lich	-heit
er-	froh		-nis
	rückt		
	geb(en)		
	leb(en)		
	laub(en)		

8 Löse diese Rätsel. Die Wörter, Vorsilben und Nachsilben aus Aufgabe 7 helfen dir dabei:

a) Un-freund-lich-keit,
b) ...

Rätsel

a) Wenn jemand einen anderen auslacht, dann ist das eine ???
b) Was bei einer Mathe-Aufgabe herauskommt, nennt man ein ???
c) Wenn man in den Ferien etwas Schönes erfahren hat, ist das ein ???
d) Wer etwas nicht tun darf, der erhält keine ???
e) Wenn jemand etwas ganz und gar Unsinniges tut, dann ist das eine ???
f) Tiere, die in Käfigen gehalten werden, leben in ???

Das h, mit dem wir Silben trennen

Seen und seen

Man kann in manchen Seen seen
bis auf den Grund, doch nicht drauf steen.

Im Walde laufen manchmal Ree,
Verheiratete führen eine Ee.

1 So sähe es aus, wenn wir das **h** nicht hätten.
Lies die Verse vor und schreibe sie dann richtig auf.

Bei einer Reihe von Wörtern steht ein **h** zwischen den Vokalen der ersten und zweiten Silbe: *se-**h**-en, ste-**h**-en …*
Bei der Silbentrennung gehört dieses **h** zur zweiten Silbe: *se-**hen**, ste-**hen** …*
Würde dieses **h** nicht stehen, dann ließen sich die Wörter schlecht lesen.
Ein solches **h** nennt man **silbentrennendes h**.
Dieses h bleibt auch in Formen dieser Wörter erhalten,
die nur eine Silbe haben: *sehen → sieht, stehen → steht.*
Wörter mit **au, äu** und **eu** haben aber **niemals** ein silbentrennendes h:
sau-er, rau-er …

2 Schreibe diese Verse richtig auf.
In die markierten Wörter musst du ein **silbentrennendes h** einfügen.

Heiße Füße

Heute sind wir den Menschen **entfloen**,
auf die Berge geklettert, die steilen und **hoen**.
Nun **glüen** mir **beinae** meine **Zeen**.
Und ich kann kaum noch **steen** und **geen**.
Ee sie brennen, **ziee** ich lieber in **Rue**
von meinen heißen Füßen die **Schue**
und lass mir den Wind um die **Zeen ween**.

3 Wie du mit diesen Wörtern üben kannst:
- Du kannst sie mit Silbentrennungsstrichen abschreiben: dro-hen
- Du kannst von einigen dieser Wörter Reimpaare bilden: blü-hen – glü-hen
- Du kannst mit einigen Wörtern die Er-, Sie-, Es- Form bilden: er droht, es blüht …

drohen	verleihen	Mühe	Höhe
blühen	ziehen	wehen	Kühe
gehen	glühen	beinahe	Zehen
krähen	fliehen	früher	Reihe
sehen	Flöhe	ruhig	verzeihen
stehen	Ruhe	Schuhe	

4 Schreibe die Wörter in kurzen Sätzen auf:
Er ist ein schlauer Fuchs.

schlauer	rauer	genauer
schauen	sich freuen	streuen

Das Dehnungs-h

Bahn	Fohlen	ihr	mehr	Sahne	wehren	zahlen
belohnen	führen	Kahn	nehmen	sehr	wohl	zählen
fahren	ihm	kühl	ohne	Sohn	wohnen	zahm
fehlen	ihn	lahm	Ohr	stehlen	Zahl	zehn

In vielen Wörtern gibt es noch eine ganz andere Art von h: das **Dehnungs-h**.
Das **h** als ein auffälliger Buchstabe soll beim Lesen deutlich machen, dass der Vokal, bei dem es steht, **lang** und **gedehnt** gesprochen wird.
Das wird besonders deutlich an dem Unterschied von *in – ihn, im – ihm*.
Bei der Silbentrennung bleibt dieses **h** immer bei dem Vokal stehen, zu dem es gehört: *fah-ren*.
Ein Dehnungs-h steht nur vor den Buchstaben …

1 Schau dir die Wörter von oben einmal ganz genau an. Vor welchen vier Buchstaben steht das Dehnungs-h? Ergänze die Regel im Kasten.

2 Schreibe vier Sätze auf, in denen immer drei der Wörter oben vorkommen:
Das Fohlen ist sehr zahm.

3 Schreibe die zweisilbigen Wörter mit Silbentrennungsstrich auf:
füh - ren

4 Bilde mit einigen Wörtern zusammengesetzte Wörter: Eisenbahn

5 Setze die Wörter mit Dehnungs-h beim Abschreiben in die folgende Geschichte ein:

berühmtesten
wohnhaft
Jahr
Befehl
ohne
Ohr
ihm
sehr
Ohren
Lohn
wohl
Ruhm

Grimassen-Künstler

Einer der 1 Grimassen-Künstler, 2 in London, ist Mike Plumm. Er hat es dadurch zu 3 großem 4 gebracht, dass er mit seinen 5 wackeln kann wie 6 kein anderer. Im letzten 7 erhielt er den 8 für sein Training bei der Grimassen-Olympiade. Dort gelang 9, was noch keiner geschafft hatte. Er wackelte abwechselnd wie auf 10 mit dem rechten oder dem linken 11 einzeln, 12 dabei in seinem Gesicht eine Miene zu verziehen.

6 Entscheide, ob das h in den folgenden Wörtern ein silbentrennendes h oder ein Dehungs-h ist:
Dehnungs-h: Ohr …
silbentrennendes h: …

Kuh	Reh	Floh	fährt	führt
Ohr	Zahl	froh	flieht	fehlt
Bahn	Zeh	sehr	zieht	

Wörter mit Doppelkonsonanten

1 Hier stehen sieben Wörter.
Bei allen Wörtern ist der erste betonte Vokal lang.
Lest euch die Wörter gegenseitig vor. Sprecht dabei den Vokal in der ersten Silbe besonders deutlich.

Qua-len	Hü-te	be-ten
Ha-sen	Scha-ren	ra-ten
	Scha-len	

2 Schreibe jetzt die Wörter so auf, dass du den Konsonanten in der Mitte der Wörter verdoppelst. Dabei entstehen natürlich Wörter mit einer ganz anderen Bedeutung. Achte dabei auf die Groß- und Kleinschreibung!
Qua-len - Qual-len ...

3 Sprecht euch jetzt die Wortpaare noch einmal vor:
Qualen – Quallen ...

Ein Wort wie *knabbern* besteht aus zwei Silben.
Zwischen den Vokalen der beiden Silben hört man den Konsonanten **b**.
Dieser Konsonant wird nicht doppelt, sondern nur einfach **ausgesprochen**.
Ist der Vokal der ersten betonten Silbe kurz, so wird der folgende Konsonant **beim Schreiben** verdoppelt: *knab-bern.*

4 Schreibe die folgenden Wörter in Paaren auf: eines mit einem langen Vokal und eines mit einem kurzen Vokal und Doppelkonsonanten.
Schafe - schaffe! ...

Schafe	schallen	schaffe!
Schalen	Nase	Ofen
Polen	Krume	Gasse
Scharen	scharren	Pollen
kämen	Schotten	lassen
Schwellen	krumme	kämmen
Gase	flügge	Pute
Schoten	Putte	nasse
offen	schwelen	lasen
	Flüge	

5 Ordne die Wörter aus Aufgabe 4 mit den Doppelkonsonanten nach dem Alphabet:
flügge ...

6 Finde jeweils das Gegenteil.
Alle Lösungswörter haben Doppelkonsonanten.

leer – v***
dunkel – h***
mager – f***
schlau – d***
teuer – b*****

gerade – k****
dick – d***
trocken – n***
außen – i****
Flut – E***

geschlossen – o****
Liebe – H***
langsam – sch****
verlieren – g*******
danken – b*****

Auch tz und ck sind Doppelkonsonanten

Fritz hat Angst vor allen Katzen,
die plötzlich mit den Tatzen kratzen.

Eine Mücke, keck und dick,
fliegt dem Bäcker ins Genick.

1 Wenn ihr die Verse deutlich sprecht, dann haben alle tz-Wörter und ck-Wörter eines gemeinsam. Achtet auf den Laut **vor** dem **tz** und **ck**!

2 Jetzt könnt ihr sicher den ersten Satz im Merkkasten vervollständigen:

> Das **tz** und **ck** stehen in einem Wort nach ? Vokal.
>
> Das **tz** und **ck** sind eigentlich Doppelkonsonanten wie **nn** und **tt**. Sie werden nur mit verschiedenen Buchstaben geschrieben, weil wir im Deutschen kein **zz** und **kk** haben. Diese Doppelkonsonanten stehen aber in einigen Fremdwörtern wie *Pizza, Skizze, Sakko, Akkordeon.*

Hier seht ihr die wichtigsten Wörter mit **tz** und **ck**.

Wecker	dreckig	Tatze	Blitze	wecken
blicken	packen	meckern	hetzen	Socken
backen	Decke	Jacke	kleckern	schmatzen
Plätze	setzen	platzen	Stück	Stöcke
Bäcker	frühstücken	Rücken	verletzen	lecker
Sätze	Katze	Mütze	trocken	sitzen
petzen	Glück	schmecken	schwitzen	Ecken
Brücke	gucken	Schrecken	verstecken	verrückt

3 Ordne die **tz**- und die **ck**-Wörter jeweils nach dem Abc und schreibe sie auf.

ck	tz
backen	Blitze
...	...

4 Auch so könnt ihr mit den Wörtern üben:

- mit einigen Wörtern kannst du Reimpaare bilden: Sätze – Plätze ...
- von den Verben kannst du die Er-, Sie- oder Es-Form aufschreiben: er blickt ...
- zu einigen Wörtern kannst du verwandte Wörter suchen: backen, gebacken, Bäcker ...
- Du kannst witzige Sätze bilden, in denen mindestens immer drei Wörter vorkommen: Der Bäcker schwitzt in den Socken.
- Ihr könnt euch die Wörter gegenseitig diktieren.

Doppelkonsonanten in Wortfamilien I

Gestell	stellte	Stellwerk	abstellen
gestellt	Stellung	Stellfläche	zweistellig
Stelle	stellen	einstellen	

1 Hier seht ihr viele Wörter, die alle zu einer Wortfamilie gehören.
Was verbindet alle Wörter dieser Familie?

2 Ihr könnt sicher noch einige Wörter zu dieser Wortfamilie ergänzen.

3 Hier sind fünf Wortfamilien zusammengestellt.
Immer fünf Wörter gehören zu einer Wortfamilie.
Aber fünf Wörter gehören zu keiner von ihnen!
Schreibe die Wörter der Wortfamilien auf:
schaffen: du schaffst ...
hoffen: hoffnungslos ...
knallen: ...

schaffen	hoffen	knallen	füllen	fallen
es knallt	Knall	alle	sie fällt	Schiff
offen	geschafft	Zufall	er hofft	Knallfrosch
abfüllen	abschaffen	Hoffnung	Falle	hoffentlich
knallig	Füller	Schaffnerin	Füllung	schaffst
hoffnungslos	billig	überfüllt	voll	Einfälle

4 Bilde mit den fünf Wörtern, die zu keiner dieser Wortfamilien passen, Sätze:
offen: Das Fenster steht schon die ganze Zeit offen. ...

5 Stelle Wörter zusammen, die in die folgenden Wortfamilien gehören:
schwimmen: ich schwimme, geschwommen ...
kennen: ich kenne, bekannt ...
wetten: ...

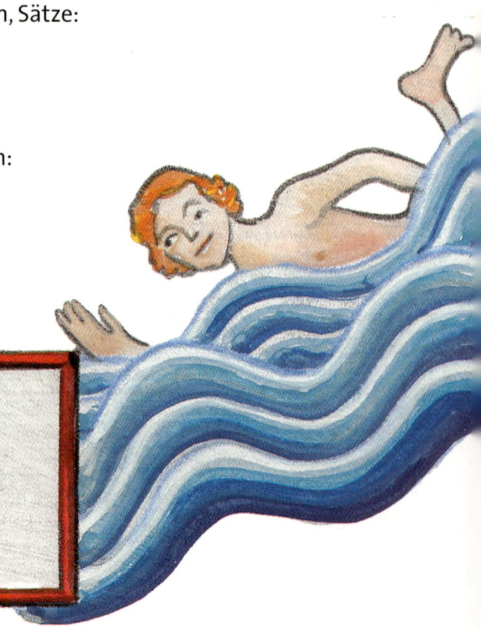

Eine **Wortfamilie** besteht aus Wörtern, die sich in einem Teil, nämlich dem Wortstamm, ähnlich sind.
An den Wortstamm werden weitere Wortbausteine angefügt.
Sie können vor und nach dem Wortstamm stehen.
*an**stell**en – Ge**stell** – **Stell**ung – Be**stell**ung – zwei**stell**ig*

Doppelkonsonanten in Wortfamilien II

Kalle ist zwar nicht dumm, aber im Rechtschreiben nicht gerade die Nummer Eins. Oft vergisst er einen der beiden Doppelkonsonanten. Sein Vater möchte ihn zu besseren Leistungen bringen: „Immer wenn du eine Zwei schreibst, bekommst du vier Euro von mir.“ Kalle schreibt nun einen Brief an seine Lehrerin – leider mit einigen Leerstellen.

Liebe Frau Trüber,

ich brauche möglichst schne** Ihre Hilfe. Kö**te es sein, dass Sie sich gelegentlich etwas dazuverdienen wo**en? Ich hä**e da eine to**e Idee. Ich ko**e am Mi**woch zur Nachhilfe zu Ihnen. Dafür beko**en Sie zwei Euro extra von mir, – a**erdings nur da**, we** ich am Do**erstag im Diktat eine Zwei schreibe. Ich ho**e, dass es Ihnen pa**t!

Kalle

1 Setze beim Abschreiben des Briefes jeweils **ff, ll, mm, nn, pp, ss** oder **tt** ein.

> Wenn ein Wort mit doppeltem Konsonanten geschrieben wird, dann werden fast immer auch alle verwandten Wörter in der Wortfamilie mit Doppelkonsonanten geschrieben:
> *schwimmen, schwimmt, geschwommen, Schwimmer, Schwimmbad*

2 Schreibe zu den Verben die fehlenden Formen auf.

rennen – er re**t, er ist gera**t
fassen – ich fa**e, sie sind gefa**t
gaffen – er ga**t, sie haben gega**t

zittern – ich zi****e, ihr habt gezi****t
retten – du re*****, du hast gere****
verhüllen – du verhü****, es ist verhü***

3 In diesen zusammengesetzten Wörtern stecken Verben mit Doppelkonsonanten. Schreibe diese Verben auf.
treffen ...

Treffpunkt
Falltür
Kennzeichen
Rennrad
Spielbeginn
Knallfrosch
Wetteifer
Hemmschuh
wissbegierig
Brennholz

Wann schreibt man ß und wann ss?

Gasse
Masse
Flüsse
Schlösser

Straße
Maße
Füße
Größe

1 Sprecht die Wörter in den beiden Reihen jeweils deutlich aus.
Könnt ihr eine Hilfe entdecken, wann man **ss** und wann man **ß** schreibt?

2 Jetzt könnt ihr sicher den folgenden Merksatz vervollständigen.

Wenn der Vokal vor dem s-Laut ? gesprochen wird, schreiben wir **ss**, z. B. *essen, Presse, wissen.*

Wenn der Vokal ? ist, steht ein **ß**, z. B. *größer, Füße, fließen.*

Pä*e	Nä*e	Adre*e	Nü*e
Schü*e	Ta*e	Spro*e	Klö*e
Grü*e	Spä*e	Stö*e	Flo*e

3 Sprich auch diese Wörter deutlich aus.
Klingt der Vokal vor dem s-Laut kurz oder lang?
Schreibe die Wörter vollständig auf.

Auch die Zwielaute *au, ei, äu, eu* gehören zu den Langvokalen.
Nach ih~~nen steht~~ nie **ss**:
draußen, beißen, äußern, scheußlich.

4 Wenn du bei den folgenden Wörtern nicht sicher bist, ob sie mit **ß** oder **ss** geschrieben werden, dann sprich sie deutlich aus.
Achte auf den langen oder kurzen Vokal **vor** dem s-Laut.

rei*en, ri*, geri*en
fre*en, fra*, gefre*en
schlie*en, schlo*, geschlo*en
la*en, lie*, gela*en

wi*en, wei*, gewu*t
flie*en, flo*, geflo*en
gie*en, go*, gego*en
bei*en, bi*, gebi*en

Seltsame Wörter!

Fußvogel	Reißwasser	Gießbahn	Schweißstadt
Spaßball	Süßverschluss	Straßenkanne	Großband

5 Schreibe die zusammengesetzten Wörter richtig auf:
Fuß – ball …

Die folgenden Wörter werden auch von Erwachsenen häufig falsch geschrieben:

draußen	groß	Spaß	fraßen	größer
aß	außerdem	vergaß	ließ	Fußball
fließen	Fuß	schließlich	stoßen	grüßt
stieß	Gruß	weißt	Straße	
gießen	bloß	hieß	stößt	

6 So kannst du mit diesen Wörtern üben:

- Du kannst sie nach dem Abc ordnen und aufschreiben.
- Du lässt sie dir durch deinen Partner diktieren und diktierst sie anschließend gleichfalls deinem Partner.
- Du kannst zu den Nomen die Mehrzahl aufschreiben:
  Fuß – Füße ...
- Du suchst verwandte Wörter heraus und schreibst sie auf:
  stieß – stoßen ...
- Du kannst alle mehrsilbigen Wörter mit Trennungsstrichen aufschreiben:
  drau-ßen ...
- Du kannst die Wörter nach der Anzahl der Buchstaben aufschreiben:
  2 Buchstaben: aß
  3 Buchstaben: Fuß
  4 Buchstaben: ...
  ...

7 Immer vier der folgenden ß-Wörter sind miteinander verwandt.
Schreibe die Wörter nach Wortfamilien geordnet auf:
Gruß, Grüße ...

Gruß	gegrüßt
groß	schließt
zuckersüß	begrüßen
verschließen	Größe
Grüße	versüßen
Schließfach	größer
vergrößern	gesüßt
Süße	schließlich

8 Diese Reime sollst du füllen.
Schreibe die Reimwörter auf:
fließen ...

Flüsse müssen fließen,
Türen soll man s********,
Blumen soll man g*****,
Ferien wirst du ge******,
der Stadtrat wird besch******.

In Äpfel kann man bei***,
die Latte soll man nicht r*****,
der Dumme wird Esel h*****,
einen Fehler muss man oft bü***,
einen Freund wirst du begr****.

9 Bilde zu den Verben der Aufgabe 8 auch die dritte Person nach dem folgenden Muster:
Er fließt, sie ...

Strategie: Die Langform eines Wortes bilden

Strategien sind Verfahren, die zu deiner Selbstständigkeit im Rechtschreiben beitragen.
Wenn du nicht sicher bist, wie ein Wort geschrieben wird, kannst du eine Strategie anwenden, mit der du Schreibung herausbekommst.

Eine dieser Strategien ist, von einem Wort eine längere Form zu bilden. An der längeren Form wird die Schreibung deutlich. Das funktioniert fast immer.

Nehmen wir an, du weißt nicht, wie man dieses Wort schreibt: *stop!* mit einem p – oder *stopp!* mit zwei p? Dann bildest du eine Langform dieses Wortes mit zwei Silben. Du hörst, dass der betonte Vokal kurz ist und weißt: *stop-pen* schreibt man mit zwei p – also auch *stopp!* Denn einsilbige Wörter werden fast immer so geschrieben, wie die zweisilbigen, mit denen sie verwandt sind.

1 Einem einsilbigen Wort kann man es oft schlecht anhören, wie es geschrieben wird. Da hilft meistens eine Strategie: Suche von dem Wort eine **Langform**! Einem zweisilbigen Wort kann man es nämlich besser anhören, wie es geschrieben wird. Schreibe die folgenden Verlängerungsverse auf:

Sie schwi**t kommt von schwim-men,
sti**t kommt von stim-men

re**t kommt von ren-nen,
bre**t kommt von …,

zu to** such ich tol-ler,
zu vo** such ich …,

aus Schwa** mach ich Schwäm-me,
aus Ka** mach ich …,

aus Ha** mach ich has-sen,
aus Pa** mach ich …,

spi**t kommt von spin-nen,
gewi**t kommt von …,

be**t kommt von bel-len,
ste**t kommt von …,

zu na** such ich nas-ser,
zu bla** such ich …,

aus Ku** mach ich Küs-se,
aus Nu** mach ich …,

aus Ti** mach ich tip-pen,
aus ki**t mach ich …,

zu he** such ich hel-ler,
zu schne** such ich …,

zu du** such ich düm-mer,
zu kru** such ich …

Merke dir aber: *Atlas*, *Bus* und *Hindernis* schreibt man nur mit einem **s**.

2 Bilde mit diesen Wortbestandteilen noch andere Wörter mit **-nis** und **-us**:

das GEHEIM-
das ERGEB-
die FINSTER-
das HINDER-
der PFIFFIK-

3 Ergänze das folgende Gedicht:

Er fiel in den Flu**,
das war kein Genu**.
Das Wa**er war na**,
das Gesicht wurde bla**.

Ans Ufer er schwa**,
er lief durch den Schla**.
Da** ruht er sich aus
und ra**te nach Haus.

Bei Wörtern mit **b**, **d**, **g** oder mit **p**, **t**, **k** kann man recht gut hören, wie sie geschrieben werden – aber nur dann, wenn man aus einer einsilbigen Form eine mehrsilbige Langform macht. Solche Langformen können verschieden aussehen:

klebt – kleben, Kleber
stand – standen, gestanden
rund – Runde, runder
piept – piepen, Gepiepe
links – linke, linken
Quiekt – quieken, Gequieke

4 Schreibe auch diese Verlängerungsverse auf.

Aus R*d mach ich Räder,
aus B*d mach ich …

aus trä*t mach ich tragen,
aus fra*t mach ich …

aus krie*t mach ich kriegen,
aus sie*t mach ich …

aus ja*t mach ich jagen,
aus schlä*t mach ich …

aus wil* mach ich wilder,
aus Bil* mach ich …

aus lie*t mach ich Liebe,
aus Die* mach ich …

aus tra*t mach ich traben,
aus geha*t mach ich …

aus Gedul* mach ich geduldig,
aus Schul* mach ich …

aus Lo* mach ich loben,
aus to*t mach ich …

aus blin* mach ich Blinde,
aus Win* mach ich …

aus lü*t mach ich Lüge,
aus Zu* mach ich …

aus Gel* mach ich Gelder,
aus Feld mach ich …

Vorsicht!

Aus Wor* mach ich Worte,
aus Or* mach ich …

aus guter Ra* mach ich raten,
aus Akroba* mach ich …

aus Bro* mach ich Brote,
aus Verbo* mach ich …

aus pie*t mach ich piepen,
aus zie*t mach ich …

aus qua*t mach ich quaken,
aus eingeha*t mach ich …

aus trin*t mach ich trinken,
aus Gestan* mach ich …

5 Einige Wörter mit der Vorsilbe **end-** musst du dir gut merken. Sie haben alle etwas mit dem Wort **Ende** zu tun.

6 Sprich diese Wörter deutlich aus, dann hörst du, dass die Vorsilbe betont ist!
Schreibe die Wörter anschließend in Sätzen auf.

Endspiel
Endspurt
Endlauf
endlich
endlos
endgültig

Strategie: Die Kurzform eines Wortes bilden I

In vielen Wörtern gibt dir die Kurzform darüber Auskunft, wie ein Wort geschrieben wird. Nehmen wir an, du weißt nicht, wie man dieses Wort schreibt: mit **äu**: *Kräuter* oder mit **eu**: *Kreuter.* Da hilft dir die verkürzte Form des Wortes. Gibt es nämlich eine solche Kurzform, die mit **au** geschrieben wird, dann schreibt man die längere Form auch mit **äu**: *Kräuter – Kraut*.

1 In mehrsilbigen Wörtern kommen oft die Umlaute **ä** oder **äu** vor. Gehört zu ihnen eine Kurzform mit **a** oder **au**, so weißt du, wie man das längere Wort schreibt. Schreibe immer die Langform und Kurzform der Wörter nebeneinander: jährlich - Jahr ...

2 Suche zu einigen weiteren Wörtern mit **ä** eine Kurzform mit **a**.

jährlich	packen
mächtig	Haufen
verlässlich	Jahr
Gepäck	lassen
häufig	lang
läuten	kaufen
verlängern	laut
Kräuter	Kraut
Bräune	braun
Verkäuferin	Macht

3 Hier haben sich fünf Wortfamilien vermischt. Schreibe sie geordnet auf.

Angst	länger	ängstlich	angstvoll	Alte
arm	zählen	(am) längsten	Alter	verlängern
lang	ärmer	(am) ärmsten	verarmt	gezählt
Zahl	älter	(am) ältesten	ärmlich	länglich
Ängste	bezahlen	erzählen	beängstigend	veraltet

Die meisten Wörter, die mit **ä** oder **äu** geschrieben werden, stammen von Wörtern mit **a** oder **au** ab: *ängstlich* von *Angst*, *säuerlich* von *sauer* usw.
Wenn man also nicht sicher ist, ob ein Wort mit **ä** oder mit **äu** geschrieben wird, sucht man in der Wortfamilie nach einem Wort mit **a** oder **au**.

4 Versuche zu den folgenden Wörtern mit **ä** oder **äu** ein verwandtes Wort mit **a** oder **au** zu finden.
Achtung! Zu jeweils zwei Wörtern gibt es kein verwandtes Wort mit **a** oder **au**!
Dies Wörter werden dann mit **e** bzw. **eu** geschrieben.

ä?
Schl*fer, gef*hrlich, l*cherlich, s*lten, w*hlerisch, F*lder, n*chtlich, kl*ren

äu?
ausr**men, einz**nen, B**te, l**ten, vorl**fig, d**tlich, M**se, Geb**de

Strategie: Die Kurzform eines Wortes bilden II

1 Ein **ä** in einem Wort stammt meistens von einem **a** in der Kurzform ab.
Ein **äu** in einem Wort stammt immer von einem **au** in der Kurzform ab.
Ergänze die folgenden Wörter!

Fahrr*der kommt von Rad,
Schwimmb*der kommt von …

Die F*cher kommt von …,
die D*cher kommt von …

Das L*cheln kommt von lacht,
und m*chtig kommt …

Kr**ter kommt von …,
und H**te kommt von …

Ich tr**me kommt von …,
aufr**men kommt von ...

B*lle kommt von …
doch Welle nicht von Wall!

Die Fl*che kommt von flach,
die Schw*che kommt von …

Ich w*hle kommt von …,
ich z*hle kommt von …

die N*hte kommt von …,
die Dr*hte kommt von …

B**che kommt von …,
Str**cher kommt von …

Das M**schen kommt von …,
das H**schen kommt von …

Die Br**te kommt von …,
doch viele L**te nicht von laut!

2 Manchmal ist es nicht ganz einfach, zu einem Wort mit **ä** eine verwandte Form mit **a** zu finden.
Suche zu diesen Wörtern eine andere Form.
Zu einem Wort gibt es keine verwandte Form.
Dieses Wort schreibt man mit **e**!

verd*chtig
erkl*ren
F*nster
sich r*chen
das Gew*chs
das Geb*ck
die W*rme

3 Schreibe den Text *Der erkaltete Tiger* richtig auf:

Der erkaltete Tiger

Die Mause sahen einen altlichen Tiger schlafrig vor seiner Höhle liegen. Angstlich versteckten sie sich hinter den Strauchern und kamen nicht mehr naher. Als sie ihn jedoch eine Weile beobachtet hatten, sahen sie, dass er gar keine Zahne mehr im Maul hatte. Das sah ziemlich behammert aus. Der Armste frass nur sauerliche und weiche Apfel und schnauzte sich standig die Nase, da er furchtbaren Schnupfen hatte. Erstaunt sahen sie, wie er immer wieder ein großes Taschentuch hervorzog und mit lautem Gerausch hineinschnauzte. Da lachelten sie erleichtert über diesen ungefahrlichen Tiger und blieben nicht langer versteckt. Sie kletterten nun auf die Apfelbaume und versorgten den kranklichen Tiger mit frischen Apfeln, weil Vitamine sehr gut bei Erkaltung sind.

Wie man Wörter in Sätzen verwendet

Die Nomen

Gelungene Überraschung

Mister Henry wollte einmal seine _____ überraschen und ihr die _____ sauber machen. Er besorgte sich einen _____, und zwar einen besonders scharfen. Damit begann er die _____ zu putzen. Er reinigte _____, die _____, ja sogar den schönen, neuen _____ – einfach alles. Eine _____ später kam seine _____ zurück und sah die _____. Ihr _____ war zwar sehr fleißig gewesen, das scharfe _____ hatte aber alles zerstört. Überall waren tiefe _____ eingebrannt. Der _____ hatte sich sogar vollständig aufgelöst. Die _____ hatte sich wirklich gelohnt!

Frau – Wohnung – Haushaltsreiniger – Küche – Fliesen – Kacheln – Teppich – Stunde – Frau – Bescherung – Mann – Zeug – Löcher – Teppich – Mühe

Dackelhündin – Hundehütte – Haushaltsreiniger – Hütte – Bretter – Hundedecke – Fressnapf – Stunde – Hündin – Bescherung – Herrchen – Zeug – Löcher – Fressnapf – Mühe

1 Lest euch einmal diesen Text gegenseitig vor. Ergänzt Wörter, die euch spontan einfallen.

2 Bildet jetzt zwei Gruppen. Die eine Gruppe setzt die erste Wörtergruppe der Reihe nach in den Text ein, die andere die zweite Wörtergruppe. Lest euch eure Texte gegenseitig vor.

3 Sind die beiden Geschichten eigentlich eher traurig oder witzig? Sprecht darüber.

4 Schreibe eine der beiden Geschichten auf. Denke an die Großschreibung der Nomen!

Die **Nomen** sind die **wichtigsten Wörter** unserer Sprache, denn meistens wird erst durch die Nomen die **Bedeutung** eines Satzes klar.
Deswegen werden sie auch **großgeschrieben**.
Nomen bezeichnen alles **Lebendige**: *Menschen, Tiere, Pflanzen …*
und alle Teile davon wie *Arm, Mähne, Blatt …*
Nomen bezeichnen **Dinge** und **Sachen** wie *Gabel, Bleistift, Sonne, Fahrrad …*
Und sie bezeichnen **Gefühle** und **Gedanken** wie *Wut, Liebe, Idee, Langeweile …*
Alle Nomen haben ein **Geschlecht**:
männlich (maskulinum): *der Kater, der Löffel, der Zorn …*
weiblich (femininum): *die Katze, die Gabel, die Wut …*
sächlich (neutrum): *das Kätzchen, das Messer, das Glück …*

5 Suche jeweils acht weitere Wörter mit den drei Geschlechtern und ordne sie danach.

Die Großschreibung der Nomen

Nomen schreibt man groß.
Das weißt du noch aus der Grundschule.
Aber was ein Nomen ist, das geht oft nur aus dem Satzzusammenhang hervor. Natürlich ist bei *das Kind, die Lehrerin, der Hammer, der Bleistift* klar, dass dies Nomen sind. Aber bei vielen anderen Wörtern ist das nicht klar. Da muss man auf den Satz achten, in dem sie stehen.

RUNDE
BLAU
FETT
LIEBE
LAUT

SCHWIMMEN
ACHT
TASTEN
FRISCHE
LEBEN

1 Bilde mit einigen dieser Wörter zwei Sätze, in denen sie klein- und großgeschrieben werden:
Das ist eine runde Sache. –
Die Läuferin drehte noch eine Runde. ...

2 Im folgenden Text sind nur die Satzanfänge großgeschrieben.
Lies dir den Text genau durch.

Ganz schön behämmert!

1) Eigentlich muss jemand, der mit dem kopf in einer sekunde zwanzigmal
2) gegen einen baumstamm hämmert, einen vogel haben.
3) Oder er hat schwarzweiße federn, einen roten bauch
4) und ist ein buntspecht. Für dieses tier
5) ist das hämmern ein lebenszweck.
6) Damit im kopf beim schlagen
7) alles in ordnung bleibt, besitzt er perfekte stoßdämpfer
8) für das kleine gehirn. Es wird durch muskeln so abgefedert,
9) dass keine kopfschmerzen entstehen. Wenn sich ein spechtpaar
10) seine nisthöhle getrommelt hat, dann sind die eltern
11) im schichtdienst für das gelege verantwortlich.
12) Aber auch nach dem schlüpfen ihrer jungen
13) gibt es viel arbeit. Zum füttern wird
14) die nisthöhle so lange angeflogen, bis der nachwuchs fliegen kann.

3 Welches sind die Nomen in dem Text? Schreibe sie in dein Heft. Wahrscheinlich wirst du nicht alle gleich finden. Wenn du aber 25 gefunden hast, bist du schon sehr gut.

4 Kannst du erklären, warum du dich bei manchen Wörtern in dem Text für die Großschreibung entschieden hast?

5 **Tipp:** Wenn du wissen möchtest, welche Wörter großgeschrieben werden, dann kannst du es aus dieser Übersicht ablesen:

1) 7, 10	6) 3, 5	10) 2, 8
2) 3, 6	7) 3, 8	11) 2, 5
3) 5, 8	8) 4, 8	12) 5, 7
4) 4, 7	9) 3, 8	13) 4, 6
5) 3, 5		14) 2, 8

Wörter, die vor Nomen stehen

Das Einkaufen früher

Wenn die **Frauen** früher zum **Einkaufen** gingen, dann traten sie in den kleinen **Laden** eines **Kaufmanns**. Für die **Milch** nahmen sie eine **Milchkanne** mit und für das **Sauerkraut** eine kleine **Schüssel.** Im **Laden** trafen sie meistens noch andere **Leute**, mit denen sie ein **Schwätzchen** führten. Der **Kaufmann** füllte dann die **Milch** in die **Kanne**, das **Sauerkraut** aus dem großen **Fass** tat er in die **Schüssel**. Der **Reis** zum **Beispiel** lag bei ihm in einem **Schubfach**, aus dem er ihn mit einer kleinen **Schaufel** in eine **Papiertüte** füllte und auf seiner **Waage** abwog. Die bunten **Bonbons** für die kleinen **Kinder** fischte er aus einem großen **Glas** und legte sie einfach in ihre **Hand**. Manche **Sachen** wie ein **Kohlkopf** wurden auch einfach in eine **Zeitung** eingewickelt. Die **Verpackungen** waren damals noch ganz einfach und konnten zum **Teil** mehrere **Male** gebraucht werden. Aus diesem **Grund** gab es in früheren **Zeiten** auch nicht so große **Abfallmengen** wie heute. Beim **Einkaufen** ging es zur **Zeit** unserer **Urgroßeltern** noch richtig gemütlich zu.

1 Lest euch den Text, in dem alle Nomen fett gedruckt sind, gegenseitig vor.

2 Bei Wörtern wie *Frau, Kind* und *Schüssel, Kanne* bist du ziemlich sicher, dass es sich um Nomen handelt. Es gibt aber Nomen, bei denen das nicht so klar ist. Da können „Erkennungszeichen" für Nomen eine große Hilfe sein.
Schreibe die Nomen aus dem Text heraus, und zwar immer mit den Wörtern, die **davor** stehen. Unterstreiche das Wort, das jeweils **vor** dem Nomen steht:
das Einkaufen, die Frauen, kleinen Laden …

3 Könnt ihr schon einige der Arten von Wörtern benennen, die vor den Nomen stehen?
Am einfachsten sind die Artikel zu erkennen:
der, die, das, ein, eine …
Aber es gibt noch andere Wörter wie *kleine, seine, beim …*
Ordnet diese Wörter:
Artikel: die …
Adjektive: klein …
Pronomen: sein …
Präpositionen: im …

4 Suche dir einen kurzen Zeitungsartikel, der dich interessiert, und unterstreiche darin alle Wörter, die **vor** den Nomen stehen.

Erkennungszeichen von Nomen

Wüstenschiffe

DIE DROMEDARE SIND EINHÖCKRIGE KAMELE. SIE LEBEN IM NORDEN AFRIKAS. WENN SIE ZUR WELT KOMMEN, BESITZEN SIE ALLERDINGS NOCH KEINE HÖCKER. ERST IN DEN WOCHEN NACH DER GEBURT WÄCHST DEN JUNGEN DER HÖCKER. DIESER BUCKEL IST EIN WICHTIGER FETTSPEICHER FÜR DIE NOT. JUNGE KAMELE MÜSSEN SICH IHREN RUCKSACK ERST EINMAL ANFRESSEN. DIE NATUR HAT DIESE TIERE PERFEKT FÜR DAS ÜBERLEBEN AUSGESTATTET. INNERHALB VON WENIGEN MINUTEN KÖNNEN AUSGEWACHSENE TIERE VIEL WASSER TANKEN. SO IST DIESEN TIEREN NOTFALLS DAS LANGE ÜBERLEBEN OHNE EINE AUFNAHME VON FLÜSSIGKEIT MÖGLICH.

1 Dieser Text ist nicht ganz leicht lesbar. Lest ihn euch zuerst einmal gegenseitig vor.

2 In diesem Text sind die **Erkennungszeichen** von Nomen unterstrichen. Nach diesen Erkennungszeichen steht also immer ein Nomen, das du großschreiben musst. Alle anderen Wörter werden natürlich kleingeschrieben – bis auf die Satzanfänge! Schreibe den Text in richtiger Groß-/Kleinschreibung.

3 Versuche die unterstrichenen Erkennungszeichen zu ordnen:

Artikel: die Dromedare …
Artikel und Adjektiv: …
Pronomen: …
Adjektiv: einhöckrige Kamele …
Versteckter Artikel: …
Nachsilben: …

Erkennungszeichen für Nomen:

Artikel: *das Tier, ein Kater*
Adjektiv: *große Tiere, kleine Tiere*
Artikel und Adjektiv: *ein großes Tier, der freundliche Kater*
Pronomen: *dieses Tier, mein Kater*
Präposition mit verstecktem Artikel: *beim (= bei dem) Füttern, zum (= zu dem) Streicheln*
Nachsilben: *Fütterung, Wachstum …*

Erkennungszeichen von Nomen: Artikel und versteckter Artikel

Artikel gehören zu den Wörtern, die auf Nomen hinweisen.
Als Begleiter stehen Artikel vor Nomen: *die Wespe, ein Tag.*
Es gibt **bestimmte** Artikel *(der, die, das, des, dem, den)*
und **unbestimmte** Artikel *(ein, eine, eines, einer, einem, einen).*

Hungrige Flugobjekte

Kaum ist die torte auf dem tisch, summen die gäste über die terrasse. Sie sind zwar ungebeten, aber es stört die tiere nicht. Der obstkuchen hat die wespen angelockt. Schnell noch eine runde gedreht und ein sturzflug auf die beute beginnt. Wenig später verschwindet ein tier mit einem brocken aus einer frucht. Das ziel ist das nest, in dem sich die königin befindet. Zu ihr und den arbeiterinnen bringen die sammlerinnen die beute. Dies ist eine aufgabe, welche sie ein wespenleben lang zu erfüllen haben. Die königin ist die hauptperson eines wespennestes. Nur sie ist für den nachwuchs zuständig. Die wespen eines nestes müssen dafür der königin dienen.

1 In diesem Text über Wespen werden alle Nomen mit einem Artikel als Begleiter verwendet. Es sind insgesamt **?** Nomen. Suche die Nomen mit den Artikeln.

Die **Artikel** *das, der, dem, einem* werden manchmal mit anderen kleinen Wörtern **zusammengezogen**: *in das* → ***ins***, *bei dem* → ***beim***, *zu der* → ***zur*** ...
Man könnte sagen, dass es sich hier um ***„versteckte Artikel"*** handelt.
Diese Wörter sind dann ebenfalls Erkennungszeichen für Nomen:
beim, durchs, im, ins, vom, zum, zur.

Sätze über Schule und Freizeit

a) Susan ist im volleyball sehr gut.
b) Die Kinder beschlossen zum ende des Tages noch ins schwimmbad zu gehen.
c) Gestern wurden Michael und Lisa beim schummeln erwischt.
d) Die Klasse ist beim toben ins schwitzen gekommen.
e) Sükran sprang zum erstaunen aller vom fünfmeterturm.
f) Abends hatten die Kinder vom wandern Blasen an den Füßen.
g) Sven und Karolin bildeten beim eckenraten ein tolles Team.
h) Janosch war im rechnen einfach nicht zu schlagen.
i) Die Lehrerin vergaß zur freude der Kinder die Hausaufgaben nachzusehen.

2 In diesen Sätzen wurden nicht alle Nomen großgeschrieben. Wenn du auf die versteckten Artikel achtest, findest du aber die Nomen, die außerdem großgeschrieben werden müssen. Schreibe die Nomen mit ihrem Erkennungszeichen auf:
im Volleyball ...

Erkennungszeichen von Nomen: Pronomen

Wie die Artikel können auch Pronomen (Fürwörter) ein Nomen begleiten und auf ein Nomen aufmerksam machen.
Fahrrad: ***mein*** *Fahrrad,* ***ihr*** *Fahrrad,* ***unsere*** *Fahrräder,* ***diese*** *Fahrräder …*
Angst: ***seine*** *Angst,* ***eure*** *Ängste,* ***diese*** *Angst,* ***keine*** *Angst …*

In dem folgenden Text werden alle Nomen nur von Artikeln oder Pronomen begleitet.

Ein König

Sein Königreich ist klein und seine Körpermaße sind winzig. Doch diese Stimme und die Töne, die aus seiner Kehle kommen! Dieser Zwerg schafft es, 19 dieser Töne in einer Sekunde aus seiner Kehle zu bekommen. Dieser Winzling kann sein Revier sowohl in einem Park, an einem See oder in den Bergen haben. Zu seinem Schutz bevorzugt er allerdings die Gebüsche in diesen Gegenden. Mit seiner Stimme markiert er sein Königreich und vertreibt gleichzeitig seine Konkurrenten, wenn er mal wieder auf der Suche nach einer Königin ist. Für seine Partnerin baut er einen Palast, der einer Kugel ähnlich sieht. Die Zweige und die Blätter und das Moos für seine Behausung sucht er in seiner Umgebung. Nach der Brautschau verschönert unsere Königsfamilie ihren Palast gemeinsam, damit es ihre Kinder weich und mollig haben.

Der Name des Königs ist 26-1-21-14-könig
(Die Zahlen stehen für Buchstaben aus dem Alphabet).

1 In diesem Text stehen insgesamt 35 Nomen.
20 Nomen davon haben ein Pronomen als Erkennungszeichen.
Schreibe diese Nomen gemeinsam mit den Pronomen auf:
sein Königreich …

2 Einige von euch können den Text auch noch nach den Nomen mit den Artikeln durchsuchen. Ihr wisst doch, es können nur noch 15 Nomen übrig sein.

3 Lies noch einmal den Text „Hungrige Flugobjekte" auf Seite 222. An einigen Stellen des Textes könnte man die Artikel durch Pronomen wie *einige, unsere, ihre, ihrer, sein* ersetzen, sodass der Text dann besser klingt. Schreibe ihn noch einmal auf.

Erkennungszeichen von Nomen: Adjektive

Mit **Adjektiven** können wir Lebewesen und Dinge genauer **kennzeichnen** und unterscheiden:
eine runde Armbanduhr – eine eckige Armbanduhr.
Wörter, die **zwischen Artikel und Nomen** stehen können, sind Adjektive:
der dicke Hund, das lila Kleid, das klasse Auto, der zweite Sieger, die sieben Raben.

Eine Schülerin hat sich die Erkennungszeichen von Nomen gut eingeprägt und in einem Aufsatz folgenden Satz geschrieben:
Und dann stand *der Bissige hund* genau vor mir.

1 Welchen Fehler hat das Kind gemacht?
Warum hat es den Fehler wohl gemacht?

Adjektive können allein oder mit einem Artikel oder Pronomen vor einem Nomen stehen, aber nur die Nomen werden groß geschrieben!

ein altes Fahrrad *große Angst*

sein altes Fahrrad *schöne Ferien*

2 Schreibe die Beispiele in richtiger Schreibweise auf. Setze jeweils einen Beziehungspfeil.
ein spannender Film

ein spannender film
meine neuen jeans
die kaputte sporttasche
die fürchterlichen kopfschmerzen
dieses schwere unglück
seine nagelneuen inliner
ihre tolle idee
der superschnelle sportwagen
ein verrückter einfall

3 Setze vor die Nomen ein oder mehrere Adjektive.
Du kannst auch verrückte Kombinationen wählen:
dieser nette, leckere Dieb

DER COMPUTER
DIESER DIEB
UNSERE NACHBARIN
DER HUND
MEIN PAUSENBROT
IHRE FREUNDIN
EINE HAUSARBEIT
DAS GEBURTSTAGSGESCHENK

BLAU
HERRLICH
ALTMODISCH
NEU
TOLL
VERRÜCKT
LECKER
ALT
NETT
KNUSPRIG
BLÖD
SCHWER

Erkennungszeichen von Nomen: Nachsilben

Manche Nomen erkennt man an ihren **Nachsilben** *-ung, -heit, -keit.*
Dabei sind *-heit* und *-keit* echte Silben, weil sie mit Silbenstrichen abgetrennt werden können: *Sauber-keit, Echt-heit.*
Der Wortbaustein *-ung* ist aber keine echte Silbe, denn er wird nie allein abgetrennt: *Erzäh-lung, Entschuldi-gung.*

Nomen mit den Nachsilben *-ung, -heit, -keit* stammen fast alle aus anderen Wortarten:

Nomen:		**Adjektive:**		**Verben:**
Übelkeit	←	übel		
Faulheit	←	faul		
Prüfung	←		←	prüfen

1 Suche zu jedem der drei Nomen mindestens fünf weitere Beispiele, die dieselben Erkennungszeichen besitzen.
Das kannst du auch gut in Partnerarbeit erledigen.
Selbstverständlich darfst du beim Suchen nach Beispielen auch ein Wörterbuch verwenden. Lege dir beim Aufschreiben eine Tabelle wie im folgenden Beispiel an.

-heit	-keit	-ung
Schönheit	Ehrlichkeit	Unterhaltung

Es gibt noch weitere Nachsilben von Nomen.
Zu ihnen gehören *-nis, -schaft* und *-tum,*
zum Beispiel *Hinder-nis, Wirt-schaft, Eigen-tum.*

2 Schreibe die folgenden Wörter mit Artikel auf.
Schreibe dahinter, von welchem Wort sie abstammen.
das Altertum – alt
die Erlaubnis – ...

Altertum	Flüssigkeit	Rechnung
Erlaubnis	Frechheit	Sauberkeit
Feindschaft	Freundschaft	Seltenheit
Finsternis	Irrtum	Zeichnung

3 Sucht in Partnerarbeit nach weiteren Beispielen für Nomen mit diesen Nachsilben.

4 Suche dir in einer Zeitung oder Zeitschrift einen Text und untersuche ihn nach Nomen mit Nachsilben. Markiere im Text die Nomen mit einem Buntstift oder Textmarker.
Wer findet einen möglichst kurzen Text mit mehr als zehn Beispielen?

Der bestimmte und unbestimmte Artikel in Texten

Fabel

? Löwe saß unter ? Baum und schlief. Da kroch ? Maus auf seinen Rücken und tanzte darauf herum. Davon erwachte ? Löwe und packte ? Maus. „Wenn du mich wieder freilässt“, sagte ? Maus zitternd, „dann werde ich dir auch einmal helfen.“ ? Löwe lachte ? Maus aus: „Du mir helfen?“ Doch da er gute Laune hatte, ließ er sie frei. Wenige Tage später spannte ? Jäger ? Netz unter ? Baum aus. ? Löwe wollte sich wieder unter ? Baum legen, doch da verfing er sich in ? Netz – und war gefangen. Da kam auf einmal ? Maus und knabberte mit ihren spitzen Zähnen ? Netz durch. So befreite sie ? Löwen.

Es gibt die **bestimmten** Artikel:
der, die, das, dem, den
und die **unbestimmten** Artikel:
ein, eine, einem, einen.
Artikel sind **Begleiter** des Nomens.

1 Setze vor die Nomen den bestimmten oder den unbestimmten Artikel. Schreibe den Text auf.

2 Lest euch eure Lösungen gegenseitig vor. Habt ihr alle an dieselben Stellen den bestimmten oder unbestimmten Artikel gesetzt?

3 Ergänze den Merktext unten.

In einem Text steht der … Artikel dann, wenn ein Nomen zum ersten Mal genannt wird, wenn also etwas oder jemand noch unbekannt ist. Der … Artikel steht dagegen dann, wenn dasselbe Nomen zum zweiten Mal vorkommt, wenn also etwas oder jemand schon bekannt ist.

4 Überprüft einmal an der folgenden Fabel, mit welchen Artikeln die hervorgehobenen Nomen stehen:
Die Ameise wird das erste Mal genannt, – da steht …
Die Ameise wird danach noch öfter genannt, – jetzt steht …
Und wie ist es mit der *Taube*, dem *Vogelfänger*, dem *Baumstumpf* und der *Falle*?

Die Ameise und die Taube

Eine **Ameise** saß auf einem **Baumstumpf**. Da kam eine **Taube** und wollte sie fressen. Die **Ameise** flehte die **Taube** an: „Wenn du mir mein Leben lässt, dann werde ich dir auch einmal helfen!“ Da ließ die **Taube** die **Ameise** leben. Einige Tage später kam ein **Vogelfänger** zu dem **Baumstumpf**. Er legte darauf eine **Falle** aus, um die **Taube** zu fangen. Die **Taube** war auch tatsächlich in die **Falle** geflogen, und der **Vogelfänger** wollte sie gerade töten, da kam die **Ameise** und biss den **Vogelfänger** in seinen Fuß. So konnte die **Taube** entkommen.

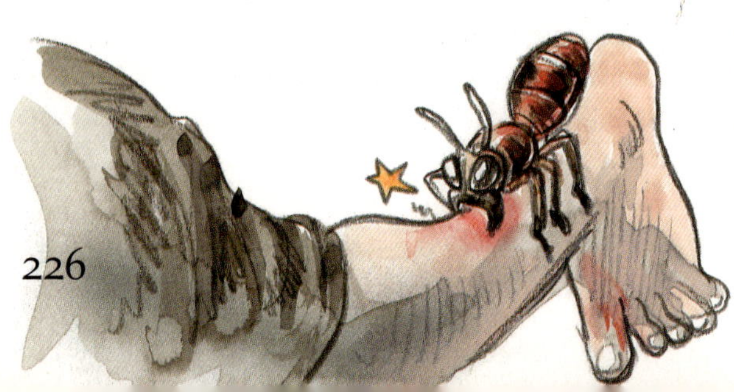

Personalpronomen und Possessivpronomen

Wem gehört denn nun dieser Rucksack?

Andreas sagt: „Hier ist ein Rucksack liegen geblieben. Dani, ist das nicht ? Rucksack?“
Max meint: „Gert hat so einen. Das ist bestimmt ? Rucksack.“
Sven sagt: „Nein, das ist ? Rucksack!“

Der Sportlehrer fragt die Fußballer: „Vermisst ihr nicht etwas? Sind das nicht ? Bälle?“
Silvio meint: „Die Spieler von Blau-Weiß haben hier gestern trainiert. Das sind bestimmt ? Bälle!“
Schließlich sagen die Schüler der 5b: „Wir haben sie gestern hier liegen gelassen. Das sind ? Bälle.“

1 Lest diesen kleinen Text vor.
Setzt beim Lesen für die Fragezeichen Wörter ein.

Die **Personalpronomen** unserer Sprache sind: *ich, du, er, sie, es, wir, ihr, sie.* Personalpronomen **vertreten** Personen, andere Lebewesen und Dinge:

ich *← Lotte*
du *← Sascha*
er *← der Kater*
sie *← die Katze*
es *← das Haus*
wir *← wir Kinder*
ihr *← die Erwachsenen*
sie *← alle zusammen*

Zu jedem Personalpronomen gibt es ein **Possessivpronomen**, das angibt, wem etwas gehört. Deswegen werden sie auch **besitzanzeigende Fürwörter** genannt.

ich*: mein Stift*
du*: dein Heft*
er*: sein Rad*
sie*: ihr Pony*
es*: sein Schnuller*
wir*: unser Haus*
ihr*: euer Garten*
sie*: ihr Grundstück*

2 Ersetze die Fragezeichen durch die passenden Possessivpronomen und schreibe die Sätze auf.

Wäre das nicht schön?

a) Wenn **ich** einen Computer bekäme, dann wäre das ? eigener Computer.
b) Wenn **du** in der Mathe-Arbeit alles richtig hast, dann kannst du stolz auf ? Leistung sein.
c) Wenn Timo ein Tor geschossen hat, dann ist **er** glücklich über ? Erfolg.
d) Wenn Tina zum Geburtstag einen Kanarienvogel bekommt, dann ist **sie** froh, dass ? Wunsch in Erfüllung geht.
e) Wenn das Pony gut gepflegt wird, dann ist **es** zufrieden mit ? Reiterin.
f) Wenn **wir** gegen diese starke Mannschaft gewinnen würden, dann wäre das ? aller Verdienst.
g) Wenn **ihr** im Lotto einen Sechser hättet, dann wäre das der glücklichste Tag in ? Leben.
h) Wenn alle Schüler einmal nur gute Noten bekämen, dann könnten **sie** alle sehr zufrieden mit ? Leistung sein.

Adjektive

Gesucht

Gesucht wird ein etwa (1) Mann.
Er hat ein (2) Gesicht.
Sein Haar ist (3) nach hinten gekämmt.
Auf der Stirn hat er eine (4) Narbe.
Er ist etwa 1,80 Meter (5) .
Bekleidet ist er mit einer (6) Hose und einem (7) Jackett.
Der (8) Mann ist auf Medikamente angewiesen
und kann sich nur (9) bewegen.
Bitte benachrichtigen Sie die (10) Polizeidienststelle.

glatt
auffällig
hellgrau
siebzigjährig
hilflos
gebräunt
nächste
groß
blau
langsam

1 Solche Meldungen kann man manchmal im Rundfunk hören. Vervollständige sie.

2 Schreibe einen Steckbrief über ein Kind, das in der Stadt verloren gegangen ist und von seinen Eltern gesucht wird.

3 Beschreibe diese Linien möglichst genau.
Benutze die Adjektive
senkrecht, waagerecht, lang, kurz, gerade, krumm, gestrichelt, gepunktet, dick, dünn:
1) eine senkrechte, lange, dünne, gerade Linie
2) ...

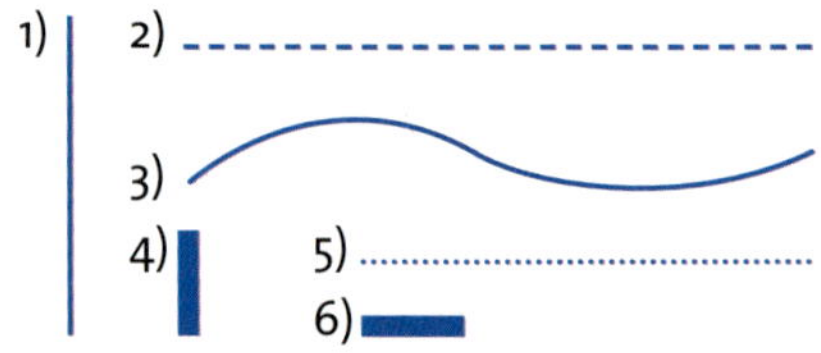

Mit **Adjektiven** kann man Eigenschaften von Lebewesen und Dingen genau bezeichnen. Es sind Wörter wie *groß, klein, schön, lieb …*

Alle Adjektive können **zwischen** einem **Artikel** und einem **Nomen** stehen:
Dabei erhalten sie eine Endung: *klein → ein kleines Kind.*
Alle Wörter, die an dieser Stelle stehen können, sind Adjektive.

Viele Adjektive können aber auch an **anderen** Stellen des Satzes stehen:
Das Kind ist klein. Groß ist sein Hunger.

4 Versucht einmal die Adjektiv-Probe zu machen:
Welche Wörter sind Adjektive?
Wenn sie in den Beispielsatz hineinpassen, dann sind es welche; wenn nicht, dann sind es keine:

Die ??? Dinge liegen auf dem Tisch.

rot	offen	komisch	immer
gesund	dort	genug	sechs
leer	verrückt	zart	viele
manchmal	rosa	nett	dein
krumm	toll	vielleicht	dick
verschieden	sofort	rund	dünn

Mit Adjektiven kann man vergleichen

Mit Hilfe von **Adjektiven** kann man Lebewesen und Dinge miteinander **vergleichen** und voneinander **unterscheiden**.

Vergleichen kann man mit **Gegensatzpaaren** wie
groß – klein, tief – flach, krank – gesund ...

Vergleichen kann man auch mit **Steigerungsstufen**:
der **Positiv**: *genauso groß wie ...*
der **Komparativ**: *größer als ...*
der **Superlativ**: *am größten von allen.*

1 Übertrage die Tabelle in dein Heft und ergänze sie.
Bilde zu jedem Adjektiv das Gegenteil: **alt** **nah** **weiß** **dünn** **klug** **dunkel**

Positiv (Grundstufe)	Komparativ (Steigerungsstufe)	Superlativ (Höchststufe)
schwer	schwerer	am schwersten
leicht	leichter	am leichtesten
hart	...	...
weich	...	...

2 Ordne auch die folgenden Adjektive mit ihren Gegensätzen in die Tabelle ein.

viereckig	**leer**	**fröhlich**	**leblos**	**rot**	**gesund**
blöd	**erstklassig**	**hungrig**	**sterblich**	**schwarz**	**windig**
witzig	**schriftlich**	**still**	**wahnsinnig**	**lila**	**wolkenlos**

3 Schreibe für diese Adjektive den Komparativ und den Superlativ auf, wenn es möglich ist. Bei manchen Adjektiven ist es nicht sinnvoll oder nicht möglich, sie zu steigern.

4 Bei einem Vergleich mit dem Komparativ steht das Vergleichswort *als*: *Sie ist größer **als** ich.* Manchmal kann man zwar auch solche Sätze hören: *Sie ist viel schlauer wie ich* oder sogar: *Sie ist viel schlauer als wie ich.* Aber so etwas solltest du vermeiden – und auf keinen Fall schreiben! Vervollständige die folgenden Vergleichssätze:

a) Anna ist älter ... ich.
b) Aber sie ist genauso groß ... ich.
c) Marie ist genauso alt ... ich.
d) Aber sie ist kleiner ... ich.
e) Meine Kusine ist doppelt so alt ... ich.
f) Und sie ist auch viel schlauer ... ich.

Wie man Sätze in Texten verwendet

Wo ist ein Satz zu Ende? Punkte setzen.

Abschied vom Meer

Die Ferien sind nun zu Ende heute Morgen
gingen wir noch einmal an den Strand zu Hause
hatten wir schon alles gepackt in der Strandburg
steckten wir ein altes Handtuch an einen Ast draußen
sahen wir die Surfer von einer riesigen Welle
sauste ein Junge mit seinem Surfbrett herunter auf eine Qualle
ist zuletzt noch meine Schwester getreten da
glitschte sie aus und fiel in den Sand mit dem Auto
sind wir dann am Mittag abgereist

1 Das ist ein Text ohne jeden Punkt. Es klingt komisch, wenn man ihn so vorliest, wie er da abgedruckt ist. Man denkt nämlich, dass in jeder Zeile ein echter Satz steht. Probiert es einmal aus.

2 Natürlich ist der Text anders gemeint! Und so, wie er gemeint ist, sollte man auch die Punkte setzen, damit der Leser nicht in die Irre geführt wird.
Lest ihn einmal so vor, dass man hört, wo die einzelnen Sätze wirklich zu Ende sind.

3 Schreibe den Text jetzt ab und setze Punkte nach jedem Satz.
Du weißt: Nach dem Punkt musst du großschreiben!

*Die **Ferien** sind nun zu **Ende**.*

Ein Satz hat eine eigene **Betonung**. Meistens wird eines der ersten und eines der letzten Wörter mit der Stimme hervorgehoben. Ein Satz besteht auch aus einem eigenen **Gedanken**. Ein neuer Gedanke beginnt meistens mit einem neuen Satz.
Der Punkt zeigt dem Leser, dass ein neuer Gedanke anfängt. Punkte sind deswegen Hilfen für den Leser.

Unordnung – Ordnung

Das ist vielleicht eine Ordnung! In meinem Zimmer
stehen die Turnschuhe im Schuhschrank im Regal
dort hinten liegen die Schulhefte unter dem Bett
müsste mal wieder gesaugt werden im Kleiderschrank
liegen meine Klamotten im Papierkorb
dort liegt das zerknautschte Papier auf dem Schrank
oben steht der Globus auf der Gardinenstange
sitzt mein alter Teddy und guckt sich alles an.

4 Schreibe diesen Text ab und setze die Punkte.
Denke daran: Die Satzanfänge werden großgeschrieben!

Zeichen der wörtlichen Rede

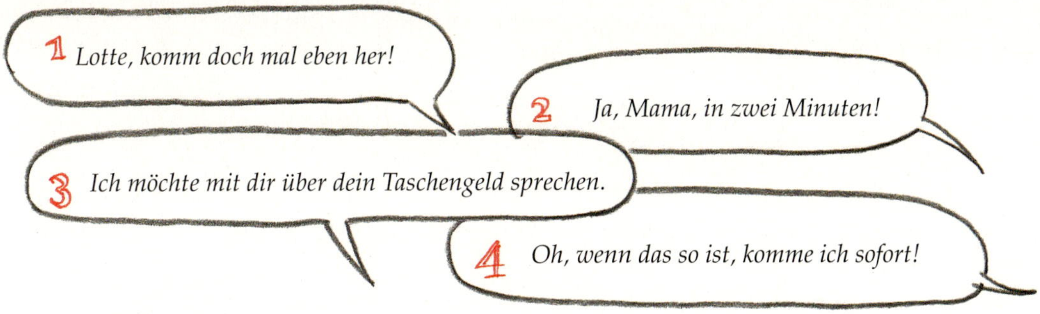

1 Schreibe diese vier Sätze mit den wörtlichen Reden auf:
mit Doppelpunkten und Anführungszeichen:
1) Die Mutter sagt: „Lotte, …

In einem Text muss man das, was erzählt wird, von dem unterscheiden, was ein anderer sagt. Deswegen setzt man die Reden in wörtliche Redezeichen:

Die Lehrerin sagt: Nach dem **vorausgestellten Begleitsatz** steht ein Doppelpunkt.		***„Timo, lies doch mal vor!"*** Der **Redeteil** steht in Anführungszeichen.
„Timo, lies doch mal vor!", Nach dem Redeteil steht ein **Komma**.		***sagt die Lehrerin.*** Der **nachgestellte Begleitsatz** beginnt mit **Kleinschreibung**.
„Komm",	*sagt die Lehrerin,* Der **eingeschobene Begleitsatz** steht zwischen zwei Kommas.	***„lies doch mal vor!"***

2 Schreibe jetzt die Sätze oben noch einmal so auf:

Satz 1 mit **vorangestelltem Begleitsatz**
Satz 2 mit **nachgestelltem Begleitsatz**
Satz 3 mit **vorangestelltem Begleitsatz**
Satz 4 mit **eingeschobenem Begleitsatz**

Verwende dabei die Verben
rufen, antworten, sagen, schreien.

Witz

Zwei Mäuse finden im Wald einen schlafenden Elefanten. Ich laufe nach Hause, sagt die eine, und hole ein Seil, um ihn zu fesseln. Die andere Maus bleibt als Aufpasser zurück. Da wacht der Elefant auf und geht weg. Als die Maus mit dem Seil zurückkommt, fragt sie Wo ist er denn hin? Er ist einfach weggegangen, sagt die andere. Lüg doch nicht, schreit die erste, du kaust ja noch!

3 Schreibe den Witz mit allen Redezeichen auf.

Anredepronomen in Briefen

Kiel, 6. Juni …

Liebe Frau Kaiser,

schon lange habe ich Sie nicht mehr gesehen. So will ich Ihnen schreiben, denn ich habe etwas Tolles erlebt …

Kiel, 6. Juni …

Liebe Kati, lieber Pit,

schon lange habe ich euch nicht mehr gesehen. So will ich euch schreiben, denn ich habe etwas Tolles erlebt …

Kiel, 6. Juni …

Liebe Peggy,

schon lange habe ich dich nicht mehr gesehen. So will ich dir schreiben, denn ich habe etwas Tolles erlebt …

1 In Briefen müsst ihr die Personen auch anreden. Das könnt ihr mit dem Namen oder Pronomen machen. Wie oft werden die Personen hier mit Pronomen angeredet?

2 Welches sind die Pronomen, mit denen hier jemand angeredet wird?

3 Hier stimmt doch etwas nicht! Schreibe den folgenden Text mit richtig geschriebenen Pronomen auf.

Sehr geehrter Herr Schneidewind,

gestern sind zwei von ihren Kühen durch den Zaun in meinen Garten eingebrochen. Dort haben Sie meinen schönen Salat gefressen, als ob Sie auf der Wiese nicht genug Futter hätten. Auch in meine Blumenbeete sind Sie hineingestampft und haben Sie arg zertrampelt. Zum Schluss haben Sie auch noch in meinem Gartenteich Ihre Spuren hinterlassen. Wenn sich so etwas wiederholt und sie nicht besser auf ihre Kühe aufpassen können, jage ich Sie das nächste Mal in ihren Garten.
Ihr Nachbar

In Briefen werden Personen angesprochen.
Das tut man mit **Anredepronomen**:
*Ich grüße **Sie** und **Ihre** Kinder!* Das Anredepronomen *Sie* und die dazugehörigen Formen *Ihnen, Ihr, Ihre …* werden großgeschrieben, damit man sie von anderen Pronomen unterscheiden kann.
In Briefen wird aber meistens auch über andere Dinge und andere Personen geschrieben. Das tut man mit den kleingeschriebenen Personal- und Possessivpronomen: *Ich grüße Sie und Ihre Kinder!*
Was machen sie eigentlich? Geht es ihnen gut?

Liebe Frau Poguntke,

gestern waren IHRE Kinder bei uns. Da haben SIE IHRE Haustürschlüssel vergessen. Ich bin am Sonntag zu Hause, da können SIE SIE wieder abholen.
Grüßen SIE SIE schön von mir!
Herzlich
IHRE Frau Mahlke

4 Schreibe diesen Brief richtig auf.

Pronomen verbinden Sätze im Text

Ein überraschender Fund

Zwei Freunde rasteten auf ihrer Radwanderung in einer alten Steingrube.

Als sie sich in **ihr** etwas umgesehen hatten,

bemerkten sie eine mannshohe Öffnung zwischen den Steinen.

Natürlich waren sie neugierig, was sich hinter **ihr** verbergen könnte.

Sie leuchteten mit ihrer Taschenlampe ein Stück in **sie** hinein.

1 Hier kannst du einmal sehen, wie Pronomen Verbindungen zwischen den Sätzen eines Textes herstellen. Ziehe auch Verbindungslinien (auf einer Folie) zwischen den anderen drei Pronomen und den Nomen, zu denen sie gehören. Verwende dabei verschiedene Farben.

2 Wenn wir nun keine Pronomen hätten, dann würde die Fortsetzung des Textes ungefähr so aussehen, wie es hier steht. Lest euch den Text gegenseitig vor.

3 Schreibe den Text auf und sorge mit Hilfe von Pronomen dafür, dass sich die markierten Nomen nicht dauernd wiederholen. Schreibe nur in jede zweite Zeile!

Was die beiden Freunde im Schein der Taschenlampe sahen, ließ den beiden Freunden den Mund offen stehen. Die beiden Freunde blickten in einen großen Raum hinein. Der Raum wurde nach hinten immer weiträumiger. Aber was die beiden Freunde so fesselte, war ein großer Kistenstapel, auf den die beiden Freunde blickten. Nachdem die beiden Freunde den Kistenstapel näher untersucht hatten, wussten die beiden Freunde, dass es sich um ein Lager handeln musste, das von Einbrechern angelegt worden war. Diese Einbrecher, so stellte sich später heraus, hatten eine Reihe von Einbrüchen in mehrere Computergeschäfte verübt. Aus den Computergeschäften hatten die Einbrecher die Beute in den Keller gebracht. Die Polizei schnappte später ein Einbrecherpaar, nachdem die Polizei das Einbrecherpaar bei einem weiteren Beutezug beobachtetet hatte.

4 Ziehe in deinem abgeschriebenen Text Verbindungslinien zwischen den Nomen und den dazugehörigen Pronomen.

Was die beiden Freunde im Schein der Taschenlampe sahen,

ließ ihnen den Mund offen stehen.

Pronomen verweisen in einem Text auf vorher genannte Nomen.
Auf diese Weise stellen sie **Beziehungen** zwischen den Sätzen eines Textes her.
Gäbe es keine Pronomen, müssten die Nomen ständig wiederholt werden.

Aus Verben werden Sätze und Texte

1 Manchmal kann man aus einer Reihe von Verben eine kleine Geschichte bauen. Hier ist eine solche Verbreihe. Mach eine Geschichte daraus.
Sie könnte folgende Überschrift haben und so anfangen:

Radtour mit Pech

Einmal wollte ich eine kleine Radtour machen. Ich fuhr auch gleich los. Ich radelte den kleinen Berg hinunter …

losfahren – hinunterradeln – freihändig fahren – nicht aufpassen – schleudern – ausrutschen – umkippen – hinfallen – weh tun – bluten – aufstehen – schieben – ankommen – verbinden – hinken

2 Lest euch eure Geschichten gegenseitig vor.

> **Verben** sind die zweite wichtige Wortart nach den Nomen.
> Sie stehen im **Mittelpunkt** (im Kern) von Sätzen.
> Für das **Erzählen** von Texten sind sie ganz **unverzichtbar**.
> Sie sagen genau, was einer tut, was geschieht:
> *Er klettert auf den Baum. Er sitzt auf einem Ast. Er springt wieder hinunter.*

In den Ferien

Am frühen Morgen (1) wir los, Vater und Arri und ich. Wir (2) durch die feuchten Wiesen. Plötzlich (3) wir an einen Graben. Das Wasser ist ziemlich flach, also (4) wir durch. Dann (5) wir die Dünen hinauf und (6) das Meer. Wir (7) so schnell wir können zum Wasser hinunter. Fast eine Stunde (8) wir am Strand entlang. Wir (9) einige Strandvögel, die aufgeregt hin und her (10). Arri (11) ihnen hinterher. Er (12) sogar ins Wasser hinein, und für einen Augenblick können wir ihn nicht mehr (13). Dann aber (14) er zurück und wir (15) um die halbe Insel herum.

3 Schreibe den Text auf und ergänze dabei Verben aus den Wortfeldern *gehen* und *sehen*:
Am frühen Morgen ziehen wir los …

beobachten	**kommen**	**stapfen**
erblicken	**kraxeln**	**steigen**
erkennen	**laufen**	**wandern**
gehen	**rennen**	**waten**
jagen	**sehen**	**ziehen**
klettern	**springen**	

> Viele Verben lassen sich zu **Wortfeldern** ordnen.
> In einem Wortfeld stehen Wörter, die eine **ähnliche Bedeutung** haben:
> *sehen, schauen, blicken, erkennen …*

4 Ergänzt gemeinsam das Wortfeld gehen durch weitere Wörter:
laufen, hinken, spazieren …

Verbformen üben

Verben können viele verschiedene Formen haben: *essen, isst, aß, gegessen.* Die Formen des Hilfsverbs *sein* sind besonders vielfältig: *ich **bin**, du **bist**, er **ist**, wir **sind**, ihr **seid**, ich **war**, ich bin **gewesen** …*
Im Wörterbuch sind die Verben stets im **Infinitiv** aufgeführt: *essen, waschen, sehen …*
Den Infinitiv von Verben wie *aß, bin, sah …* findet man, wenn man Sätze bildet mit Wörtern wie *ich will, ich muss, ich kann … → Ich will **essen**, ich muss dabei **sein**, ich kann nichts **sehen** …*

1 Bilde den Infinitiv zu diesen Wörtern. Zwei Infinitive reimen sich immer, – bis auf die letzten beiden:
Der Infinitiv von *sah* ist *sehen*.
Der Infinitiv von *stand* ist …
Der Infinitiv von *schlug* ist …

sie sah	es bricht	er schoss
sie stand	er floss	du musst
er schlug	du isst	du hast
du weißt	es sticht	er ist
sie trägt	du misst	

Verbformen ergänzen

Infinitiv	Präteritum	Partizip 2	Infinitv	Präteritum	Partizip 2
beißen,	biss,	gebissen	trinken,	trank,	getrunken
schmeißen,	schmiss,	…	stinken,	stank,	…
reißen,	…	…	sinken,	…	…
ziehen,	zog,	gezogen	schreiten,	schritt,	geschritten
	wog,	…	…	ritt,	…
betrügen,	…	…	streiten,	…	…

2 Ergänzt die fehlenden Verbformen. Wenn ihr unsicher seid, helft euch gegenseitig oder schlagt im Wörterbuch nach.

Hier ist etwas falsch!

Infinitiv	Präteritum	Partizip 2	Infinitiv	Präteritum	Partizip 2
schwingen,	schwang,	geschwungen	leiden,	litt,	gelitten
zwingen,	zwang,	gezwungen	weiden,	witt,	gewitten
bringen,	brang,	gebrungen	schneiden,	schnitt,	geschnitten
frieren,	fror,	gefroren	fliegen,	flog,	geflogen
schmieren,	schmor,	geschmoren	biegen,	bog,	gebogen
verlieren,	verlor,	verloren	siegen,	sog,	gesogen

3 In jedem Beispiel steht eine falsche Form. Schreibt die Beispiele richtig auf. Schlagt bei Unsicherheit unbedingt im Wörterbuch nach!

Die Zeitformen: Präsens, Perfekt, Präteritum

Der Kaufhausdieb

Ein Mann ist mal zu Neckermann gegangen,
hat eine Jacke anprobiert.
Das ist 'ne ganz besonders tolle gewesen,
hat aus allerfeinster Wolle bestanden.
Der Mann hat jedoch kein Geld besessen.
So hat er sie, als sei's zum Spaß,
unter seinen Mantel drunter gezogen.
Dann ist er einfach frech und munter
zur Kaufhaustüre wieder rausgegangen.
Da ist der Detektiv vom Haus gekommen
und hat ihm seine Jacke ausgezogen.
So hat das Abenteuer geendet.
Die Jacke ist dem Mann sehr teuer gekommen.

1 Du erinnerst dich vielleicht noch aus der Grundschule: Die Zeitform, in der dieses Gedicht geschrieben steht, ist das Perfekt:
ist gegangen, hat anprobiert ...
Wenn sich dieses Gedicht aber noch richtig schön reimen soll, dann musst du die einzelnen Zeilen in das Präteritum umformen:
Ein Mann ging mal zu Neckermann,
probierte ...

Zu spät gekommen

Lotte kam zu spät zur ersten Stunde. Die Lehrerin fragte sie:
„Was passierte denn mit dir? Sahst du gestern Abend zu lange fern?
Schliefest du schlecht? Aßest du nichts zum Frühstück?
Lief dir eine Laus über die Leber?"
Lotte, ganz außer Puste, antwortete der Lehrerin:
„Nein, mir passierte nichts. Ich sah nicht zu lange fern. Ich schlief auch
nicht schlecht. Und mir lief auch keine Laus über die Leber.
Ich aß mein Frühstück wie immer. Ich kriegte den Bus nicht mehr.
Er fuhr mir einfach vor der Nase weg."
Dann setzte sich Lotte.

2 Lest euch diesen Text einmal gegenseitig vor.
Was für einen Eindruck macht er? Würdet ihr auch so reden?
Oder wie würdet ihr es sagen?

3 Übertrage den Text ins Perfekt.
Einige Formen sollten aber im Präteritum erhalten bleiben.
Lotte ... zu spät zur ersten Stunde. Die Lehrerin ... sie:
„Was ist denn mit dir passiert? ...

4 Welche Stellen habt ihr im Präteritum gelassen?
Welche habt ihr ins Perfekt umgeformt? Sprecht miteinander darüber.

Wie die Zeitformen verwendet werden

(1) „Pst! Nicht so laut! Da unten ist ein Mann, der legt gerade etwas in den alten Kahn hinein. Was es ist, kann ich nicht erkennen. Es ist etwas, das in einem schwarzen Sack steckt. Jetzt dreht er sich um und guckt zu allen Seiten. Und nun macht er das Boot los und steigt ein. Er rudert auf den See hinaus."

(2) „Ich habe am See einen Mann gesehen. Der hat irgendetwas in einen alten Kahn reingelegt. Ich habe aber nicht genau erkennen können, was es gewesen ist. Es hat in einem schwarzen Sack gesteckt. Dann hat er sich noch mal zu allen Seiten umgeguckt. Und dann hat er das Boot losgemacht und ist eingestiegen. Zum Schluss ist er auf den See hinausgerudert."

(3) Gestern waren wir unten am See. Jonas hockte hinter einem dicken Baum, und ich beobachtete einen Mann, der irgendetwas in einen alten Kahn hineinpackte. Was es war, konnte ich nicht richtig erkennen. Vielleicht war es irgendeine Diebesbeute. Jedenfalls steckte es in einem schwarzen Sack. Der Mann drehte sich noch einmal nach allen Seiten um, dann machte er das Boot los und stieg ein. Danach ruderte er auf den See hinaus und verschwand.

1 In den drei Texten wird dieselbe Situation geschildert. Und doch sind die Texte verschieden. In welcher Situation ist wohl der erste Text entstanden? Und in welcher der zweite und der dritte?

a) Auf dem Polizeibüro, wo der Junge Auskünfte darüber gibt, dass er einen Dieb beobachtet hat, den die Polizei sucht?
b) Zu Hause, als der Junge in sein Tagebuch schrieb, was er gesehen hat?
c) Im Ufergebüsch, wo zwei Kinder den Dieb beobachten?

2 Der Junge, der hier spricht oder schreibt, redet in zwei Texten zu einer anderen Person. Er beantwortet eine Frage, die vorher gestellt worden ist. Auf welche Frage antwortet er wohl mit welchem Text?

a) „Was hast du denn vorhin gesehen? Beschreibe mir das einmal möglichst genau!"
b) „Kannst du was erkennen? Sag schon, was du siehst!"

3 Ein wichtiger Unterschied in den drei Texten besteht darin, dass sie in verschiedenen Zeitformen stehen. Du erinnerst dich sicher noch daran, was du über Zeitformen in der Grundschule gelernt hast.

a) Welcher Text steht im **Präsens**? (Gegenwartsform: *Ich sehe einen Mann.*)
b) Welcher Text steht im **Präteritum?** (einfache Vergangenheitsform: *Ich sah einen Mann.*)
c) Und welcher Text steht im Perfekt? (zusammengesetzte Vergangenheitsform: *Ich habe einen Mann gesehen.*)

Die Zeitformen in Texten

Ausflug zu einer Ritterburg

1) Wir *(fahren)* mit der Klasse zu einer Ritterburg.
2) Ein Mann in Ritterrüstung *(erklären)* uns die Geschichte der Burg.
3) Nach dem Vortrag *(klettern)* wir auf den hohen Burgturm.
4) Leider *(bekommen)* ich so hoch oben Höhenangst.
5) Die Aussicht *(finden)* ich dann aber doch ganz wunderbar.
6) Wir *(sehen)* auf die ganze Burganlage hinunter.
7) Ich *(kommen)* mit meinen Eltern bestimmt noch einmal hierher.

1 Bildet drei Gruppen in der Klasse.
Die erste schreibt den Text im Präsens: Wir fahren mit der Klasse ...
die zweite im Perfekt: Wir sind ... gefahren. ...
die dritte im Präteritum: Wir fuhren ...
Die Zeitform muss aber **immer** eingehalten werden!

2 Lest euch eure Texte gegenseitig vor. Sprecht darüber, ob sich durch die Zeitform auch andere Dinge verändern. Gefallen euch alle drei Texte gleich gut? Gibt es einzelne Sätze, die in einer bestimmten Zeitform nicht in den Text hineinpassen?

Ob ein Text gesprochen oder geschrieben wird, das macht einen großen Unterschied!

Das **Präsens** wird vor allem verwendet, wenn man über etwas spricht oder schreibt, was gerade geschieht: *Die Kinder **spielen** Ritter.*

Das **Perfekt** gebraucht man, wenn wir über etwas **sprechen**, was schon vergangen ist: *Die Kinder **haben** Ritter **gespielt**.*

Das **Präteritum** benutzt man vor allem, wenn wir über etwas **schreiben**, das vergangen ist: *Die Kinder **spielten** Ritter.*

Das **Futur I** gebraucht man ganz selten. Am ehesten dann, wenn man etwas erwartet oder wenn man nicht ganz sicher ist: *Die Kinder **werden** vielleicht Ritter **spielen**.*

3 Schreibe jetzt ganz für dich selbst den Text auf. Dabei kannst du dir aussuchen, in welcher Zeitform du schreiben möchtest. Du kannst sogar die Zeitform zwischendurch einmal wechseln, wenn du es wirklich willst. Anfangen sollte der Text aber auf jeden Fall so:
Am letzten Freitag ...

4 Natürlich könntest du den Ritterburg-Text auch so schreiben, als wolltest du die Burg erst noch besuchen. Dann würde er so beginnen:
Am nächsten Freitag ...

5 Ihr solltet euch eure Texte gegenseitig vorlesen und darauf achten, ob ihr es ähnlich oder ganz anders gemacht habt.

Ein Schülertext

1) Am letzten Freitag besuchten wir mit der Klasse eine Ritterburg.
2) Ein Mann in echter Ritterrüstung hat uns die ganze Geschichte der Burg erklärt.
3) Das dauerte ziemlich lange!
4) Nach dem Vortrag kletterten wir auf den hohen Burgturm.
5) Leider bekomme ich so hoch oben immer Höhenangst.
6) Die Aussicht fand ich dann aber doch super.
7) Wir schauten auf die ganze Burganlage hinunter.
8) Dieser Ausflug hat uns allen gut gefallen.
9) Bestimmt werde ich mit meinen Eltern noch einmal hierher kommen.
10) Die haben so etwas bestimmt noch nicht gesehen!

6 Die Schülerin hat den Text etwas verändert, doch das meiste ist gleich geblieben. Aber schaut euch einmal an, welche Zeitformen sie verwendet hat. Interessant ist nämlich, dass alle vier Zeitformen in ihrem Text vorkommen. Und alle passen sie an der richtigen Stelle! Schreibe auf:
1) Präteritum, 2) … , 3) … usw.

Im Tierpark

Felix hat heute Vormittag mit seiner Klasse den Tierpark besucht. Am Abend hat ihn seine Mutter gefragt: „Was habt ihr denn so alles gesehen?“ Und Felix hat gleich angefangen zu erzählen: „Wir haben Wildschweine an einem Modderloch beobachtet, die sind fast im Dreck versunken. Als wir aber an den Zaun gekommen sind, sind sie weggerannt.“

Die Mutter hat den Kopf geschüttelt, und dann hat sie gefragt: „Und was habt ihr sonst noch erlebt?“ Ganz begeistert hat Felix erzählt: „Wir haben noch eine Gruppe Esel gesehen, die ist mit den Hirschen um die Wette gerannt.“ Die Mutter hat aufmerksam zugehört. Dann hat sie noch gefragt: „Und was hat dir am besten gefallen?“ Da hat Felix gelacht und hat gesagt: „Am besten haben mir die Islandponys gefallen. Ich bin sogar auf einem geritten. Das hat echt Spaß gemacht.“ Da ist seine Mutter aber froh gewesen, dass ihr Sohn einen so schönen Tag erlebt hat.

7 In dieser Erlebniserzählung stehen alle Zeitformen im Perfekt. Dadurch kommt es zu ständigen Wiederholungen von *hat sie, ist er, hat er …*
Überlege dir beim Aufschreiben des Textes einmal ganz genau, wo du das Perfekt stehen lassen möchtest und wo du besser das Präteritum einsetzen solltest.

8 Lest euch eure Texte gegenseitig vor.
Achtet dabei darauf, wie die anderen formuliert haben.
Es gibt nämlich in diesem Text zwei Arten des Erzählens:
a) das Erzählen des Erzählers selbst, der sagt:
Felix besuchte heute Vormittag mit seiner Klasse …
b) und das, was in wörtlichen Reden von Mutter und Sohn steht.

- In welchen Teilen habt ihr vor allem das Perfekt bevorzugt?
- In welchen Teilen vor allem das Präteritum?
- Gibt es auch Ausnahmen davon?

Mit Sätzen in Texten experimentieren

Staffellauf mit Ball

Die Kinder hatten sich in zwei Reihen aufgestellt, links die Jungen und rechts die Mädchen. Die Sportlehrerin pfiff und schon rannten die ersten beiden los. Paula lief mit dem Ball um das Mal herum.

1 a) Als Erste übergab sie den Ball.
b) Sie übergab den Ball als Erste.

Dann aber holte Niklas auf. Er lief wie der Teufel.

2 a) Jetzt waren die Jungen vorn.
b) Die Jungen waren jetzt vorn.

Aber die Mädchen wollten sich nicht geschlagen geben. Sie überholten zwar nicht,

3 a) sie liefen aber nicht langsamer als die Jungen.
b) aber langsamer als die Jungen liefen sie nicht.

Jetzt kamen Lotte und Sascha an die Reihe.
Lotte war nun wirklich eine tolle Läuferin.

4 a) Schon hinten am Mal hatte sie den Sascha überholt.
b) Den Sascha hatte sie schon hinten am Mal überholt.

Nun ging die Jagd aber erst richtig los. In jeder Reihe standen noch drei Kinder …

1 Lies dir diesen Textanfang leise durch (nicht vorlesen!).
In den Sätzen **a)** und **b)** stehen immer dieselben Wörter, – aber an anderer Stelle! Entscheide dich jeweils für einen der beiden Sätze **1 a)** oder **1 b)**, der dir besser gefällt, und notiere dir die Nummer auf einem Zettel.

2 Vergleicht jetzt eure Ergebnisse in der Klasse. Gibt es jeweils einen Satz, der von den meisten ausgewählt wurde?
Könnt ihr auch sagen, warum ihr das getan habt?

Fortsetzung:

Verena war die Letzte in der Mädchenreihe.
Sie zitterte vor Ungeduld ein bisschen.
Sie bekam den Ball von Bine direkt in die Hand.
Sie lief wie angestochen gleich los. Sie hatte den Olli schon am Mal eingeholt. Sie rannte mit ihm Schulter an Schulter zurück. Sie warf sich mit letzter Kraft ins Ziel.

In einem Text sind der **Anfang** und das **Ende** der Sätze die **wichtigsten** Stellen.
Dort werden die Wörter nämlich besonders **betont**. In der Mitte „verstecken“ sie sich immer ein bisschen.
Deswegen ist es wichtig, beim Schreiben besonders auf diese beiden Stellen zu achten.

3 Die Geschichte könnte noch spannender werden, wenn nicht so oft *Sie* am Anfang der Sätze stehen würde. Verbessere den Text. Verschiebe die unterstrichenen Wörter an den Satzanfang. In den letzten drei Sätzen musst du selbst entscheiden, welche Wörter du umstellen möchtest.

4 Die letzten drei Sätze der Geschichte bestehen aus folgenden Wörtern:
a) war | Olli | als Erster | zwar | im Ziel |
b) hatte verloren | er | aber | unterwegs | den Ball |
c) hatten gewonnen | die Mädchen | also | doch noch |
Schreibe sie auf. Denke an die Hinweise im Merkkasten!

Ich-Sätze überarbeiten

Im Wald

Ich war gestern Nachmittag ganz allein im Wald, um Pilze zu suchen.
Ich hatte tatsächlich schon nach einer halben Stunde den ganzen Korb voll.
Ich hörte plötzlich hinter einem dichten Gebüsch komische Geräusche.
Ich musste natürlich wissen, was sich da abspielte.
Ich hatte kein bisschen Angst!
Es war bestimmt irgendein Tier.
Ich machte mich also ganz klein, um nicht entdeckt zu werden.
Ich schlich mich vorsichtig durch das Gestrüpp.
Ich achtete vor allem auf die trockenen Äste.
Ich musste noch einige Zweige beiseite schieben, – und da sah ich sie:
Drei kleine Füchse spielten vor ihrem Bau.

Ich hatte noch nie Füchse in freier Natur beobachtet.
Ich hatte sie bisher nur in Fernsehsendungen gesehen.
Ich musste vor lauter Überraschung aber doch wohl Geräusche gemacht haben.
Sie verschwanden nämlich plötzlich in ihrem Bau.
Ich hatte sie jedenfalls gesehen.
Ich fand das toller als den ganzen Korb voller Pilze!

1 Das ist nun wirklich ein schönes Erlebnis! Man merkt noch richtig, wie aufgeregt der Junge war, als er das geschrieben hat. Denn er fängt fast jeden Satz mit *Ich* an. Das könnte man noch etwas spannender erzählen.
Lest euch die Sätze vor. Erprobt dabei, wie der erste Absatz klingt, wenn ihr die unterstrichenen Wörter an den Anfang stellt. Welche von ihnen, das müsst ihr manchmal selbst entscheiden!

2 Schreibe den zweiten Absatz neu.
Setze dabei andere Wörter an den Satzanfang, damit nicht jeder Satz mit *Ich* beginnt.
So könntest du anfangen:
Noch nie hatte ich Füchse in freier Natur beobachtet. …

Tierfreund gesucht

Ich wohne in Bergdorf. Ich suche schon lange einen Tierfreund. Ich habe hier niemanden, mit dem ich spielen kann.
Ich gehe am liebsten in den Wald. Ich habe vor kurzem dort kleine Füchse gesehen.
Wer hat Lust einmal mitzukommen?
Ruft mich an: Tel.: …

Niklas

3 Schreibe diesen Brief an die Hobbyzeitschrift noch einmal neu. Die Sätze sollten aber nicht immer mit *Ich* anfangen!

Satzglieder ermitteln

In einer Klasse haben Schülerinnen und Schüler die folgenden Wörter auf DIN-A4-Blätter geschrieben:

1 Fertigt euch ebenfalls solche Schilder an und verteilt sie an Mitschülerinnen und Mitschüler. Stellt euch zuerst einmal so auf, dass ein Satz entsteht.

2 Stellt euch dann so um, dass möglichst viele verschiedene Sätze entstehen. Wie oft könnt ihr das machen? Schreibt diese Sätze an die Tafel.

3 Vielleicht ist euch aufgefallen, dass bei den Umstellungen einige Wörter immer mit anderen zusammenbleiben. Umkreist an der Tafel die zusammengehörigen Wörter.

4 Aus wie vielen Satzgliedern besteht der Satz über Obelix? Wie viele Wörter enthalten die einzelnen Satzglieder im Beispielsatz?

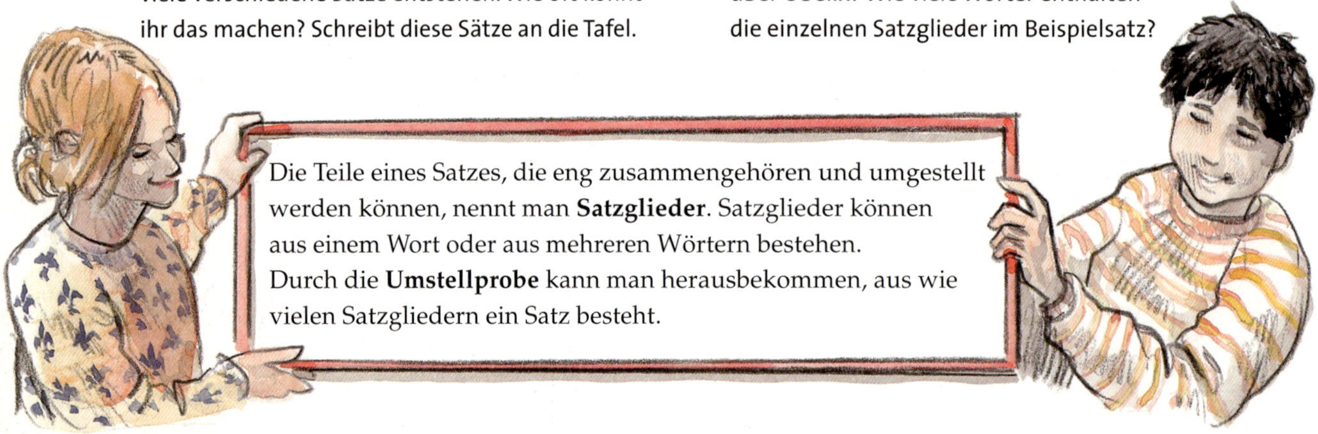

Die Teile eines Satzes, die eng zusammengehören und umgestellt werden können, nennt man **Satzglieder**. Satzglieder können aus einem Wort oder aus mehreren Wörtern bestehen. Durch die **Umstellprobe** kann man herausbekommen, aus wie vielen Satzgliedern ein Satz besteht.

essen	heute	Ketschup
die	Spaghetti	mit
meisten	Kinder	lieber

5 Schreibe diese Wörter auf einzelne Zettel und lege sie zu einem Satz zusammen. Schreibe diesen Satz auf.

6 Führe dann Umstellproben durch. Dabei solltest du immer andere Wörter an den Satzanfang verschieben. Probiere es drei weitere Male aus. Schreibe diese Sätze ebenfalls auf.

7 Wie viele Satzglieder konntest du für diesen Satz ermitteln?

Die Adverbiale

In der Grundschule hast du gelernt: Die einzelnen Satzglieder haben Namen: *Subjekt, Prädikat* usw. Am leichtesten bekommt man diejenigen Satzglieder heraus, die *Adverbiale* heißen.

Obelix | verspeiste | an seinem gemütlichen Lagerfeuer | am liebsten | gebratene Wildschweine |.
Heute | essen | die meisten Kinder | lieber | Spaghetti mit Ketschup |.

1 Diese beiden Sätze haben jeweils fünf Satzglieder. Die Adverbiale unter ihnen kannst du leicht finden, wenn du Fragen wie *wo? wann? wie?* stellst.

Suche diese Satzglieder heraus. Es sind insgesamt vier:
wo: ... wann: ... wie: ...

Satzglieder, die etwas über die **Zeit**, den **Ort** oder die **Art und Weise** aussagen, heißen **Adverbiale** (oder adverbiale Bestimmungen). Man kann Adverbiale in Sätzen leicht finden, wenn man die folgenden **Fragen** stellt:

Ort: *Ich wohne (**wo?**) <u>in der Stadt</u>.*
*Ich komme (**woher?**) <u>von zu Hause</u>.*
*Ich gehe (**wohin?**) <u>ins Kino</u>.*
Zeit: *Das war (**wann?**) <u>gestern</u>.*
*Der Film dauerte (**wie lange?**) <u>zwei Stunden</u>.*
Art und Weise: *Ich sehe Filme (**wie?**) <u>gern</u>.*

Ferien

Wir fahren **<u>in diesem Jahr</u>** **alle zusammen an die Ostsee**.
Es soll **<u>dort</u>** tolle Strände geben.
Wir werden **<u>drei Wochen lang</u>** **in einem Ferienhaus** wohnen.
Meine Eltern haben dieses Haus **<u>schon vor einem Jahr</u>** gebucht.
Wir müssen **<u>zum Strand</u>** **<u>glücklicherweise</u>** **nur zwei Minuten** gehen.
Mein Bruder und ich müssen **<u>leider</u>** **in einem Zimmer** schlafen.
Es war **<u>im letzten Jahr</u>** **furchtbar**.
Er ist **<u>dieses Jahr</u>** **etwas älter**.
Es könnte **<u>da</u>** **besser** gehen!

2 Schreibe diesen Text ab. Lass nach jedem Satz eine Zeile frei! Überlege, ob du manchmal eines der unterstrichenen Satzglieder an den Anfang verschieben solltest, damit der Text schöner wird.

3 Unterstreiche dann die Adverbiale und schreibe darunter, um welche Sorte es sich handelt:

<u>In diesem Jahr</u> fahren wir <u>alle zusammen</u> <u>an die Ostsee</u>.
Zeit — Art und Weise — Ort

4 Schreibe die folgenen Sätze ab und setze dabei die passenden Adverbiale ein.

a) Manche Kinder reisen *(wann?) (wohin?)*.
b) Andere fahren *(wie?) (wohin?)*.
c) Viele aber bleiben *(wann?) (wo?)*.
d) *(Wie?)* kann es *(wo?)* sein!

lieber	ans Meer
in den Ferien	in die Berge
schön	überall
die meiste Zeit	zu Hause

Woraus Adverbiale bestehen können

Adverbien als Adverbiale:

Adverbiale sind **Satzglieder**, die aus einzelnen Wörtern bestehen können. Solche Wörter können zur **Wortart** der **Adverbien** gehören. Es gibt Adverbien des **Ortes**, der **Zeit** und der **Art und Weise**:
Ich wohne (wo?) dort. Kommst du (wann?) bald?
Ich komme (wie?) gern.
In solchen Fällen sind **Adverbien zugleich Adverbiale**.

hier	beinahe	rechts	nachts
heute	drinnen	genug	besonders
bald	sehr	oft	irgendwo

1 Ordne diese Adverbien nach den drei Arten:
Adverbien des Ortes: ...
Adverbien der Zeit: ...
Adverbien der Art und Weise: ...

2 Bilde mit acht dieser Adverbien Sätze.

Adjektive als Adverbiale:

schön	schlau	laut
hässlich	schwer	ruhig

3 Schreibe mit jedem der Adjektive einen Satz, in dem sie als Adverbiale verwendet werden. Dabei müssen diese Adjektive nach einem Verb stehen oder nach *ist, sind*.

4 Zu welcher Sorte von Adverbialen gehören diese Adjektive?

Adverbiale können auch aus **Adjektiven** bestehen: *Lotte singt (wie?) wunderbar.*
Ihre Stimme ist (wie?) toll.
Adjektive kann man daran erkennen, dass sie auch **zwischen Artikel und Nomen** stehen können:
der wunderbare Gesang, die tolle Stimme.
Das unterscheidet Adjektive von Adverbien.

Ausdrücke mit Präpositionen als Adverbiale:

Die allermeisten Adverbiale bestehen aber aus mehreren Wörtern.
Viele von ihnen werden mit kleinen Wörtern eingeleitet, die man **Präpositionen** nennt:
an, auf, bei ...
Auch von diesen Adverbialen gibt es solche des **Ortes:**
Der Bus hält (wo?) ***auf** dem Schulparkplatz*.
der **Zeit:**
Er kommt (wann?) ***zur** rechten Zeit* an.
der **Art und Weise:**
Alle lärmen (wie?) ***mit** hektischem Getöse*.

durch das Schultor — mit viel Glück
mit großen Schritten — gegen acht Uhr
zu meinem Sitzplatz — in die Klasse — in Eile
an diesem Montag — auf den Schulhof
nach der Ankunft des Schulbusses

5 Schreibe mit einigen dieser Adverbialen einen kleinen Text über die Ankunft in der Schule.

6 Zu welcher Sorte von Adverbialen gehören die einzelnen Ausdrücke? Ordne sie:
Adverbiale des Ortes: ...
Adverbiale der Zeit: ...
Adverbiale der Art und Weise: ...

Adverbiale ermitteln und in Sätze einsetzen

Reisen mit dem Flugzeug

a) *** starten und landen Hunderte von Flugzeugen.
b) Das passiert auch ***.
c) *** herrscht ein reger Betrieb.
d) *** fliegen viele Menschen ***.
e) Immer mehr Menschen reisen jedoch *** auch ***.
f) *** besichtigen sie die Chinesische Mauer.

rund um die Uhr
zu ferneren Zielen
auf dem Frankfurter Flughafen
in der Nacht
mit Vergnügen
in den Süden
in Peking
während der Sommermonate

1 Setze die passenden Adverbiale beim Abschreiben in den Text ein. Schreibe immer gleich dazu, um welche Adverbiale es sich handelt:
Rund um die Uhr (Zeit) starten und landen Hunderte von Flugzeugen. ...

Wie unsere Städte entstanden

Vor etwa 1000 Jahren wurden in Deutschland viele Burgen gebaut.
Die Burgherren errichteten sie am liebsten auf Bergen.
Ein anderer bevorzugter Standort war in der Nähe von Wasser.
Seit dieser Zeit nennt man sie „Höhenburgen" oder „Wasserburgen".
Viele Burganlagen standen damals an wichtigen Verkehrswegen.
Dort siedelten sich nach kurzer Zeit Kaufleute und Handwerker an.
An diesen Stellen entstanden nach und nach Städte.
Der Burgherr beschützte die Menschen,
und sie mussten jedes Jahr Steuern bezahlen.
Viele von ihnen taten das ungern!
Die meisten Burgen sind heute Ruinen oder Denkmäler.
Aber Steuern zahlen die Menschen noch immer nicht gern.

2 In diesem Text befinden sich acht Adverbiale der Zeit, sechs des Ortes und drei der Art und Weise. Manche von ihnen bestehen nur aus einem einzigen Wort, und ein Adverbial besteht sogar aus fünf Wörtern! Schreibe die Adverbiale heraus:
Adverbiale der Zeit: vor etwa 1000 Jahren ...
Adverbiale des Ortes: ...
Adverbiale der Art und Weise: ...

3 Die meisten dieser Adverbiale bestehen aus längeren Ausdrücken mit Präpositionen. Aber vier von ihnen bestehen nur aus einem Adverb. Kannst du sie finden?
Vier Adverbiale bestehen nur aus einem Adverb: ...

Adverbiale mit Präpositionen

1 Auf diesem Bild passiert ja allerhand.
Erzählt zuerst einmal, was da alles zu sehen ist.

2 Max wollte ein bisschen Ordnung in das Geschehen bringen. Ist ihm das gelungen?

Der Kanal befindet sich über dem Haus.
Das Schiff fährt zwischen dem Wasser.
Der Hund steht durch den Hof.
Der Leuchtturm steht unter der Düne.
Der Schlepper fährt neben der Möwe.
Der Kapitän arbeitet unter dem Schiff.

3 Formuliert die Sätze richtig um.

4 Den folgenden Satz könnt ihr sicherlich in richtiger Weise ergänzen:
Der Kanal befindet sich …
Das Schiff fährt …
Der Hund steht …

5 Was habt ihr anders gemacht als Max? An welchen Wörtern liegt es eigentlich, dass seine Sätze nicht stimmen?

Kleine Wörter, wie *an, auf, bei, durch, gegen, hinter, in, mit, nach, neben, über, um, unter, vor, zwischen* usw. setzen die Dinge, über die gesprochen oder geschrieben wird, miteinander in Beziehung.

*Das Buch liegt **auf** dem Tisch.*
*Dani steht **neben** dem Tisch.*
*Der Ball rollt **unter** den Tisch.*
*Die Lampe hängt **über** dem Tisch.*

Diese Wörter werden **Präpositionen** genannt.

Eine Präposition – zwei verschiedene Fälle

*Das Buch liegt **auf dem Tisch**.*

Wo liegt das Buch?

3. Fall (Dativ)

*Uta legt das Buch **auf den Tisch**.*

Wohin legt Uta das Buch?

4. Fall (Akkusativ)

1 Jeweils zwei Sätze sehen fast gleich aus. Trotzdem unterscheiden sie sich.
Die Fragen „wo?“ und „wohin?“ helfen euch, das herauszubekommen.

Pit fährt auf dem Schulhof.
Mary läuft vor dem Haus.
Ein Vogelschwarm fliegt über dem Wald.

Pit fährt auf den Schulhof.
Mary läuft vor das Haus.
Ein Vogelschwarm fliegt über den Wald.

2 Zwei Texte – fast gleich!
Durch das Einsetzen des passenden Artikels könnt ihr den beiden so ähnlichen Texten jeweils einen anderen Sinn geben.

Aufräumen

Ich bringe Ordnung in ? Bude:
Ich stelle die Schuhe in ? Schrank.
Ich räume die Bücher in ? Regal.
Ich werfe das Papier in ? Papierkorb.
Ich packe die Schulsachen in ? Tasche.
Ich lege alle Stifte in ? Etui.
Ich rücke den Stuhl neben ? Tisch.
Ich setze das Plüschtier auf ? Bett.
Ich setze mich an ? Tisch und lese.

Aufgeräumt

Jetzt ist Ordnung in ? Bude:
Die Schuhe stehen in ? Schrank.
Die Bücher befinden sich in ? Regal.
Das Papier liegt in ? Papierkorb.
Die Schulsachen liegen in ? Tasche.
Alle Stifte befinden sich in ? Etui.
Der Stuhl steht neben ? Tisch.
Das Plüschtier sitzt auf ? Bett.
Ich sitze an ? Tisch und lese.

3 In welchem Text sind die Dinge in Bewegung?
In welchem Text befinden sich die Dinge im Ruhezustand?

Nach manchen Präpositionen, wie *an, auf, hinter, in, neben, unter, vor, zwischen* können die Nomen entweder im Dativ oder im Akkusativ stehen.
Der **Dativ** zeigt an, dass sich Dinge in einem **Ruhezustand** befinden:
*Das Buch liegt **auf dem Tisch**.* (***Wo** liegt das Buch?*)
Der **Akkusativ** zeigt an, dass die Dinge in **Bewegung** sind:
*Das Buch wird **auf den Tisch** gelegt.* (***Wohin** wird das Buch gelegt?*)

Subjekt und Prädikat

So geht es in der verkehrten Welt zu

Die Fische angeln die Angler,
die Tische bauen sich Tischler.
Die Hasen schießen die Jäger,
Die Nasen putzen die Kinder.
Die Bäume schütteln die Winde,
Die Träume erträumen sich Menschen.
Die Schnecken fressen die Igel,
die Decken kuscheln sich in Kinder.
Die Mutter kratzt die Katze,
Das Futter frisst ein Meerschwein.
Zensuren kriegen dort Schüler,
Armbanduhren tragen Menschen.
Die Schüler unterrichten die Lehrer
und die Fußballspieler bejubeln Zuschauer.

1 In der verkehrten Welt ist alles verkehrt! Lest euch den Text vor.

2 Aber wer tut eigentlich in Wirklichkeit was?
Schreibe die Sätze richtig auf, dann reimen sie sich sogar.
Unterstreiche, wer etwas tut:
Die Angler angeln die Fische,
Die Tischler …

3 Du kannst aber auch selbst einmal ein Gedicht über die verkehrte Welt herstellen. Dann musst du nur alles umdrehen!
Schreibe die Sätze auf und unterstreiche, wer jetzt etwas tut:
Zebras jagen dort Löwen …

So geht es in der richtigen Welt zu

Löwen jagen dort Zebras,
Möwen fangen dort Fische.
Fischer angeln dort Fische
die Scheibenwischer wischen Scheiben.
Die Zwerge fürchten die Riesen
die Berge erheben sich über die Täler.
Die Fliegen kitzeln die Nasen
die Sieger die Verlierer besiegen.

Die meisten Sätze haben ein **Subjekt**, und alle Sätze haben ein **Prädikat**.
Das Subjekt steht normalerweise am **Anfang** eines Satzes. *Löwen jagen Zebras.*
Es sagt meistens, wer der **Täter** einer Handlung ist. Man kann das Subjekt mit der Frage ermitteln: *Wer oder was tut etwas?*
Das **Prädikat** steht normalerweise **an zweiter Stelle** im Satz. Es sagt, was getan wird oder was geschieht: *Löwen jagen Zebras.*

Piet langweilt sich

1) Piet hat sich erkältet.
2) Er sitzt.
3) Er schaut.
4) Er muss husten.
5) Seine Nase tropft.
6) Sein Kopf schmerzt.
7) Der arme Junge langweilt sich.
8) Es läutet.
9) Kommt jemand?
10) Piet steht auf.
11) Er geht.
12) Sein Freund Marlon erscheint.
13) Piet freut sich.

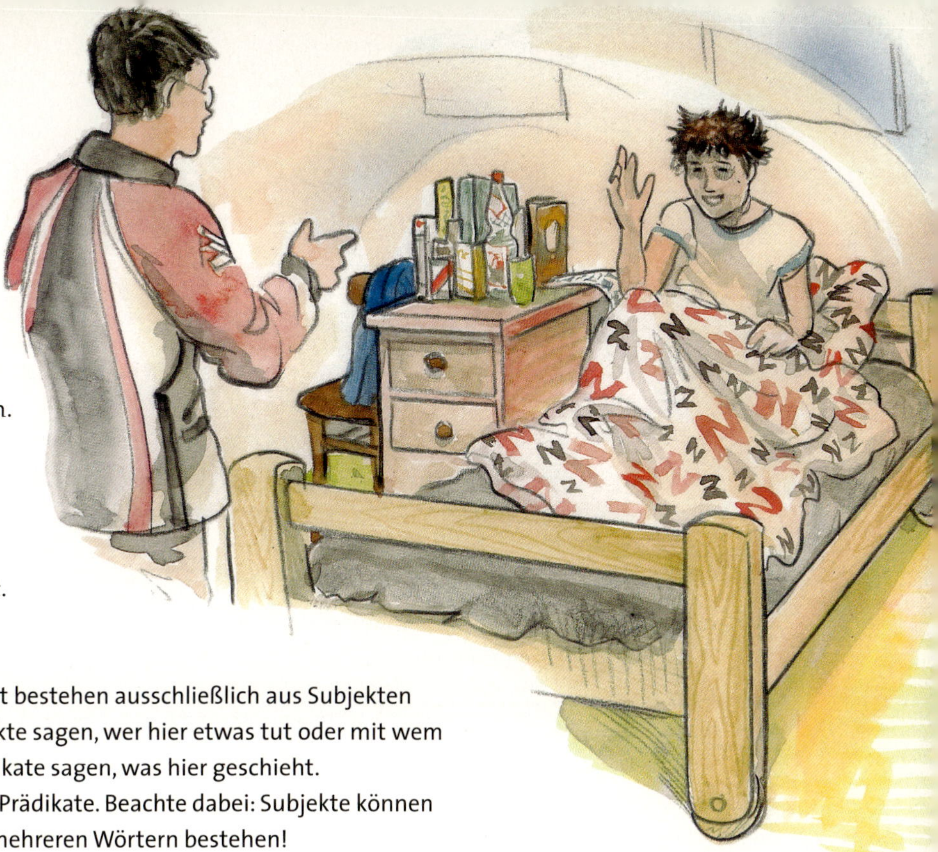

4 Die Sätze in diesem Text bestehen ausschließlich aus Subjekten und Prädikaten. Die Subjekte sagen, wer hier etwas tut oder mit wem etwas geschieht. Die Prädikate sagen, was hier geschieht. Ermittle die Subjekte und Prädikate. Beachte dabei: Subjekte können genau wie Prädikate aus mehreren Wörtern bestehen!

5 Der Text ist so langweilig, wie Piets Krankheit selbst langweilig ist. Wenn du aber einzelne Sätze ergänzt, indem du Adverbiale einfügst, dann wird er etwas interessanter. Schreibe den Text auf und füge die Adverbiale ein, die hier verwürfelt sind.

6 Wenn du die Sätze aufgeschrieben hast, dann unterstreiche die Subjekte blau und die Prädikate rot:
a) Gestern hat sich Piet erkältet.
b) Er sitzt am Fenster ...

am Fenster
gestern
auf die Straße
sofort
fürchterlich
ganz entsetzlich
schrecklich
in der Tür
auf einmal
die ganze Zeit
da
durch den Flur
sehr
jetzt
bald wieder

Das Ende der Geschichte:

14) Marlon ? *(was tut er?)* mit Piet.
15) ? *(wer?)* spielen Mühle.
16) ? *(wer?)* gewinnt das Spiel.
17) ? *(wer?)* jammert:
„Kranke sollten gewinnen und nicht verlieren!"
18) Da ? *(was tut ...?)* ? *(wer?)*:
„Das nächste Mal lasse ich dich armen Kranken gewinnen!"

7 Ergänze in diesen Sätzen Subjekte und Prädikate. Du musst aber genau hinschauen, wenn du richtig einsetzen willst, wer hier was tut! Als Prädikate kannst du *spielen* und *lachen* verwenden.

Das Dativobjekt

Der Junge gibt  einen Tritt.

Das Mädchen gibt  Futter.

Die Frau winkt  zu.

Der Kellner bringt  einen Eisbecher.

Der Schmied verpasst  einen Schlag.

Das Mädchen rennt  hinterher.

1 Wer hier was mit wem tut, kannst du aus den Bildern erkennen.
Schreibe die Sätze auf.

> Das **Dativobjekt** kann man mit der Frage ***wem?*** erfragen:
> *Die Mutter gratuliert (wem?) dem Kind zum Geburtstag.*

2 Findest du auch in den folgenden Sätzen die Dativobjekte?
Frage immer so:
***Wem** schenkt Susann ... ?*
***Wem** helfen die Jungen ... ?*

a) Susanne schenkt ihrem Bruder ein T-Shirt zum Geburtstag.
b) Die Jungen helfen ihrer Mutter in der Küche.
c) Die Polizistin beschreibt dem ausländischen Besucher den Weg.
d) Die Oma erzählt ihren Enkelkindern Geschichten.
e) Der Fußgänger musste dem Fahrradfahrer ausweichen.
f) Seiner Freundin schickt Joschi eine Karte aus seinem Urlaubsort.

3 Wem kann der Kellner einen Eisbecher bringen?
Ergänze den folgenden Satz mit möglichen Dativobjekten.
Verwende dazu die nebenstehenden Beispiele.
Aber Achtung! Ein Beispiel passt nicht.
Der Kellner bringt ... den bestellten Eisbecher.

dem Gast
einem Kind
einer Besucherin
der Gast
einem Besucher

ihm ihnen ihr
Moritz
den Kindern
der Frau
meinem Onkel

4 Unterstreiche beim Abschreiben die Dativobjekte. Es sind sechs!

Basketball

a) Die Kinder der 5A trugen gelbe Trikots.
b) Der Klasse 5B hatte man blaue Hemden gegeben.
c) In der letzten Spielminute sah Sandra Maximilian frei stehen.
d) Sie spielte ihm den Ball zu.
e) Der übergab ihn sofort seinem Freund Jonas.
f) Sandra gab ihm lautstark ein Zeichen.
g) Sofort warf er dem Mädchen den roten Basketball zu.
h) Die sichere Werferin holte ihrer Mannschaft den Sieg.

Das Akkusativobjekt

Das Mädchen spitzt  an.

Der Junge füttert  .

Die Post bringt  .

Die Mutter stellt  auf den Tisch.

Der Mann steckt  in die Haustür.

Das Mädchen verfolgt  .

1 Wer hier wen oder was bewegt, kannst du aus den Bildern erkennen.
Schreibe es auf.

> Das **Akkusativobjekt** kann man mit den Fragen ***wen?*** oder ***was?*** erfragen:
> *Der Vater lobt (wen?) seinen Sohn. Die Lehrerin liest (wen oder was?) einen Aufsatz vor.*

2 Findest du in den folgenden Sätzen die Akkusativobjekte?

a) Sören sieht das rote Auto zuerst.
b) Carmen macht jeden Tag ihre Hausaufgaben.
c) Der Habicht erspäht aus großer Höhe seine Beute.
d) Ole foult den angreifenden Stürmer beim Endspiel.
e) Vergeblich suchten sie den verlorenen Schlüssel.
f) Sonja bringt ihren kleinen Bruder am Morgen zum Kindergarten.
g) Die Kinder geben das Wechselgeld zurück.

3 Schreibe die Sätze ab und unterstreiche das Akkusativobjekt.
Schreibe über das Objekt das richtige Fragewort.

4 In dem folgenden Satz fehlt das Akkusativobjekt.
Ergänze es mit den Beispielen rechts.
Verwende dabei die Nomen immer mit einem bestimmten oder unbestimmten Artikel: *den, das, die, ein, einen, eine.*
Schreibe so:
Der Kellner bringt dem Gast einen Eisbecher.

Der Kellner bringt dem Gast ... .

Eisbecher	Rechnung
Wechselgeld	Besteck
Teller	Speisekarte
Löffel	anderen Stuhl

5 In jedem Satz des Textes *Basketball* auf der linken Seite ist auch ein Akkusativobjekt enthalten.
Schreibe den Text ab.
Unterstreiche die Dativ- und Akkusativobjekte in verschiedenen Farben.

Überprüfe dein Können!

1 Auf den nächsten beiden Seiten steht eine Geschichte, die in fünf Absätze unterteilt ist. Die Geschichte ist schon recht gut erzählt, aber in jedem Absatz gibt es einige Dinge, die man noch besser machen könnte. Das gelingt dir sicher auch. Allerdings müsstest du die Seiten 234–251 wirklich gut durchgearbeitet haben. Lies dir alle fünf Absätze erst einmal durch, bevor du mit deiner Arbeit beginnst.

2 Diesen Textabschnitt solltest du so überarbeiten, dass nicht jeder Satz mit *wir* anfängt. Stelle also hin und wieder andere Satzglieder an den Satzanfang. Das musst du allerdings nicht immer tun!

Der Klassenausflug

Wir haben letzte Woche mit unserer Klasse einen Ausflug zum Grillplatz gemacht. Wir fuhren mit den Rädern am Morgen los. Wir hatten uns Würstchen und Salate mitgenommen. Wir kamen nach zwei Stunden dort an. Wir haben aber nicht gleich gegrillt. Wir sollten nämlich nicht mit vollem Bauch ins Wasser gehen. Wir badeten also erst noch im Kiesteich. Wir fingen danach mit dem Grillen an.

3 In diesem Absatz sollst du ausprobieren, ob man für *dann* nicht auch andere Wörter wie *erst, danach, bald, schon, plötzlich, auf einmal, in diesem Augenblick, gleich darauf* einsetzen könnte.

Ein Gewitter

Dann aßen wir unsere Würstchen. Sie schmeckten wirklich lecker. Dann räumten wir alles auf. Dann standen aber schwarze Wolken am Himmel. Der Wind fuhr ins Feuer. Dann blitzte es hinten am Horizont. Und dann fing es an zu regnen. Da wollte unsere Lehrerin, dass wir schnell ins nächste Dorf fahren.

4 Dir fällt sicher auf, was du hier überarbeiten könntest. Verwende Wörter aus dem Wortfeld *sagen*, wie z. B.: *bestimmen, erwidern, fragen, meinen, rufen, protestieren, vorschlagen.*

Eine Panne

Unsere Lehrerin sagte: „Ich schlage euch eine Abkürzung vor." Wir sagten: „Das muss doch nicht sein! Wir schaffen es schon." Die Lehrerin aber sagte: „Wir fahren hier den Feldweg hinunter!" Also fuhren wir los. Plötzlich ist meine Fahrradkette gerissen. Ich sagte: „Ich kann nicht weiter!" Da sagte die Lehrerin: „Hat jemand Werkzeug in der Satteltasche?" Aber niemand hatte welches. Da sagte meine Freundin Lisa: „Ich bleibe mit hier. Wir warten dort in dem Schuppen." Die Lehrerin sagte: „Gut, ich rufe zu Hause an. Dann holt euch bestimmt jemand mit dem Auto ab."

5 Hier stimmt etwas mit den Zeitformen nicht! Überlege dir, an welchen Stellen du andere Zeitformen verwenden müsstest, damit der Text besser wird.
Beachte: Du solltest in der Regel das Präteritum verwenden. Aber manchmal könntest du auch das Präsens stehen lassen, und an anderen Stellen solltest du besser das Perfekt wählen!

Im Schuppen

Während die Klasse weiterfuhr, stellten wir unsere Fahrräder an dem Zaun ab. Wir stapfen zu dem Stall hin und öffnen vorsichtig das Tor. Dann gingen wir in den Schuppen hinein, und da fängt es auch schon an zu regnen. Wir dachten: Hoffentlich sind die anderen schon im Dorf! Ich sagte zu Lisa: „Toll, dass du bei mir bliebst!" Lisa antwortete: „Da überlegte ich nicht lange! Das war doch klar!" Draußen begann es inzwischen zu gießen, und das Gewitter ist immer näher gekommen.

6 Hier musst du einmal selbst überlegen, was du noch verbessern möchtest.
Lies dir das Ende der Geschichte selbst halblaut vor, dann hörst du besser, was nicht so gut gelungen ist.
Ein Tipp: Du solltest auf die Zeitformen und die Satzanfänge achten und –, aber das findest du sicher selbst!

Endlich abgeholt!

Und dann ging es richtig los! Wir gingen in dem Stall aufgeregt hin und her. Es wurde richtig dunkel. Wir kriegten es auch bald mit der Angst. Wir guckten ängstlich aus der kleinen Luke auf die Wiese hinaus. Manchmal blitzte es, doch das Gewitter war nicht so schlimm. Es ging bald wieder vorüber. Wir warteten ungeduldig. Doch die Zeit verging nicht. Nach einer Weile ging Lisa an die Tür und sah hinaus. „Ich glaube, da kommt ein Auto", sagte sie. Und dann kam es tatsächlich. Wir gingen voller Freude aus unserem Stall hinaus. Wir winkten. Es war der Kleinbus meiner Mutter. Wir gingen ihr entgegen. Wir wurden endlich abgeholt!

7 Vergleiche deine Überarbeitungen mit einem Partner oder einer Partnerin. Sicher hat es jeder von euch etwas anders gemacht. Aber man kann doch an einem solchen Vergleich noch etwas lernen.

8 Auf Seite 301 findet ihr die ganze Geschichte noch einmal abgedruckt. Dort könnt ihr nachsehen, was ihr genauso oder so ähnlich gemacht habt. Unterstreiche in deinem Heft die Stellen, die du auch so überarbeitet hast, mit blauer Farbe.

9 Wenn du sicher bist, dass in der Geschichte hinten eine Stelle besser ist als in deinem eigenen Text, dann solltest du sie bei dir noch verbessern.

Sätze verbinden

Die besten Staffelschwimmer unserer Klasse

a) Paul ist beim Startsprung immer eindeutig der Beste.
Den Wechsel verpatzt er manchmal.
b) Für das Rückenschwimmen nehmen wir vielleicht Alex.
Wir nehmen Kalle.
c) Ines ist im Brustschwimmen spitze.
Im Kraulen ist sie unschlagbar.
d) Lisa ist keine ganz herausragende Schwimmerin.
Für die Mannschaft opfert sie sich auf.
e) Ich bin wirklich gut durchtrainiert.
Ich fühle mich topfit.
f) Immerhin bekommen wir eine tolle Viererstaffel zusammen.
Die Parallelklassen haben noch längst nicht alle Schwimmer beisammen.

jedoch
und
doch
oder
aber

1 Verbinde immer zwei Sätze miteinander.
Entscheide, welche der Verbindungswörter rechts du einsetzen kannst.

Vorbereitungen zum Schwimmfest

a) Unser Schwimmfest ist immer einer der Höhepunkte des Schuljahrs,
b) … die Klassen trainieren schon lange Zeit vorher.
c) Alle Schülerinnen und Schüler nehmen am Training teil,
d) … aus jeder Klasse nur eine Viererstaffel zusammengestellt wird.
e) … wir müssen zuerst einmal herausfinden, wer gut in Form ist.
f) Wir trainieren alle gemeinsam,
g) … an jeder Staffel zwei Mädchen und zwei Jungen beteiligt sein müssen.

weil
denn
obwohl
und

2 Setze in die Lücken dieses Textes je eines der Verbindungswörter ein.

Die wichtigsten Wörter, mit denen wir Sätze verbinden, sind die **Konjunktionen.**
Die einen verbinden ***Hauptsätze*** miteinander: *aber, denn, doch, oder, und …*

Wir haben gute Aussicht auf den Sieg, ***denn*** *alle gaben im Training das Beste.*
Hauptsatz , Hauptsatz

Die anderen verbinden einen **Hauptsatz** und einen **Nebensatz**: *als, da, dass, obwohl, weil …*

Wir haben gute Aussicht auf den Sieg, ***weil*** *alle im Training das Beste gaben.*
Hauptsatz , Nebensatz

3 Worin unterscheidet sich eigentlich ein Hauptsatz von einem Nebensatz?
Sieh dir die Sätze im Kasten genau an und achte auf die Stellung des Prädikats.

Vor dem Wettkampf

a) Eine Woche vor dem Wettkampf war sicher,
… Ines, Lisa, Kalle, Paul, Alex und ich die besten Schwimmer waren.

b) Die ersten beiden Staffelschwimmer standen auch schon fest,
… Ines und ich schwammen immer die besten Zeiten.
… Ines und ich immer die besten Zeiten schwammen.

c) Auch Lisa wurde in die Staffel hereingenommen,
… einige Jungen protestierten dagegen.
… einige Jungen dagegen protestierten.

d) Alex und Paul waren wirklich beide gleich gut,
… hier entschied das Los für Alex.
… hier das Los für Alex entschied.

e) Ich bin aber nicht ganz sicher,
… wir wirklich die beste Staffel aufgestellt haben.

denn
aber
obwohl
dass
ob
wobei
doch
weil

4 Schreibe die Sätze auf. Die Sätze b, c, d unterscheiden sich nur dadurch, dass jeweils einer aus zwei Hauptsätzen, der andere aus Haupt- und Nebensatz besteht. Setze die Konjunktionen rechts ein. Jede muss einmal vorkommen!

5 Unterstreiche in den aufgeschrieben Sätzen die Konjunktionen schwarz und die Prädikate rot.
Schreibe auf, ob der zweite Teil ein Hauptsatz oder ein Nebensatz ist:
Eine Woche vor dem Wettkampf war sicher, (Hauptsatz)
dass Ines, Lisa, Kalle, Paul, Alex und ich die besten Schwimmer waren. (Nebensatz)

Das Schwimmfest

a) Ich war in Topform,
… am letzten Dienstag das Schwimmfest stattfand.

b) Unsere Klasse jubelte uns schon vorher zu,
… unsere Staffel war der große Favorit.

c) Lisa schwamm als Erste ziemlich gut,
… sie schlug leider erst als Dritte an.

d) Alex musste sich sehr anstrengen,
… er den Rückstand aufholen wollte.

e) Das gelang ihm nicht ganz,
… wir ihn lautstark anfeuerten.

f) Ines schwamm wie eine Rekordschwimmerin. Sie holte den Rückstand tatsächlich auf.

g) Ich selbst machte dann die Sache klar. Ines hatte ja einen tollen Vorsprung herausgeschwommen.

h) Wir vier waren nach dem Wettkampf völlig fertig. Wir konnten den Jubel der Zuschauer gar nicht richtig genießen.

6 Verbinde immer zwei Sätze. Füge jeweils eine der Konjunktionen ein. Aber bitte jede nur einmal!
Die letzten drei Sätze musst du erst noch selbst herstellen.
Beachte: Bei Nebensätzen stehen die Prädikate ganz am Ende!
Vergiss die Kommas nicht!

aber, als, denn, weil, sodass, obwohl, und, wenn

Die Satzschlusszeichen

Der Punkt

In ganz alten Büchern gab es noch keine Punkte solche Texte waren sehr schwer zu lesen erst sehr viel später hat man den Punkt erfunden die Schreiber selbst brauchen ihn eigentlich nicht sie kennen ja ihre Texte für die Leser sind Satzzeichen aber sehr wichtig man sollte deswegen beim Schreiben immer an diese „Haltepunkte“ denken die Augen brauchen sie beim Lesen Punkte machen einen Text auch verständlicher

1 Macht einmal beim Vorlesen folgende Probe: Sprecht dort einen Punkt mit, wo ihr meint, dass er hingehört:
In ganz alten Büchern gab es noch keine Punkte (Punkt). Solche Texte ...

2 Du kannst den Text auch abschreiben. Du musst dabei neun Punkte setzen.

3 Vergleicht eure Texte miteinander.

> Einen **Punkt** setzt man dort, wo ein Satz zu Ende ist und ein ganz neuer Gedanke beginnt.

Das Fragezeichen fragte den Punkt hinterhältig:	„Wozu bist du denn eigentlich da “
Der Punkt antwortete:	„Man braucht mich halt “
Das Ausrufezeichen rief:	„Ausgerechnet dich, du Winzling “
Das Fragezeichen rief gleich hinterher:	„Braucht man dich wirklich “
Da kriegte der Punkt die Wut und schrie:	„Du krummer Haken “
Das Ausrufezeichen brüllte:	„Du unscheinbarer Wicht “
Der Punkt rief:	„Du Wichtigtuer “
Und das Fragezeichen fragte nicht viel, sondern rief:	„Du bist doch völlig überflüssig “
Da fragte der Punkt listig:	„Aber von wem gibt es wohl die meisten “
Da sagte das Ausrufezeichen kleinlaut:	„Zugegeben, ich bin eine Seltenheit “
Und das Fragezeichen fragte sich selbst:	„Und bin ich eigentlich wirklich wichtig “
Der Punkt sagte noch drei Sätze:	„Lassen wir den Streit Was bringt’s Gebrauchen kann man uns alle drei “

4 Setzt beim lauten Lesen die fehlenden Satzzeichen ein.

> Punkt, Fragezeichen und Ausrufezeichen sind **Satzschlusszeichen**.
> Einen Punkt setzt man, wenn man einen Satz als einfache Aussage meint.
> Ein **Fragezeichen** setzt man nach einem Satz, der als **Frage** gemeint ist:
> *Kommst du heute? Warum willst du nicht kommen?*
> Ein **Ausrufzeichen** setzt man nach einem Satz, der als **Ausruf** oder **Aufforderung** gemeint ist: *Das tut weh! Komm her!*
> Nach Aufforderungssätzen ohne besondere Betonung steht ein **Punkt**:
> *Lest euch diese Merksätze einmal gegenseitig vor.*

Das Komma in Aufzählungen

Punkt oder Komma?

Punkt Komma Fragezeichen und Ausrufezeichen sind die häufigsten Satzzeichen. Sie stehen am Ende von Fragen Aufforderungen Wünschen Ausrufen oder einfachen Aussagen. Sie kommen in Aufsätzen in Geschichten in Zeitungsartikeln und auch in Gedichten vor. Man kann sie sogar aus der Stimme aus der Betonung und vor allem aus der Lautstärke heraushören.

1 In diesem kurzen Text müssten acht Kommas stehen. An welchen Stellen?

> **Kommas** stehen bei **Aufzählungen** zwischen Wörtern *(Feuer, Wasser, Luft und Erde)* und Wortgruppen *(das heiße Feuer, das kühle Wasser, die blaue Luft und die braune Erde)*. Wenn die Wörter aber durch ***und*** oder ***oder*** verbunden sind, entfällt das Komma.

Unfall im Garten

1) In der letzten Woche spielte ich im Garten da passierte ein Unfall.
2) Ich kletterte auf unseren Apfelbaum dabei bin ich abgerutscht.
3) Ich lag unten im Gras mein rechter Arm tat furchtbar weh.
4) Ich schrie wie am Spieß ich konnte es kaum aushalten es war ganz furchtbar.
5) Da kam meine Mutter sie sah das Unglück sie brachte mich gleich in die Klinik.

2 Die Beispielsätze von 1) bis 5) enthalten jeweils zwei oder drei vollständige Sätze. Sie gehören aber eng zusammen, sodass du zwischen ihnen ein Komma setzen kannst.

> Wenn man zeigen möchte, dass mehrere **Hauptsätze** eng zusammengehören, dann setzt man zwischen sie keine Punkte, sondern **Kommas**:
> *Wir gingen in den Kinosaal, wir setzten uns hin, das Licht ging aus, der Film begann.*

In der Klinik

1) Die Ärztin hat meinen Arm untersucht dann hat sie mich zum Röntgen geschickt.
2) Danach musste ich wieder in ihr Zimmer und dort hat sie mir das Röntgenbild gezeigt.
3) Ich sah meinen gebrochenen Arm aber der Bruch war zum Glück nicht sehr kompliziert.
4) Sie legte mir einen Gipsverband an danach konnten wir wieder nach Hause gehen.
5) Der Arm tat nur noch ein bisschen weh man kann es aushalten.

3 In diesen Beispielsätzen stehen jeweils zwei Hauptsätze. Füge die Kommas ein.

> Wenn zwischen zwei Hauptsätzen das Wörtchen **und** steht, kann man ein Komma setzen, man muss es aber nicht:
> *Wir gingen in den Kinosaal (,) und wir setzten uns hin.*

Das Komma zwischen Haupt- und Nebensatz

In der Klinik

Die Ärztin schickte mich nachdem sie meinen Arm untersucht hatte zum Röntgen. Als ich wieder in ihr Zimmer kam zeigt sie mir das Röntgenbild. Ich konnte gut erkennen wie der Bruch aussah.
Die Ärztin legte einen Gipsverband an sodass wir bald wieder nach Hause gehen konnten. Ich merkte bald dass der Schmerz nachließ.

1 Schreibe diese Sätze auf.
In jedem Satz kommt ein Komma vor, – in einem sogar zwei!

Hauptsatz und **Nebensatz** kann man auf dreierlei Weise miteinander verbinden:

1. ***Ich bin dann aber richtig froh*** (Hauptsatz) , *wenn* (Konjunktion) *der Gips wieder ab ist* (Nebensatz) .

2. *Wenn* (Konjunktion) *der Gips wieder ab ist* (Nebensatz) , ***dann bin ich aber richtig froh*** (Hauptsatz) .

3. ***Ich bin dann aber*** (Hauptsatz) , *wenn* (Konjunktion) *der Gips wieder ab ist* (Nebensatz) , ***richtig froh*** (Hauptsatz) .

Zwischen Hauptsatz und Nebensatz steht immer ein **Komma**.

Der Gipsverband

a) Jetzt trage ich einen Gipsverband weil ich mir tatsächlich den Arm gebrochen hatte.
b) Als ich damit in die Klasse kam schrieben alle Kinder ihren Namen darauf.
c) Ich finde den Verband gar nicht so schlecht obwohl er mir manchmal lästig ist.
d) Manchmal möchte ich ihn wenn es auf meiner Haut juckt einfach abreißen.
e) In drei Wochen muss ich wieder zur Ärztin damit mir der Verband abgenommen wird.

2 Schreibe die Sätze mit Kommas auf.

3 Welche Sätze sind nach welchem Muster gebildet? Zeichne es auf:
a) ┌──┐, └──┘ b) … c) …

4 Zum Schluss noch zwei Hauptsätze:
Ich kann endlich wieder richtig am Computer spielen. Ich kann die Finger jetzt besser bewegen.
Verbinde sie mit *weil* zu einem Hauptsatz mit einem Nebensatz, und zwar nach folgenden Mustern:

1. ┌──┐, └──┘.
2. └──┘, ┌──┐.
3. ┌── , └──┘, ──┐.

Überprüfe dein Können!

Mrs. Fox bekommt Besuch

Mrs. Fox hat einige Krimis für Kinder geschrieben sie ist durch diese Krimis sehr bekannt geworden eines Tages bekam sie deswegen Besuch von einem Reporter der gute Mann wollte eine Reportage für seine Zeitung über sie schreiben er setzte sich in ihrem kleinen Haus an den Küchentisch packte seine Kamera aus stellte das Mikrofon auf den Tisch und begann mit seinem Interview

1 In diesen ersten Absatz musst du fünf Punkte und zwei Kommas einfügen. Beachte die Großschreibung am Satzanfang!

Die ersten Fragen

Der Reporter begann als sich Mrs. Fox ihm gegenüber hingesetzt hatte mit den ersten Fragen. Er frage sie ob denn die Kinder ihre Krimis überhaupt mögen. Mrs. Fox sagte dass er seine Kinder ja selbst danach fragen könne. Da der Reporter aber keine Kinder hatte konnte er sie auch nicht fragen. Das tat der alten Dame weil sie die Kinder so sehr liebte wirklich sehr Leid.

2 Im Abschnitt links fehlen sieben Kommas. Setze sie ein.

3 Wie viele Sätze sind nach
dem 1. Muster gebaut: ┌──┐, └──┘.
Wie viele nach dem 2. Muster: └──┘, ┌──┐.
Wie viele nach dem 3. Muster: ┌──┐, └┄┄┘, ┌──┐.

Das Ende darf man nicht verraten!

Im Laufe des Gesprächs wollte der junge Mann wissen wer ist denn eigentlich der Verbrecher in Ihrem Krimi *Die Schlangenbraut* Mrs. Fox lachte lesen Sie doch selbst der Reporter antwortete ich habe leider zu wenig Zeit da antwortete Mrs. Fox soll ich Ihnen vielleicht das Ende eines Krimis verraten das wäre ja noch schöner

4 In diesem Abschnitt fehlen alle Zeichen der wörtlichen Rede. Du musst viermal einen Doppelpunkt setzen, viermal die Anführungszeichen vor und nach der wörtlichen Rede, zwei Fragezeichen, zwei Ausrufezeichen und einen Punkt. Und natürlich musst du auf die Großschreibung der Satzanfänge achten!

Lesen in der Schule

Auf die Frage ob sie schon einmal in Schulen aus ihren Krimis vorgelesen habe antwortete Mrs. Fox das habe ich schon öfter dann fuhr sie fort dass ihr die Kinder immer ganz gespannt zugehört hätten der Reporter sagte noch dass er ihr gern auch einmal zuhören würde Mrs. Fox antwortete setzen Sie sich doch einfach mal neben die Kinder in einer Schulklasse das wollte der gute Mann dann gerne auch mal tun

5 In diesem letzten Abschnitt fehlen alle Satzzeichen, auch die der wörtlichen Rede. Versuche einmal, ihn richtig aufzuschreiben. Denke auch hier wieder an die Großschreibung!

Texte lesen – Sinn verstehen

Lesen kann man auf zwei Arten:
Man kann einen Text für sich selbst lesen und versuchen ihn zu verstehen.
Man kann einen Text anderen vorlesen und seine Zuhörer damit unterhalten.
Beides will gelernt sein.

In dieser Einheit könnt ihr beides für sich üben:
Das Verstehen eines Textes und das gute Vorlesen.
Dafür gibt es nämlich Methoden:

- Wie man in Texten die Informationen ermitteln kann, sodass man sie besser versteht.
- Wie man Texte für das Vorlesen vorbereiten kann, sodass andere einem gern zuhören.

Diese Methoden könnt ihr hier an ganz bestimmten Texten einüben, damit ihr sie dann beim Lesen und Vorlesen vieler anderer Texte anwenden könnt. Die Methoden geben euch also Hilfen für das Lesen überhaupt und machen euch selbstständig beim Lesen von Texten.

Erlernen könnt ihr diese Methoden in einem zusammenhängenden Kursus, der sich eine Zeitlang nur mit dem Lesen befasst. Dabei lernt man am besten. Ihr könnt euch aber auch mit einigen Seiten dieser Einheit immer wieder einmal zwischendurch beschäftigen.

Beim Vorlesen richtig betonen I

Was hast du denn gegen mich?

1 Diesen Satz kann man auf ganz verschiedene Weise lesen.
Probiert das einmal aus.
Betont dabei das unterstrichene Wort deutlich, – aber nicht unnatürlich!

a) Was <u>hast</u> du denn nur gegen mich?
b) Was hast <u>du</u> denn nur gegen mich?
c) Was hast du denn nur <u>gegen</u> mich?
d) Was hast du denn nur gegen <u>mich</u>?
e) Was hast du denn <u>nur</u> gegen mich?
f) Was hast du <u>denn</u> nur gegen mich?

2 Macht folgendes Ratespiel: Ein Kind kommt nach vorn an die Tafel. Es sucht sich einen Satz aus, den es vorsprechen will und schreibt den Buchstaben dieses Satzes hinten an die Klapptafel. Dann spricht es den Satz. Die anderen erraten, welchen Satz das Kind gesprochen hat. Dann wird die Tafel zum Beweis aufgeklappt. – Und was ist, wenn die anderen falsch geraten haben? Dann hat das Kind wahrscheinlich nicht richtig betont!

3 Ein jeder Satz besteht aus mehreren Wörtern. Wenn du einen Satz vorliest, dann sprichst du nicht alle Wörter gleich laut. Manche sprichst du leiser und schneller aus, manche langsamer und etwas lauter. Lest euch den folgenden Satz mehrere Male vor und beachtet dabei, wie ihr die einzelnen Wörter betont.

Ich finde T-Shirts mit Streifen gut.

4 Wenn ein solcher Satz in einem Zusammenhang mit anderen Sätzen steht, dann wird meistens ein ganz bestimmtes Wort betont.
Und das ist dann die „richtige" Betonung.
Aber „richtig betonen", das sagt sich so leicht! Was ist denn richtig?
Mache die Probe: Lies dir die folgenden Sätze links und rechts halblaut vor.
Schreibe auf, welche zusammenpassen:
Satz 1 passt zu Satz ?
Satz 2 passt zu Satz ?

1) Ich kann T-Shirts mit Streifen nicht leiden.
2) Ich mag nur Hosen mit Streifen.
3) Ich mag nur T-Shirts ohne Streifen.
4) Ich habe am liebsten T-Shirts mit Punkten.

a) Und ich finde T-Shirts mit <u>Streifen</u> gut.
b) Und <u>ich</u> finde T-Shirts mit Streifen <u>gut</u>.
c) Und ich finde <u>T-Shirts</u> mit Streifen gut.
d) Und ich finde T-Shirts <u>mit</u> Streifen gut.

5 Vergleicht eure Lösungen miteinander.

6 Ein Kind liest jetzt immer einen der Sätze links. Das andere antwortet mit einem Satz rechts darauf. Die anderen achten darauf, ob die Sätze rechts richtig betont werden.

Beim Vorlesen richtig betonen II

Mein Hund ist über den Zaun gesprungen

1) Mein Hund ist über den Zaun geklettert.
2) Mein Hund ist über den Graben gesprungen.
3) Mein Hund ist unter dem Zaun durchgekrochen.
4) Mein Kater ist über den Zaun geklettert.

a) Mein Hund ist über den Zaun gesprungen.
b) Mein Hund ist über den Zaun gesprungen.
c) Mein Hund ist über den Zaun gesprungen.
d) Mein Hund ist über den Zaun gesprungen.

1 Lies dir die Sätze 1) bis 4) durch und schreibe die Sätze a) bis d) dann auf. Unterstreiche dabei jeweils die beiden Wörter, die du betonen musst:
Zu Satz 1 gehört: Mein Hund ist über den Zaun gesprungen.
Zu Satz 2 gehört: Mein Hund ist über den Zaun gesprungen.

2 Lest euch die zusammengehörenden Sätze mit der richtigen Betonung gegenseitig vor.

Im Wald verlaufen!

Die Kinder hatten sich im Wald verlaufen. Sie suchten und suchten nach einem Weg aus dem Wald heraus. Aber sie fanden den Weg nicht mehr.

Eine Stunde lang irrten sie umher. Sie sahen viele Wege, die kreuz und quer durch den Wald gingen. Sie waren auf einem ganz bestimmten Weg in den Wald gekommen! Der musste doch zu finden sein! Aber sie fanden nicht mehr den Weg.

Stattdessen gerieten sie immer tiefer in den Wald. Auf einmal war da nur noch Holz und Gestrüpp und ein tiefer Wassergraben. Wo sollten sie jetzt nur weitergehen? Sie sahen sich ängstlich um. Den Weg aber fanden sie nicht mehr.

3 Lies dir den Text erst einmal halblaut selbst vor.

4 In dieser Geschichte kommt derselbe Satz dreimal vor. Er sieht fast gleich aus, aber betont wird er jedes Mal etwas anders. Schreibt die drei Sätze an die Tafel.
Aber sie fanden den Weg nicht mehr.
Aber sie fanden nicht mehr den Weg.
Den Weg aber fanden sie nicht mehr.

5 Lest euch in Gruppen jeweils einen einzelnen Absatz des Textes gegenseitig vor. Achtet darauf, wie die Vorleser jeweils den einen Satz betonen. Ein Kind unterstreicht das Wort, das betont worden ist.

In jedem Satz gibt es ein oder zwei Wörter, die besonders betont werden.
Die Betonung ist meistens von dem Satz abhängig, der davor steht.

Beim Vorlesen Pausen machen

Das Kinderzimmer aufräumen

Carlotta hängt neue Poster auf den Fußboden
fegt sie sauber in dem Regal
räumt sie auf das Bett
schüttelt sie auf die Schultasche
stellt sie ordentlich in die Ecke das Papier
wirft sie in den Papierkorb und auf dem Schreibtisch
macht sie Ordnung ganz fürchterlich
sah es bei ihr aus aber jetzt
fühlt sie sich wieder wohl.

1 Lest euch diesen Text gegenseitig vor. Wenn ihr nach jeder Zeile eine kleine Pause macht, dann könnt ihr hören, wie unsinnig das klingt.

2 Aber dieser Text ist gar nicht unsinnig! Wenn ihr beim Vorlesen an anderen Stellen Pausen macht, dann wird er sinnvoll:

Carlotta hängt neue Poster auf | den Fußboden
fegt sie sauber | in dem Regal ....

3 Schreibe den Text ab. Setze nach jedem Satz einen Punkt:
Carlotta hängt neue Poster auf.
Den Fußboden fegt sie sauber. In dem Regal ...

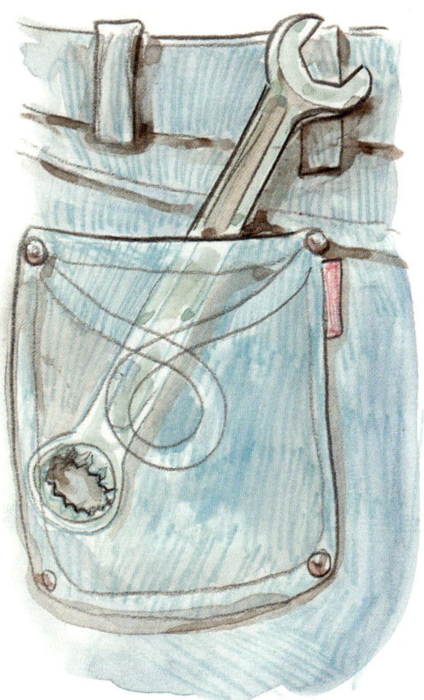

Den Keller aufräumen

Das macht Timo heute mit seinem Freund Jan
geht er in den Keller er stellt die Fahrräder
an die Wand in den Werkzeugschrank
räumt er das Werkzeug ein unter der Treppe
holt er den alten Müllsack vor die leeren Flaschen
packt er gleich hinein in seine Hosentasche
steckt er sich eine Zange und Jan
findet einen Schraubenschlüssel in seiner Hosentasche
ist der viel besser aufgehoben wer weiß
ob man ihn nicht mal gebrauchen kann!

4 Versuche einmal diesen Text gleich sinnvoll vorzulesen. Dabei musst du an den richtigen Stellen Pausen machen.

Einen Text gut vorlesen

Die beiden Radfahrer

Wolfgang Menzel nach Johann Peter Hebel

Ein Radfahrer | wollte auf einer Brücke | über einen Bach hinüber. ||
Zu gleicher Zeit | wollte ein anderer Radfahrer | herüber. ||
Mitten auf der Brücke | trafen sie sich. ||
Sie konnten aber nicht aneinander vorbei; |
denn die Brücke | war viel zu schmal. ||
Der eine klingelte, |
der andere klingelte auch. ||

Der eine sagte: |
„Fahr zurück! | Ich war zuerst auf der Brücke!" ||
Der andere sagte: |
„Fahr du doch zurück! | Ich war zuerst da!"
Der erste sagte:
„Wie soll ich denn zurückfahren? | Ich kann doch hier nicht wenden!" ||
Der andere erwiderte: |
„Dann schieb doch dein Fahrrad rückwärts!" ||
Der erste sagte: |
„Das kannst du doch genauso gut tun!" ||

So stritten sie lange miteinander.
Aber keiner wollte nachgeben.
Wutschnaubend schoben sie ihre Fahrräder aufeinander los.
Die Räder krachten und die Lenker schepperten.
Da fielen sie beide in den Bach hinunter und wurden platschnass.
Das hatten sie nun davon!

1 Wenn man einen Text vorlesen möchte, muss man ihn erst einmal leise durchlesen. Lies ihn also zuerst aufmerksam nur mit den Augen.

2 Wenn man einen Text vorlesen möchte, muss man ihn auch verstanden haben. Sprecht miteinander darüber:
- Was mögen das wohl für Typen sein, die sich so streiten?
- Was hätten sie eigentlich tun sollen, damit es nicht zu einem solchen Streit kommt?
- Wie hättet ihr selbst euch auf der Brücke verhalten?
- Wie hätten sie den Streit lösen können?

3 Wenn du diesen Text gut vorlesen kannst, wirst du deinen Zuhörern sicherlich Freude bereiten. Dafür musst du aber üben! Und üben heißt: den Text für das Vorlesen vorbereiten.
Lies ihn dir selbst halblaut und langsam vor, damit du deine eigene Stimme hören kannst. In den ersten beiden Absätzen sind die Pausen- und Betonungszeichen schon eingesetzt.

4 Und jetzt setze auch im letzten Absatz die Vorlesezeichen ein:
- Ziehe Striche, wo du kleinere (|) und größere Pausen (||) machen möchtest;
- unterstreiche die Wörter, die du besonders betonen möchtest.

Das kannst du auf einer Folie, die du über das Blatt legst; du kannst es auch auf einer Kopie der Seite tun.
Du kannst aber auch den Text abschreiben und dann die Vorlesezeichen setzen. Dabei lernst du den Text am besten kennen!

5 Lest euch eure Texte gegenseitig vor. Hört dabei gut zu und achtet darauf, welche Wörter der Vorleser wohl unterstrichen hat.

6 Wenn jemand eine Stelle eurer Meinung nach falsch unterstrichen hat, dann müsst ihr unbedingt darüber sprechen.

7 Lest jetzt einmal diesen Satz mit den fünf verschiedenen Betonungen vor. Betont die unterstrichenen Wörter besonders deutlich!
Sprecht darüber, welchen Satz ihr für den besten haltet.

8 Zum Schluss sollten noch einmal mehrere Kinder den ganzen Text vorlesen.

Ein Gedicht zum Vortragen vorbereiten

Hund und Katze

Wilhelm Busch

Miezel, | eine schlaue Katze, |
Molli, | ein begabter Hund, |
Wohnhaft an demselben Platze, |
Hassten sich | aus Herzensgrund. ||

Schon der Ausdruck ihrer Mienen[1] |
Bei gesträubter Haarfrisur |
Zeigte deutlich: | Zwischen ihnen
Ist von Liebe | keine Spur. ||

Doch wenn Miezel in dem Baume, |
Wo sie meistens hin entwich, |
Friedlich dasitzt | wie im Traume, |
Dann ist Molli außer sich. ||

Beide lebten in der Scheune, |
Die gefüllt mit frischem Heu. ||
Alle beide hatten Kleine, |
Molli zwei | und Miezel drei. ||

Einst zur Jagd ging Miezel wieder
Auf das Feld. Da geht es bumm.
Der Herr Förster schoss sie nieder.
Ihre Lebenszeit ist um.

Oh, wie jämmerlich miauen
Die drei Kinderchen daheim.
Molli eilt, sie zu beschauen,
Und ihr Herz geht aus dem Leim[2].

Und sie trägt sie kurz entschlossen
Zu der eignen Lagerstatt,
Wo sie nunmehr fünf Genossen
An der Brust zu Gaste hat.

Mensch, mit traurigem Gesichte,
Sprich nicht nur von Leid und Streit!
Selbst in Brehms Naturgeschichte[3]
Findet sich Barmherzigkeit.[4]

[1] Miene: Gesichtsausdruck
[2] aus dem Leim gehen, heißt hier: Mitleid bekommen
[3] Brehms Naturgeschichte: ein Tierbuch
[4] Barmherzigkeit: Mitleid

1 Bevor du ein Gedicht vortragen kannst, musst du es möglichst genau kennen. Lies es dir also erst einmal nur mit den Augen aufmerksam durch.

2 Die folgenden Fragen haben sich Schülerinnen und Schüler einer 5. Klasse zu diesem Gedicht gestellt. Wie würdet **ihr** sie beantworten?

Was bedeutet das eigentlich: Sie sind wie Hund und Katze?

Gibt es zwischen Miezel und Molli wirklich keine Liebe?

Warum ist aber Molli denn außer sich, wenn Miezel auf dem Baum sitzt?

Molli weiß doch gar nicht, dass Miezel erschossen wurde. Oder?

3 Lest euch die ersten vier Strophen des Gedichtes gegenseitig vor. Achtet darauf, ob die Vorleser die unterstrichenen Wörter betonen und die Pausen einhalten.

4 Bereite die übrigen vier Strophen zu Hause zum Vorlesen vor.
Das machst du am besten so:
- Es wäre gut, wenn ihr zu zweit üben würdet.
- Lasst euch eine Kopie der Seite anfertigen oder legt eine Folie über die Seite.
- Lies die Strophen halblaut vor dich hin, damit du dich selbst sprechen hörst.
- Ziehe einen Strich, wo du eine Pause machen möchtest. Mehr Pausen sind besser als zu wenige!
- Achte darauf, dass du manchmal von einer Zeile in die andere hinein lesen musst.
- Unterstreiche die Wörter, die du betonen möchtest.

5 Lest euch die Strophen vor, gebt euch Lesetipps und überlegt gemeinsam, wie ihr vorlesen wollt:

Kannst du vielleicht etwas lauter und deutlicher sprechen?

Und du musst etwas langsamer sprechen, damit es spannender wird.

Die eine Stelle hier ist besonders traurig. Das muss man richtig hören!

Ich finde, an der Stelle solltest du eine kleine Pause machen.

6 Ihr könnt auch die Strophen zu zweit lesen, so als wenn ihr zusammen ein Lied singt. Dabei prägt man sie sich besonders gut ein.

7 Wenn ihr das Gedicht auswendig lernen wollt, dann macht es am besten so:
- Lernen muss zuerst einmal jeder für sich! Am besten immer eine Strophe, dann eine kleine Pause.
- Sucht euch dann einen Partner oder eine Partnerin. Im Theater heißen sie Souffleur oder Souffleuse.
- Einer spricht, der andere hört ab.
- Wenn einer stecken bleibt, hilft der andere aus.

8 Wenn ihr vor der Klasse das Gedicht vortragt, müsst ihr euch auf den Souffleur oder die Souffleuse verlassen können. Die kennen ja die Stellen, wo ihr immer stecken bleibt. Auch in der Klasse ist also Vorsagen erlaubt. Das Wichtigste ist: Die anderen hören euch gern zu!

Erst verstehen, dann vorlesen!

Ersatzspielerin für das Basketballspiel

Es ist Samstag. | Die Mädchen sind noch einmal | zu einem letzten Training zusammengekommen. | Morgen soll das Endspiel stattfinden. | Alle sind gut vorbereitet, | alle haben noch einmal trainiert. | Plötzlich kommt Lotte, | eine der Ersatzspielerinnen, | in die Halle und ruft: |

„Katastrophe! Rafaela ist krank geworden! Sie liegt zu Hause im Bett. Eben habe ich es von ihrem Bruder erfahren. Grippe! Jedenfalls kann sie morgen in unserer Mannschaft nicht mitspielen.“ Und dann sagt Lotte noch zu der Trainerin: „Ich finde das sehr schade. Sie ist zwar nicht die beste Korbwerferin, aber man kann sie jederzeit anspielen, weil sie sich immer frei stellt. Na gut, da müssen wir eben eine Ersatzspielerin für sie finden. Das wird nicht ganz leicht sein. …

Lisa, eine andere Ersatzspielerin, steht plötzlich auch neben der Trainerin. Sie sagt: „Die Rafaela soll krank sein? Wer das glaubt! Ihren Bruder, den hat sie doch nur vorgeschoben. In Wirklichkeit ist sie sicher putzmunter. Warum sie morgen nicht mitspielen will, ist mir auch ein Rätsel. Aber ist ja auch egal! Eine gute Korbwerferin ist sie sowieso nicht. Gut, sie rennt viel herum und ist auch meistens anspielbar, aber im Grunde weiß man nie, wo sie gerade steht. Da müssen wir jetzt eine Ersatzspielerin für sie finden. Das sollte uns aber nicht schwer fallen …

1 Lies dir den zweiten und dritten Abschnitt des Textes genau durch. Entscheide dann, wer diesen Schlusssatz gesagt haben könnte:

… Ich kann ja spielen. So gut wie Rafaela bin ich schon lange!
… Ich komme dafür aber nicht infrage, denn so gut wie sie bin ich längst nicht.

2 Das ist dir sicher nicht schwer gefallen. Aber du solltest deine Entscheidung auch begründen: Woran hast du gemerkt, dass den einen Satz nur Lisa, den anderen nur Lotte gesagt haben könnte? Nenne Stellen, an denen du das gemerkt hast.

3 Und jetzt bereitet den Text zu zweit zum Vorlesen vor: mit Pausenzeichen und Unterstreichungen der Wörter, die ihr betonen müsst, so wie ihr es in der Einleitung schon sehen könnt (Folie oder Kopie!). Dabei nimmt sich ein Kind die Rolle von Lotte, das andere die von Lisa vor.

Unbekannte Wörter klären

Palles mit Toschi

Palles mit Toschi hat jeder schon einmal gegessen, – auf dem Jahrmarkt oder am Kiosk. Die Verkäuferin schüttet dort Palles in ein Sieb und hält sie für ein paar Minuten in das heiße Fett. Dann nimmt sie einen Schnappteller, manchmal auch eine Schnapiertüte und füllt die Palles da hinein. Meistens fragt sie dich: „Rot oder weiß?“ Oder sie fragt: „Mit Suschu oder mit Toschi?“ Du willst sie lieber weiß. Also drückt sie auf eine Tube und gibt dir, was du gewünscht hast. „Lass es dir schmecken!“, sagt sie noch – und reicht dir eine Schatille, damit du dir nachher den Mund abwischen kannst.

1 Dieser Text ist etwas schwieriger. Aber auch hier hast du schnell heraus, was Palles mit Toschi ist und was Suschu und die anderen Dinge sind. Erklärt sie euch gegenseitig.

2 Lest euch den Text vor. Setzt beim Vorlesen immer gleich die richtigen Wörter ein.

3 Spaß macht es auch, selbst einmal einen solchen Text zu schreiben. Denke dir eine Speise aus, ersetze einige der Wörter durch Fantasiewörter – und gib sie dann den anderen zum Raten.

Erdäpfel aus dem Backtopf

Was bedeutet eigentlich ein Wort wie *Pommes frites*? Man kennt sie und man isst diese Dinger auch gern. Aber woher ihr Namen kommt, ist vielen unbekannt. *Pommes* kommt aus dem Französischen und heißt *Äpfel*. Nun gibt es aber auch *Pommes de terre*, und das sind Äpfel, die in der Erde wachsen, also Kartoffeln oder Erdäpfel, wie man in manchen Gegenden auch sagt. Wenn man diese Pommes de terre in Streifen schneidet und in einer Fritteuse goldbraun backt, dann heißen sie *Pommes frites*. Manche kürzen dieses Wort aber ab und sagen einfach *Fritten*. Die Fritteuse ist eine Art Topf, in dem Öl oder Fett erhitzt wird. In einem Sieb, das man in das heiße Fett taucht, kann man Kartoffeln, Fisch oder Gemüse so lange schwimmen lassen, bis sie gar sind. Das heißt in der Fachsprache: Man frittiert sie.

4 In diesem Text sind es keine Fantasiewörter, sondern Fremdwörter, deren Bedeutung du ermitteln sollst. Hier sind acht Sätze. Fünf von ihnen sind richtig, drei sind falsch.

5 Berichtige die falschen Sätze.

a) Auf Französisch heißen die Kartoffeln *Pommes de terre*.
b) *Pommes* heißt auf Französisch Kartoffeln.
c) Eine *Fritteuse* ist ein Sieb, in das man die Kartoffeln legt.
d) *Pommes frites* heißt wörtlich eigentlich „Äpfel – gebacken“.
e) *Fritten*, das sind in der Abkürzung eigentlich „die Gebackenen“.
f) *Frittieren* heißt: in einem Kochtopf kochen.
g) Beim *Frittieren* schwimmen die Kartoffeln in heißem Fett.
h) In manchen Gegenden in Deutschland nennt man Kartoffeln auch *Erdäpfel*.

Fragen aus Texten beantworten

1 Lies dir den Text A aufmerksam durch:

A Die Kinder haben heute Buntstiftzeichnungen angefertigt. Sie haben Herbstblätter abgemalt, die sie draußen gesammelt hatten. Da Lena und Jakob nebeneinander sitzen, können sie sich mit ihren Stiften manchmal aushelfen. Lena hat nämlich nicht so einen schönen gelbroten Stift wie Jakob. Und Jakob hat nicht dieses wunderbare Dunkelbraun, das in Lenas Kasten ist. Und für Herbstblätter braucht man nun einmal vor allem rote und gelbe, braune und vielleicht auch grüne Farben. Und natürlich auch ein Orange. Aber das haben beide in ihrem Buntstiftkasten. – Als sie ihre schönen Bilder in gelber, brauner und gelbroter Farbe fertig gemalt haben, packen sie ihre Stifte wieder ein. Da merkt Lena, dass ihr ein Buntstift fehlt. Welche Farbe fehlt ihr wohl?

2 Beantworte jetzt die Frage am Schluss des Textes.
Sicher musst du das Ganze noch einmal lesen.

B Die Kinder schauen sich ihre bunten Zeichnungen an. Lena hat schöne große Blätter gemalt, ein gelbes Kastanienblatt, ein rotes Ahornblatt, das aber noch nicht ganz fertig geworden ist, und ein grünes Birkenblatt – und dazu drei glänzende braune Kastanien. Jakob hat sechs kleinere Blätter gemalt: gelbrote Rosen-, braune Brombeer- und gelbe Weidenblätter. Jetzt brauchen sie den Haufen bunter Herbstblätter, der auf dem Tisch liegt, nicht mehr. Jakob wirft alle Blätter in den Papierkorb. Da schreit Lena: „Nein, noch nicht! Hol das eine wieder raus! Ich bin doch noch gar nicht fertig!" Jakob sieht sich Lenas Bild noch einmal an und holt das Blatt wieder heraus. Welches Blatt eigentlich?

3 Auch diesen Text musst du sicherlich zweimal lesen, wenn du die Frage beantworten willst.

C Auf einmal kommt Joschka dazu und sieht sich Lenas und Jakobs Bild an. „Find ich nicht gut!", sagt er. „Herbstblätter sollen doch schön bunt sein. Da ist ja Grün drauf!" Jakob protestiert: „Sag mal, spinnst du? Ich habe doch gar kein Grün benutzt." Hat er Recht oder nicht?

4 Hat nun Jakob Recht? Und welches Bild könnte Joschka gemeint haben? Dazu musst du die Texte A und B sicherlich noch einmal genau lesen.

Texte und Bilder einander zuordnen

1 In jedem Text ist ein Satz, der nicht stimmt. Suche diese Sätze heraus.

Buchfink
Der Buchfink ist etwa 15 cm groß. Das Männchen hat eine auffällig rötlich-braune Brust. Der Rücken ist kastanienbraun. Die Flügel haben deutliche weiße Streifen. Der Schwanz ist farbig gestreift. Das Weibchen ist weniger auffällig gefärbt. Der Schnabel des Buchfinks ist kurz und kräftig. Die Zähne sind scharf und spitz. Seine Stimme: ein lauter, schmetternder Gesang.

Sperling (Spatz)
Das Sperlingmännchen hat einen dunkelgrauen Scheitel, kastanienbraunen Nacken und einen schwarzen Fleck auf der Kehle, der beim Weibchen fehlt. Brust und Bauch sind grau, Rücken und Flügel mattbraun mit hellen Streifen. Der Sperling hat nur ein Auge. Sein bräunlicher Schnabel ist kurz und kräftig. Der Sperling ist knapp 15 cm groß. Stimme: geschwätziges Zirpen und Tschilpen.

Amsel (Schwarzdrossel)
Das Männchen ist schwarz mit spitzem, leuchtend orangegelbem Schnabel und einem hellen Ring um die Augen. Das Weibchen ist dunkelbraun mit etwas heller gefleckter Kehle und braunem Schnabel. Amselweibchen haben keine Federn. Auf dem Boden hüpft die Amsel mit beiden Beinen zugleich. Sie wird etwa 25 cm groß. Stimme: melodisches Flöten.

Elster
Die Elster wird bis zu 45 cm groß. Ihr Kopf und ihr Hals sind tiefschwarz, Schultern und Bauch leuchtend weiß. Der Schnabel ist schwarzgrau. Die Elster hat einen auffällig langen Schwanz. Ihre Tatzen sehen so ähnlich aus wie die einer Katze. Stimme: lautes und schnelles Schackern und Krächzen.

2 Beantworte folgende Fragen:
- Welcher Text gehört zu welchem Bild?
- Welcher der Vögel ist am größten?
- Welcher Vogel hat wohl die schönste Stimme?
- Bei welchen Vögeln unterscheiden sich äußerlich die Männchen von den Weibchen?

Argumente im Rollenspiel erproben

1 Vielleicht kennt ihr diese Situation aus eigener Erfahrung. Erzählt davon.

2 Eltern haben manchmal gegen Haustiere große Bedenken, die sich auf ganz unterschiedliche Bereiche beziehen. Lest die folgenden Einwände gegen die Anschaffung eines Meerschweinchens.

1) Für so ein Meerschweinchen haben wir überhaupt keinen Platz in der Wohnung!

2) Und was machen wir mit dem Tier im Urlaub?

3) Meerschweinchen werden auch einmal krank! Wer fährt denn dann zum Tierarzt und bezahlt die Behandlung?

4) Du hast doch überhaupt keine Zeit für solch ein Haustier!

5) Hast du schon einmal überlegt, was das alles kostet? Käfig, Futter, Heu, Körner, Tierarzt …

6) Wir wissen doch noch nicht einmal, ob Haustiere in unserer Mietwohnung grundsätzlich erlaubt sind.

7) Und wer ist dann für das Meerschweinchen verantwortlich? Wer macht den Käfig sauber, und wer besorgt Futter, Heu und Käfigstreu? Du etwa? Das bleibt doch bestimmt wieder alles an uns Eltern hängen!

8) Aber vielleicht bist du auch allergisch gegen Meerschweinchenhaare? Du musst doch auch im Frühjahr immer so viel niesen!

9) Und was Meerschweinchen für einen Geruch in der Wohnung verbreiten!

10) Meerschweinchen machen einfach zu viel Schmutz. Es genügt mir schon, dass ich euch Kindern immer hinterherwischen muss.

11) Jede Woche müssen Einstreu und Heu gewechselt werden. Das ist alles zusätzlicher Hausmüll! Unsere Müll ist doch jetzt schon immer total voll!

3 Sortiert nun die Einwände aus Aufgabe 2 nach diesen Begriffen.
Je ein Einwand passt zu einem Begriff.

Schmutz	Hausmüll	Verantwortung
Geruchsbelästigung	Urlaubsbetreuung	Allergie
Platzmangel	Erlaubnis des Vermieters	Zeitaufwand
Kosten	Krankheit	

Tipp: Es genügt, wenn ihr die Begriffe notiert und dann die richtigen Zahlen der Einwände dahinter schreibt.

4 Was könntet ihr entgegnen? Was würdet ihr sagen, um eure Eltern doch noch von der Anschaffung eines Meerschweinchens zu überzeugen.

- Den Käfig für das Meerschweinchen können wir doch in mein Zimmer stellen. Da ist genug Platz. So groß sind diese Käfige ja nun auch wieder nicht.
- Ja, und wenn wir in Urlaub sind, könnte doch unsere Nachbarin, Frau Koch, das Tier versorgen. Oder wir bringen das Kaninchen in die Zoohandlung. Die nehmen Urlaubstiere, das weiß ich genau. Und so teuer ist das auch nicht!
- …

5 Setzt euch nun **mit einem Partner** zusammen und spielt ein Gespräch zwischen einem Vater und seiner Tochter **oder** zwischen der Mutter und ihrem Sohn. Ihr braucht euch nicht besonders vorzubereiten; verteilt einfach die Rollen und fangt zum Beispiel so an:

VATER: Na, Claudia. Was gibt's denn?
CLAUDIA: Tja, weißt du Papa, ich wünsch' mir doch schon so lange ein Haustier und …

TRISTAN: Du, Mama, weißt du schon, dass Marco ein Meerschweinschweinchen bekommen hat?
MUTTER: Ach, das ist ja ein Ding! Die stinken doch so …

6 Schaut euch jetzt einmal die folgende Gesprächssituation an:

Tina (elf Jahre) und ihr Bruder Sebastian (zwölf Jahre) wünschen sich schon lange einen Hund. Sie wohnen in einer großen Mietwohnung in einem Vierfamilienhaus. Die Eltern wollen eigentlich kein Haustier haben und einen Hund schon einmal gar nicht. Aber heute haben Tina und Sebastian erfahren, dass die Hündin von Tinas Freundin Lisa Junge bekommen hat. Von diesem Wurf könnten sie ein Hündchen haben. Heute wollen die Geschwister doch noch einmal mit ihren Eltern reden.

7 Bereitet diese Gesprächssituation nun als Rollenspiel vor. Arbeitet dazu in Gruppen. Verteilt zunächst die Rollen und klärt dann diese Fragen:

- Wie soll euer Rollenspiel enden?
  Möglichkeit (I) : Die Eltern sind zuerst gegen einen Hund, lassen sich aber dann doch von den Argumenten der Kinder überzeugen und geben nach.
  Möglichkeit (II): Die Eltern haben die besseren Argumente und bleiben standhaft. Die Geschwister sehen ein, dass sie auf den Hund verzichten müssen.
- In welcher Situation soll das Gespräch stattfinden (beim Abendessen, beim Autofahren ...). Warum ist das wichtig?
- Welche Gründe könnten die Eltern nennen, um die Anschaffung eines Hundes abzulehnen?
- Was könnten die Kinder konkret entgegnen?
- Worauf soll das Publikum achten? Legt Beobachtungsaufträge fest.

8 Spielt eure Gespräche abschließend vor.

9 Nach dem Rollenspiel ...
... sagt euch das „Publikum“, was gut war oder was ihr beim nächsten Mal noch verbessern könnt.
... erklärt ihr, wie ihr euch in euren Rollen gefühlt habt und wo ihr Verbesserungsmöglichkeiten seht.
...

Von der Schreibidee zur Textpräsentation

Über eine bildlich dargestellte Situation sprechen

1 Schaut euch dieses Bild zunächst einmal in Ruhe an.

2 Sprecht jetzt über die dargestellte Situation.
- Was könnten die Kinder dem Jungen auf dem Zehnmeterturm zurufen? Überlegt, was in den Sprechblasen stehen könnte.
- Wie ist dem Jungen auf dem Sprungturm wohl zumute?
- Was könnte er denken?
- Wie könnte die Geschichte eurer Meinung nach weitergehen?

3 Sprecht in diesem Zusammenhang auch über die Begriffe „Mut“ und „Mutprobe“.

Von der Schreibidee zum Gedankenschwarm (Cluster)

Zu dem Bild auf Seite 275 sollst du nun eine Geschichte schreiben. Aber das ist manchmal gar nicht so einfach. Vielleicht kennst du das ja auch: Du sitzt da und weißt nicht, wie du anfangen sollst und was alles in deinen Text hineingehört. Du kaust vielleicht an deinem Bleistift herum und fürchtest dich vor dem weißen Blatt Papier, das darauf wartet, dass du endlich anfängst zu schreiben. In dieser Situation kann dir ein Gedankenschwarm (Cluster) helfen! In einem Gedankenschwarm schreibst du zuerst einmal auf, was dir alles zu deinem Thema einfällt, unabhängig davon, ob du es später gebrauchen kannst oder nicht. Ganz spontan und ohne Reihenfolge, so wie dir deine Gedanken gerade in den Sinn kommen!

1 Schaut euch einmal diesen Gedankenschwarm genauer an. Hier hat eine Schülerin ihre Ideen und Gedanken zu dem Bild *Mutprobe im Freibad* festgehalten.

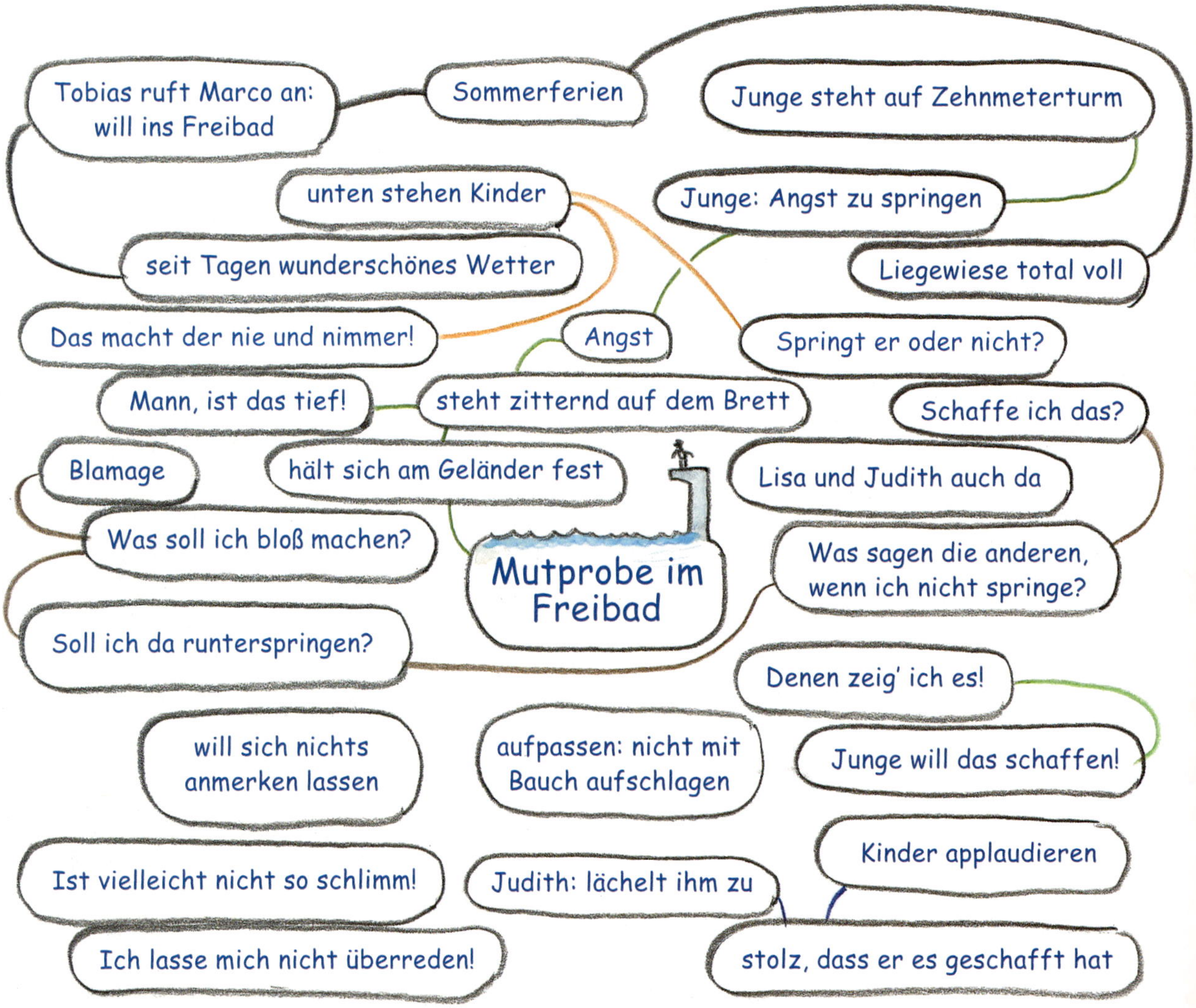

2 Was haltet ihr von dieser Methode, Ideen und Gedanken festzuhalten?

Wie man einen Gedankenschwarm (Cluster) macht

Wenn man einen Gedankenschwarm (Cluster) zu einem bestimmten Thema aufschreiben möchte, dann können die folgenden Arbeitsschritte eine Hilfe sein:

1) Zuerst schreibt man in die Mitte eines Blattes das Thema in großen Druckbuchstaben auf und kreist es ein.

▼

2) Dann schreibt man um das eingekreiste Thema herum all das auf, was einem dazu einfällt. Das können einzelne Wörter, kurze Sätze oder Fragen sein. Jeden einzelnen Einfall kreist man ebenfalls ein.

▼

3) Zu diesen Einfällen kommen einem vielleicht noch andere Gedanken und Ideen. Man schreibt sie in gleicher Weise auf, und kreist auch sie ein.

▼

4) Zum Schluss verbindet man inhaltlich zusammengehörende Begriffe, Gedanken und Fragen durch Linien miteinander.

Was ist ein Cluster?

Ein Cluster ist eine Arbeitstechnik, mit der man seine Ideen und Einfälle sammeln und übersichtlich aufschreiben kann.

Wenn man zum Beispiel eine Geschichte schreiben möchte, schreibt man zuerst den Titel der Geschichte in die Mitte eines DIN-A4-Blattes und kreist ihn ein.

Dann notiert man um die Mitte herum all das, was einem dazu einfällt. So erhält man eine kleine Ideen-Sammlung, die einem beim Schreiben weiterhelfen kann.

Allerdings braucht man beim Schreiben der Geschichte nicht alle Einfälle zu verarbeiten. Man verwendet nur die Ideen, die auch wirklich in die Geschichte passen; die anderen Ideen lässt man einfach weg.
Und wenn man noch neue Ideen hat, kann man diese Einfälle natürlich auch noch in den Text einarbeiten.

Den Entwurf einer Geschichte in einer Schreibkonferenz überarbeiten

Christina möchte den Textentwurf zu ihrer „Mut-Geschichte“ zusammen mit zwei Mitschülern in einer **Schreibkonferenz** überarbeiten.

1 Schaut euch einmal an, wie eine solche **Schreibkonferenz** aussehen kann:

Mutprobe im Freibad

Gleich morgens um 9.00 Uhr klingelte das Telefon. Tobias war dran. Tobias wollte wissen, ob Marco mit ihm ins Freibad fahren würde. Tobias wusste, dass Manni und Helge auch mitkommen wollten.

Immer der gleiche Satzanfang! Find' ich nicht so gut. Benutze doch mal „er“ statt immer „Tobias“!

Stimmt! Das hört sich gleich viel besser an! Das notiere ich mir!

Natürlich wollte Marco mit! Schließlich waren Ferien, das Wetter war seit Tagen wunderschön gewesen und schon morgens früh war es so warm, dass er am liebsten gleich vom Bett aus in das Schwimmbecken geplumpst wäre.

Super! Wirklich gut gemacht!

Prima! Dann kann ich ihn ja so lassen!

Sie trafen sich eine halbe Stunde später an der Kirche. Sie radelten dann zum Freibad. Sie zogen sich mit affenartiger Geschwindigkeit um. Sie rannten zur Liegewiese.

Hm, das hört sich komisch an. Ja, jetzt hab' ich's! Die drei Hauptsätze sind ziemlich kurz. Und alle fangen mit „Sie“ an. Das musst du ändern!

Ja, ich glaube du hast Recht. Vielleicht mache ich aus den drei kurzen Sätzen einen langen Aufzählungssatz.

Auf der Liegewiese war schon so viel los, dass sie froh waren, noch einen Platz im Schatten einer Birke zu finden. Tobias entdeckte die Mädchen aus ihrer Klasse! Lisa und Judith waren auch da. Tobias ärgerte Marco, weil er wusste, dass er für Judith schwärmte. „Halt bloß die Klappe!“, sagte Marco. „Lass uns lieber ins Wasser gehen.“

Den ersten Satz finde ich gut. Aber wäre danach nicht wörtliche Rede besser? Dein Text wäre dann etwas lebendiger.

Ich weiß nicht! Ich hab' hier doch schon wörtliche Rede benutzt. Wird das dann nicht zu viel?

Als die Mädchen die Jungen sahen, riefen sie die Jungen und rannten dann hinter den Jungen her.

Warte mal gerade! Da hast du eine Wiederholung drin! Das solltest du ändern!

Ach ja, jetzt seh' ich es auch! Dreimal „Jungen“. Das ändere ich natürlich.

Sie – Sie – Sie … immer derselbe Satzanfang! Und schon wieder so kurze Hauptsätze. Mach doch eine Aufzählung daraus!

Sie planschten mit ihnen herum. Sie spritzen sich gegenseitig Wasser ins Gesicht.
Sie hatten jede Menge Spaß.

Die Wiederholung finde ich aber hier gut. Das ist doch spannend! Das lass' ich so!

Die ersten zwei Sätze waren ganz gut. In den letzten beiden Sätzen stimmt aber irgendetwas mit der Zeitform nicht. „Schauen“ und „sagt“ stehen in der falschen Zeitform.

Da ertönte der Gong und der Bademeister kündigte über Lautsprecher an, dass der Zehnmeterturm gleich geöffnet wird. „Da müssen wir hin. Los da springen wir runter!“, rief Tobias. Manni und Helge waren auch gleich Feuer und Flamme und schauen Marco erwartungsvoll an. „Tja, ich weiß nicht“, sagt er etwas verlegen. „Ich …“.

Ja, ja. Schon klar! Ich muss beide Verben ins Präteritum setzen.

Oje, schon wieder eine Wiederholung! Sagte – sagte – sagte – … Da fällt dir doch bestimmt was anderes ein!

„Was soll das das denn heißen?“, sagte Lisa. „Du wirst doch wohl keine Angst haben, oder?“ Das konnte Marco natürlich nicht auf sich sitzen lassen. „Quatsch, natürlich hab' ich keine Angst!“, sagte er schnell. „Na also!“, sagte Lisa, „Dann spring' mit den anderen vom Turm herunter!“ Marco überlegte …

Ich weiß nicht. Hast du keine Idee? Mir fällt im Moment kein anderes Wort ein.

Dann nimm' doch einfach „erwiderte“ oder … „antwortete“. Die passen beide.

Stimmt! Das mache ich. Danke!

2 Spielt diese Schreibkonferenz einmal zu zweit mit verteilten Rollen nach. Wer den Schreiber/die Schreiberin spielt, liest auch immer den jeweiligen Textauszug in der Mitte vor.

3 Nehmt euch nun Christinas Text noch einmal vor und überarbeitet ihn. Berücksichtigt dabei die Verbesserungsvorschläge der Schreibkonferenz. Schreibt den überarbeiteten Text dann vollständig in eure Hefte.

4 Wie könnte die Geschichte wohl enden? Schreibt einen Schluss zu der Geschichte.

5 Lest euch eure Geschichten abschließend gegenseitig vor.

Bei einer **Schreibkonferenz** setzen sich zwei bis drei Kinder zusammen und lesen sich gegenseitig ihre Textentwürfe vor.
Jeder Text wird zuerst einmal ganz vorgelesen, ohne dass der Vorlesende unterbrochen wird. Dann wird der Text noch einmal vorgelesen. Jetzt darf der Vorlesende aber unterbrochen werden, um Verbesserungsvorschläge zum Text zu machen.
Die Verbesserungsvorschläge werden besprochen und – wenn sie gut sind – im Entwurf notiert. Wenn alle Texte vorgelesen und überarbeitet worden sind, werden sie sauber ins Heft geschrieben.

Einen Gedankenschwarm für eine eigene Geschichte schreiben

Auch diese beiden Bilder haben mit dem Thema „Mut“ zu tun.

1 Schaut euch die Bilder zunächst in Ruhe an.

2 Entscheidet euch für eines der Bilder und schreibt einen Gedankenschwarm dazu auf.

3 Schreibt dann mit Hilfe des Gedankenschwarmes eine eigene „Mut-Geschichte“.

4 Überarbeitet eure Texte abschließend in einer Schreibkonferenz und lest euch die fertigen Texte gegenseitig vor.

Wörter berichtigen

Nehmen wir einmal an, du hast in einem Diktat oder Aufsatz vier Fehler gemacht. Du willst diese Wörter nun berichtigen, damit du sie nicht noch einmal falsch schreibst. Schließlich möchtest du ja aus diesen Fehlern etwas lernen.

Hier sind Sätze, in denen ein Kind jeweils einen Fehler gemacht hat:

Wir sind an eine alte Buhde gekommen.
Er kriekt einen Schreck.
Wir waren alle etwas engstlich.
Das war ein gutes Ergebniß.

Zuerst musst du natürlich wissen, wie diese Wörter richtig geschrieben werden. Vielleicht hat sie dir deine Lehrerin oder dein Lehrer schon berichtigt.
Wenn nicht, musst du sie im Wörterbuch nachschlagen.
Und dann bekommst du heraus, dass sie so aussehen:
Bude, kriegten, ängstlich, Ergebnis.

Und jetzt sollst du diese Wörter üben. So macht es Sinn:

Abschreiben, Fehlerstelle unterstreichen

Schreibe die Wörter ab und unterstreiche die Stelle, die du falsch geschrieben hast.
ängstlich ...

Wörter in Sätzen verwenden

Alle Wörter, auch die falschen, verwendest du in einem sinnvollen Satz. Deshalb solltest du sie beim Üben auch noch einmal im ganzen Satz schreiben. Bilde also mit jedem Wort einen kurzen Satz, am besten einen anderen als im Diktat!
Dieser Hund war sehr ängstlich!

Wortfamilien zusammenstellen

Besonders gut übt man Wörter dadurch, dass man verschiedene Formen von einem Wort bildet. Das klappt zwar nicht bei jedem Wort, doch bei vielen ist es möglich. Dabei seht ihr, dass die Wörter einer Wortfamilie oft ähnlich aussehen. In dieser Wortfamilie gibt es zum Beispiel Wörter mit **ä** und mit **a**.

ängstlich, Angst, beängstigend, angstvoll

Eine Regel angeben

Bei manchen Wörtern kannst du auch eine Regel angeben, die du schon gelernt hast. Vielleicht weißt du ja schon, dass das **ä** von *ängstlich* von dem **a** von *Angst* abstammt. Dann kannst du schreiben:

Das ä bei ängstlich kommt vom a bei Angst.

Wörter mit gleichen Vor- oder Nachsilben suchen

Manchmal musst du auf die Vorsilben oder Nachsilben von Wörtern achten. Da kann es hilfreich sein, wenn du mehrere Wörter mit solchen Wortbausteinen sammelst, die genau gleich sind. Unterstreiche die gleichen Wortbausteine:

ängstlich, freundlich, glücklich

Und so könnte am Ende eine Berichtigung eines falsch geschriebenen Wortes wie *zehlten* aussehen:

- Das Fehlerwort richtig aufschreiben und die Fehlerstelle unterstreichen:
  zählten
- Einen Satz mit dem Fehlerwort schreiben:
  Sie zählte ihr Geld.
- Einige Wörter der Wortfamilie zusammenstellen:
  zählen, zählt, Zahl, bezahlen
- Wenn du eine Regel kennst, schreibe sie auf:
  Das ä in zählen kommt von dem a in Zahl.

1 Berichtige auch die anderen Wörter von Seite 281 auf gleiche Weise. Wenn du dich nicht mehr an die Regeln erinnerst, dann sieh noch einmal in die Kapitel zur Rechtschreibung: bei *Bude* (Seite 207), bei *kriegt* (Seite 214).

Lernwörter üben

Wenn du besonders schwierige Wörter üben möchtest, dann bringt es nicht viel, sie einfach mehrere Male hintereinander abzuschreiben, denn das hieße:
Üben ohne nachzudenken!
Besser ist es, du schreibst schwierige Wörter in ganz unterschiedlichen Zusammenhängen auf.

Nehmen wir einmal an, du möchtest die unten stehenden Lernwörter üben. Wir haben sie in vier Spalten eingeordnet; in jeder Spalte stehen elf Wörter. Damit haben wir kleine „Übungshäppchen“ gebildet, damit du nicht zu viel auf einmal übst. Denn:
Lieber dreimal 20 Minuten üben – als einmal eine ganze Stunde lang!

Nimm dir also vor, nur eine bestimmte Zeit lang zu üben.
Halte diese Zeit aber auch ein! Suche dir einige für dich passende Übungen aus. Konzentriere dich ganz auf diese Übungen!
Bringe jede angefangene Übung möglichst zu Ende!

Natur	Herbst	Zahnpasta	Zeugnis
Fabrik	Durst	Luftballon	Polizei
Apfelsine	Schokolade	Gardine	Toilette
Lineal	Musik	Paket	Regal
Mogelei	Plakat	Wurst	Balkon
Reißverschluss	Spaß	Marmelade	Vanillepudding
Tapete	Frisur	Geheimnis	Schmerzen
Kerzen	Eichhörnchen	Fotoapparat	Meerschweinchen
Gedächtnis	Größe	Hoffnung	Diskussion
Fleiß	Versteck	Frühling	Schwimmbad
Ruhe	Traum	Gruß	Gepäck

Wörter nach dem Alphabet ordnen:

Du kannst die Wörter einer Spalte nach dem Abc ordnen:
Apfelsine, Fabrik, Fleiß ...

Wörter mit Silbentrennungsstrichen aufschreiben:

Du kannst die Wörter in Silben zerlegen
und mit Silbentrennungsstrichen aufschreiben:
Na-tur, Fa-brik, Ap-fel-si-ne ...

Wörter nach der Anzahl der Buchstaben aufschreiben:

Du kannst die Buchstaben der Wörter zählen
und sie dann nach ihrer Länge aufschreiben:
5 Buchstaben: Natur ...
6 Buchstaben: Fabrik ...
7 Buchstaben: ...

Zu einem Wort ein verwandtes Wort aufschreiben:

Zu manchen Wörtern kannst du ein zweites aufschreiben,
das damit verwandt ist:
Natur – natürlich, Mogelei – mogeln

Ein Wort mit einem anderen Wort zusammensetzen:

Manches Wort kannst mit einem anderen Wort
aus derselben oder aus einer anderen Spalte zusammensetzen.
Dabei kannst du auch Witzwörter bilden:
Herbstnatur, Wurstplakat, Raketenfrisur ...

Zu einem Wort ein Reimwort suchen:

Zu manchem Wort aus einer Spalte kannst du ein Reimwort
in einer anderen Spalte finden:
Mogelei – Polizei ...

Einen Satz mit drei Wörtern bilden:

Du kannst dir immer drei Lernwörter aussuchen und mit ihnen einen Satz
bilden. Es können auch Witzsätze sein:
Die Gardine auf unserer Toilette hat einen Reißverschluss.

Die Wörter in „Geheimschrift" aufschreiben:

Du kannst die Wörter einer Spalte auch in „Geheimschrift" aufschreiben
und später einmal einem anderen Kind zum Raten geben. Also so:

Natur: lılıı   Fabrik: lılıιl   Lineal: lıııl

So lassen sich die Wörter gut unterscheiden.

Mit dem Wörterbuch arbeiten

Fremdwörter nachschlagen

Wörter mit R

RAUDI	REMULADE
REPTIL	RÜTMUS
RISIKO	REKORD
REKLAME	REUMATISMUS
REKORDER	REGISSÖR
RABARBER	RATZIA
REWOLWER	RAFINIRT
RULETT	RULADE

Diese 16 Wörter sind hier so geschrieben, wie man sie ausspricht.
Nimm an, du weißt nicht, wie diese Wörter geschrieben werden.
Du musst sie also im Wörterbuch nachschlagen.

Natürlich findest du sie alle unter dem Buchstaben **R**.
Doch wenn du sie rasch finden willst, musst du unter dem Zweitbuchstaben nachschlagen, also unter dem Buchstaben, der **nach** dem **R** steht.

Beachte, dass es Fremdwörter gibt, die mit **Rh** geschrieben werden.
Also wirst du dann an verschiedenen Stellen nachschlagen.

1 Suche die Wörter in deinem Wörterbuch und schreibe sie untereinander auf.
Achtung: Eins dieser Wörter wird kleingeschrieben!
Und: Von einem der Wörter gibt es **zwei** Schreibweisen!

Hinter einem Stichwort, das aus einer Fremdsprache stammt, steht in den meisten Wörterbüchern, aus welcher Sprache es kommt.
Die Fremdsprachen sind meist abgekürzt:

lat. = lateinisch
franz. = französisch
engl. = englisch
griech. = griechisch
ital. = italienisch
russ. = russisch
amerik. = amerikanisch
...

Hinter den Stichwörtern findest du auch Angaben darüber, wie der Plural (die Mehrzahl) des Wortes lautet.

2 Schreibe hinter die Wörter, die du herausgesucht hast, den Plural.
Schreibe dann auch ihre Bedeutung auf:
Rowdy: (englisch) die Rowdys; gewalttätiger Mensch

Die unten stehenden Wörter spricht man am Anfang alle mit **k** aus: *KARAKTER ...*

Du musst sie aber im Wörterbuch an ganz verschiedenen Stellen suchen, wenn du nicht weißt, wie sie geschrieben werden, z. B. dann, wenn sie mit **C** oder **Ch** beginnen: *Charakter ...*

Wörter mit C, Ch oder K?

*ARAKTER
*ARAVAN
*LOWN
*ABRIO
*OMMISSAR
*OMPUTER
*ONTAINER
*OMET

*ASSETTE
*REM
*LUB
*OTELETT
*AOS
*USINE
*HEMIE
*LIQUE

Cha | rak | ter *griech.*, der: des Charakters, die Charaktere; (Wesensart, sittliches Verhalten); der Charakter einer Landschaft – Charakter haben, beweisen; die **Charakteristik**, das **Charakteristikum** (typisches Kennzeichen); **charakterfest**, **charakteristisch**, **charakterlich**, **charakterlos**; **charakterisieren**

3 Suche diese Wörter im Wörterbuch. Du musst vielleicht an zwei verschiedenen Stellen nachschlagen, unter **c** und unter **k**. Schreibe die Wörter dann untereinander auf.
Achtung: Vier der Wörter kann man auf verschiedene Arten schreiben!

Auch bei Wörtern, die du am Anfang mit einem **f** oder **w** aussprichst, ist es manchmal nicht ganz einfach. Hier musst du unter Umständen sogar an drei verschiedenen Stellen nachschlagen, denn sie können mit **F**, **Ph** oder **V** beginnen.

Wörter mit F, Ph oder V?

*AKIR
*ITAMINE
*ANTASIE
*AGABUND
*ERS
*INALE

*ENTIL
*ANTOM
*OTOGRA*IE
*ATA MORGANA
*ELGE
*ISAGE

Phan | tom, das: des Phantoms, die Phantome; (Trugbild; Comicfigur); das Phantombild (nach Zeugenaussagen gezeichnetes Porträt eines gesuchten Täters)

4 Suche auch diese Wörter im Wörterbuch und schreibe sie richtig auf.
Achtung: Zwei dieser Wörter kann man auf verschiedene Arten schreiben!

Nachschlagspiele

Die folgenden Spiele dienen der Wiederholung der Nachschlagetechnik. Es geht darum, im Wörterbuch etwas möglichst schnell zu finden. Die Spiele könnt ihr als Klassen-, Gruppen-oder Partnerwettkampf durchführen. Jeder Einzelne von euch kann sie aber auch für sich selbst – gegen die Zeit – spielen. Wichtig dabei ist, dass ihr in der Klasse alle das gleiche Wörterbuch habt!

Und wie kann man das spielen?

- **Als Spiel in der ganzen Klasse:** Wer die Lösung gefunden hat, ruft sie in die Klasse. Danach spielen nur noch die anderen weiter.
- **Als Gruppenwettkampf:** Die Gruppe, die eine Aufgabe am schnellsten gelöst hat, ist Sieger.
- **Als Partnerspiel:** Wer von beiden die Wörter (oder Seitenzahlen) am schnellsten richtig aufgeschrieben hat, ist Sieger.
- **Als Spiel gegen die Uhr:** Schau auf die Uhr – und leg los! Schreibe dann die Minuten und Sekunden auf, in denen du es geschafft hast, alle Wörter oder Seitenzahlen richtig aufzuschreiben. Spiele das Spiel an mehreren Tagen hintereinander. Vielleicht wirst du ja immer besser!

- **Das erste Wort unter einem Buchstaben suchen**
  Suche ganz schnell das jeweils erste Wort unter den Buchstaben *F, P, E, W.*

- **Das letzte Wort unter einem Buchstaben:**
  Suche das jeweils letzte Wort unter den Buchstaben *V, P, G, D.*

- **Das erste Wort unter einem Zweit- oder Drittbuchstaben**
  Suche ganz rasch das erste Wort, das mit *Bu, Fu, To, Sta* beginnt.

- **Wörtersuche**
  Suche ganz schnell folgende zehn Wörter. Nenne die Seitenzahlen, auf denen du sie gefunden hast. *Gespenst, Kiosk, Fratze, Galopp, Shorts, Schienbein, Fohlen, Pfahl, Sport, Drachen*

- **Herkunftssprache**
  Suche ganz schnell heraus, aus welchen Sprachen die folgenden Fremdwörter stammen. Nenne die Sprachen, die im Wörterbuch angegeben sind. *Kakao, Omelett, Kaffee, Orang-Utan, Känguru, Camping, Mathematik, Medizin*

- **Trennungsstriche**
  Schreibe ganz rasch auf, wie man die folgenden Wörter trennt. Achtung: Es gibt manchmal zwei Möglichkeiten! *Poster, extra, hinein, wackeln, lustig, Schaschlik, Tablett*

- **So oder so?**
  Die folgenden Wörter kann man auch anders schreiben. Suche so schnell wie möglich alle Wörter heraus und schreibe die andere Schreibweise auf. *Fantasie, Ketschup, Majonäse, Delfin, Portemonnaie, Tunfisch, Joghurt, Yoga*

Literarisches Sachwörterverzeichnis

Autor(-en): (lat. *auctor* = Förderer, Schöpfer)
Diese Bezeichnung trägt der Verfasser oder Urheber eines Textes, der für die Medien geschrieben wurde. Im Unterschied zu Begriffen wie zum Beispiel „Dichter" oder „Schriftsteller", die sich auf eine bestimmte Form des Schreibens beziehen (ein Drama zum Beispiel), ist „Autor" keine Berufsbezeichnung, sondern eine wertfreie Bezeichnung im Hinblick auf die Verfasserschaft eines bestimmten Einzelwerkes.

Bildergeschichte:
So wird jede Geschichte bezeichnet, deren Handlung vorwiegend in Bildern oder durch Bildfolgen erzählt wird. Falls ein Text überhaupt vorhanden ist, spielt er nur eine untergeordnete Rolle.

Dialog: (griech. *dialogos* = Unterredung)
Damit wird die von mindestens zwei Personen abwechselnd geführte Rede und Gegenrede (oder auch Frage und Antwort) bezeichnet. Ein Dialog dient dem Austausch von Meinungen oder Informationen.

Elfer-Gedichte:
Diesen Gedichten liegen bestimmte Regeln zugrunde: Die erste Zeile besteht aus einem Wort, die zweite aus zwei Wörtern, die dritte aus drei Wörtern, die vierte Zeile enthält vier Wörter und die fünfte enthält ein Wort. Elfer-Gedichte erzählen immer eine kurze Geschichte, deren Schluss – also die fünfte Zeile – auch überraschend sein darf.

Erzählung:
In einer Erzählung wird mündlich oder schriftlich der Verlauf von Geschehnissen dargestellt, die tatsächlich passiert oder aber erdacht sind. Auch der Akt des Erzählens an sich wird als „Erzählung" bezeichnet.

Fabeln: (lat. *fabula* = Erzählung)
Eine Fabel ist eine Erzählung, die in gereimter oder ungereimter Form verfasst sein kann. Tiere sind in einer Fabel die Hauptfiguren, die in der Regel sprechen und handeln wie Menschen.
Die Tiere verkörpern in Fabeln menschliche Charaktereigenschaften, z. B. der *listige* Fuchs, der *mächtige* Löwe, der *dumme* Esel. In Auseinandersetzungen und Streitsituationen siegt oft der Stärkere oder der Listigere. Wir Menschen sollen aus Fabeln Lehren für unser eigenes Verhalten gegenüber anderen Menschen ziehen.

Gedicht:
Das auffälligste Merkmal von Gedichten ist die **äußere Form**. Die Zeilen sind in → **Versen** voneinander abgesetzt. Ein Vers ist eine **Sinneinheit**, nach der man in der Regel eine kleine Sprechpause macht. Ein weiteres Merkmal eines Gedichtes ist seine **„verdichtete"** Form. Was gesagt wird, ist auf engsten Raum begrenzt. Kein überflüssiges Wort! Manchmal sind Sätze stark verkürzt auf einzelne Wörter. Manchmal fehlen sogar die Verben.

Haiku: (jap. = Scherz, Posse)
Ein Haiku ist eine reimlose japanische lyrische Kurzform aus drei Zeilen zu 5-7-5, also zusammen 17 Silben. In einem Haiku wird ein Gegenstand (ein Thema) sehr knapp erfasst.

Historie: (griech. *historia* = Geschichte)
Ursprünglich bezeichnete eine Historie eine unterhaltende Erzählung einer geschichtlich wahren Begebenheit im Gegensatz zur erfundenen Fabel. Gern wurde diese Bezeichnung für erdichtete Erzählungen und Schwänke verwendet und gelangte so zu gegenteiliger Bedeutung.

Ich-Erzähler:
Der Autor eines Romans oder einer Erzählung schlüpft in die Rolle eines erzählenden Ichs und erzählt, was er sieht und von den anderen

Figuren hört. Er kann aber auch erzählen, was er selbst dabei denkt und fühlt.

Kreuzreim:
Den Kreuzreim bezeichnet man auch als „Wechselreim", eine paarweise gekreuzte Reimstellung, sodass der erste Vers mit dem dritten, der zweite mit dem vierten und so weiter reimt (Reimfolge: abab cdcd).

Literarische Texte:
Als solche werden lyrische Texte (Gedichte), epische Texte (Romane) und dramatische Texte (Dramen) bezeichnet.

Lyrisches Ich:
Es bezeichnet das Ich, 1. Person Singular. In lyrischen Gedichten ist es das erlebende, empfindende und aussagende Subjekt in der Sprecher-Perspektive. Es kann – muss aber nicht zwingend – mit dem Autor des Gedichtes übereinstimmen.

Märchen: (zu mhd. *maere* = Kunde)
Märchen sind unterhaltende Prosaerzählungen von fantastisch-wunderbaren Begebenheiten. Sie sind frei erfunden und ihre Erzählweise folgt dem Muster der Wiederholung (oft Dreizahl). Märchen sind zeitlich und räumlich nicht festgelegt. Man kann sie an ihren häufig formelhaften Anfängen („Es war einmal …") und Schlussformeln („… und lebten glücklich bis an ihr Ende") erkennen. Oftmals findet man in Märchen redende und Menschengestalt annehmende Tiere, auch Riesen, Zwerge, Drachen, Feen, Hexen und Zauberer. Häufig wird der Held durch gute oder böse Mächte geprüft, das Gute wird belohnt, das Böse bestraft.

Paarreim:
Ein Paarreim bezeichnet die einfachste und beliebteste Form der Reimbindung von jeweils zwei aufeinander folgenden Versen: aa bb cc usw.

Personifikation:
Darunter wird die „Vermenschlichung" z. B. von Dingen, Tieren, Pflanzen verstanden.

Reim (-e):
Als „Reim" wird der Gleichklang von zwei oder mehr Wörtern vom letzten betonten Vokal an bezeichnet: *Haus* – *hinaus*, *beseelen* – *empfehlen*.

Requisiten: (lat. *requisita* = Verlangtes)
Dazu zählen alle zur Aufführung eines Stückes erforderlichen Ausstattungsgegenstände mit Ausnahme von Kostümen und Dekoration (Kulissen), z. B. Briefe, Gläser usw.

Souffleur: (franz. = Einflüsterer)
Ein Souffleur ist ein „Einhelfer": Jemand, der im mittleren vorderen Bühnenrand in einem Sitzkasten sitzt und die Schauspieler durch leises, aber deutliches Vorsprechen vor dem Steckenbleiben im Text bewahrt.

Strophe: (griech. = Wendung)
Als Strophe bezeichnet man die einzelnen Absätze eines Gedichtes.

Szene: (griech. = *skene*)
Die Szene ist im Theater die Bezeichnung für den äußeren Schauplatz der Handlung. Meistens bezeichnet sie den Auftritt selbst als kleinste Einheit. Eine Szene ist äußerlich begrenzt durch das Auftreten neuer Figuren oder das Abtreten bislang anwesender Figuren.

Theater(-stücke):
(griech. *theatron* = Schauplatz, von *theasthai* = schauen)
Als Theaterstück bezeichnet man die Aufführung eines Spiels vor Zuschauern.

Umarmender Reim:
Ein Reimpaar wird von einem anderen umschlossen (abba cddc).

Vers: (lat. = versus)
Als Vers bezeichnet man die einzelne Zeile eines Gedichtes.

Fachausdrücke der Rechtschreibung und Grammatik

Adjektiv
Wortart (auch: Wiewort, Eigenschaftswort). Adjektive können die Eigenschaften von Dingen näher bezeichnen *(schön, lieb, witzig ...)*. Wörter, die zwischen Artikel und Nomen stehen können, sind Adjektive: *der **bissige** Hund.* Viele Adjektive können auch an anderen Stellen im Satz stehen: *Der Hund ist **bissig**.* Viele Adjektive lassen sich steigern: *groß, größer, am größten.* → 221, 228, 229

Adverb
Wortart (auch: Umstandwort). Adverbien geben an, wann *(gestern, jetzt ...)*, wo *(hier, links, dort ...)*, wie *(gern, vielleicht ...)* etwas geschieht. Adverbien können niemals zwischen Artikel und Nomen stehen. → 244

Adverbial
Satzglied (auch: adverbiale Bestimmung). Adverbiale können aus Adverbien, Adjektiven oder längeren Ausdrücken bestehen. Es gibt Adverbiale der Zeit *(wann: gestern, am frühen Morgen)*, Adverbiale des Ortes *(wo: hier, auf der Straße)*, Adverbiale der Art und Weise *(wie: kaputt, entzwei, in schlechtem Zustand)*. → 243–246

Akkusativ
4. Fall des Nomens, Artikels, Pronomens und Adjektivs, Wenfall: ***den Brief**, an **den Schüler**, an **ihn**, an **einen netten Menschen**.* → 247

Akkusativobjekt
Satzglied. Das Akkusativobjekt kann man mit den Fragen *wen* oder *was* ermitteln: *Die Lehrerin lobt (wen?) **den Schüler**. Der Spieler trifft (wen oder was?) **den Ball**.* → 251

Anredepronomen
Wortart. Pronomen, mit denen man jemanden anredet: *Ich mag **dich**. Ich grüße **Sie**.* Bei Menschen, die man mit *Sie* anredet, werden die Pronomen in Briefen großgeschrieben. → 232

Artikel
Wortart (auch: Geschlechtswort). Begleiter des Nomens. Man unterscheidet den bestimmten Artikel *(der, die, das)* und den unbestimmten Artikel *(ein, eine)*. Die Artikel geben an, ob ein Nomen Maskulinum *(der Löffel)*, Femininum *(die Gabel)* oder Neutrum *(das Messer)* ist. → 221, 226

Aufforderungssatz
Satzart, mit der man jemanden zu etwas auffordert oder ihn um etwas bittet *(Geh mir aus dem Wege! Gib mir bitte dein Heft!)*. Nach Aufforderungssätzen steht im Allgemeinen ein Ausrufezeichen. → 256

Ausrufezeichen
Satzschlusszeichen nach einem Ausrufe- oder Aufforderungssatz *(Geh aus dem Weg!)*. → 256

Aussagesatz
Satzart, mit der man eine Aussage macht *(Ich war gestern im Kino.)*. Am Ende des Aussagesatzes steht ein Punkt. → 256

Begleitsatz
Satz, der bei einer wörtlichen Rede steht. Er kann vorausgestellt sein *(**Sie sagte**: „Ich habe nicht die geringste Lust dazu.")*, er kann nachgestellt sein *(„Ich habe nicht die geringste Lust dazu", **sagte sie**)*, er kann eingeschoben sein *(„Ich habe", **sagte sie**, „nicht die geringste Lust dazu.")*. → 231

Dativ
3. Fall des Nomens, Artikels, Pronomens und Adjektivs, Wemfall: ***dem Brief**, in **dem Briefkasten**, in **einem kleinen Kästchen**.* → 247

Dativobjekt
Satzglied. Das Dativobjekt kann man mit der Frage *wem* ermitteln: *Die Lehrerin hilft (wem?) **dem Schüler**.* → 250

Dehnungs-h
Ein h, das einen langen betonten Vokal besonders auffällig macht. Das Dehnungs-h steht nur in einigen Wörtern vor den Buchstaben l, m, n, r *(fehlen, nehmen, gähnen, fahren).* → 207

Doppelkonsonant
Konsonant, der verdoppelt wird, wenn in Wörtern mit zwei Silben der vorausgehende betonte Vokal kurz ist. Bei Worttrennung steht der Trennungsstrich zwischen den beiden Konsonanten *(kom-men, bit-ten ...).* → 208

Femininum
Grammatisches Geschlecht des Nomens, weiblich: *die Katze, die Gabel, die Wut.* → 218

Fragesatz
Satzart, mit der man eine Frage stellt *(Kommst du? Warum kommst du nicht?).* Am Ende eines Fragesatzes steht ein Fragezeichen. → 256

Fragezeichen
Satzschlusszeichen nach einem Fragesatz *(Kommst du heute?).* → 256

Futur I
Zeitform des Verbs, mit der man auf etwas hinweist, das in der Zukunft geschieht oder das unsicher ist: *Morgen* ***werde*** *ich* ***mitspielen****. Du* ***wirst*** *wohl Recht* ***haben****.* → 238

Großschreibung
Großgeschrieben werden Namen, Nomen und das erste Wort in einem Satz: *Der kleine Felix ist ein großer Angeber.* Welche Wörter Nomen sind und großgeschrieben werden, kann man meistens an „Erkennungszeichen" sehen: Artikel *(das Glück)*, versteckte Artikel *(zum Glück)*, Adjektive *(großes Glück)*, Pronomen *(dein Glück)* und an bestimmten Endungen *(Fröhlich****keit****, Gesund****heit****, Verwandt****schaft****, Zeich****nung****, Ärger****nis****, Eigen****tum****).* → 219–225

Hauptsatz
Satz, der allein vorkommt und als solcher verständlich ist: Wir gewinnen das Spiel. Im Gegensatz dazu steht der Nebensatz. → 254, 257, 258

Komma
Satzzeichen zwischen Aufzählungen *(Kathi, Lore, Tina spielen, lachen, toben miteinander.)* und zwischen Haupt- und Nebensatz *(Sie waren immer zusammen, als sie Ferien hatten.).* → 257, 258

Komparativ
Steigerungsform des Adjektivs, auch Vergleichsstufe, Steigerungsstufe *(näher, weiter, größer).* → 229

Konjunktion
Wortart (auch: Verbindungswort). Mit Konjunktionen werden einzelne Wörter oder ganze Sätze miteinander verbunden: *Lotte* ***und*** *Tina können sich gut leiden,* ***weil*** *sie viel gemeinsam haben.* → 254

Konsonant
Konsonanten sind Mitlaute, im Gegensatz zu den Selbstlauten (Vokalen). Es sind Laute, bei denen Lippen, Zunge oder Zäpfchen mitschwingen, wenn wir sie aussprechen. Die Buchstaben für Konsonanten sind b, c, d, f, g, j, k, l, m, n, p, q, r, s, t, v, w, x, z. Sie bilden den Gegensatz zu den Vokalen. → 200

Kurzform
Die meisten Wörter unserer Sprache sind zweisilbig (träumen, läuten, Fläche, Fächer). Bildet man von solchen Wörtern eine Kurzform, kann man zum Beispiel meistens erkennen, wie sie geschrieben werden *(träumen → Traum, läuten → laut, Fläche → flach, Fächer → Fach).* → 216, 217

Langform
Die Langform eines Wortes mit einer Silbe ist die zweisilbige Form *(Kuss – Küsse).* Bei Wörtern, die mit b, d, g enden, kann man an der Langform hören, wie sie geschrieben werden *(schabt → schaben, wild → wilder, schlägt → schlagen).* → 214, 215

Maskulinum
Grammatisches Geschlecht des Nomens, männlich: *der Nachbar, der Löffel, der Mut.* → 218

Mitlaut
Siehe: Konsonant!

Nachsilbe
Als Nachsilben bezeichnet man Teile von Wörtern, die hinten an den Wortstamm angehängt werden können. Es gibt besonders Nachsilben für Nomen *(Frei**heit**, Zeit**ung**, Dankbar**keit**, Finster**nis**, Eigen**tum**, Wirt**schaft**)* und Adjektive *(gelb**lich**, ekl**ig**, lang**sam**, dank**bar**, kind**isch**).* Manche Nachsilben sind keine echten Silben, weil man sie allein nicht abtrennen kann *(Zei-tung, kin-disch).* → 225

Nebensatz
Der Nebensatz ist im Gegensatz zum Hauptsatz ein unselbständiger Satz, den man ohne Hauptsatz nicht recht verstehen kann *(Weil sie wegging ...).* Er benötigt einen Hauptsatz *(Weil sie **wegging**, ärgerte er sich.).* Ein Nebensatz wird in der Regel durch ein Beziehungswort eingeleitet; das Prädikat steht am Ende des Nebensatzes. → 254, 258

Neutrum
Grammatisches Geschlecht des Nomens, sächlich: *das Kind, das Messer, das Glück* → 218

Nomen
Wortart (auch: Dingwort). Mit Nomen bezeichnet man Lebewesen (wie *Kind, Baum, Affe*), Dinge (wie *Hammer, Haus, Buch*) und Gedanken und Gefühle (wie *Wut, Langeweile, Idee*). Nomen können mit einem Artikel stehen *(der Baum, das Haus, die Langeweile).* Nomen können in den vier Fällen gebraucht werden *(der Bär, des Bären, dem Bären, den Bär).* Weil die Nomen die wichtigste Wortart in der Sprache sind, schreibt man sie groß. → 218–225

Objekt
Satzglied (auch: Ergänzung). Objekte können aus einem Wort oder aus mehreren Wörtern bestehen: *Sie füttert **ihn**. Sie füttert **den Kater**. Sie hilft **dem kleinen Kind**.* → 250, 251

Perfekt
Zeitform des Verbs, mit der man auf etwas hinweist, das schon vergangen ist (auch: zusammengesetzte Vergangenheitsform): *Ich **habe** ihn vorhin **gesehen**.* Das Perfekt kommt besonders häufig in der mündlichen Rede vor. → 236–239

Personalpronomen
Wortart (auch: persönliches Fürwort). Untergruppe der Pronomen. Personalpronomen sind *ich, du, er, sie, es, wir, ihr, sie* und die entsprechenden Formen im Dativ *(mir, dir, ihm, ihr, uns, euch, ihnen)* und Akkusativ *(mich, dich, ihn, ihr, uns, euch, sie).* → 227

Plural
Anzahlform des Nomens (auch: Mehrzahl). Gegensatz zum Singular. Der Plural gibt an, dass es sich um mehreres oder vieles handelt: *die Kinder, die Autos, die Frauen, die Bäume.*

Positiv
Grundstufe des Adjektivs – im Vergleich zum Komparativ und Superlativ *(nahe, weit, groß).* → 229

Possessivpronomen
Wortart (auch: besitzanzeigendes Fürwort). Untergruppe der Pronomen. Possessivpronomen sind *mein, dein, sein, ihr, unser, euer, ihr.* → 227

Prädikat
Satzglied (auch: Satzaussage). Jeder Satz enthält ein Prädikat. Das Prädikat ist der Mittelpunkt oder Kern eines Satzes: *Die Kinder **spielen**. Joschi **hat** den Ball **bekommen**. Er **spielt** ihn Felix **zu**. Der **hat sich erschrocken**.* → 248, 249

Präposition
Wortart (auch: Verhältniswort). Präpositionen sind *an, auf, in, durch, zu* ... Nach den Präpositionen steht das Nomen im Dativ *(**zu** dem Nachbarn)* oder im Akkusativ *(**durch** den Tunnel).* → 246, 247

Präsens
Zeitform des Verbs, mit der man auf etwas hinweist, das in der Gegenwart geschieht (auch: Gegenwartsform): *Sie **fährt** Rad.* Oft weist man mit dem Präsens auch auf etwas hin, das erst in der Zukunft geschieht: *Morgen **habe** ich Geburtstag.* → 236–239

Präteritum
Zeitform des Verbs, mit der man auf etwas hinweist, das schon vergangen ist (auch: einfache Vergangenheitsform): *Sie **fuhr** Rad.* Das Präteritum wird vor allem in geschriebener Sprache gebraucht. → 236–239

Pronomen
Wortart (auch: Fürwort). Pronomen stehen entweder vor einem Nomen *(mein Fahrrad)* oder anstelle eines Nomens *(Tina kommt zu Besuch. **Sie** bleibt bis Sonntag.)* → 227

Punkt
Satzschlusszeichen. Der Punkt steht am Ende eines Aussagesatzes. Nach dem Punkt wird großgeschrieben. → 256

Redeteil
Der Teil eines Textes, in dem ein anderer etwas sagt. Der Redeteil wird durch wörtliche Redezeichen (auch: Gänsefüßchen) hervorgehoben: *Sie war damit nicht einverstanden und rief: **„Das glaube ich nicht."*** → 231

Redezeichen
Zeichen der wörtlichen Rede (auch: Gänsefüßchen), mit denen hervorgehoben wird, dass ein anderer spricht. Redezeichen stehen vor und nach der wörtlichen Rede: *„Das glaube ich nicht."* → 231

Satz
Sprachliche Form eines abgeschlossenen Gedankens. Mit jedem Satz in einem Text beginnt ein neuer Gedanke. Beim Sprechen macht man nach einem Satz eine Pause. Beim Schreiben setzt man danach einen Punkt. → 230

Satzglied
Teil eines Satzes, den man umstellen kann. Ein Satzglied kann aus einem oder aus mehreren Wörtern bestehen: | *Manche Kinder* | *essen* | *am liebsten* | *Bratwurst mit Ketschup* |. → | *Am liebsten* | *essen* | *manche Kinder* | *Bratwurst mit Ketschup* |. → 242

Selbstlaut
Siehe: Vokal!

Silbe
Teil eines Wortes. Beim Sprechen kann man Wörter durch kleine Pausen in ihre Silben zerlegen *(Ja | nu | ar, Ok | to | ber).* Beim Schreiben trennt man die Silben durch Silbentrennungsstriche ab *(Ja-nu-ar, Ok-to-ber).* Eine Silbe besteht aus mindestens einem Vokal, der von einem oder mehreren Konsonanten eingerahmt wird. In jedem Wort gibt es eine betonte Silbe *(Já-nu-ar, Ok-tó-ber).* → 203

Silbentrennung
Am Ende einer Zeile kann man beim Schreiben Silben abtrennen *(Apfel-baum, Ap-felbaum).* → 203

Silbentrennendes h
Wenn in einem zweisilbigen Wort zwei Vokale nacheinander stehen, so steht zwischen ihnen oft ein silbentrennendes h *(se-h-en, Schu-h-e).* Dieses h gehört beim Trennen des Wortes zur zweiten Silbe *(se-hen, Schu-he).* (Sie auch: Dehnungs-h!) → 206

Singular
Anzahlform des Nomens (auch: Einzahl). Gegensatz zum Plural. Der Singular gibt an, dass es sich um etwas Einzelnes handelt: *ein Kind, das Auto, die Frau, ein Baum.*

s-Laute
Die s-Laute können in unserer Sprache stimmhaft (wie in *sausen*) oder stimmlos (wie in *draußen*) ausgesprochen werden. Den stimmhaften s-Laut schreibt man immer mit s *(rasen, Masern, Riese),* den stimmlosen s-Laut kann man auf dreierlei Weise schreiben: mit s (wie in *aus, Maus, Last*), mit ß (wie in *draußen, Grüße, groß*), mit ss (wie in *rasseln, Küsse, Risse*). → 212, 213

Steigerung
Viele Adjektive lassen sich steigern (siehe Komparativ, Superlativ!): *größer, am größten.* Bei vielen Adjektiven aber ist eine Steigerung nicht möglich (*viereckiger* als *viereckig* kann eine Figur nicht sein). Bei einem Vergleich mit einem gesteigerten Adjektiv verwendet man das Wort *als (Sie ist* ***größer*** *als ich).* Ist das Adjektiv aber nicht gesteigert, verwendet man das Wort wie *(Sie ist* ***genauso groß wie*** *ich. Sie ist* ***doppelt so groß wie*** *ich.).* → 229

Subjekt
Satzglied (auch: Satzgegenstand). Fast jeder Satz enthält ein Subjekt. Das Subjekt steht meistens am Anfang des Satzes. Mit ihm wird gesagt, wer etwas tut. Man kann das Subjekt mit der Frage wer oder was ermitteln. Das Subjekt kann aus einem Wort oder aus mehreren Wörtern bestehen: ***Der Hund unseres Nachbarn*** *bellt.* ***Er*** *bellt.* → 248, 249

Superlativ
Steigerungsform des Adjektivs, auch Höchststufe *Sie ist am größten, am schlauesten.* → 229

Umlaut
Umlaute nennt man diejenigen Buchstaben (Vokale), die zwei Pünktchen haben: *ä, ö, ü.* Sie heißen Umlaute, weil sie von einem Wort mit *a, o, u* umgelautet sind: *Bad – Bäder, Ohr – Öhrchen, Hut – Hüte.* → 200

Umstellprobe
Probe zur Ermittlung von Satzgliedern. Ein einzelnes Wort oder mehrere Wörter, die man im Satz umstellen kann, ohne dass der Sinn sich verändert, sind Satzglieder. Die Umstellprobe dient aber auch zur Verbesserung von Texten: | *Er* | *geht* | *am Montag* | *nicht* | *in die Schule* |. – | *In die Schule* | *geht* | *er* | *am Montag* | *nicht* |. – | *Am Montag* | *geht* | *er* | *nicht* | *in die Schule* |. → 242

Verb
Wortart (auch: Zeitwort, Tuwort, Tätigkeitswort). Mit Verben kann man Tätigkeiten (wie *laufen*) oder Zustände (wie *schlafen*) bezeichnen. Verben können in den verschiedenen Zeitformen gebraucht werden *(lügen, log, gelogen).* Verben bilden das Prädikat eines Satzes *(Sie* ***fährt*** *in die Schule).* → 234, 235

Vokal
Vokale sind Selbstlaute, im Gegensatz zu den Mitlauten (Konsonanten). Die Buchstaben für die Vokale sind *a, e, i, o, u.* Auch die Umlaute *ä, ö, ü* und die Zwielaute *au, äu, ai, ei, eu* gehören zu den Vokalen. Vokale können lang und gedehnt ausgesprochen werden (wie in *Hüte, Qualen, Schoten*) oder kurz und knapp (wie in *Hütte, Quallen, Schotten*). → 200

Vorsilbe
Als Vorsilbe bezeichnet man Teile von Wörtern, die vorn an den Wortstamm angehängt werden können. Durch Vorsilben bekommen die Wörter eine andere Bedeutung *(spielen – ab-spielen, ver-spielen, zu-spielen, mit-spielen).* → 204

Wortart
In der deutschen Sprache gibt es sieben Wortarten. Alle Wörter lassen sich in diese Wortarten einordnen. Die Wortarten sind (siehe dort!): Nomen, Verben, Pronomen, Adjektive, Adverbien, Konjunktionen, Präpositionen.

Wortbaustein
Als Wortbausteine bezeichnet man Teile von Wörtern (wie *ver-, ent-, -lich, -ung*), die man an einen Wortstamm wie *-setz-* oder *-geb-* vorn oder hinten anfügen kann: *ent | setz | lich, Ver | geb | ung*. → 210

Wortfamilie
Eine Wortfamilie besteht aus Wörtern, die den gleichen Wortstamm haben: *fahr: fahren, Fahrt, Fähre, gefährlich, fuhr.* Die Wörter einer Wortfamilie sind miteinander verwandt. → 210

Wortfeld
Ein Wortfeld besteht aus Wörtern, die etwas Ähnliches bedeuten: *gehen, laufen, rennen, stapfen, rasen, marschieren ...* → 234

Wörtliche Rede
Die wörtliche Rede ist der Teil eines Textes, in der ein anderer redet als der Textschreiber selbst: *Gestern waren wir im Schwimmbad. Plötzlich schrie meine Schwester:* ***„Guck, da will Tobias vom Zehnmeterbrett springen!“*** *Wir starrten alle in die Höhe.* Damit der Leser weiß, dass ein anderer spricht, setzt man die wörtliche Rede in Redezeichen. → 231

Wortstamm
Der Wortstamm ist der wichtigste Teil eines Wortes. Vor und nach dem Wortstamm können Vorsilben oder Nachsilben angefügt sein: *be |* ***spiel*** *| bar, ent |* ***setz*** *| lich, Ver |* ***geb*** *| ung* → 210

Zeitform
Zeitformen nennt man die Formen des Verbs, die etwas über die Zeit aussagen. Die wichtigsten Zeitformen sind Präsens *(sie geht)*, Perfekt *(sie ist gegangen)*, Präteritum *(sie ging)*, Futur I *(sie wird gehen).* → 236–239

Zwielaut
Zwielaute nennt man diejenigen Laute (Vokale), die aus zwei Lauten bestehen und entsprechend mit zwei Buchstaben geschrieben werden: *au, äu, eu, ai, ei (laut, läuten, Leute, Mais, Reis).* Obwohl das *ie* auch aus zwei Buchstaben besteht, wird es nicht zu den Zwielauten gezählt, weil es beim Sprechen nur aus einem Laut, einem langen *i*, besteht. → 200

Literarisches Verzeichnis der Autoren

Andersen, Christian:
Die Kindheit des dänischen Dichters, der am 2.4.1805 in Odense geboren wurde, war von Armut und Einsamkeit bestimmt. So konnte er nur unregelmäßig die Schule besuchen und nahm anschließend eine Ausbildung als Sänger auf. Seine besondere Begabung sicherte ihm die Unterstützung durch verschiedene Gönner – beispielsweise durch König Friedrich IV. 1835 errang er in Dänemark seinen ersten Romanerfolg und etwa zeitgleich erschienen seine ersten Märchen. Andersen starb am 4.8.1875 in Kopenhagen. Seine Märchen wurden in 80 Sprachen übersetzt.
→ 141, 163

Bote, Hermann:
Er lebte etwa in der Zeit um 1460 bis um 1520 in Braunschweig. Sein Vater war Schmied und Ratsmann, er selbst arbeitete als Zollschreiber in Braunschweig. Als solcher war er mehrmals in Fehden (Auseinandersetzungen) zwischen Gilden – das waren im Mittelalter Vereinigungen insbesondere von Handwerkern und Kaufleuten – und Rat verwickelt. Bote wurde daraufhin seines Amtes enthoben und arbeitete dann zeitweilig als Gastwirt. Er gilt als der bedeutendste niederdeutsche Autor seiner Zeit, er war Chronist, Lehr- und Spruchdichter. Von ihm stammt die Braunschweigische Urfassung des „Till Eulenspiegel". → 170

Britting, Georg:
Der Lyriker und Erzähler wurde am 17.2.1891 in Regensburg geboren. Seine Gedichte sind in knapper Sprache gehalten, zumeist handelt es sich um Naturlyrik liedhafter Art. Seine Novellen (Prosaerzählungen) und Kurzgeschichten schrieb er ganz bewusst in einer gepflegten, der mündlichen Sprechweise abgelauschten Sprachform. Britting starb am 27.4.1964 in München.
→ 117, 118

Busch, Wilhelm:
Er wurde am 15.4.1832 in Wiedensahl bei Hannover geboren und starb am 9.1.1908 in Mechtshausen im Harz. Ursprünglich studierte Busch Maschinenbau, dann Malerei und besuchte anschließend die Kunstakademie in Düsseldorf. Er wurde durch seine Bildergeschichten weltberühmt; sein karikierendes Bild in Verbindung mit knappem, humorvollem Wort in einfachem Knittelreimvers (vierhebiger, unregelmäßiger Reimvers) ist weltweit bekannt. Vornehmlich hat er Schein und Sein in Staat, Kirche und bürgerlichem Spießertum seiner Zeit kritisiert. In Hannover kann man das Wilhelm-Busch-Museum besuchen. → 114

Busta, Christine:
Christine Busta wurde am 23.4.1915 in Wien geboren. Nach einer nicht unbeschwerten Jugend studierte sie Germanistik und Anglistik in Wien, musste das Studium aus wirtschaftlichen Gründen jedoch abbrechen. Ihr Mann wurde gegen Ende des Krieges in Russland vermisst. Christine Busta arbeitete fortan als Hilfs- und Hauslehrerin, Dolmetscherin, Hotelleiterin und schließlich als Bibliothekarin der Wiener Städtischen Büchereien. Ihre Gedichte zeichnen sich durch eine volksliedhaft einfache Sprache aus und spiegeln leiderfahrene Menschlichkeit. → 137

Eulenspiegel, Till:
Das deutsche Volksbuch mit den Eulenspiegelgeschichten wurde erstmals um 1478 gedruckt, ging jedoch leider verloren. Es gibt Übersetzungen in fast allen europäischen Sprachen. Das Buch ist eine so genannte Schwanksammlung („Streiche-Sammlung") und enthält zum Teil vermutlich echte, zum Teil erfundene Possen (derbe, lustige Streiche), die sich meistens um die wörtliche Ausführung einer bildlichen Redensart drehen. Im Mittelpunkt steht häufig die Rache des

verachteten und verspotteten Bauerntums an bürgerlichen Ständen. → 168–185

Fontane, Theodor:
Der Apothekersohn (geboren am 30. 12. 1819 in Neuruppin) erlernte zunächst ebenfalls den Beruf seines Vaters. Erst im Jahre 1849 gab er diese Tätigkeit auf und arbeitete nun für den Zeitraum von zehn Jahren im literarischen Büro eines Ministeriums. Fontane schrieb bis ins hohe Alter, bekannt ist er vor allem als Erzähler und Balladendichter. Er übte seinerzeit einen großen Einfluss auf Thomas Mann aus und war auch als Theaterkritiker von großer Bedeutung. Fontane starb am 20. September 1898 in Berlin. → 124

Gebrüder Grimm:
Jacob Ludwig Karl, geboren am 4. 1. 1785 in Hanau, gestorben am 20. 9. 1863 in Berlin, war ein Teilnehmer am Protest der „Göttinger Sieben": 1837 lehnten sich sieben Professoren gegen den hannoveranischen König Ernst August auf und beschuldigten ihn wegen der Aufhebung der Verfassung des Verfassungsbruchs. Jacob Grimm schuf den Begriff der Volksdichtung, der die Allgemeinheit ansprechen sollte. Beispiele für Volksdichtung sind Sprichwörter, Märchen etc.
Sein Bruder Wilhelm Karl, geboren am 24. 2. 1786 in Hanau, gestorben am 16. 12. 1859 in Berlin, war Hauptsammler und eigentlicher Herausgeber der bekannten Märchen. → 141, 148, 149, 150

Guggenmos, Josef:
Josef Guggenmos wurde am 2. 7. 1922 in Irsee im Allgäu geboren. Er studierte Germanistik (deutsche Sprach- und Literaturwissenschaft) und Kunstgeschichte, arbeitete dann als Lektor (jemand, der Manuskripte prüft und bearbeitet) und Übersetzer in Stuttgart, Wien und Salzburg und veröffentlichte zahlreiche Bücher als Lyriker und Kinderbuchautor. Guggenmos starb am 23. 9. 2003 in Irsee. → 128, 131

Härtling, Peter:
Bevor Peter Härtling, der am 13. November 1933 in Chemnitz geboren wurde, als Lyriker, Erzähler und Essayist bekannt wurde, arbeitete er als Journalist und Verlagsgeschäftsführer. Bekannt sind auch seine zahlreich erschienenen Kinderbücher. → 186

Hebbel, Christian Friedrich:
Hebbel wurde am 18. 3. 1813 in Wesselburen/Dithmarschen geboren. Sein Vater war tagelöhnender Maurer, sodass er selbst eine dürftige Jugend erlebte. Nach der Volksschule arbeitete er für kurze Zeit als Maurerlehrling, wurde aber bald nach dem Tod seines Vaters Schreiber des Kirchenvogts. Durch Autodidaktik (er hat sich Wissen selbst angeeignet) sowie Gönner und Gönnerinnen in seiner Nähe bekam er die Möglichkeit, sich zu bilden. Hebbel wird oftmals als größter deutscher Tragiker (damit wird die Kunst des Trauerspiels benannt) des 19. Jahrhunderts bezeichnet. Er starb am 13. 12. 1863 in Wien. → 122

Holz, Arno:
Geboren wurde er am 26. 4. 1863 in Rastenburg/Ostpreußen; er starb am 26. 10. 1929 in Berlin. Holz war der Begründer und erste bedeutende deutsche Dichter und Theoretiker des konsequenten Naturalismus. Als Naturalismus wird eine literarische Strömung von etwa 1870 bis 1900 bezeichnet, die die Wirklichkeit möglichst naturgetreu abbildet. Durch Arno Holz erfolgte die Einbeziehung der Umgangssprache und neuer Stoffbereiche (wie die Großstadt) in die Literatur. → 30, 76

Janosch:
Janosch, der mit bürgerlichem Namen Horst Eckert heißt, wurde am 11. März 1931 im oberschlesischen Zabrze (damals Hindenburg) geboren, machte er als 13-Jähriger eine Schmiede- und Schlosser-Lehre. Nach dem Zweiten Weltkrieg arbeitete er zunächst in einer Textilfabrik, besuchte anschließend eine Textilschule und dann die Akademie der Künste (in München). Janosch, der diesen Künstlernamen seit 1960 trägt, erhielt 1979 den Deutschen Jugendliteratur-Preis, schreibt allerdings auch Bücher für Erwachsene. → 151

Kästner, Erich:
Kästner wurde am 23. 2. 1899 in Dresden geboren und verstarb am 29. 7. 1974 in München. Zur Zeit des Nationalsozialismus (1933 bis 1945) wurden Kästners Bücher verboten und verbrannt.
Er war Präsident des deutschen PEN-Zentrums – einem 1921 in London gegründeten internationalen Dichter- und Schriftstellerverband, den es noch heute gibt –, Lyriker, Erzähler, Romanschreiber, Dramatiker und Drehbuchautor. Kästner benutzte beim Schreiben ganz bewusst eine ungezwungene Umgangssprache. Er schrieb zahlreiche Kinderbücher wie „Emil und die Detektive“, „Pünktchen und Anton“ und viele mehr. → 178

Krüss, James:
Krüss wurde am 31. 5. 1926 auf Helgoland geboren. Eigentlich wollte er Lehrer werden, schrieb dann jedoch Kinder- und Jugendbücher. Er starb am 3. August 1997. → 138

Lagerlöf, Selma:
Die schwedische Erzählerin wurde am 20. 11. 1858 in Mårbacha/Värmland geboren. In vielen kleineren Erzählungen geht sie von alten Sagen oder Legenden aus. Selma Lagerlöf erhielt im Jahr 1909 den Nobelpreis und starb am 16. 3. 1940 in Mårbacha. → 94

Lindgren, Astrid:
Astrid Lindgren, die einen Welterfolg mit „Pippi Langstrumpf“ hatte und zahlreiche andere Kinder- und Jugendbücher schrieb, wurde am 14. 11. 1907 in Vimmersby geboren und starb am 28. 1. 2002. → 61

Morgenstern, Christian:
Bekannt wurde Morgenstern durch seine grotesk (verzerrt)-fantastischen Verse (beispielsweise die Sammlung „Galgenlieder“), die sich durch einen sehr hintergründigen, tiefsinnigen Humor auszeichnen. Morgenstern starb im Alter von 42 Jahren am 31. 3. 1914. → 127

Moser, Erwin:
Er wurde 1954 in Wien geboren. Ursprünglich ausgebildeter Schriftsetzer, arbeitet er heute frei als Erzähler und Illustrator. → 139

O'Dell, Scott:
Er wurde 1902 in Los Angeles/Kalifornien geboren, arbeitete zeitweilig als Kameramann, Journalist und Herausgeber einer Zeitung. Seine Jugendbücher sind geprägt durch die damals noch urwüchsige Landschaft Kaliforniens. Häufig stehen historische Gestalten im Mittelpunkt seiner Erzählungen, die als Identifikationsfiguren angelegt sind. O'Dell starb im Jahr 1989. → 26

Rilke, Rainer Maria:
Am 4. 12. 1875 wurde er in Prag geboren. Ursprünglich sollte Rilke die Offizierslaufbahn einschlagen, verfolgte diesen Weg jedoch nicht lange. Vielmehr entschloss er sich zu einem Studium der Kunst- und Literaturgeschichte in Prag. Rilke gilt als bedeutendster und einflussreichster deutscher Lyriker der ersten Hälfte des 20. Jahrhunderts. Er starb am 29. 12. 1926 in Val Mont bei Montreux. → 128

Schädlich, Hans-Joachim:
Am 08. 10. 1935 wurde er in Reichenbach/Vogtland geboren. Schädlich studierte Germanistik und promovierte. Er erhielt in den vergangenen Jahren mehrere Literaturpreise. → 192

Seidel, Heinrich:
Geboren wurde er am 25. 6. 1842 in Perlin/Mecklenburg. Sein Vater war Pfarrer, er selbst studierte am Polytechnikum Hannover und in der Gewerbeakademie in Berlin, um den Beruf des Ingenieurs zu erlernen. Erst seit 1880 war er als freier Schriftsteller tätig. Seidel gilt als Erzähler aus dem kleinbürgerlichen Leben. Er starb am 7. 11. 1906 in Groß-Lichterfelde. → 120

Uhland, Ludwig:
Uhland wurde am 26. 4. 1787 in Tübingen geboren und gilt als bedeutender Romanzen- und Balladendichter, dessen Sprache kräftig und schlicht ist. Uhland verfasste auch politische Lyrik. Er starb am 13. 11. 1862. → 136

Wölfel, Ursula:
Die deutsche Kinderbuchautorin wurde am 16. 12. 1922 in Duisburg-Hamborn geboren. Sie studierte Germanistik in Heidelberg. Nach dem Zweiten Weltkrieg absolvierte sie ein Pädagogikstudium und wurde anschließend Sonderschullehrerin. → 68

Originaltexte

Seite 122

Herbstbild

Friedrich Hebbel

Dies ist ein Herbsttag, wie ich keinen sah!
Die Luft ist still, als atmete man kaum,
Und dennoch fallen raschelnd, fern und nah,
Die schönsten Früchte ab von jedem Baum.

O stört sie nicht, die Feier der Natur!
Dies ist die Lese, die sie selber hält,
Denn heute löst sich von den Zweigen nur,
Was von dem milden Strahl der Sonne fällt.

Seite 136

Frühlingsglaube

Ludwig Uhland

Die linden Düfte sind erwacht,
Sie säuseln und weben Tag und Nacht,
Sie schaffen an allen Enden.
O frischer Duft, o neuer Klang!
Nun, armes Herze, sei nicht bang!
Nun muss sich alles, alles wenden.

Die Welt wird schöner mit jedem Tag,
Man weiß nicht, was noch werden mag,
Das Blühen will nicht enden;
Es blüht das fernste, tiefste Tal:
Nun, armes Herz, vergiss der Qual!
Nun muss sich alles, alles wenden.

Seite 139

Gewitter

Erwin Moser

Der Himmel ist blau
Der Himmel wird grau
Wind fegt herbei
Vogelgeschrei
Wolken fast schwarz
Lauf, weiße Katz!
Blitz durch die Stille
Donnergebrülle
Zwei Tropfen im Staub
Dann prasseln auf Laub
Regenwand
Verschwommenes Land
Blitze tollen
Donner rollen
Es plitschert und platscht
Es trommelt und klatscht
Es rauscht und klopft
Es braust und tropft
Eine Stunde lang
Herrlich bang
Dann Donner schon fern
Kaum noch zu hör'n
Regen ganz fein
Luft frisch und rein
Himmel noch grau
Himmel bald blau!

Seite 150

Prinzessin Mäusehaut

Brüder Grimm

… endlich brachten ihm die andern Diener einen Ring; Mausehaut habe ihn verloren, der sei zu kostbar, den müsse er gestohlen haben. Der König ließ Mausehaut vor sich kommen und fragte, woher der Ring sei. Da konnte sich Mausehaut nicht länger verbergen, sie wickelte sich von der Mausehaut los, ihre goldgelben Haare quollen hervor, und sie trat heraus so schön, aber auch so schön, dass der König gleich die Krone von seinem Kopf abnahm und ihr aufsetzte und sie für seine Gemahlin erklärte.

Seite 253:

So etwa könnte auch deine eigene Geschichte am Ende aussehen:

Der Klassenausflug

Letzte Woche haben wir mit unserer Klasse einen Ausflug zum Grillplatz gemacht. Am Morgen fuhren wir mit den Rädern los. Wir hatten uns Würstchen und Salate mitgenommen. Nach zwei Stunden kamen wir dort an. Gegrillt haben wir aber nicht gleich. Wir sollten nämlich nicht mit vollem Bauch ins Wasser gehen. Also badeten wir erst noch im Kiesteich. Danach fingen wir mit dem Grillen an.

Das Gewitter

Erst aßen wir unsere Würstchen. Sie schmeckten wirklich lecker. Danach räumten wir alles auf. Plötzlich standen aber schwarze Wolken am Himmel. Der Wind fuhr ins Feuer. Schon blitzte es hinten am Horizont. Und auf einmal fing es an zu regnen. Da wollte unsere Lehrerin, dass wir schnell ins nächste Dorf fahren.

Panne

Unsere Lehrerin sagte: „Ich schlage euch eine Abkürzung vor." Wir protestierten: „Das muss doch nicht sein! Wir schaffen es schon." Die Lehrerin aber bestimmte: „Wir fahren hier den Feldweg hinunter!" Also fuhren wir los. Plötzlich ist meine Fahrradkette gerissen. Ich rief: „Ich kann nicht weiter!" Da fragte die Lehrerin: „Hat jemand Werkzeug in der Satteltasche?" Aber niemand hatte welches. Da schlug meine Freundin Lisa vor: „Ich bleibe mit hier. Wir warten dort in dem Schuppen." Die Lehrerin erwiderte: „Gut, ich rufe zu Hause an. Dann holt euch bestimmt jemand mit dem Auto ab."

Im Schuppen

Während die Klasse weiterfuhr, stellten wir unsere Fahrräder an dem Zaun ab. Wir stapften zu dem Stall hin und öffneten vorsichtig das Tor. Dann gingen wir in den Schuppen hinein, und da fängt es auch schon an zu regnen. Wir dachten: Hoffentlich sind die anderen schon im Dorf! Ich sagte zu Lisa: „Toll, dass du bei mir geblieben bist!" Lisa antwortete: „Da habe ich nicht lange überlegt! Das war doch klar!" Draußen begann es inzwischen zu gießen, und das Gewitter kam immer näher.

Endlich abgeholt!

Und dann ging es richtig los! Wir liefen in dem Stall aufgeregt hin und her. Es wurde richtig dunkel. Bald kriegten wir es auch mit der Angst. Ängstlich guckten wir aus der kleinen Luke auf die Wiese hinaus. Manchmal blitzte es, doch das Gewitter war nicht so schlimm. Bald zog es wieder vorüber. Ungeduldig warteten wir. Doch die Zeit verging nicht. Nach einer Weile ging Lisa an die Tür und sah hinaus. „Ich glaube, da kommt ein Auto", sagte sie. Und dann kam es tatsächlich! Voller Freude sprangen wir aus unserem Stall hinaus. Wir winkten. Es war das Auto meiner Mutter. Wir rannten ihr entgegen. Endlich wurden wir abgeholt!

Textquellen

Seite 21: *Beate Günther:* Das ist doch Wahnsinn!!, Originalbeitrag
Seite 26: Karanas Entscheidung (Auszug), aus: *Scott O'Dell:* Die Insel der blauen Delphine, dtv junior, München 2003
Seite 28: *Ursula Sassen:* In der Tropfsteinhöhle, Originalbeitrag
Seite 31: *Arno Holz:* Die Diele knackt, aus: Arno Holz, Werke Band I, Phantasus, hg. von Wilhlem Emrich und Anita Holz, Hermann Luchterhand Verlag GmbH, Neuwied am Rhein, Berlin – Spandau 1961
Seite 38: *Richard Carstensen:* Beim Zyklopen Polyphem, aus: Die Sagen der Griechen und Römer, bearbeitet von Richard Carstensen, Ensslin und Laiblin, Reutlingen 1995
Seite 41: *Richard Carstensen:* Die Flucht von der Zyklopeninsel, aus: Die Sagen der Griechen und Römer, a. a. O.
Seite 48: Darf ich vorstellen?, Originalbeitrag
Seite 55: *Anne Kuckelkorn:* Meerschweinchen, Originalbeitrag
Seite 57: *Tristan Herzog:* Meine Mucka, Originalbeitrag
Seite 61: *Astrid Lindgren:* Wie Ole seinen Hund bekam, aus: Astrid Lindgren, Die Kinder aus Bullerbü, übersetzt von Else von Hollander-Lossow und Kurt Peters, Oetinger, Hamburg 1970
Seite 66: *Barbara Rhenius*: In der Koje, Originalbeitrag
Seite 68: *Ursula Wölfel:* Joschis Wunschgarten (Auszug), Maier, Ravensburg 1975
Seite 78: *Hans Manz:* Auf Bäume klettern, aus: Hans Manz, lieber heute als morgen, © 1988 Beltz Verlag, Weinheim und Basel, Programm Beltz & Gelberg, Weinheim
Seite 80: *Wolfgang Menzel*: Richtige Naturforscher, Originalbeitrag
Seite 85: Die Rosskastanie, nach: Schutzgemeinschaft Deutscher Wald – Bundesverband e.V. (SDW), Meckenheimer Allee 79, 53115 Bonn
Seite 86: *Ursula Sassen:* Deutschland, ein Waldland, Originalbeitrag
Seite 89: *Dirk Lehmann:* Von Beruf Förster (leicht gekürzt), aus: GEOlino 2002, 10
Seite 94: *Selma Lagerlöf:* Der Waldbrand, aus: Selma Lagerlöf, Nils Holgerssons wunderbare Reise mit den Wildgänsen, Leipzig 1919
Seite 100: *Brüder Grimm:* Das Meerhäschen (gekürzt), aus: Brüder Grimm, Kinder- und Hausmärchen, hg. von Heinz Rölleke, Band 2, Reclam, Stuttgart 1980
Seite 101: *Harald Herzog:* Wie das Fernsehen entstanden ist, Originalbeitrag
Seite 103: *Beate Günther:* Zappen, Originalbeitrag
Seite 106: *Harald Herzog:* Meine Lieblingssendung im Fernsehen, Originalbeitrag
Seite 114: *Wilhelm Busch:* Im Herbst, aus: Wilhelm Busch, Zu guter Letzt, Friedrich Bassermann, München 1904
Seite 117: *Georg Britting:* Goldene Welt, aus: Westermanns Monatshefte, 9/1954, Seite 7
Seite 120: *Heinrich Seidel:* November, aus: So viele Tage wie das Jahr hat, 365 Gedichte für Kinder und Kenner, gesammelt und hg. von James Krüss, © C. Bertelsmann Verlag, München 1959, Seite 17
Seite 122: *Friedrich Hebbel:* Herbstbild, aus: Christian Friedrich Hebbel, Werke, hg. von F. Zinkernagel, Bibliographisches Institut, Leipzig 1913
Seite 124: *Theodor Fontane:* Herr von Ribbeck auf Ribbeck im Havelland, aus: Herr von Ribbeck auf Ribbeck, Gedichte und Balladen, ausgewählt von Gottfried Honnefelder, Insel Verlag, Frankfurt am Main und Leipzig 1992
Seite 126: *Gustav Sichelschmidt:* Dezember, aus: Gustav Sichelschmidt, Kunterbunte Welt, Aloys Henn Verlag, Ratingen bei Düsseldorf 1956
Seie 127: *Christian Morgenstern:* Die drei Spatzen, aus: Gesammelte Werke, hg. von M. Morgenstern, Piper, München 1965
Seite 127: *Wolf Harranth:* Drei Finken, aus: Hans-Joachim Gelberg (Hg.), Überall und neben dir, © 1986, 1994 Beltz Verlag, Weinheim und Basel, Programm Beltz & Gelberg, Weinheim, S. 63

Seite 128: *Josef Guggenmos:* Der Mann im Schnee, aus: Überall und neben dir, a.a.O., Seite 31
Seite128: *Rainer Maria Rilke,* Advent, aus: Rainer Maria Rilke, Die Gedichte, 13. Auflage, Insel Verlag, Frankfurt a. M. 2002
Seite 129: *Eckart Bücken, Reinhard Horn:* Merry Christmas – Frohe Weihnacht, aus: GRUNDSCHULE Musik, 24/2002
Seite 130: *Heinrich von Loufenberg:* In einem krippfly, aus: Epochen der deutschen Lyrik 1300–1500, hrsg. von Walther Killy, dtv, München 1972
Seite 130: *übersetzt von Wolfgang Menzel:* In einem Kripplein, Originalbeitrag
Seite 131: *Josef Guggenmos:* Ich male mir den Winter, aus: Josef Guggenmos, Ich will dir was verraten, Weinheim/Basel 1992
Seite 132: *Wolfgang Menzel nach Josef Guggenmos:* Ich male mir das Frühjahr, Originalbeitrag
Seite 136: *Ludwig Uhland:* Frühlingsglaube, aus: Uhlands Gedichte und Dramen in zwei Bänden, Erster Band: Gedichte, Verlag der I. G. Cotta'schen Buchhandlung, Stuttgart
Seite 137: *Christine Busta:* Der Sommer, aus: Christine Busta, Die Sternenmühle, Müller Verlag, Salzburg 1959
Seite 138: *James Krüss:* Gewitterbild, aus: Weinheimer Lesebuch, Band 1, Beltz Verlag, Programm Beltz & Gelberg, Weinheim und Basel 1967
Seite 139: *Erwin Moser:* Gewitter, aus: Überall und neben dir, Gedichte für Kinder, a.a.O., Seite 260
Seite 142: Der Schmied Butec, *Slowakisches Volksmärchen, nacherzählt von Wolfgang Menzel*
Seite 148: *Brüder Grimm:* Hansens Trine, aus: Kinder- und Hausmärchen der Brüder Grimm, Vollständige Ausgabe in der Urfassung, hg. von Friedrich Panzer, Vollmer, Wiesbaden
Seite 148: Hansens Trine, *neu erzählt von Barbara Rhenius*
Seite 149: *Wilhelm Grimm:* Der Dümmling, aus: Kinder- und Hausmärchen der Brüder Grimm, a.a.O.
Seite 150: *Brüder Grimm:* Prinzessin Mäusehaut, aus: Kinder- und Hausmärchen der Brüder Grimm, a.a.O.
Seite 151: *Janosch:* Prinzessin Mäusehaut, aus: Janosch erzählt Grimms Märchen, © 1972 Beltz Verlag, Weinheim und Basel, Programm Beltz & Gelberg, Weinheim
Seite 153: Die drei Wünsche, *Volksmärchen aus den Pyrenäen,* aus: Französische Märchen. hg. von Ré Soupault, Diederichs, Düsseldorf 1963
Seite 154: *Tanja Roberts:* Ein Märchen nach Leitwörtern, Originalbeitrag
Seite 155: *Martin Waddell, Patrick Benson:* Rosamund, die Starke, aus: Martin Waddell, Patrick Benson, Rosamund, die Starke, © Lappan Verlag GmbH, Oldenburg 1988
Seite 163: *Hans Christian Andersen:* Des Kaisers neue Kleider, aus: Sämtliche Märchen, Band 1, Patmos/Albatros, Düsseldorf 2003
Seite 170: Wie Eulenspiegel allen seinen Hintern zeigte, *WolfgangMenzel, nacherzählt nach Hermann Bote*
Seite 171: *Wolfgang Menzel:* Der wirkliche Eulenspiegel, Originalbeitrag
Seite 172: Ulenspiegel uff dem Seil, aus: Ein Kurtzweilig Lesen von Dil Ulenspiegel, hg. von Wolfgang Lindow, Reclam, Stuttgart 1966
Seite 174: Wie Eulenspiegel zu Erfurt einen Esel das Lesen lehrte, Originalbeitrag, *WolfgangMenzel, nacherzählt nach Hermann Bote*
Seite 178: *ErichKästner:* Wie Eulenspiegel Eulen und Meerkatzen buk, aus: Erich Kästner erzählt Till Eulenspiegel, Cecilie Dressler Verlag, Hamburg 1991, Neuausgabe 2001
Seite 182: Wie Eulenspiegel zu Erfurt einen Metzger um einen Braten betrog, Originalbeitrag, *WolfgangMenzel, nacherzählt nach Hermann Bote*
Seite 186: *Peter Härtling,* Oma findet Fußballspielen gut, aus: Peter Härtling, Oma, © 1991 Beltz Verlag, Weinheim und Basel, Programm Beltz & Gelberg, Weinheim
Seite 196: Klappentext zu: *Nina Rauprich,* Die sanften Riesen der Meere, 16. Auflage, © Nina Rauprich, © 1991, 2003 Deutscher Taschenbuch verlag, München
Seite 266: *Wilhelm Busch:* Hund und Katze, aus: Wilhelm Busch, Historisch-kritische Ausgabe, Bd. II, hg. von Hans Ries, Schlütersche, Hannover 2002

Bildquellen

Seite 27: Umschlag zu: Scott O'Dell, Die Insel der blauen Delphine, dtv junior, Deutscher Taschenbuch Verlag, München
Seite 28: Tropfsteinhöhle: Silvestris (Fitz Poelking), Kastl
Seite 35: Baumhaus: Frank Bahr, Stuttgart; Schloß Lichtenstein: Mauritius (Waldkirch), Mittenwald; Kinder am Lagerfeuer: nordpool (Tim Riediger), Sörup-barg; Abenteuerspielplatz: ddp (Norbert Millauer), Berlin
Seite 46: Junge und Mädchen spielen mit zwei Hunden: Reinhard-Tierfoto, Heiligkreuzsteinach; Mädchen mit Kaninchen: Reinhard-Tierfoto, Heiligkreuzsteinach; Junge und Mädchen zu Pferde: Mauritius (J. Müller), Mittenwald
Seite 47: Aquarium: picture-alliance/OKAPIA (Christine Steimer), Frankfurt/Main; Wellensittiche: Tierbildarchiv Angermayer (Hans Reinhard), Holzkirchen; Katze: Dirk Fochler, Wendhausen
Seite 48: Mädchen mit Island-Pony: Reinhard-Tierfoto, Heiligkreuzsteinach
Seite 50: Mohrenkopfpapagei: Wildlife (O. Diez), Hamburg
Seite 52: Golden Retriever: Silvestris/Photopress (Geduldig), Kastl
Seite 53: Sibirischer Husky: picture-alliance/OKAPIA (Bernd Brinkmann), Frankfurt/Main
Seite 54: Glatthaar-, Wirbelhaar- und Angorameerschweinchen: Tierbildarchiv Angermayer (Hans Reinhard), Holzkirchen
Seite 78: Wald: Mauritius (Thoning), Mittenwald
Seite 87: Waldgebiete in Deutschland: Westermann Kartographie/Technisch Graphische Abteilung Braunschweig
Seite 89: Förster im Wald: Das Fotoarchiv (Thomas Mayer)
Seite 98/99: Wissen macht ah: WDR (Eva von Platen), Köln; Pfefferkörner: NDR (Sandra Hoever), Hamburg; Löwenzahn – Peter Lustig: picture-alliance/ KPA, Frankfurt/Main; Tagesschau – Eva Hermann: NDR (Gita Mundry), Hamburg; Sendung mit der Maus: picture-alliance/dpa (Ralf Hirschberger), Frankfurt/Main; Sportstudio – Michael Steinbrecher: picture-alliance/dpa (Erwin Elsner), Frankfurt/Main
Seite 100: Das Meerhäschen (Illustration): aus: WAS IST WAS, Band 112, Fernsehen, Tessloff Verlag, Nürnberg
Seite 106: Ducktales: Deutscher Fernsehdienst, Hamburg
Seite 108: Stabdiagramm: Westermann Kartographie/Technisch Graphische Abteilung Braunschweig
Seite 112: Ahorn im Frühjahr, Sommer, Herbst und Winter: Mauritius (Halaska), Mittenwald
Seite 117: Friedrich Hechelmann: Buche; Kunsthalle Schwaben, Weitnau-Hofen; © Friedrich Hechelmann, Isny im Allgäu
Seite 123: Guiseppe Arcimboldo: Der Herbst, akg-images/Erich Lessing, Berlin
Seite 125: Doppeldachhaus: Janko von Ribbeck, Ribbeck
Seite 133: Ich male mir den Winter: Gerrit, Schülerarbeit
Seite 137: Marc Chagall: Die Schnitterin, 1928/1930; Arthotek – Spezialarchiv für Gemäldefotografie, Peissenberg; © VG Bild-Kunst, Bonn
Seite 141: Jakob und Wilhelm Grimm: Keystone Pressedienst/KEYSTONE;
Hans Christian Andersen: Holzstich nach Gemälde 1836, von Christian Albrecht Jensen, Foto: akg-images, Berlin
Seite 168: Till Eulenspiegel (Titelblatt 1515): akg-images, Berlin
Seite 170: Zeitgenössische Illustration zu Till Eulenspiegel, aus: Hermann Bote, Till Eulenspiegel, © Insel Verlag, Frankfurt/Main 1978
Seite 182: Zeitgenössische Illustration zu Till Eulenspiegel, aus: Hermann Bote, Till Eulenspiegel, a. a. O.
Seite 186: Umschlag zu: Peter Härtling, Oma, 12. Ausgabe, © 1975, 1990 Beltz Verlag, Weinheim und Basel, Programm Beltz & Gelberg, Weinheim
Seite 191: Umschlag und Klappentext zu: Peter Härtling, Oma, a. a. O.
Seite 196: Umschlag zu: Nina Rauprich, Die sanften Riesen der Meere, © 2003 Nina Rauprich, © 1991, 2003 Deutscher Taschenbuch Verlag GmbH, München
Seite 271: Elster: Manfred Danegger; Amseln, Buchfink: Hans Reinhard, OKAPIA, Frankfurt/Main; Sperling: I. van Haan, Blickwinkel, Witten